精神医学選書●第7巻

胎生論心理学

浜畑 紀 著

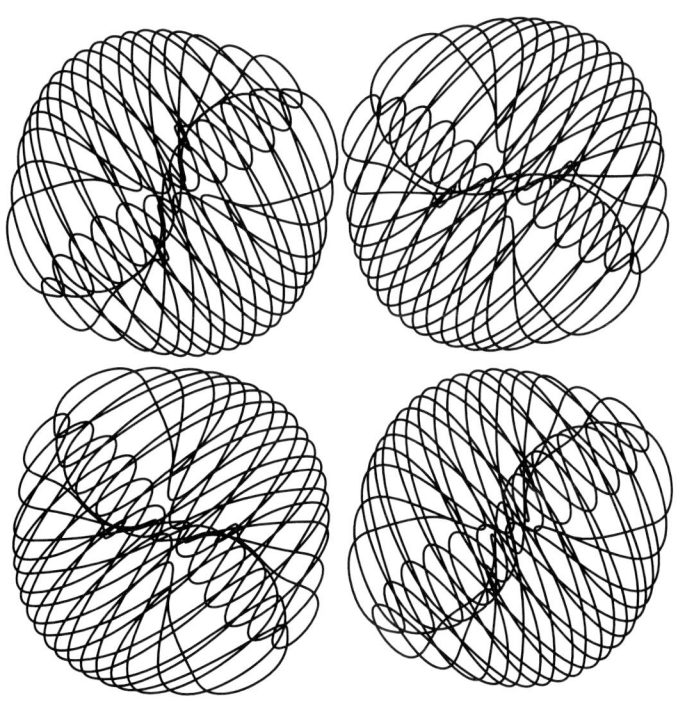

まえがき

> 私が母から生まれる前にすでに命の灯が私
> を導いていた。－ウォルト・ホイットマン－

　普遍的人間像を捉えようとの近年の研究者の努力は顕著な成果を生み出してきている。しかし，彼らが研究対象とする個別現象は実に多くの変数，たとえば地域性，人種・民族性，文化，習慣などをその要素としている。そのためか，比較文化的研究も近年，とみに盛んになっているが，その前途には諸種の困難が待ちうけているようである。特殊化の段階にしてそうであるので，ましてそれらの普遍化ともなると，その困難性も想像に余りある。

　ここで，この隘路を拓く方法があってしかるべきである。それゆえ，冒頭に掲げた，W.ホイットマンの詩句が示唆するように，母体内での生命体の生活史こそ，全人類——時間と空間を超えて——共通の出来事であり，これをおいては，科学的処理あるいは観察に耐えられる具体的な対象はないのではないかと，あえて問うのである。母体内生活の研究こそ，この隘路を拓く残された唯一の方法であることを筆者は確信する。これは，もちろん，筆者の独断と偏見にすぎないかもしれず，そうした問題提起にすらなりえないかもしれない。しかし，浅学菲才の頭脳で思惟しえたところを厚顔をもかえりみず，公にして識者のご批判とご指導を賜わりたいと願うしだいである。

　本書の完成にあたっては，実に多くの人たちからさまざまなご指導を賜わった。東北大学の黒田正典博士には，終始懇篤な指導と貴重なる文献の貸与，さらには浄書前の下書き原稿の校閲までしていただいた。特に師のご自宅での数日におよぶ語らいの時は今でもなつかしい想い出の一つである。さらに山梨大学の西平直喜教授との深更にいたる対談を通して，実証主義的方法と発達心理学との関わりかたをご指導いただいたし，岐阜大学の織田正・

丸井澄子両教授からは発達心理学に対する研究者の態度と，研究文献についてご教授いただいた。それに同大学医学部婦人科の早崎源基氏，歯科医の松平邦夫博士，細胞学の泰斗，元弘前大学教授の牧高治博士からは，それぞれ専門的立場からご指導いただいた。日本基督協会の浅倉重雄・多田混両牧師からは神学上のご教授をいただいた。桜美林大学の久保田圭伍助教授のご訳書，および慶応大学の小此木啓吾博士と広島大学の鑪幹八郎助教授とわが国への構造主義の紹介者である北沢方邦氏のご著書からは相当箇所を引用させていただいた。特に記して謝意にかえたい。また，同僚の浅倉恵一助教授は臨床心理学の立場から常に良き対話の相手となって，理論の展開に少なからぬご協力をいただいた。中部女子短期大学図書館主任の西郷三千夫氏，および岐阜幼稚園教員養成所学生の川口貞子・酒井真理子両君からは貴重な資料を提供願った。

　最後に，黎明書房，力富阡蔵・高田利彦両氏は本書出版の機会を与えてくださったし，直接，編集に携わられた武馬久仁裕氏には言い尽し得ぬご心労をおかけした。

　以上，諸氏のご芳名を記して，筆者の心からの感謝の辞にかえたい。

　　　1977年　初秋

　　　　　　　　　　　　　　　　　　　　　　　　　　　　浜　畑　紀

目　次

はしがき　1

緒　論 …………………………………………………………… 11

　　1．問　題　11
　　2．発達とは何か　13
　　3．発達理論　16
　　4．精神分析学　17
　　5．本書の成立へ　21
　　6．宗教意識の発達　23
　　7．宗教心理学　24
　　8．論証の方法　25
　　9．先験科学か経験科学か　26
　　10．仏教・ユダヤ教・キリスト教　30
　　11．発達区分　31

第1章　胎　内　期 ………………………………………… 33

　　第1期　卵巣期（接合・拡散期）　33
　　第2期　卵管期（細胞膜・吸収期）　35
　　第3期　子宮腔期（臍滞・導入期）　39
　　　1．子宮腔期の成立　39
　　　2．胎児の生活　40

第2章　胎　外　期 ………………………………………… 47

第4期　乳房期（口唇・吸啜期）……乳児期　Ⅰ　47
  1．乳房期の成立　47
  2．欲　　動　49
    a．生欲動　52
    b．死欲動　54
    c．無気力欲動　55
    d．修復欲動　56
    e．満腹欲動・排泄欲動　56
  3．合　　体　58

第4期　乳房期　……乳児期　Ⅱ　61
  1．母親との交流　61
  2．分化的発達　63
  3．乳房の役割　66
  4．乳児の自律性　69
  5．授　　乳　72
  6．第1次分離不安とその影響　75
  7．新しい対象の発見　77
  8．考察と要約　79

第5期　母親期（歯牙・咬合期）……幼児期　Ⅰ　82
  1．母親期の成立　82
  2．自己中心欲動　84
  3．攻　撃　性　85
  4．自己否定欲動　86
  5．性欲動の構造　88

第5期　母親期……幼児期　Ⅱ　94
  1．しつけと母親の態度　94
  2．信　頼　感　97
  3．語りかけ　99
  4．愛情形成　100
  5．嫉妬心・羨望など　103
  6．取り入れと実念論　106

　　　　　　　　　　　　　　　　　　　　　　　目　　次

　　　a．取り入れ　106
　　　b．実念論　107
　7．第2次分離不安とその影響　111
　8．要　約　117

第6期　父親期（手足・生産期）……児童期　Ⅰ　119
　1．父親期の成立　119
　2．自他平等肯定欲動　121
　3．社会性の発達（胎生的社会性と前社会性）　122
　4．理念としての父親　128

第6期　父親期……児童期　Ⅱ　131
　1．父親の子どもへの積極的態度　131
　2．保護者として　133
　3．子どもは対等の仲間　135
　4．対話と約束事　141
　5．父親の世界（社会）との合体　144
　6．子どもの集団化と社会化　147
　7．職業教育　152
　8．教師と子どものグループ　153
　9．より高次の価値体系　156

第6期　父親期……児童期　Ⅲ　158
　1．母親存在，父親欠損　158
　2．両親不和（意見不一致）　162
　3．母親存在，（権力的）父親存在　164
　4．母親欠損，父親存在　166
　5．母親・父親欠損　167

第6期　父親期……青年期　Ⅰ　172
　1．自我同一性　172
　2．就職（役割同一性）　182
　3．母　性　性　186
　4．父　性　性　189
　5．性差の発達　190

6．性の平等　195
　　　7．愛　　情　200
　　　8．友　　情　201
　　　9．結　　婚　204
　　　10．夫　婦　愛　208
　第6期　父親期……青年期　Ⅱ　210
　　　1．第3次分離不安　210
　　　2．欲動の解消　213
　　　3．攻撃性と儀式　215
　　　4．しつけ・約束・教訓　219
　　　5．世界観の成立　223
　　　6．最高叡知者の発見と葛藤　227
　　　7．要　　約　229

第3章　精　神　期 …………………………………… 233

　第7期　第1次最高叡知者期（頭脳・思考期）　233
　　　1．第1次最高叡知者期の成立　233
　　　2．ヘブライズムと創造性　235
　　　3．教育作用　246
　　　4．第1次回心　251
　　　5．最高叡知者　254
　　　6．宗教感情　257
　　　7．宗教分析因子　264
　　　8．第4次分離不安とその影響　269
　　　9．要　　約　271
　第8期　第2次最高叡知者期（身体・行動期ある
　　　　　いは実践期）　271
　　　1．第2次最高叡知者期の成立　271
　　　2．第2次回心　274
　　　3．第2次最高叡知者の世界との合体　280

4．罪と救済　284
　　　5．性の自由　294
　　　6．対　話　296
　　　7．生の意義　299
　　　　a．自我機制　299
　　　　b．存在機制　308
　　　8．愛　314
　　　9．要　約　319

第4章　総論と諸問題 …………………………………………… 321

　　　1．臨床発達心理学　321
　　　2．発達心理学と方法　329
　　　3．発達の統辞と意味　337
　　　　a．はじめに　337
　　　　b．発達の特質　338
　　　　c．統辞論　341
　　　　d．生活の価値　346
　　　　e．要約と結論　349
　　　4．要　約　350

　　　　　　　　　　＊＊＊

あとがき　356
参考文献　358
Summary　366
事項索引　373
人名索引　382

図表目次

I 表

- 表1　胎内生活の3段階での発達的特質は，リズミカルに繰り返される　…… 41
- 表2　段階ごとの特質間の親縁性・多様性・統一性　…… 44
- 表3　胎内期発達区分　…… 44
- 表4　発達段階に現われた統辞律　…… 118
- 表5　第6段階特質構成律　…… 230
- 表6　発達の階層とその特質　…… 262
- 表7　罪と救済　…… 289

II 図

- 図1　生活弁証法曲線　…… 22
- 図2　性週期での脳下垂体と卵巣のホルモン分泌における変化　…… 34
- 図3　原始臍帯　…… 37
- 図4　脳の重量の変化　…… 64
- 図5　身体成熟の発達段階　…… 65
- 図6　恐れの対象の年齢的変化　…… 109
- 図7　恐れの対象の学年的推移　…… 110
- 図8　家庭における母親の役割と父親の役割の相対的な重要性に関する子どもの弁別に見られる年齢的変化　…… 115
- 図9　親に対する要求　…… 115
- 図10　生命体の発生機序　…… 197
- 図11　欲動ヴェクトル　…… 265
- 図12　各種欲動と自己否定欲動の協応　…… 266
- 図13　各種欲動と発達段階　…… 300
- 図14　欲動と各種感情　…… 301

図15	フロイトによる本能の図式	…… 309
図16	生欲動と各種欲動	…… 311
図17	各種欲動と死欲動	…… 312
図18	性格的特質の発達	…… 328
図19	個体（物質）の発達は環境によって規定される	…… 331
図20	素粒子の発達	…… 332
図21	発達の各段階における発達課題	…… 343
図22	表層構造と深層構造との関係	…… 347

緒　　論

1.　問　　題

　人間の発達を，個体の胎内生活史をもって規定しようという試みがなされたのは，本書がはじめてである。それは人間の健全な発達の在りかたを，胎内生活史とそれの延長線上に追究しようとするのである。
　胎内期での個体の発生とその発達史は，はたして心理学の対象となりうるだろうか。すでに生理学的にも，発生学的にもその生活史は精細に研究され，記録されてきている。今さら，これを心理学の対象とする余地は残されているのだろうか。たしかに，多くの研究者は生後の発達に少なからぬ影響を与えるものとして，胎内期の生活に光をあててきている。胎内期を基礎とするというのであれば，なぜ，その影響を跡づける努力がそれほど払われていなかったのだろうか。それのおよぼす影響は具体的にはどのようになるのだろう。胎内発生学とすれば，対象は細胞である。細胞が分裂し，機能を統合し，成熟し，再び分裂を行なうという秩序が個体の誕生後の生活の中にも観察されるだろうか。卵体期では卵は卵巣に依存して成長し，分割卵は卵管内を自由に動いている。子宮内では再び依存の生活に入り，栄養分の供給を一切胎盤に任せて，固定された生活を送るが，この依存―自律―依存という交互の繰り返しが誕生後にも連続するだろうか。つまり，医学的，生理学的にすでに究明された個体の母体内での生活を，今さら，心理学的に解釈しなおすことができるのだろうか。無数の人々が同じく無数の人生観をもって，それぞれの生き方をしているが，胎内生活史によって規定される人生とは一体どのようなものだろうか。そして，その人生は正常・異常のどちらであろうか。また，人間の対人関係，たとえば男と女・父親の存在・宗教現象とい

ったものはどのように解釈できるのであろうか。さらに老人の健康な心理・乳児の情緒といった問題，生と死の問題はどのように解明されるだろうか——とはいえ，本書はこれらの問題に十分に答えているわけではない。本書は，それへの手掛りを与えているのである。

フロイトが性欲は成人の独占物ではなくて，幼児の心身の中にも存在すると宣言して以来，精神分析学者たちはベッドに横たわる精神異常者の症状の診断のみにとどまることに満足しなくなった。そして，その原因を児童期・幼児期・乳児期とだんだんさかのぼって究明するようになった（メラニー・クライン；M. Klein, アンナ・フロイト；A. Freud, ハルトマン；H. Hartmann, サリバン；H. S. Sullivan, エリクソン；E. H. Erikson など）。その結果，最近では，成人の先入観や性障害の原因を，さらにさかのぼって出生前に探究しようとしているのである。具体的には，そのために精神医学者や生物学者たちは，9カ月間の胎児期中にいかなることが起こるかについての研究をはじめることになった。そして，その結果，彼らはその期間中に胎内で身体的のみならず，知的な，そして性的な将来の在り方が作られているということの確信をもつような手掛りを見つけているという。[1]

個体発生と母胎内での生活と，誕生後の生活史とが，一定の法則で構造的に連続しているとすれば，その表わす意義は非常に大きいといわなければならない。発達心理学研究家，精神分析学者たちの行なってきた諸種の乳幼児期の研究は実証的観察に依るものであるとはいえ，その対象である乳児・幼児たちは，あまりにも錯綜した環境刺激に取囲まれていて，しばしば思いもよらない反応を呈することもあった。さらに，乳児・幼児をはぐくんでいる「地」としての複雑な環境のために，「図」としての被験者たちの行動の弁別と解釈を誤ったり，ゆがめたりすることもあった。しかし，今，提出する発達の基礎としての母体内での個体の発達は，しかるべき機会に恵まれるならば，一哺乳類の発達として純生物学的，生理学的に観察が可能であり，それゆえにこそ，科学的な検証に十分に堪えられることを確信する。つまり，誕生以前の生活は先に述べたように単純なパターンとなっていて，実証可能である。誕生後の生活を現象とすれば，胎内での生活史は，まさに物質的であり，実体である。したがって，胎内生活史を，カテゴリーとして，先験的（ア・プリオリ）に扱うことができよう。すなわち，カント（I. Kant, 1724—

1804）の用語を借りれば，誕生後の全生活空間での多様を統合し，統一する際に必要となる（主観的根拠である）悟性の働きの基準となるのである。さらに，胎内・胎外生活史が連続し，ことに，胎内生活史がまさにカテゴリーとしての位置を占めるとすれば，彼の提唱したように，われわれの認識はわれわれの対象となっている事物を，そのままあるがままに把握するのではなく，われわれの主観の中に先天的な形式(カテゴリー)があって，この形式によって，いわゆる対象というものを構成するのであるという「認識論的主観主義」がいまだ健全であるのを知るのである。(2)

　また，ゲシュタルト心理学者であるケーラー（W. Köhler, 1887—1967）の「身体同形論（isomorphism）」を想起せざるをえないだろう。身体同形論とは，ゲシュタルトと呼ばれる体制的存在がひとり心的現象世界に見出されるだけでなく，物理的実在世界にも存在すること，したがってまた，物理学的法則の支配する生活体の生理過程，ことに中枢神経過程にも存するとみる。そして，もしそうだとすれば，現象界に見出される事実とそれに内在する中枢神経過程との間には，対応関係が成り立ちうるという説である。(3)筆者はこの対応関係も断絶した2箇の対象の間にありとするのでなく，すべて連続した対象間の発展的関係として取扱っていくのである。

　生存方法がまた胎内期の生活の延長線上で考えられるとすると，問題は非常に大きい。つまり，生き方，あるいは倫理までもが，観察可能な胎内期の生活史と並列的に，実証的な出来事の延長とみなされる可能性が生まれることになるからである。古典ギリシアの時代より思弁的に思索されてきた人間のさまざまな精神的問題が，このことの徹底的な追究によって一挙に解決するやもしれないのである。

2. 発達とは何か

　発達現象はマクロ的には宇宙物理学的なものから，ミクロ的には微小生物学的な範囲まで研究対象となっているが，本書では，いうまでもなく，人間の発達現象に限定している。しかも，従来の発達心理学では心理学的研究対象としては誕生後の乳児期以降の子どもを選んでいたが，特に，胎内期における子どもの生活的特質を観察し，記述したい。したがって，卵の卵巣内で

の生活と放出，受精後に，分裂が開始され，その成長の過程において，心身の型態・構造・機能などが変化するという発生的見地からの量的，質的な変化を基本的に取扱いたい。そして，ヴェルナー（H. Werner, 1890—1964）が強調するように，必ずしも個体発生的段階に局限されるのでなく，すべての精神的活動の段階的発展について追究するのである。(4) 一般には，発達は単なる存在の概念ではなく，価値概念とされ，単なる変化ではなく，業績や価値の向上が伴う限りにおけるそれをさすことが多い。発達を簡潔に定義すれば，「年齢が進むにしたがって人間に生ずる顕著な構造的，機能的ないし行動的変化の過程である」ということができる。(5) 発達の過程の特徴としては一般的には，(1)連続的な一定の順序を追って進む過程である。(2)連続的でありながら，各時期において，特にある領域の変化が顕著に目だつこと，すなわち発達段階がみられる。(3)分化と統合の過程である。(4)個人差がある，などが認められている。(6) しかし，先に述べたように，細胞の増殖過程は分裂―統合―成熟であるとすれば，(3)はそのように訂正さるべきである。また，(5)発達は，依存―自律を交互の段階に繰り返して発現する過程であるという点，を追加すべきである。つまり，発達は個体の身体内・外部の環境との相互作用を通じて，弁証法的に発達する過程であるとするのである。

分化（differentiation）とは細胞の増殖分裂を意味し，統合とはある程度の分裂により増殖した細胞群が機能的に従来とは異質の作用をひとつのまとまりとして行なうようになることをいい，成熟とは分裂した細胞が次の分裂を行なうに到る内的，外的の量的充実を意味する。そして，人間の胎内・胎外での発達もこれを基本的パターンとして行なわれるとみる。すなわち，人間の発達はその発生より，質的発達と量的発達を繰り返して行なわれる。

自律性（self-regulativity, autonomy）とは細胞が内部環境の恒常性を保つ目的で，自動的に必要物質を取り込み，あるいは有毒物質を排出する特質を意味する。ハルトマン（Heinz Hartmann, 1894—1970）のいう内的な始動力と解してもよい。また依存性（dependency）とは依拠ともいい，個体が存在のよりどころとし，対象とすることである。(7) あるいは，オーズベルのことばを使えば，依存とは対象を情緒的同一化し，準拠とすることで，「衛星化（satellization）」とよんでもよい。(8)

この場合，対象は発達初期は実在的なものであるが，中期は対象は個体に

緒　論

よって直接観察可能でなくてはならないが，イメージ（観念）化されてもよい。後期には対象は必ずしも実在でなくてもよい。

　社会性は個体の発達過程中，重要な概念であることはいうまでもない。人間は個体的存在であると同時に，社会的存在であるともいわれる。社会的発達とは，社会というひとつの全体的な場の中における人間の行動の発達とみてよい。ハーロック（E. B. Hurlock, 1898―）は社会的発達を，社会的関係の成熟としてとらえ，内容的には行動の新しいいろいろの型，すなわち関心の変化，興味の変化，新しい型の友人の選択などを含むとしている。(9) 社会性とは，人間がその周囲の人々との間に織り成す関係，そのうちに現われる意識と行動，これらを総称して社会性と呼ぶ。社会性は次のような意味内容をもっているといわれる。(1)社会性は社会的行動，すなわち，他人あるいは集団・公共の事物・事件・法律や習慣との関係の中で行なわれる行動が社会化されている程度を意味する。(2)社会性は社会的参加の程度を意味する。(3)社会性は人格の特性を意味する。

　その他本書で使用された用語は従来の精神学と重なるものもあるが，いずれもその定義は新しいものである。必要に応じて説明が叙述の中に行なわれている。しかし，「欲動」について，先に述べておきたい。欲動とは細胞（あるいは有機体）における生物学的過程のすべてを意味する語である。それはまた19世紀のアヴェナリウス（R. Avenarius）の認めたあらゆる心理的過程の中にある統一的な系列である。ミュラー・フライエンフェルス（Müller-Freienfels, 1882―1949）はこの系列については，自我の因子を重要視する生命主義の立場から，「自我は能動的に，全体的に，千変万化して働くというように考え」られ，だから，「全体性からきり離して，個々の心的内容を孤立させてみることは，人為的抽象にすぎない。この能動的『自我』は一つの複雑な衝動の体系である。それらの衝動は，さまざまのしかたで，あるいは妨害し合い，あるいは促進し合うような関係をもつ」と説いている。(10) 本書はこの説を認め基礎にしている。フロイトは，エスから自我，自我から超自我というように，線的な発達の上で構造論的な図式を描いたのであるが，本書はハルトマンと同じく，自我は身体的，器官的な根拠をもち，胎外生活を開始してより，いわば，エスおよび超自我とともに，平行的に，その成長を維持するとみるのである。欲動の発現は環境の適当なオーガナイザー（形成者）

15

によってなされ，その成熟度は個体の素質とオーガナイザーの機能の質に依存する。次に本書では，青年期の自然的現象として，宗教意識の発達について述べるので，それに関連した回心，神秘性についてその規定を試みたい。

　回心とは，「個人が自覚的に宗教と関係をもちはじめることを普通『入信』と総称するが，とくに急激または突発的な宗教的覚醒をいう」[11]。しかし，本書では，回心を第1次回心と第2次回心の2種類にわける。前者は，個人が知性的，自覚的に宗教，あるいは宗教的，絶対的存在に関係をもちはじめることと定義し，後者は第1次の回心後，あるいは，時間的にはほとんど同時に宗教的自我の覚醒が，強烈かつ突然になされた場合をいう。したがって，発達的には同じ回心をしたとしても，第1次回心で停滞している個人もいれば，より成熟して，第2次回心を迎えた個人もいるわけである。

　神秘性は同様に2種に分類される。つまり自然神秘性（＝神秘主義 mysticism)と本来の神秘性である。神秘主義の古典的な定義は，E. G. ブラウン（E. G.Brown）等は，「神秘主義は世界中どこでも，基本的には同一のものであり，どんな宗教の場合にも，『自己から完全に脱して 神と融合』したい衝動を，一様にもっていることがわかる」という見解をとっている[12]。筆者もやはり，この見解をとる。自然神秘主義は，人間が自己を脱却する経験形式であるが，必ずしも神との融合を達成するものではない。それはイギリスの偉大な自然崇拝論者 リチャード・ジェフェリズ（R. Jefferies）の体験に示されているように[13]，自然との同一化，融合化に他ならず，幼児期の幼児が母親と一体化していたときの再体験，つまり，ピアジェ（J. Piaget, 1896—）のいう「実念論」あるいは「実在性」の世界にほかならない[14]。ここから呪術の世界への通路は意外に広いのが容易に了解されよう。次に各種の発達理論をさぐってみたい。

3. 発達理論

　発達論とは人間の成長を観察者自身の価値にしたがって規定されて展開されるものである。しかし，価値観は個人により恣意的である以上，各種の発達理論が展開されているのもやむをえない。たとえば，生物学的システムとして価値づけを試みる生物学的システム説，社会学的な人格形成という観点

から考察する社会学的人格説，また，個体と環境との相互作用を通じて，個体が心中にあるモデルを形成し，そのモデルの社会的な承認，不承認を通じて発達するという社会学習説がある。さらに，ブルーナー (J. S. Brunner, 1915—) および，ピアジェの主張する認知発達説，あるいはアメリカの集団心理学という立場からのレビン (K. Lewin, 1890—1947) たちの ゲシュタルト発達説，そして，精神分析の立場からの発達説がある。本書はこれらとは明らかに異なる立場をとるもので，発生学を基礎にした発達説である。ただ，その拠って立つところが異なるというだけで，時には，大幅に精神分析の説を援用したり，社会学習説を展開の 必然的な結果として 採用している。次に，以上のうちで比較的，類似度の高い精神分析の立場にある研究者の理論を検討してみたい。もちろん，筆者の立場はそれで明らかにされよう。

4. 精神分析学

　精神分析学の泰斗であるフロイト (S. Freud, 1856—1939) は人間の精神発達を次のように 6 段階に区別した。つまり，口唇期・肛門期・エディプス（男根）期・潜伏期・思春期・性器期である。口唇期から潜伏期までを前性器期，思春期と性器期を性器期とし，その全体を，リビドーの体制化，あるいは心理性的発達とした。筆者の図式によれば，フロイトの口唇期に対して同じく口唇期，肛門期とエディプス期の両者に対して歯牙期，潜伏期と思春期に対して手足期，性器期に対して頭脳期とし，すべて，彼の汎性欲的観点に対して，汎栄養摂取器官的観点を前面に出したものである。さて，この口唇期について，彼の弟子，アブラハム (K. Abraham, 1877—1925) はさらに 2 期にわけた。初期の単に与えられて受容するという時期，次に歯生の時期で対象を噛んで奪い取る時期の 2 期である。本書ではこの説には全く反対の立場にある。口唇期は，乳児は空腹時には乳房を求めて必死に泣き叫ぶ。もし母親が傍にいなくて，授乳が遅れたときなど，特にその騒ぎはひどい。しかし，念願の乳房が口に含ませられたときの乳児の満足そうな，嬉々とした全身的な表情は，獲物をやっと手に入れたという表現そのものである。乳房にしっかりと吸いつき乳を吸飲する様子を見ていて，乳児は単に与えられ受容するのだと断定できるだろうか。その他，乳児の示す，常に手に触れるもの

はすべて口に運びねぶり回し，飲み込もうとする，いわゆる「取り入れ」行動は，なによりも，受容性というよりは奪取性を表わしていると見る方が妥当である。

　また，歯生以後のいわゆる幼児期（歯牙期）は歯が栄養摂取の中心器官となる。アブラハムは乳児期後半の短期間にそれを見ているが，本書では，いわゆる，肛門期，エディプス期を通して歯牙期と考える。彼はこの歯牙の咬合するという機能，特に乳児が母親の乳首を噛むという行動から，攻撃的な時期と呼ぶ。しかし，この時期は，母親の養育行動（nursling）によって幼児は育つときである。養育行動は養育者の一方的な計画，一方的な配慮が幼児の欲望・欲求に先行してなされるべきであり，後者が前者をしのぐことは許されない。幼児は与えられた衣服を着け，与えられた食物を「よく噛んで」嚥下しなければならない。猛禽類の奥歯も草食性哺乳類の奥歯もすべて咀嚼用のもので，どの動物にも共通の器官であり，決して攻撃用ではない。前歯はその補助である。肛門筋の統制された姿こそ，幼児の受容的な生活を特徴づけるものであり，その全体生活は受容性を示していると考えられる。

　フロイトもそうであるがフェレンツィ（S. Ferenczi, 1873—1933）は，母親の胎内期を最も安全なときと考え，自我発達は，幼児が現実の接触からくる万能感の喪失によってなされると主張している。母胎内ですべてを満たされていた個体は，出産によって，胎外に放出される。そのときに，胎内での万能な状況に比して，呼吸も，栄養摂取も，その他，すべてが自己の意志のままにならない。この出産の第一歩が幼児的万能感を傷つける現実感のはじまりであるとする。オットー・ランク（O. Rank, 1884—1939）も同じ主張である。そして，フェレンツィはこのことを基礎にして，現実感の発達を体系化している。[15]

　筆者は胎内生活を，卵体期・胎芽期・胎児期の3段階に区分している。そして，それぞれの段階にはやはり，安全で万能な時期と，不安定で，抑圧され，自由にならない時期が交互に現われることを観察している。つまり胎内は決して，彼らが主張するように万能な場所ではない。胎内期はやはり個体にとってはそれぞれの段階で現実であったので，胎外の現実感の体系化も，このことを抜きにしては意味はないだろう。

　次に，精神分裂症患者への関心から発達理論を構成し，さらに対人関係論

緒 論

を展開した学者にサリバン (H. S. Sullivan, 1892—1949) がある。彼の発達論の中心は幼児期（生後から意識行動の能力の成熟まで）であり，ことに母親と子どもとの関係を重要視している。自己に関する人格像の原型はサリバンによると，いかなる母親（あるいは母親代理の養育者）との心理的共感的交流をもつかにかかっているという。そして，子どもの認知の対象は出生直後は，母親自身ではなく，幼児の眼前の乳首であり，乳房である。この乳房は幼児の安心感を満足させてくれるものであり，幼児はここから，安心感（後にエリクソンはこれを信頼感という）が伝達されるのである。[16]

これは，筆者の立場と全く同じものである。胎児は子宮をその安心感あるいは万能感を得る対象とするが，出産後は乳房をその対象とすると考える。ちなみに，筆者の構成した万能感の対象の系列は，卵巣―卵管―子宮―乳房―母親―父親……である。したがって，もし強いて併読書を要求されるならば，彼の著書をまず推薦申し上げることになろう。[17][18]

自我心理学を発展させ，現代精神分析学の代表的な理論家として知られる人に，先にもあげたハルトマンがある。かれは，精神分析的な心理学を，いわゆる深層心理学から自我心理学へと発展させたが，特に自我の働きを防衛のみならず適応という観点から理解する。そして適応を自我の発達にそって解明し，広く正常な精神発達を精神分析的に理論づけることに成功した。[19]特に，フロイトの観察にもあったが，自我の発達・パーソナリティの発達には，発達の前段階にもどるということが，器質的な障害を受けなくともしばしば，発生する。これを退行 (regression) として，ハルトマンは，発達の正常な方向を考察するうえでも重要であるとしている。本書でもこのハルトマンと同じ立場にあって，退行現象を解釈していきたい。そればかりか，本書では現在，問題になっている老人心理を退行という概念で考察しようとしているのである。

自我心理学の展開に大きな貢献をなしている学者として，エリクソン (E. H. Erikson, 1902—) があげられる。特に自己同一性理論は注目されるものである。彼の「幼年期と社会」の基本的観点は次のようである。

(1) エリクソンはいう。「精神分析的手法は最初は，精神障害に焦点を合わせたので，葛藤発見の方法となった。しかし，最近ではその障害，障害発生の条件のみならず，自我が社会組織へ根を下ろしていく過程を研究する方

19

向に展開しつつある。精神分析学的方法は本質的に歴史的方法である。これは個人の心理的進化を個人をその人生の周期の各生活段階について研究するものだ……」と。[20]

(2) このような基本的観点に立ったエリクソンの自我発達理論は，いわゆる心理・社会的発達の理論であって，その人間を，精神—身体的，対人関係的社会・文化的，歴史的な多次元的存在としてとらえ，その統合の主体を自我と考える。

(3) しかもこのような自我の心理・社会的発達の理論は，生物学，とくに胎生学からかりてきた後現説（または現成説，epigenesis）の考え方に立っている。つまり，自我の各発達段階は，一定の秩序と順序をもって次々に出現し，各段階ごとに，とくに優勢支配的な機能，能力，関係の様式が特徴づけられ，個体の環境への適応を可能にするような一定の成長と発達のリズムによって規定されている。

(4) そもそも精神分析学は，フロイト以来，精神の構造と機能の中核を形成する時期としての，乳幼児期（5歳ぐらいまで）の精神発達を，初めはリビドー発達論の形で，ついで自我発達論の形で解明してきたが，人間の精神生活そのものは，決して幼児をもって終結するものではないから，出生より死にいたるまでの自我の行方を歴史的，社会的世界にいて追求することが，当然の課題となる。エリクソンは，このような人間の生活段階の推移を人生の周期（life cycle）と名づけ，それぞれの年代における発達上の課題をあきらかにしている。

そして，エリクソンは，この基本的見地について，「従来の精神分析学では，乳児期の葛藤や固着が，その後は変装された形で，繰り返し再演されると考えられてきたが，今後われわれは，このようにして乳幼児期に発達した自我が，社会の組織，歴史上の各文化・各時代の中でどのように根を下ろして価値的な発展を遂げるかを理解せねばならない」と述べている。[21]

本書は(3)を除いては，他のエリクソンの立場と全く同一の立場にあり，随所に彼の主張を支持する論を展開している。(3)についていえば，彼は後現説をとっているが，本書は epigenesis でなく，pangenesis の立場に立つものといえよう。したがって，エリクソンの提唱した「八つの年代」と，pangenesis から構成された本書で後に現われる「八つの段階」とは本質的に相同し

ないものである。エリクソンは上記以外に，世界的に流行した自我同一性と相互性理論を説えているが，本書では双手を挙げて受入れるものである。ただし，前者についてはいくらか生物学的な取り扱いをして，いくらか差異があるので，本文中に詳細に説明してある。

5. 本書の成立へ

　以上述べた精神分析学的立場とは別に，ホール（G. S. Hall, 1846—1924），ゲゼル（A. Gesell, 1880—1960），デニス（W. Dennis）らは，生物的発達論を中心において論を進め，わが国の武政太郎，津留宏にもそれをみることができる。また社会学的，文化人類学的見地から，ヴント（W. M. Wundt, 1832—1920），レヴィン（K. Lewin, 1890—1947），ミード（M. Mead, 1901—1976）は民族による諸特性の相違を述べている。本書では，生物的な視点で，誕生後の身体発達や生理現象の統計資料をもって，そのまま発達心理学とはしていないが，文化人類学の原始社会での発達の記録資料は，次に述べるヴェルナーのように尊重したい。

　ヴェルナー（H. Werner）は未開人と文化人，児童と成人の精神構造を比較し，一般的な発達の原理を見出そうとした。発達の各段階は全体として，それぞれ一定の構造をもっているが，幼児は成人より全体的で，分節の構造が少なく，年齢とともに細かく分節しつつ構造も複雑になる。すなわち，ヴェルナーは，精神発達は複合・渾沌・朦朧・不確定の形態から，分離・分節・明確・確定の形態へとなされると考えた。つまり特殊領域の発達法則を比較し，低次な心性・高次な心性の特質をあきらかにし，その一般法則を研究するのを目的とした。したがってこの場合個々の特殊領域は並列的に考察されたが，その方法には見るべきものがあろう。

　西平直喜の引用によればキュンケル（F. Künkel）は性格学的に各段階は客観と主観・外向と内向が交替するとして，生活弁証法曲線を示しているという。個体が心理エネルギーを主として客観的外界に向ける乳幼児期・児童期・成人期と，主観的内面に向ける幼児期・青年期・（老人期）が考えられるとしている（図1）。つまり彼によれば，幼児期の内向化は，自己中心性・アニミズム・童話の世界として現われ，青年期の内向化は，自然感情の高揚・悩

み・疎外感・自我同一性の混乱として現われるとしている。

図1　生活弁証法曲線（Künkel，牛島，西平）

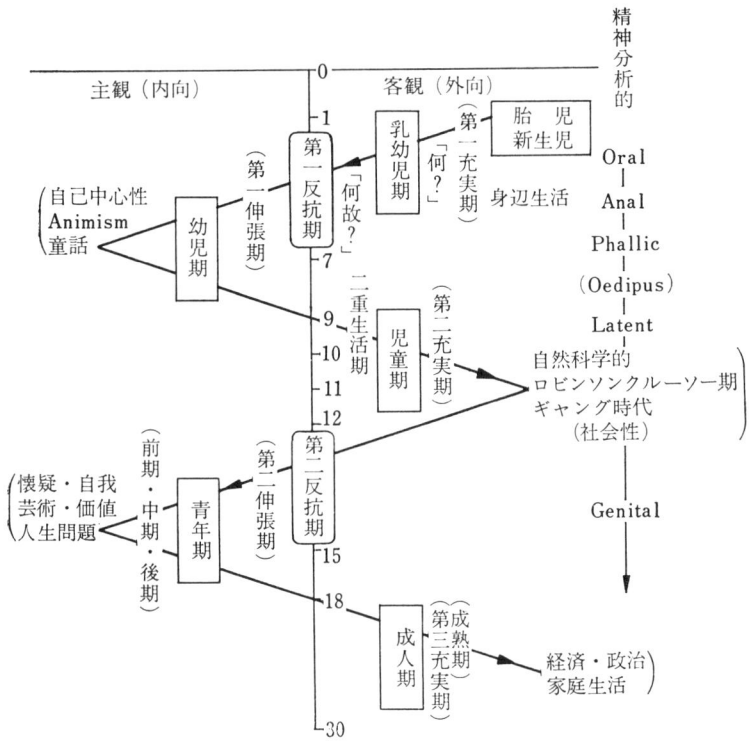

　実は筆者の提唱する胎内期にもとづいた発達心理学は，キュンケルのこの図式を母親の体内での個体の単純な生活史にまで延長したものにすぎない。彼は個体の各段階での諸種の特質を統計的に処理し，図式化したのであるが，この図式を胎内の個体の生活を生物的，心理的に統計化し，解剖学的に調査した結果によって，裏付けしているわけになる。ただし，彼は，客観―主観（外向―内向）の交替をもって統一の主要素としているが，筆者はこれを，依存―自律の交替として理解したという点で相違している。そして，前者では胎内期まで連続しないが，後者ではそれが可能であったということである。

緒　論

6. 宗教意識の発達

　宗教については，わが国ではいささか，アレルギー反応が強いので，本論に入る前にいくらか心理学的に考えてみたいと思う。
　まず宗教意識について，これを概観してみたい。ここは，ほとんど，『新教育心理学事典』（金子書房，依田新監修）から引用させていただく。

　　宗教意識は，社会意識や道徳意識と同様に，個人の精神的成長と，彼に加えられた宗教的感化や宗教教育に伴って，単純・未分化なものから，高度に複雑・分化したものへと発達し，また個人の内外の条件に応じて変容したり崩壊したりする。幼児期・児童前期では，無生物の中にも霊魂が宿っていると考えるアニミズムや呪術性や，親から聞いたままを信じて行動する軽信性や，聞いたことの中から自分の知っているもの，わかるものだけを取り出して意味を与える自己中心性などの特徴を挙げることができる。児童後期では，因果応報・地獄極楽などの道徳性を帯びた宗教意識や，試験や家族の病気などに際して真剣に祈る現世利益的傾向や，祈ってもきいてもらえなかった経験や自然科学的知識の発達に基づく懐疑的態度が目立つようになる。しかし，場合によっては，神仏を知ることや信じることに確信がもてなくても，その温かさを感じ，自身や他の人々において働く神の愛や仏の慈悲に深く感銘したり，それらを求めて自発的に祈ることもある。思春期に入るころから，一般には自我意識が成長してきて，宗教的権威やドグマ的な教理や宗教教育に強く反発するようになり，16歳ごろがその頂点となる。そのまま宗教を離れ，他の価値観・人生観に移ってゆく者は多い。他方，自分の中の精神的葛藤や人生に関する不安を体験することによって，それらを克服するために，何か偉大な力を求めて新たな宗教意識に目覚めたり，もとのそれに復帰することがある。1949年の近藤勝の調査では，神を信じているものが，小学6年で91.7パーセントあり，これが中学1年の86.6パーセントと緩やかに減少し，それから高校1年まで急激に減少して20.2％となるが，その後また少し増加して，高校3年では25.7パーセントとなっている。
　　ホリングワース（L. S. Hollingworth）によれば回心・入信などの宗教的覚醒は，精神年齢が12歳以上に達している場合に起こり，オーズベル（D. P. Ausubel）も，知的成熟がその主条件であるといっている。これらは宗教意識の発達には青年期の生理的変化（性的成熟など）が主条件だと見なしていた従来の通説を覆して，今や定説となった。
　　宗教意識が自覚的なものとなり，明確な宗教的価値体系に達する年齢範囲は，これまでに同じ年齢の研究として行われたものを総合すると，男子15～25歳，女子14歳～17歳で，その頂点は16～17歳ごろと見られる。京都大学の1954年の調査でも，254名の平均回心年齢は16.38歳であった。

しかし，青年期の宗教的関心は一応あるにもかかわらず，かなり明確な宗教意識を持っている者は，各年齢段階を平均して30パーセント前後にしかすぎない。しかもそのうちには，呪術的・自己中心的な宗教意識を見出すことは珍しくない。現世利益と結びついている場合が多いこともよく知られている（文中傍点は筆者による）。[24]

7. 宗 教 心 理 学

宗教的行動及び宗教経験を対象として研究を行なう心理学の一分野である宗教心理学は，宗教を社会的な場における人間の生活行動・生活経験の一様相として考え，その外面的行動様式とともに，内的心理過程・心的機制を心理学的方法を用いて解明しようとしてきた。

宗教心理学は，1890年代から1920年代の終わりまで，アメリカを中心にイギリス，ドイツ，フランスでも一時大いに興隆した。その時代を前期とすると，そこでは，(1)質問紙や手記による方法がスターバック（E. D. Starbuck）やホール（G. S. Hall）によって試みられ，(2)自叙伝・日記・告白などの手記による方法が，ジェイムズ（W. James）らによって試みられた。心理学における行動主義の勃興とともに，一時下火になった宗教心理学は，1930年代に入って，人格心理学や社会心理学の展開によって新しい視角を得，オールポート（G. W. Allport）や，フロム（E. Fromm）などの活躍を見た。最近の研究者としてジョンソン（P.E. Johnson），クラーク（W. H. Clark），グレンステッド（L. W. Glenstead）や，わが国では，今田恵，岡道固らをあげることができる。[25]

次は，先にあげた宗教心理学者として，現在，英国で活躍中のスピンクス（G. Stephens Spinks）による『人間心理と宗教』(1963)の序文より，引用させていただくことにする。

「W. ジェイムズがその著『宗教経験の諸相』について論じたとき（1901—1902），彼はこれによって，宗教心理学に比類なき貢献をなしたばかりでなく，その後，半世紀間に現われた大多数の研究のパターンを定めた。『宗教経験の諸相』の影響力は，このように大きく，そのため，この問題について書こうとするならば，今日でもなおその著の中でジェイムズが引用した原資料や彼の考え方を大幅に用いなければならないほどである。つまり，上にあげた研究者たちは，その著作が英語圏で非常に高い評価を受けているけれど

も，それも実は，ジェイムズが示した一般的なわく組の範囲内での貢献にすぎないのである。ジェイムズは，広範囲の人間活動から引き出した様々な経験を用いたのであるが，これは彼の論じている問題を系統的に示したばかりでなく，それはまた眼識ある批評家が，そのような研究を『逸話的パターン』と呼ぶものを確立した。

別の研究方法は，時が経過するにつれて必然的に現われた。すなわち，E. W. マイアーズは，『閾下自我』(the Subliminal Self) ということを主張した。これに対して，ジェイムズは，「人間の本性を構成している全く疑う余地なき特質」を明らかにしたものとして，あたたかく迎え入れた。

さらに別の新しい研究方法が数年後に現われた。これは，『トーテムとタブー』という題で一冊の書物にまでなった。この書物の中で，著者フロイト (S. Freud, 1856—1939) は，初めて宗教，人類学，無意識の概念，精神撹乱現象などの驚くべき結合を企てた。これは多くの反論を湧き立たせたが，それゆえに，宗教の心理的性質に関する根本的性質に関する根本的な再評価がなされるようになり，このことは，より伝統的な心情をもつ心理学者の多くの結論を，実質的に書き改める必要があるという結果をもたらした。心理学者でなく，英国の著名な人類学者であるジェイムズ・フレイザー (J. G. Frazer, 1854—1941) は，すでにそのような必要性を感じていた人であった。彼は予言的に次のように述べている。世界の諸宗教は，もはやその真実性や虚偽性の角度から見られるのではなく，『人間性の他の諸側面と同じように，意識現象として見られる時が来るであろう』と。」[26]

そして筆者は本書こそこの予言に応えるものであると思うのである。さて，やっと次に筆者のとるべき方法について述べるときになったようである。

8. 論証の方法

コント (A. Comte, 1798—1857) がいうように，中世の神学も，近世の形而上学も，それらは人間の複雑な現象に対して，特有な漠然とした身勝手な説明を行なってきた。しかし，それも，やがて非常にむなしいものであることが，自然に明らかになってきた。その結果，人間は「その努力を，本当の観

察という分野にしぼって向けることになる。観察こそ,人間の現実的欲求に正しく合った知識,真に追求可能な知識のための唯一の基礎となり得るものだからである」(27)。当然のことながら本書もこの観点に立脚し,観察を基礎として論証するべく,つまり実証的論証をなすべく努力をした。

　筆者は生物学的,物理学的観察の対象を個体の母体内における生活と生活関係とし,それを作業仮説として選び,精神分析的欲動論を副次的手段として用いた。論証法としては弁証法的なそれを利用した。それは,ヘーゲルのような精神的対立と止揚をもって統一をはかろうとするものではなく,よりマルクス的である。マルクスは否定という概念で段階の転化を表現し,古い形質は消失し,新しい形質が統一するとしている。これに対し,筆者は,否定の概念のかわりに「交替」あるいは「転化」なる概念を用い,「統一する」という語は,ときには「秩序づける」という概念を当てた。なぜならば,二項の対立形質中,新しい形質が古い形質と交替したとき,古い形質のもつ機能は新しい形質の中で,より効果を発揮して,新しい形質を支えてゆくとみた。秩序づけることは決して,古い形質を否定し去ってしまうものではない。この意味で,筆者の弁証法はマルクス的でもない。また,ヘーゲルは段階から段階への過渡期を認めなかったが,マルクスはこれを認めた。マルクスはその中に認められる諸特質を変化の過程として捕えたが,それらの間にみられる(カントの用語を借用すると)親縁性・多様性・統一性を肯定しなかった。しかし,筆者は,それらの親縁性・多様性・統一性こそ,各段階の生活と全構造と機構を統一するもの・人間を人間たらしめるもの・人間性の真実を見極める鍵となるものと見たのである。さらに筆者は各段階での生活の意味は,こうした形質の統辞論的,意味論的分析にて明らかにされることを認めたのである。この意味で本書で使用された弁証法は全く,マルクスに似て非なるものである。以上述べた方法にしたがえば,個体の誕生後の生活の論証結果は筆者のみならず,筆者以外の誰によっても同じものになることはたしかである(28)。

9. 先験科学か経験科学か

　心理学の研究について,常に問われている問題は,それが経験から独立し

緒　論

ているのか，経験的な事象であるのか，あるいは理論にしかすぎないのか，統計処理的なことなのか，また「かくあるべし」(Sollen) という規範の学であるのか，「現実はこれこれである」(Sein)，「こうならざるをえない」(Müssen)，「こうあることができる」(Können) という存在の学なのかということである。前者は先験科学的であるのか，後者は経験科学であるのかという問に置き換えられよう。そこで黒田正典氏のことばを引用させていただく。

　先験科学のよい例は数学である。数学では定義された記号の間に展開される規則的関係が，数学の前提，すなわち数学的定義と公理に矛盾しない合理的な体験として作られればよいのである。それが経験の事実に一致しなくともよい。これに対して経験科学では，概念から組みたてられた理論の内部に矛盾がなく，論理が一貫するだけでは，正しいとはいえない。その理論が経験に与えられた事実と一致しなければならない。そこに観察・観測・実験・調査が必要となる。経験に与えられる事実との一致がまだ確かめられていない理論は仮説といわれる。

　そこで，胎内の生活史に基づいていささかの狂いも歪みもなく理論化した発達の過程は現実の人間のそのままの生活であるのかどうかが問われることになる。それとともに，逆に，統計処理されて捻出された結論は現実の人間に対してどのような価値を与えてくれるものだろうか。そこに青年の真の生存が語られているのだろうか，あるいは，生きがいを発見させてくれる手掛りが隠されているとでもいうのだろうか。シュペングラー (O. Spenglar, 1880—1936) は主著『西洋の没落』にて，死んだ形態を把握する手段を数学的法則に，生ける形態を理解する手段を有機的類推に求めた。歴史は出生・死・青春・老年・寿命といった現象をもつこと，つまり，一般的な伝記的原形があらゆる歴史的事象の基礎となっていることを説いている（彼のこの方法は型態論と呼ばれている）。各時代を考えてみると，ギリシア時代は学問・芸術で特徴づけられ，中世はローマ教皇で象徴される宗教で特色があった。近世は絶対主義で印象的であり，現代初頭は産業革命と帝国主義である。こうした歴史的事象は（その運動は）ある文明では一回性のものである。つまり，時代ごとの特質を法則化することができたにしても，その法則はその時代にしか適合せず，次の時代にはまったく異なった法則が機能している。中世に是とされた免罪符は現代では冗談の種にはなるが決して人々の生活を規制するものではない。資本主義を主張してもそれが社会主義国では決して人

人の賛同を得るものではない。大量に殺人すれば地位が保障された時代はあったにしても，現代ではそれは非人道的だとして排除されるしかない。しかし，いずれの場合にしても，一度は，それが是とされ，法律とされ，実態とされていたものである。あるいはまた，逆の場面もある。それは思想・技術が時代を超越していた場合，つまり預言がなされた場合である。その時代には受入れられなくとも，その唱道者の死後，急激にもてはやされることがある。しかしそれも，間もなく次の法則にとって替わられてしまう。また文化圏が相異した場合，一方では受入れられる学説も他の文化圏では拒否されてしまう。東洋医学と西洋医学，あるいは（例は適当でないかもしれないが），易学と心理学との対立が挙げられよう。こうした対立は，弁証法的に新しいものが主導権を握って，統一されてしまうのであるが，いずれにしても，統一された古いものも，かつては，その時代にあっては存在価値があったことには変わりはない。したがって，われわれ，人間の心理を取り扱う者にとって，一考を要することは，統計的に処理された結果は，何ら，人間の総体的特質・行動を表現しているのではなく，その時代における，あるいはその文化圏における人間の傾向にしかすぎない。歴史は有機的に発達しているとすれば，その時代での統計的な結果は，その時代の一瞬の間の，ある小集団の傾向にしかすぎない。それゆえに，その結果は一千年以前の人間の傾向とは全くかけ離れたものである。ギリシア時代の人々の特質は，現在には適用されないのである。しかしながら，もし，各時代の人間の特性が，歴史的に一貫した統計法によって処理され，記録されているとすれば，有機体としての一つの文化の発達的特性が，あるパターンをとっていることが，判明しよう。（先に挙げたシュペングラーの説の有力な裏付けとなることは確かであろう。）さらに，それだけでは科学的，実証的であるとはいえない。地上のあらゆる文化圏でのデーターを収集しなければならない。その時，はじめて，文化の発達における法則――どの文化にも普遍的な法則を帰納的に得られるにちがいない。したがって，くどいようだが，一時期の人間行動の観察とその統計的処理のみでは，人間の行動特質，あるいはパターンは発見することは至難の業といわなくてはなるまい。文明は生生流転し発達する。統計的，実験的処理はだから歴史性がなくてはならず，したがって時代的であってはならないのは当然である。現在のように実験のみに終始する限り，単に

緒　論

カオスの海から，海水をカップで秤っているにすぎず，海水の成分分析にはなっていないのである。混迷は混迷を生むのみである。これに対して，自然科学では，その対象とするものは，もちろん自然現象である。そして，自然現象はマクロ（巨視）的（宇宙物理学的）には進化・発展しているが，一回限りである。それでいてミクロ（微視）的（力学的）には，ほとんど恒久的である。ミクロ的には一回限りでなくて，無限にその現象は発生する。しかし人間の現象は発達的で，一回的である。つまり，人間の行動はミクロ的でなく，それ自身，一つの宇宙現象として，マクロ的に考察の対象とすべきなのである。実験と統計はこの意味で原則的にはミクロの世界の研究法であり，これを，そのまま，マクロ的な人間の行動に適用すべきなのであろうか。マクロの世界の運動法則，「相対性原理」は決して，実験事実からモデルを組み立てたり，理論的説明を展開されて発見されたのではない。それは，最も基本的な原理における革新を導入して，そこから全く新しい理論的展開がなされて，その発見に到ったのである。[32] しかし，アインシュタインは，そのために初歩的統計力学的考察をもって，その中心的役割を果たすものとしたことは注目に価いしよう。つまり，基本的な原理における革新をもたらすためにも，それは大きな役割を果たしたのである。人間の発達の法則を発見するためにもやはり，この革新への手がかりが必要であるということである。その手掛りはいくらもあろう。筆者はこの手掛りを発達の初期，つまり個体の胎内における生活に求めたのである。胎内の生活における個体の発達過程の詳細な観察こそ，人間現象をマクロ的にとらえる基本原理を与えてくれるものと考えるのである。アインシュタインが力学を基本的要素であり普遍的であると考えたように，筆者も胎内期の生活史こそ，種族・民族・文化圏を越え，さらに時代を超越して基本原理として考察するのである。したがって，胎内期における生活史の型態が生後にも繰り返えされるという論理的帰結は，それが現代の人間の心情とその場限りの実態をとらえようとする統計結果に一致していなくても，発達的人間観からみれば，やはり事実であると見ることができる。この時代に合致しなければ後の時代にそれが期待できよう。現ヨーロッパ文化圏にそぐわなくとも隣接する文化圏に受入れられるかもしれないのである。

　次に問題となることは，人間は自己自身を客観的対象と扱うことができる

か否かということである。伝統的には，人間性という全体的概念は科学的な認識の対象になることはないといわれていた。そして，その裏には，人間存在に対する科学的認識は，常にある位相に限られた認識にとどまるという理解があった。シュプランガー（E. Spranger, 1882—1963）は「青年の心的生活の認識を目的とする哲学者や心理学者ですら，その時代とその民族のこうした精神的媒質の中に非常に強く入り込んでいるために，たとえ彼の歴史的，文化的意義が相当な広がりを持っていても，彼はそれを全く超越してしまうことはできないだろう」(33)といった。つまり，人間性理解への不可知論の提唱である。しかし，これも，観察者自身，胎内期の生活史を客観的に処理する限り――胎内の生活に一度成熟した人間ならずとも，乳児ですら入ることはおそらく不可能であろう――誕生後の乳児・幼児・児童・青年の，あるいは成人の心的生活をあくまで客観的に認識することが可能なのである。このことを否定しようとすれば，人間の胎内期の生活に目を閉じなくてはならず，もし，そうならば，否定者自身の存在さえ危ぶま（否定さ）れるのである。これはジレンマである。この意味で観点を変えれば，本書の立場は実証にもとづいた先験科学とも，規範科学ともいえるのである。

10. 仏教・ユダヤ教・キリスト教

　西洋の文化は宗教を全面にして絶えず揺れ動き，生成変化・発達する。この変化のパターンは（直観的な言い方で申しわけないが）まことに胎内期の変化の律動を組入れたものとなっている。ところが，東洋の文化，ことにその中心となる仏教にあっては，この解釈は全く成り立たない。全く静止しているかのようで動いている。色即是空，空即是色。仏教を人間の精神発達過程に位置づけようと試みるが，成功しない。幼児性があるかと思えば最高の発達段階の特徴をもつ。青年の心的特性に類似すると思えばニルヴァーナ（胎内）への復帰願望をもっている。対立する諸要素をすべて調和させて維持しつづける。調和でなくて融合である。法則が内包されているようだが変化の法則が不明である。一体，仏教の原点は何であるのか。

　これに反し，ヨーロッパの文明は変転極りない。むしろ宗教がその変化の触発者，あるいは，原点にあるようである。ヨーロッパ文明を支え展開しき

緒　論

たったものは，ヘレニズムとヘブライズムであり，ことに後者については一応，キリスト教の存在があげられねばならない。そして，さらに，キリスト教といえばその母体であるユダヤ教についても考えられなければならない。したがって，本書では宗教としては仏教はあまり取扱わないで，ユダヤ教とキリスト教のみに限定した。回教については筆者の不勉強のゆえに論及することをしなかったことは，お許し願いたい。

11. 発達区分

本書では胎内期として，卵体期・胎芽期・胎児期を順に配した。誕生後は，乳房（乳児）期・母親（幼児）期・父親（児童・青年前）期・超越者あるいは最高叡知者（青年後）期・第2次超越者あるいは第2次最高叡知者（成人）期とした。それに付随する事柄，たとえば「愛」「自我同一性」といったものはそれぞれ関連ありと思われる段階で，説明しておいた。論述はこの順に行ない，最終篇には，総合的，概括的に臨床発達心理学を論じた。

注
1. Laing, R. D., *The Fact of Life*, London: Allen & Lane, 1977.
2. カント, I., 篠田英雄訳『純粋理性批判』上，岩波文庫，1974 (15 th ed.), p.33. (Kant, I., *Kritik der Reinen Vernunft*, B. XVI.)
3. ケーラー, W., 吉岡修一郎訳「静止及び定常状態における物理的ゲシュタルト」『ゲシュタルトの根本原理』内田老鶴圃，1935. (Die physischen Gestalten in Ruhe und im stionären Zustand, 1920.)
4. 「発達」『教育心理学新辞典』牛島義友他編，金子書房，1968, p.752.
5. 「発達」『哲学辞典』林達夫他監修，荒川幾男他編，平凡社，1971, p.1103.
6. 牛島義友, op. cit., p.752.
7. Hartmann, Heinz, Essays on Ego Psychology, 1964.
8. Ausbel, D. P., Schiff, H. N. & Gasser, E. G., A preliminary study of developmental trends in sociempathy: Accuracy perception of own and other's sociometric status, *Child Developm.*, 23, pp.111–128, 1952.
9. ハーロック, E. B., 小林芳郎訳『児童の発達心理学』誠信書房，1972, (*Child Development*, New York: McGraw-Hill Book Co. 1964.)
10. 黒田正典『生活心理学』第1巻，未刊行
11. 星野命「回心」『新・教育心理学事典』依田新監修，金子書房，1977, p.68.

12. スピンクス，G. S., 久保田圭伍訳『人間心理と宗教』大明堂，p. 170. (G. Stephens Spinks, *Psychology and Religion*, London : Methuen & Co. Ltd.
13. loc. cit.
14. 大伴茂『ピアジェ幼児心理学入門』同文書院，1971 (3rd ed.), pp.191—198.
15. 鑪幹八郎「精神分析と発達心理学：エリクソンを中心に」『発達の理論』村井潤一編，ミネルヴァ書房，1977, pp.166—167.
16. ibid., pp.171—172.
17. Sullivan, H. S., *The Interpersonal Theory of Psychiatry*, 1954.
18. ———, Clinical Studies in Psychiatry, 1956.
19. 「ハルトマン」依田新編，op. cit., p.973.
20. エリクソン，E. H., 仁科弥生訳『幼児期と社会』みすず書房，1977, pp.3-4.
21. 小此木啓吾『現代精神分析2』誠信書房，1971, pp.177-178.
22. Werner, H., The Concept of Development from a Comparative and Organismic Point of View (D. B. Harris, *The Concept of Development*, 1957.).
23. 西平直喜『青年心理学』現代心理学双書，共立出版，1973, p.11.
24. 星野命「宗教意識の発達」依田新監修，op. cit., pp.376-377.
25. 依田新監修『宗教心理学』ibid., p.377.
26. *The Gorgon's Head* (1927), pp.281—282.
27. コント，A., 清水幾多郎監修，霜生和夫訳『実証的精神論』中央公論社，1970, p.156.
28. ウェーバー，M., 尾高邦雄訳『職業としての学問』岩波文庫，1973 (38th ed.), p.68.
29. 黒田正典編『教育心理学』朝倉心理学講座，朝倉書店，1970 (8th ed.), pp.28—29.
30. ibid., p.29.
31. シュペングラー，O., 村松正俊訳『西洋の没落』五月書房，1976（縮約版），p.17. (Spengler, Oswald, *Der Untergang des Abendlandes*, 1922.)
32. 「アインシュタイン」『哲学事典』林達夫他監修，平凡社，1976 (7th ed.), p.4.
33. シュプランガー，E., 原田茂訳『青年の心理』協同出版株式会社，1973, p.22.

第1章

胎　内　期

　卵および受精卵，胎児が母親の胎内にいる期間をいう。胎内期は，第1期・卵巣期，第2期・卵管期，第3期・子宮腔期の3期にわけられる。

第1期　卵巣期（接合・拡散期）

　卵が卵巣内に卵胞とともに埋没している期間をいう。

　母親自身がまだ胎児であったころ（受精第3週ころ）から体細胞より性細胞が分離し，原始性細胞を経て，胎生期に精原細胞，または卵原細胞となる。母親が青年前期に達したころ，卵母細胞になっていた性細胞は2回の分裂により第1次卵母細胞を経て，第3次卵母細胞に転身する。そして，脳下垂体前葉から分泌された卵胞刺激ホルモン（F. S. H.）が卵胞と内壁に接合している卵の発育を促す。こうして卵は卵巣内に埋没したまま，あるいは密着（attach）したまま，発育する。

　卵胞が成熟に近づくと，卵胞からは発精ホルモンであるエストラジオールが分泌される。このホルモンが脳下垂体前葉を刺激して黄体形成ホルモン（L. H.）の分泌を促し，さらに黄体形成ホルモンが一定量に達すると排卵が起こる。この F.S.H. の分泌から排卵までのメカニズムは全く必然的であり，偶然の入り込む余地はまったくありえない。そして，F. S. H. の作用は卵胞とともに卵を育てることであるが，L. H. の作用は卵胞から卵を放出することである。つまり，ここに F.S.H. の作用の中に，F.S.H. の作用を否定する要素である L. H. の分泌を促していることになる。したがってここに，「古きもの」と「新しきもの」の対立，そして，F．S．H. のもつ自己否定的な

図2 性周期での脳下垂体と卵巣のホルモン分泌における変化

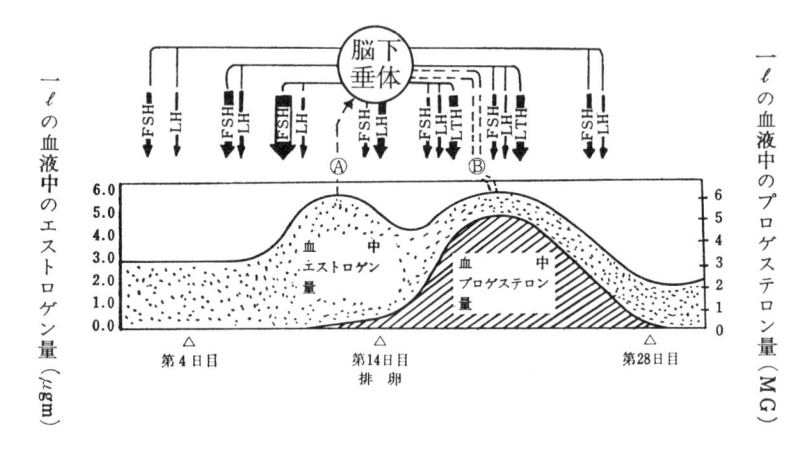

※ 矢印の広さは，ホルモンの相関的循環量を示す。Ⓐは F.S.H. の抑制と，エストロゲンによる L.H. 分泌の刺激を示し，Ⓑは L.T.H.（黄体刺激ホルモン）分泌におけるエストロゲンとプロゲステロンの正味抑制効果を示す。

作用と，その矛盾を見るのである。やがて，L.H. の分泌が増加すればこれは，F.S.H. の分泌を促し，卵胞および卵自体に供給されるという内部連関性が成立する。そして，L.H. が選ばれて F.S.H. という古いものを否定することで，古いものを統一していくのである。

以上述べたことは母体という観点からの記述であるが，ここに卵自体の立場からみて，もう一対の対立物が認められる。一方は卵巣内では卵はすべての生化学物質を卵巣内動脈からくる血管を通じて供給され，その供給量は，全く脳下垂体および卵胞の恣意に依存すること，つまり栄養の補給は拡散によって行なわれることと，他方，卵が育成され成熟に向うとき，卵それ自体の細胞膜透過性による養分摂取機能の発達つまり自律的養分摂取性を獲得することである。ここには卵の依存性と自律性との葛藤が卵の成長に伴う必然的な現象として生じるのである。しかしこの対立も，古いものが否定されること，つまり卵は放出されて卵管の生活に入った際に統一される。

第1章 胎内期

以上，卵巣期の卵の特徴をまとめてみると，
(1) 対象（卵巣）と密着している（アタッチメント）という点で固定的である。
(2) 対象の恣意に依存するということで一方的である。
(3) 成熟しつつ発達する。
(4) 卵胞（対象）から栄養を供給されることで，卵胞とは一体である。
となる。

注
1. Selkurt, Edward E. (ed.), *Physiology*, Little Brown & Co., Boston, 1963, p. 711.

第2期　卵管期（細胞膜・吸収期）

卵胞内部で増大した卵の細胞膜の吸収性と従来の卵胞からの供給とが対立する。また卵胞内液の卵に対する保護と卵の可動性の発達とが対立する。しかし，卵胞からの養分供給は限度に達するほど減少し，また卵胞の内部圧は非常に高まっている。したがって，L.H.の分泌が増大することで，卵は卵胞外に放出されてすべての対立が解消し，卵は新しい生活圏に生まれでる。
　卵は自由（自律的）に動き（可動的），なにも抑圧するものはない。栄養もまた要求すればいつでも，どれだけでも自由に卵の外壁に密着する卵丘細胞から吸収できる。かくして，卵は卵巣から卵管に移動するが，ここで，もし受精現象がなければ卵は分解される。その場合，卵が卵管を通ることによって，信号が卵巣に伝えられ，黄体は退化する。また受精が行なわれた場合には卵の分割が始まる。そして信号が卵巣に伝えられて黄体を退化させないでむしろ発達させる。卵管の役割は，現在では，卵を子宮に送ることのみであると考えられているようであるが，実は，より大きな意味をもつもののようである。前段階，つまり卵巣内にあっては，対象（卵巣）からの一方的な働きかけに依存していたのに対し，本段階では，卵は分割を自律的に行ないつつ，対象（本段階では卵管）の中を，あるときはスムーズに移動したり，あるときには対象（卵管壁）に衝突して押し返されて自律的に動く。これは卵管

35

という所定の通路を受動的に(厳密にいえば内分泌腺の調節によって)送られるのであるが，前段階(卵巣期)と比較すれば(相対的には)自律的そして可動的であるとみるのである。

　精子については，侵入した精子に対して，卵管および卵胞液，卵母細胞の周囲の卵丘細胞によって，ある変化(これを capacitation)が起こされ，これによって受精が可能になるということが発見されている。これと全く同じことが受精後の卵に対しても行なわれ，子宮での着床効果を高めるだろうと推定される。そしてそれはまた作用系としての卵管の，反応系としての卵に対する胚誘導作用(注：組織や器官の発達形成が隣接する組織の間の相互作用によって規定されている現象をいい，胚のこのような働きをもつ部分をオーガナイザー(形成体)という)であるかもしれないのである。つまり，ここにもキャパシテイションあるいは胚誘導作用が行なわれているとみるのである。

　受精によって，精子のもつ形質は卵の中に取り込まれ，卵の形質と組み合わされ，新しい個体としての以前とは異なった形質を形成する。受精卵は正常ならば卵管を子宮腔に向かって移動するのであるが，母体の内分泌腺の異常，あるいは卵の異常性によって，必ずしも，所定のルートを通るとは限らず，ある受精卵は腹腔内に，ある受精卵は卵巣内にもどったりして，子宮外妊娠現象(異常発達)を惹き起こす。排卵直後の卵も必ずしも卵管に吸収されるとは限らず腹腔内に移動し，そこで精子と合体して，異常妊娠の原因になることもある。

　さて卵が成長しつつ子宮腔に接近するにつれて卵丘細胞の栄養分を物質代謝作用によって取り入れ，卵は発達する。その発達についていえば，卵は卵管内を移動しつつ，2分割から4分割を経て，桑実胚となる。桑実胚の大きさは，卵母細胞の大きさと大差はない。卵巣内の細胞は成熟による成長であったのに比較すると，卵管での分化という成長は全く異質であるとみてよい。しかし，桑実胚が形成されると，桑実胚は卵管から，子宮腔の方に移動するが，卵管での終末期になると，細胞数も増加して卵の表面に配列されてくる。このころになると以前から包摂されていた矛盾がようやく大きな問題となって現われる。卵が単細胞であったときには，栄養は全表面の細胞膜を通じて摂取されていたが，しかし，2分割，4分割，16分割と分割がすすむにしたがって，個々の細胞の機能が変わってくる。つまり卵の分割が進展す

第1章　胎　内　期

るという一つの成長現象は，かえって栄養分と酸素の摂取には負（マイナス）となる影響を与え，また老廃物と炭酸ガスの排泄にも障害を及ぼすようになる。また成長とともに，一方では桑実胚の動物極側には，外胚葉に属する栄養膜細胞層あるいは栄養胚葉が分化し形成されてくる。栄養胚葉は着床時には卵黄包を形成し，胎芽の生命維持に参与する。しかし，やがて栄養膜細胞層の一部から形成された羊膜が，胎芽の腹茎および，さらに腹茎を包んで原始臍帯を形成する。しかし，それも成長するに伴って，卵黄血管は閉鎖されて，臍帯動脈と静脈が残って，臍帯を形成する。栄養胚葉は否定されて卵黄包が古い胚葉を統合し，さらに卵黄包が否定されて，臍帯にてすべては秩序づけられる（図3）。

図3　原　始　臍　帯

※　栄養供給はこのころは原始臍帯からと卵黄包からの両者によって行なわれる。そしてその機能は対立的であり，相互が否定し合う。しかし，やがて，臍帯自体の成長とともに卵黄包は縮小し消滅してしまう。[3]

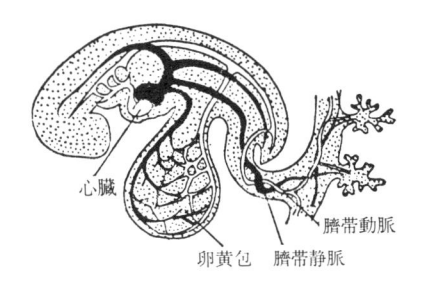

（心臓　卵黄包　臍帯動脈　臍帯静脈）

さてこの分化した栄養胚の機能は，細胞が行なう栄養分の透過による吸収力をはるかにしのぐもので，着床前にはほとんど完成されていて，着床とともにその活動を開始することになる。つまり，着床前，その状況は成長した卵にとっては内には，栄養摂取を卵黄包液中から養分を自律的に細胞の透過力によって摂取するべきか，密度の高い養分を吸収する機能をもつ栄養胚葉に負うて外部から摂取すべきかという対立が生ずる。あるいは従来の移動の自律的生活か，固定された依存的な生活かという対立に直面する。また，卵を覆う卵膜の透過機能という成長促進現象もその初期では，卵にとっては量的な発達のためには肯定的な要素であったものが，そのままの状態では後期には桑実胚の細胞全体を栄養飢餓に陥らせる危険をもつ，いわゆる否定的な要素に変化してきている。したがって透過機能は自己否定的要素を内包して

37

いたといえよう。しかし，逆に，桑実胚は細胞の透過機能もそれと対立的な栄養胚の吸収機能もともに栄養摂取という同一目的を目的とするもので，栄養胚葉によって吸収された栄養も，結局は，個々の細胞の透過作用に負うのでなければ，具体生活に役立つエネルギーに変換されないということになる。それはまた，ともに栄養摂取という内部連関を知り，なおかつ古きものと新しきものとの対立矛盾は，新しきものによって統一され，秩序づけられて，解決にいたるのであることにもなる。かくて桑実胚は子宮壁の脱落膜に接触し，卵の古いすべてのシステムはすでに完成された新しいシステムに切りかえられる。栄養胚は脱落膜を破壊して，内部への侵入と栄養摂取を開始し，個体も胚盤胞となって，ここに着床が完遂される。変換の変換を契機としても3段にわたる転身の生活はこうして卵巣という保護体から子宮という保護体にいたって一応の落着を示す。胚盤胞は胎芽として新しい成長（発展）を開始する。

しかし，ここに問題点を考察する必要がある。卵管から子宮壁に着床を完了した個体は，胎芽期を迎え，各種組織器官の原基――胚葉を発生する。そしてその発生の順は，①胚葉形成または原腸胚形成，②卵膜および胎盤の発生である。次いで，人体の構造が現われるが，まだ動物との差異が明らかでないものである。問題はこの時期の発達様式が分化的発達であるのか，あるいは成熟的発達であるのかということである。筆者はこの時期を分化と成熟の混淆する過程にあるとみるのである。

以上，卵管期の諸特徴をまとめてみると次の6点が強調できる。
(1) 細胞膜の透過性による養分摂取は自律的（self-regulativity）に取り入れという様式でなされる。
(2) 精子との合体が行なわれる。（affinity）
(3) 対象と分離しているという意味で相対的，対比的である。（retativity）
(4) 可動的な存在である。
(5) 分化しながら発達する。
(6) 細胞膜の透過性自体とは否定的な機能をもつ栄養膜細胞層（＝臍帯）が形成され，結局は新しいもので統一される。

排卵に際しては，正常な吸収が卵管采（卵管の卵の受け口）によって行なわれないならば，卵は母親の腹腔内にて精子と合体して異常妊娠となった

り，また受精卵にしても卵巣にもどったり，やはり腹腔内にとどまって子宮外妊娠となる可能性もある。

そして発達がすすむにしたがって，(4)可動的であったものが不安定になり，ついには子宮内壁に固定され，(1)自律的，(3)相対的であったものがそれに結果する放任状態をきらうあまり，依存的，求心的となる。さらに(6)栄養膜細胞層が形成されて，次の段階の準備がととのう。かくて，この対象は否定されて，新しい対象が代わりに発見されて，これへの移行が行なわれる。(4)

注
1. 「卵巣も子宮とともに運動性を有し，卵巣間膜にも弾力性があるため，卵管壁自身の蠕動運動のほかに，卵管自体の三次元運動が可能である。他方では子宮の方に向っている卵管上皮の繊毛運動によって桑実胚は移動する。」坂元正一他編『胎児医学』同文書院，1974，p.20.
2. ibid., p.22.
3. ibid., p.38.
4. 浜畑紀「胎生期をその規定因とする発達心理学」『中部女子短期大学紀要』Vol.7，1976，pp.1—33.

第3期　子宮腔期（臍帯・導入期）

1. 子宮腔期（臍帯・導入期）の成立

桑実胚が子宮腔に入るころ，桑実胚は急速に発育し胚葉を形成する。つまり分割細胞が上皮膜を作るが，これが胚葉と名づけられる。最初は外胚葉，中胚葉，内胚葉の三層である（この時期までを卵体期といい受精後2週間である）。

外胚葉からは神経系・皮膚組織（皮膚・毛爪・歯・汗腺・乳腺など），中胚葉からは骨格・筋肉・血液・循環器系統・体腔膜，そして内胚葉からは消化器系統・腺などが発生する。内胚葉からは卵黄包が形成される。そして卵黄包と付着茎は一まとめに羊膜上皮によって包まれて臍帯を作る。胎盤は胎児に由来する繊毛膜有毛部（胎盤胎児部）と母体の子宮粘膜である基底脱落膜

（胎盤母体部）とから成立する。栄養はすべて母体からこの胎盤母体部に蓄えられ，胎児はこの胎盤胎児部を通じて，その栄養を体内に取り入れる。栄養の質と量は胎盤母体部に依存するものである。また，胎児は子宮内壁にあって胎盤を結合点として固定される。胎児はその生活と生命を胎盤に預けて，依存の生活史を形成していくことになる。この胎盤内の生活期は発生学的には胎芽期と胎児期に相当する。そして第1期（卵巣期）での卵の生活様式に相当する様式をもつことになる。子宮内側壁はやはりオーガナイザーとしての役割を，胎芽および胎児に対してもっていると見られる(2)。

そして胎児自身の体内にも消化器・呼吸器といった分化が促進される。つまりこの時期までは，その成長発達は分化ということで特徴があろう。この成熟と分化の発達様式は1箇の細胞の成長過程と同形である。養分を摂取し成熟に達するや，ただちに分裂がはじまるのであり，さらに分裂した細胞は成熟を待って次の分裂状況に入っていくのであることに注意したい。

2. 胎児の生活

ついで胎児期に入る。母体は外部の刺激から胎児を保護し，胎盤と臍帯を通じて栄養と酸素その他を供給し，さらに老廃物，炭酸ガスを受け入れ母体外に排泄する。胎児はその母体を保護者として受容し，自己を母胎にまったく依存させ，母親の快，不快を，即，胎児自身の快，不快として全機能をそれに従わせる。つまり母胎の一方的な影響下にあるわけである。また胎児は母胎を同一性の対象とするともいいうる。事実，胎児の身体は臍帯によって母胎に直接に結合され，固定されている。それはあたかも母体のある内臓器官のように付着しているとも考えられなくもないので，胎児と母体は一体不離の関係にあるのである。胎児なくしては，母親は在り得ないし，母親なくしては，胎児は在り得ないのである。胎児の成長は分化というよりは，人体の形のまま充実し増大するのであって，これは卵管期までの分化的成長に対して，成熟的成長と呼ぶ。

さて，卵巣期での生活の特徴を考えてみよう。卵は，(1)栄養を卵巣から一方的に供給されるばかりで，卵自体の選択性は認められない。(2)卵胞と栄養分を共有することで卵胞あるいは卵巣とは一体である。(3)卵巣と密着してい

るという点で求心的であり、いうなれば自閉的である。(4)そして固定されていて、(5)対象の恣意に依存するということで一方的であり、(6)さらに成熟的成長（発達）をなす（表1）。

表1 胎内生活の3段階での発達的特質は、リズミカルに繰り返される。

	生活期	相互関係	行　動	発達様式	特殊現象
第 1 期	卵巣期	一方通行	依　存	成　熟	―
	過渡期	相　互　浸　透			
第 2 期	卵管期	相　対	自　律	分　化	受　精
	過渡期	相　互　浸　透			
第 3 期	子宮腔期	一方通行	依　存	成　熟	―

　そして、われわれは胎児と子宮との関係も全く同じであったことをここで明確に認識しなければなるまい。変換の変換という変化を終えたとき、そこに原初の特徴・形質が繰り返されているのである。つまり、成長（発達）とは、古いものの否定であり、新しいものの出現であるが、しかし必ずしもまったく新しいものというわけでない。それは第一の変換が行なわれてから、ある程度の成長をみ、さらに第二の変換が行なわれて、第一の変換以前の古いものが、新しいものとして出現することである。より低い段階の一定の特徴・性質等々がより高い段階で繰り返されること、および古いものへの外観上の復帰（統一の統一）が行なわれるのである。

　卵巣という保護体での依存の生活が否定されて卵管での自律の生活に入り、さらにこの第二段階が否定されて、子宮という保護体での依存の生活に入るのである。しかし、かならずしも古い諸段階の特徴や性質が反復されるというわけではない。ある場合には、これが全く新しいのに、外見上は古いものに復帰したように見えるだけのこともある。

　卵巣内で、(1)卵胞との融合による栄養受給と、老廃物排除であるが、胎児の場合は、より機能的に臍帯がこれを行なう。(2)母体と同じ栄養を摂取するとはいえ、胎児の場合は胎盤によって、その純化が行なわれる。(3)卵母細胞が完熟するという単純な発達と比較して、胎児の場合、より高度の生理現象・生化学現象が共働して、その成熟を達成する。そして、それぞれの分野に

おいて，古い原初的な特徴・形質が組み込まれている。したがって次のようにいえよう。「子宮内での繰り返された特徴・形質は，より機能的，高次的に表わされている」と。

　かく，依存の生活を経験するうちに，胎児の体重・身長が発達し，さらに消化器官，排泄器官および呼吸器官も成長，完熟する。この消化器系統と呼吸器系統は，もちろん誕生後，乳児の栄養，酸素の摂取と排泄に関与するもので，胎児の臍帯の機能と全く同じである。というよりむしろ，栄養摂取と呼吸が分化独立し，その能率もすぐれている。つまり臍帯（＝血管）の役割は，臍帯を通じて必要な栄養分を摂取して胎児を育てることである。しかし実は，その胎児の内部に将来は臍帯の機能を不必要として否定し去ってしまうことになる消化器官と呼吸器官を成長させることにもなるので，ここに臍帯の自己否定的な役割を認めないわけにはいかない。この成熟にもとづく臍帯と，消化器・呼吸器の対立とその葛藤は相当，早期より開始されるらしい。それは7カ月の未熟児でも保育条件さえととのえられていれば，完熟児とほとんど変わらない発達を示すという幾多の報告からも明らかである。このことから出生前3カ月間は誕生への過渡期であると見られる。誕生は臍帯システムから消化器と呼吸器システムへのスイッチにすぎないようであるし，あるいは臍帯を胎児の血管の一部とすれば，体外血管から体内血管へのスイッチにすぎないとも考えられる。この対立と葛藤は，胎児の成長に伴って，栄養分の供給が母胎に荷重となり，母体がある程度の犠牲を強いられると共に激しくなる。そしてこの犠牲は妊娠後期になるにしたがって増大する。

　この臍帯と消化・呼吸器の対立は，母体依存か，はたまた母体からの独立かという対立ともいい換えられよう。この対立は胎児の身体的増大によって，体内における胎児の可動範囲が限定され，束縛されてくるにつれて先鋭化する。胎児の保護という意味では，一貫した働きかけが母体によって行なわれるが，それは同時に発達とともに，胎児の行動を抑圧するという否定的意味と機能をもちはじめる。

　過渡期の一般的特徴は，古いものと新しいものの共存あるいは二重性にある。それをより正確に動的につかめば，ここでは，古いものと新しいものを要求する新しい内容との矛盾が，すでに古いものと新しいものとの抗争とな

り，この抗争が新しいもの（形態）による完全な統一の方向に進んでいる。いわゆる，単なる成長による変化（量的増大）は，古いものの根本的特質を変えない範囲での変化にすぎないが，ここでは，すでに新しいものが出現し，そしてまだ克服されない古いものとの葛藤のうちにある。(3)

　さて，われわれは，ここまでに述べられたことから，各段階の諸特質はそれぞれの段階において多様化しつつ，前後の段階の諸特質とは全く逆の関係になっていることにも気づいているはずである。その特質とは栄養の獲得か受容か，あるいはまた依存か自律か，注入か吸収かということである。さらに，最も大切なことであるが，各段階の諸特質はその多様性の中にも相互に親縁性をもっているらしいこともおぼろ気ながらも意識されている——ことを筆者は希望する。つまり段階は「関係」あるいは「空間」であるし，栄養の獲得あるいは受容は「目的」，つまり「栄養を獲得せんため」であることを意味する。また，細胞膜とか臍帯といった器官と，行動類型である自律（依存）とは必然的な結合を示し，さらに導入という行動結果あるいは完了した行動とは因果的な連関を示す。次に，実例について考察しよう。最も理解しやすい段階は，卵管期である。そこでは栄養は卵細胞の周囲に付着する卵丘細胞から自律的に細胞膜の透過性によって吸収されることは，すでに述べたとおりである。つまり，そこでは「卵管期では，自律的に，細胞膜によって，栄養を，獲得せんと，吸収する」となる。同様に「子宮腔期では，依存的に，臍帯によって，栄養を，受容せんとして，注入される」である。ついでに「卵巣期では，依存的に，細胞の接合部によって，栄養を，受容せんとして，導入される」となる（ただし，卵巣での卵細胞と卵胞との間の養分の授受の機能は明確化されていないらしい。したがって，卵巣期でのこの叙述は仮設にすぎないことは，お断りしなければならない）。これで先の説明（定理）は演繹されたとみたいが，結論は急がない。これは次の段階にてさらに検証されよう。ここで，栄養の取り入れというテーマで次の表（表2）が作られる。すなわち，各段階の特質は親縁性・多様性・統一性をもち，しかもそれらは統辞論的関係にあるのである。

　以上，胎内期の生活史を総括するとき，3段階に共通する特質をそれぞれの段階にて普遍化されるのが判明したのである。

　(1)　規則正しく，依存と自律，固定と可動，一方性と相対性のリズミカル

表2 段階ごとの特質間の親縁性・多様性・統一性

	(1)	(2)	(3)	(4)	(5)
段 階	行動類型	器 官	目 的	結 果
〜では	自律的に／依存的に（動かして）	〜を	栄養を 獲得／受容 せんと	（その結果）注入／吸収 が成立する
卵　　胞	依存的	細胞膜接合部	受 容	注 入
卵　　管	自律的	細 胞 膜	獲 得	吸 収
子 宮 腔	依存的	臍 帯	受 容	注 入

＊ 上表の親縁性は胎内環境と個体との相互作用による相互の機能を説明するものである。この要素の配列順序は恣意的であり、それでもかまわない。ただし、(1)と(5)は場合に応じて捨象できる。詳細については337頁以下を参照されたい。

な繰り返しである。
(2) 各段階の交替は弁証法的なメカニズムをもってなされている。
(3) 交替する特質の間に統辞論的法則的な順序がある。特質とは表2のようである。さらにこれらは「栄養の取り入れ」だけに統一されてしまう。
(4) 成熟的発達と分裂的発達は単一細胞の成長様式に還元される。
(5) 合体現象は，特殊な出来事であるが，卵細胞の生命維持に不可欠の出来事である。
(6) 各段階の特質間には親縁性があって統辞論的関係にある。

発達の区分として，医学的には受精後から第2週終末ころまでを卵体期，第3週より第10週末までを胎芽期，さらに第11週後，誕生までの胎児期としている。しかし，心理学的には，一応，生命の始まりは，卵巣内の未熟卵より考えるべきであろうし，生活空間・生活関係とその機能という概念を考慮すれば，発達区分は次のように考えるべきであろう（表3）。

表3 胎内期発達区分

期　間	機　能	生 活 関 係	胎 生 学
受 精 前	融 合 期	卵 巣 期	卵母細胞期
0 — 4 週	細 胞 膜 期	卵 管 期	卵 体 期
5 — 40 週	臍 帯 期	子 宮 腔 期	胎芽期／胎児期

第1章　胎　内　期

　以上は個体の母親の胎内における生活史の生理学的観察事実を整理したものである。私はこれを人間の純粋直観とし（あくまで客観的事実とし），あるいは先験的概念としてのカテゴリーと見なして，誕生後の多様で豊富な現象の統一を試みたい。途中，幾多の紆余曲折を経験することになるであろうが，ひたすら「理念による……統一は，経験の到り得るよりも遥かに遠くまで達するのである」(3)ということばを信じつつ。

注
1.　溝口史郎『発生学提要』金原出版，1976, p.30.
2.　発達心理学者である J. Bowlby も指摘するように，自我・超自我の形成には幼児の初期の人間関係に密接に関連していて，この作用する人間環境を，彼も organizer（オーガナイザー）と呼んでいる。もし上層構造が下層構造によって規定されるとして，人間関係を上層とすれば，規定する下層は胎内であり，オーガナイザーは各器官（卵巣・卵管・子宮腔）ということになる。
3.　浜畑紀「発達心理学へのあるアプローチ」『日本教育心理学会，第39回大会発表論文集』1976, p.4.
4.　カント, I., 篠田英雄訳『純粋理性批判』岩波文庫，1974, p.323.

第2章

胎　外　期

　胎外期は誕生以降，青年期後半（20—24歳）までの期間を指す。第4期は口唇によって母親の乳房から授乳される，いわゆる乳児期を「乳房期」とする。ついで第5期は母親によって各種生活習慣を獲得する，いわゆる幼児期を「母親期」とする。第6期は前半と後半にわけ，父親によって教育をうけるころまでの時期で，いわゆる児童期と呼ばれる「父親期（I）」と，それ以降，精神生活を確立し職を得るまでの，いわゆる青年期である「父親期（II）」とする。

第4期　乳房期（口唇・吸啜期）……乳児期　I

1. 乳房期の成立

　胎内にあって，胎児の内部環境はその終期3カ月間，激しい対立の中にあることは，すでに述べてきたとおりである。つまり古いものである血管（＝臍帯）による栄養と供給か，あるいは，新しいものである口唇と消化器官・呼吸器官の協応による栄養獲得かという両極性をその体内の葛藤としてすごすのである。
　しかし，あるときその葛藤のうちに，臍帯による養分の吸収も，自分の消化器と口唇を使っての養分の摂取も，養分の供給という面では，全く同一の機能をもつということを知る。さらに新しいものによる生活，つまり消化器官を使用する生活が，古いものによる生活上の困難，つまり，胎盤の窮屈さ

と臍帯の不十分な養分供給という困難と矛盾をすべて解消するものだということを知る。そして，個体内の消化器官，呼吸器官といった内臓諸器官の力が臍帯の力に打ち勝って(否定して)，胎児は，依存的で，だから平和な，しかし窮屈になった胎内から，未知ではあるがより自由で，自律的な世界へと誕生する。結局，臍帯と口唇および鼻孔との対立と矛盾・依存性と自律性の対立と矛盾は，ここに解消する。だから，産声は，カントによれば，静かで安楽な世界から，喧噪の世界へ強いて押し出された子どもの怒りの表現であるというが，これはまったく当を得ない推察であろう。つまり産声は抑圧された世界から解放され自由な世界に生きる喜びをうたう声であると，いささか感傷的ではあるがこう規定してみたい。とにかく，胎児の誕生をもって胎内期は終焉して，乳児にとって新らしい自律的生活の黎明を迎えることになる。

ところが，アドルフ・ポルトマン（A. Portmann, 1949）は鳥類と哺乳類の発生，発達についてのながい年月にわたる専門的な研究から，人間の新生児は他の動物に比較して早産で生まれてくるために，能なしであり，たよりがなく，そのために環境に依存して育てられ，保護されなければならないとしている。動物学者のみならず，発達心理学者のほとんどが，乳児（infants）は依存的であるとしている。これら研究の共通する方法を分析すると，すべてが，その結論には動物との比較，あるいは，人間の成人との比較によって，すなわち横断的研究法を採用しているのが特徴的である。しかし，すでに述べてきたように，子どもの生活と行動の研究は，横断的な方法よりはむしろ縦断的方法をとるのが好ましいのである。そこで，誕生後の子どもの生活は，すくなくとも乳児期だけに限って，自律的であるのか，依存的であるのかが分析されなければならない。もちろん，理念的には，自律的であるので，これの演繹を試みたい。さらにこの自律性を統辞論的に展開すると，前段階の「依存的に臍帯によって，栄養を受容せんとして，（それが）導入される」生活の逆，「乳房期では栄養を獲得せんと口唇を自律的に動かし，その結果，授乳行動が成立する」生活が理念となる。また成長形成としては分化的発達であるのが理念である。以下，乳児の生活と行動，特徴を詳細に分析しつつ，これらの理念を演繹していきたい。

第2章 胎外期

注
1. Kant, I., *Anthropologie*, Leipzig, 1799, quoted by Carmichael in *Manual* of *Child Psychology*, Vol. I, p.504.
2. ポルトマン, A., 高木正孝訳『人間はどこまで動物か』岩波新書, 1976, pp.24—40.

2. 欲　　動

　新生児は生存のために本能的ないくつもの反射行動をもつ。たとえば吸啜反射・把握反射，バビンスキー反射，あるいはモロー反射などである。この他反射に限らずすべての行動は，新生児が生きんがために行なう活動でありフロイトによるリビドーをその源泉としている。このリビドーの体表への現われ方は無数にあると考えられるが，これは今後，新生児の成長発達とは密接に結びついたものであるゆえに，本書での概念を欲動と名づけて，次にその規定を行なってみたい。

　この欲動についてはフロイトが有機体内部に宿ってそれをして早期状態に反復せしめるように駆り立てる力であるとしている本能に他ならない。マクデュガル (W. McDougall) は，これを「遺伝的ないし生得的な心理的,肉体的傾性であり，それを所有する者にある種の対象を知覚して，それに注意をはらわせたり，そのような対象を知覚することによって特殊な性質の情緒的興奮を経験させたり，その対象に関して特定の方法で行動させたり，あるいは少なくとも，そのような行動を促す衝動を経験させたりすることを許すようなものである」と説明している。また，大脇義一氏は「われわれが自分で意識しないが種々な潜在的な傾性が，それを満足させるような刺激を見出すや否や，ただちに行動となって外部に発現するのを， impulse, drive, Trieb 行動という」と規定している。また性格学者のクラーゲス (L. Klages) は Trieb に相当するものを「欲動」と名づけて，次のように定義している。「欲動は個個の性格，殊に性向の前提条件であり実体であって，従ってその限りでは動向の内に既に共に包含されているものである。欲動はそれ自体だけでは唯生命性だけの性格に属するもので，個人我，即ち精神と組みになった生命性の性格に属するものではない」と。ここでは動向とは「一般的に或る追求の，特殊的には或る意欲の内因の意味である」。一般的には欲動 (Treiéb, Trieb-

49

handlung）とは「自分の意志ではどうにもならぬ力に動かされて行なってしまう衝動的行為で，同様の形でくりかえされるものをいう。すなわち欲動は衝動傾向をいう」。

かく通覧してみて，フロイトの定義では本能とは有機体を変化と発展の方へと押しやる力であると解するわれわれには，あまりに保守的な説明でしかない。マクデュガルについては，ある特定の対象を設定してはじめて越されるものとしているが，後に述べるように対象のあるなしにかかわらず，惹き起こされるものであると考えるがゆえに，一部を除いては受入れがたい。

大脇義一氏の場合もまた同じである。結局，クラーゲスの定義に，「遺伝的，生得的な心理的肉体的傾性」と意味を加えたものが今後の論証に適当と考えられるのである。

さて，「緒論」で述べたミュラー・フライエンフェルスは衝動と，感情・意志・激情について，「（それらは）一方では衝動的な自我体験の変容であり，他方では環境に意味をもって『全体』として反応する態度採沢である。普通，知的と考えられているような精神生活も衝動的自我から明らかにされる。精神生活は単に『意識的』な出来事としてのみ把握されてはならぬ」とする。私は彼のこの説には全くの心からなる敬意を表して採用するのである。

さて，欲動の種類としては各学者はそれぞれの立場から幾種も挙げているが，個体の行動は無限にあり，だからその動因も無限に数えていいものではないし，その反対に少数にしぼりすぎていいものでもない。私は9種類にこれを限定したい。これら欲動は個体の発達初期にすべてその成長を開始するのか否かは明らかではないが，理念的には個体の発達段階に相応した欲動が順次，発育をはじめるとみた方が合理的である。そして，これらの欲動は個体を同等のエネルギーでもって常時支配するのでなくて，ある1種ないし3種までの欲動エネルギーが個体を支配している。そしてこれが満たされると次に再び，新しく，そしてさらに高次の欲動が現われ同様のことが続いていく。またある欲動が個体を支配していても，内外環境の突然の変化によって，新しい欲動が古い欲動にとって替わって個体を支配する。マズロウ（A. H. Maslow）は精神分析学派でもなく，さりとて行動主義者でもない。第三の立場に立つ心理学者である。彼は「人間は，人類に普遍で，明らかに不変で，発生的あるいは本能的な起源をもつ無数の基本的欲求によって動機づけられ

第2章 胎外期

ている」という(10)。これら欲動は互いに密接に関連し合い「相対的な優位の順に，一つのハイアラルキー（階層）を形づくっている(11)」のである。事実，人間はその生涯を通して常に何かを欲求している欠乏動物であり，「ほんのわずかの時間以外は，完全に満足の状態にあることはほとんどないのである。つまり一つの欲動が満たされれば，すぐに他の欲求がそれにとって代わってとび出してくるのである(12)」といっている。

さて，第4期，乳房期には，まずその生と死という存在そのものが問題となり，次に生を生理的に成立たしめる食欲が乳児の中心的欲求であり，さらに，外部からのバクテリアに対する抵抗機能のいかんが乳児の生・死を決定することになる。したがって，当然ながら，「生欲動」「死欲動」「空腹欲動，（あるいは満腹欲動）」および「修復欲動（あるいは抗炎症機能または欲動）」，そして上述したどの心理学者も数えなかった「無気力欲動」の計5種の基本欲動の早々の形成を観察するのである。以下順次これらを説明しよう。

注
1. フロイト，井村恒郎訳『自我論』日本教文社，1970, p.42.
2. McDougall, W., *An introduction to social psychology* (23rd ed. rev.), London, Methuen, 1936.
3. 大脇義一『心理学概論』培風館，1947, p.172.
4. クラーゲス, L., 千谷七郎・詫摩武俊訳『性格学の基礎』岩波書店，1957, p.56.
5. ibid., p.50.
6. 宮城音弥編『岩波心理学辞典』岩波書店，1956, p.216.
7. カント, op. cit., pp. 314, 317.
8. Maslow, A. H., *Motivation and Personality*, Harper & Row, New York, 1954, quoted by F. Goble（小口忠彦監訳『マズローの心理学』産業能率短期大学出版部刊，1972, p.63). ゴーブル自身は社会問題研究家，マズロウの思想の研究家。
9. Maslow, Abraham H., 米国の心理学者。1908年，ブルックリン大学の出身。1951—61年，ブランディス大学の心理学教授。1962—63年，アメリカ心理学会会長。1972年に死去，享年62歳。心理学における二大勢力としての，人間の本性を邪悪な衝動とみなす立場と，人間の本性を機械論的に把握しようとする立場とを批判し，第3勢力の心理学を主張している。
10. ゴーブル, op. cit., p.60.
11. ibid., p.63.
12. ibid., p.63.

a. 生欲動（Life trieb, L. T.）

フロイトの流れをくみながらフロイトを越えているといわれるエリクソンは,「生きながらえ, 自らの満足をはかり, 自らを越え出てのびようとする原因が存在する。この概念は, 最初フロイトが性的動因と定式化した, 生きながらえ, 拡張をはかり, 満足に至ろうとする動因に似たものである」と説明するのである。
(1)(2)

この組織体の生を選びとろうとする生物学的過程は「生きる努力」とも表現され, 人間も当然, 生きる努力を行なってはいるが, 生体の機制としても無意識のうちに行なわれているので普通, 意識化されるまでには至らない。
(3)

動物行動学者ローレンツ (K. Lorenz) の飼っていたムクドリは, あるとき, あたりに1匹のハエもいないのに, あたかもハエを追いまわすときと同じ動作をやってみせた。そればかりでなく, それから実際にハエを捕えたときに行なう仕草, すなわち, ハエをくわえているようなかっこうで止り木にもってゆき, そこにハエを床にたたきつける動作までも, 実際の場合と寸分たがえずにやってのけたのである。ローレンツはこれを真空活動と名づけている。もちろん, この場合, 目標となる対象もないし, したがって関心もない。

この活動はむろん動物の種のもつ固有な反射機能によってなされるのであろう。しかし筆者はこの反射過程を, われわれ人間にあっては, 意識されざる生きんとする努力, あるいは「生欲動」と呼ぶこととする。

生への志向性は, 発生学的には生物のもつ本能的, 根原的な特質なのであって, その発生時期を明確に指摘できるものではない。

乳児にあっては, 生欲動は, まず正常な身体の発達となって表われる。行動面からは, 周囲のあらゆるものに関心をもち, 活動的であり, 一般に, 感動的であり, 旺盛な食欲を示す。小さな子どもは健康的で, かなり楽天的であり, 精神的発達も順調である。ものごとへの集中性も高い。社会的には, 他の人が近づけば直ちに何らかの反応を示し, 協力的であり, 人に親しみやすく, 独立的な性格を作る。情緒的には, 好奇心にあふれ, 活動的であり, 他人の笑いかけや語りかけにもすぐに反応する。いつも, 機嫌良さそうによく微笑する。見かけの上でも幸福そうな感じを与える。攻撃的でなく友好的であるのもその特徴であろう。

マズロウは好奇心をもって精神的健康の一つの特徴であるとし, また本能

第2章 胎外期

的,生得的なものとして,その証拠を挙げている。(1)好奇心は,動物の行動にたびたび観察される,(2)危険に直面することすらかえり見ず,知識を求めようとする人間の例をいくつも歴史が提供している(例:コロンブス,あるいはガリレオなど),(3)心理的に成熟した人間は神秘的なもの,未知のもの,また説明可能なものに魅せられるということを研究が示している,(4)マズロウ自身の臨床経験の中に,以前は健康であったおとなが倦怠に陥り,生活への興味を失い,意気消沈し,自己嫌悪に陥った例が提示されている,(5)子どもは本質的に好奇心に満ちているようである,(6)好奇心の満足は,主観的に満たされるにすぎない。(4)

さて乳児にとって,新奇なものがその好奇心を引き起こすが,この好奇心は内的欲動,それも生欲動の一面とみるのである。乳児が新奇なものを見たとき,その刺激に接近するに従って恐怖は好奇心にとって代わる。しばらくの間,乳児は恐怖と好奇心の間をさまよう。しかし刺激が恐怖を引き起こすものでないならば,最後に好奇心が勝る。乳児は,最初は注意深く,そして次には大胆に探索しようとする。好奇心をもった乳児をハーロック(E. B. Hurlock)は,次のようにモー(Maw, W. H. and Maw, E. W.)の文を引用している。「環境の,新しい珍しい不釣合いな,あるいは不思議なものに積極的に反応し,それらの方にむかい,探索し,それに触れてみる。子どもは自分自身と自分の環境をよく知ろうとする欲求,欲望を示し,新しい経験を求めて身の回りを調べ,よく知ろうとして刺激を調べ,探索しつづける。(5)」

生欲動は,好奇心,探索心に表わされる。この生への志向性は先には,生体の機制であるとしたが,生欲動という機制は純生物学的には,どのように把えるべきかは,一概には決定できない困難なテーマであろう。

細胞は常に外部系,あるいは内部系との相互作用によって同一性を維持しようとしているが,このメカニズムは細胞が生きている限り停止することはない。絶えず物質を吸収し,再生し,排出し,またそれ自身も変形し,部分的に崩壊しつつ,たゆみなく活動を続けている。しかしこの相互作用の安定も各種の要因で攪乱される。たとえば異物の系内への侵入,温度の急変,細胞膜の損傷,しかし決定的なのは,内分泌腺による身体の中枢神経系からの命令,あるいは信号の変更などがあげられよう。細胞のこの相互作用による同一性を保とうとするメカニズムのすべてはこの中枢部からの信号によって

制御されていて，変化の緩急のみならず，その存在の存続か停止かすらも，その信号に依るのである。そして，その中枢神経系とは脳の視床下部を中心とする下垂体および身体各所の内分泌腺を意味する。さらに，各種の欲動源はこれら神経系に局在して，外部からの刺激に応じてそれにふさわしい欲動神経系が活動する。外部の刺激は快・不快の刺激に大別されるが，快の刺激とは発達途次での保護者である対象，つまり乳房・母親・父親・最高叡知者よりの精神的働きかけ，つまり愛を意味する。こうした環境からの愛の水準が，快，あるいは不快の刺激として，個人の脳の視床下部の生欲動，無気力欲動，あるいは死欲動を刺激し各種ホルモンの型で，細胞の活動レベルを操作する。このメカニズムは個人の「卵」としての存在から，老年期の生体にいたるまで生への志向性として作用しつづける。

注
1. メイヤ，H. W., 大西誠一郎監訳『児童心理学三つの理論―エリクソン・ピアジェ・シアーズ―』黎明書房，1976, p.37.
    メイヤ（Henry W. Maier）はワシントン大学のソーシャル・ワークの教授である。彼は児童心理学的事象へのアプローチは，その背後に人間発達の全体構造を把握した理論的基礎をもたなければならないとして，副題に掲げられた三人の理論家の情緒的，感情的，そして認知的，行動的側面の研究を比較・検討し，相互に補足しあう三つの理論を立体的に把握して，人間発達の全体像をうかびあがらせるのに成功している。なおメイヤの「自律」と「依存」の循環論を筆者は高く評価するものである。
2. エヴァンズ，R. I., 岡堂哲雄・中園正身訳『エリクソンとの対話―アイデンティティ入門―』金沢文庫，1973, p.87.
3. 第Ⅲ篇「生の意義」へと発達する。
4. ゴーブル，op. cit., p.69, に引用。
5. ハーロック，E. B., 小林芳郎他訳『児童の発達心理学』誠信書房，1972, p.390 (*Child Development*, McGraw-Hill Book Co., New York, 1964).

b. 死欲動（Death instinct, D. I.）

同じくエリクソンは，生欲動に対するものに死欲動をあげている。「……誕生以前の状態へ，あるいはせめてそれほど複雑ではない以前の位相へもどろうとする衝動を生み出すものである。このもどりたい，すなわち退行したいという欲求は，自己破滅への欲求を意味している。それはまたフロイトの死の本能，すなわち生命とのあらゆるつながりを断ちたいという欲求とパラレ

ル（平行）なものである」という。筆者はそのままこれを受入れるのにやぶさかではない。

さてどのような場合に退行欲求が生ずるかが問題であるが、モンテギュは20世紀初期のショッキングな統計値を示したいくつかの調査についてふれている。代表的なものに次のようなものがある。「ヘンリー・シャピン博士はアメリカの養育院にいた10人の幼児がひとりを除いてすべて2年以内に死亡してしまった事実を報告している」。この惨事についてモンテギュは、これらの子どもたちは愛されなかったせいであると指摘している。このことについては後に「合体」の項にて詳説したい。

これら「生」と「死」の対立する二つの欲動は、つねに存在して、個体内に＜両極性＞を引き起こすが、それが人生の各発達段階およびその全段階を通じて行動を刺激するのである。

しかし、なお筆者はこの両者の間に新しい欲動「無気力欲動」を配置するのである。次にそれを説明しよう。

注
1. メイヤ, op. cit., p.37.
2. ゴーブル, op. cit., p.78.

c. 無気力欲動 (Non-Responsive Drive: N. R. I.)

生欲動と死欲動の中間である状態、つまり生気に溢れて順調に成長するのでもなく、さりとて自己を攻撃して死に急ぐわけでもない状態、生への志向を放棄した状態である。

ハーロウは、サルの幼児を母親ザルから離して、1匹ずつおりの中へ入れ、同じようにおりに入れられているほかのサルの幼児とともに大きな室に入れて育てた。こういう仕方で育てられた65匹のサルは現在年齢が5歳から8歳の範囲にわたっている。彼らは自分のおりの中ですわり、空間をみつめ、反復的な紋切り型の仕方でおりの中をまわり、手や腕で頭をだきこみ、長い時間からだをゆする。彼らは、胸のまったく同じ皮膚面を1日に何百回もおなじ指の間にはさむような、強迫的習慣を発展させることがしばしばある。ときにはこのような行動が懲罰的となり、血がでるまで自分のからだを嚙んだりひっかいたりする。また、ハーロウは、母親ザルを引き離して、母親ザル

の代用物を実験室の中に入れて育てた。おりで飼われたサルと比べると，代用物でそだったサルは，自分みずからに対してであろうと，ほかのサルに対してであろうと，あまり攻撃的ではないようにみえる[1]。

　ある時期に母親の愛情が子どもの生活空間に存在しない場合，その成長には大きな歪みが生じる（マターナル，デプリベーションあるいはホスピタリズム）。乳房あるいは自分の口唇を否定した後に続くべき同一化のための対象を発見できない場合，これが子どもの精神および身体面に各種の悪影響を与える。正常な身体の発達が遅れ，周囲には無関心になり，もの静かになり，そして一般に無感動になり，食欲を無くし，精神身体症を示すといった特定の影響をうける。小さな子どもは健康がすぐれない場合には，非常に神経質になり，神経質的習癖や，言語障害を起こす。身体的発達が遅れるから精神的発達は遅れる。子どもはものごとに集中できなくなり，気が散りやすくなり，言語の発達が遅れる。

注
1.　F. Harry, & Margaret Kuenne Harlow, 1972,「サルの環境への適応」, 不安の分析,（心理学特集）, Scientific American（日本版）pp.101—111.

　　d．修復（抗炎症）欲動（Anti-inflamation I: A. I. I.）
　個体が何らかの原因で病気に患ったり，傷害をうけた場合，これを治癒させるメカニズムが作動する。つまり副腎皮質からコルチコステロンその他が異常に分泌され，白血球数を増加させ，抗体形成を容易にし，血液中の繊維素の凝固性を高める。この機能は細胞および生体の同一性を保つための不可欠の機能あるいは欲動といえよう。極めて生理学的であるのが特徴である。

　　e．満腹欲動・排泄欲動（Instinct of Satiety : S. I.）
　新生児および乳児が母親の乳房に反射的に反応し，乳を吸啜する。それが反射機能でなされようと，意図的になされようと，とにかくその動因たる欲動を意味する。生後の乳児には「口中に取入れる」ことと「消化器官が充ちる」ことと「体内血糖値が上がる」こととの連関がない。つまり血糖値が下がれば脱力感が伴なって，その不快感で乳児は泣き始める。乳房が含まされ

第 2 章 胎 外 期

て乳が消化管の中に流れ込み，それが消化され吸収されてから血糖に変化して体内血糖値を上げるとはじめて，乳児は泣き止む。空腹感と口中の乳との連合がまだできていないか，あるいは乳房に吸いつくということと，空腹感の解消との条件づけが確立していないといえよう。しかしこの条件づけも程なく成立し，発達が急速に行なわれる乳児は眼にふれ，手に触れたものならなんでも口中に取入れようとする。かくして「取入れる」ことで，この期間に将来の「食欲」の基礎がはじめてなされる。卵細胞の生活ではこの機能は代謝作用といわれている。したがって物質代謝は取り込みとともに，老廃物，毒物を排出することを含めている。したがって満腹欲動・空腹欲動と排泄欲動はうらはらの関係がある。

　食欲こそ人間のすべての欲動の中で最も基礎的で強力である。マズロウに従えば，食物，自己承認，愛などを欠いている人間は，まず第一に食物を要求し，この欲求が満たされるまでは他の一切の欲求は無視されるか，あるいは背後に追いやられてしまう。「極端にかつ危険なほどに飢えている人にとっては，食物以外のものへの関心は何もない。彼は食物を夢見る，彼は食物を思い出す，彼は食物に思いをめぐらす。彼は食物だけに感情を示す，彼は食物だけを知覚する，彼は食物だけを欲しがる。このような人はパンだけで生きているといわれても公正でありうる。」(1)

注
1. ゴーブル, op. cit., p.61.

　以上，ここまでに5種の欲動をあたかも誕生後，急速に形成されたもののように説明したのであるが，実はこれら欲動はすでに母親の胎内中で形成されたものである。すなわち，卵細胞と体細胞の同一性の維持と，それらの分裂の過程で，分裂を喚起する生欲動，成長が未熟であるゆえに分裂までに至らせない無気力欲動，そしてまったく物質代謝を行なわないで萎縮するばかりの退行性を示す死欲動がそだてられるのである。だから，従来精神分析学者が唱えるリビドーなる概念もこのあたりから再度，考察されなければならないだろう。筆者はこの細胞の同一性の確立と分裂こそリビドーの本体であり，将来も個体に生きる目標をもたせ，生へと志向させるものにほかならな

57

いと考えるのである。

3. 合　体

　誕生後の乳児の生活の理念的な在り方は, 再び卵管期という排卵後の卵の生活を観察すれば, およそその様子は把握されよう。

　まず, 卵管期での顕著な出来事は受精である。放出された卵も, もし精子と出遭わなければ当然, 死滅して吸収されてしまう外はない。生命を維持し, なおかつ, 発達 (分化的発達) するためには, 他の生命体との出遭いと合体が行なわれなければならない。もし, 低層部が高層部の発達を規制するものとすれば, 排卵期の受精という重大事件が, 誕生後の個体にも, より高次の形式で, 発生しているはずである。それともし出遭わないとすれば, 生を保つことができない, また出遭えばさらに分化発達する「他の生命体」とは, 一体何であるのかが問われなければなるまい。

　筆者は, だから, 二, 三のケースから, 乳児を生存させ, 分化発達させたり, 死に至らしめる身近かなる生命体を模索してみたい。

　カモ・ガチョウ類の雛はたまごからかえってある一定期間に見た大きい動くものに追随する傾向を学習し, しかもこの行動は, その後かなり長い間続く。このように生涯のごく初期に非常に急速に成立して, しかもいつまでも消去しにくい学習をインプリンティング[1]という。

　乳幼児心理学者であり, 伝統的精神分析学派のボウルビー (J. Bowlby) はこうしたインプリンティング現象を人間の幼児の発達過程にも観察されるとし,「1人の母親的人物とのつながりが切られると抑うつ状態になり, 次の代理者が現われるまで恐ろしいほどの不足感を味わう」[2]といっている。またハーロック (E. B. Hurlock) も次のように述べている。

　「未婚の母親から生まれ誕生後ただちに離された赤ん坊と, 正常な家庭環境から引き離された赤ん坊との研究では, 生後1ヵ月でその発達水準に差異がみられた」というバクウィン (H. Bakwin, 1949) の実験結果を紹介している[3]。その遅れの状態については, 情緒的に不毛な環境で育てられた赤ん坊は無関心になり, もの静かになり, 他の人の笑いかけや語りかけにも応えなくなること, かんしゃく持ちのようになり, 注意を集めたがっているかのよう

第2章 胎外期

に激しく蹴ったり，金切り声をあげて泣く。また，彼らは見かけの上からは，不幸な感じを与えることを述べている。子どもが児童期になったときだけを考えても，その人間関係は浅い，生活感情が不足して人間関係での行動は無能である，気むずかしくて，他の協力者に不快感を与える，正常な事柄に対して情緒的な反応が不足している，すなわち物事に対しては無関心である，嘘言や弁解が多く，盗癖にかかりやすく，また学校でも注意力が不足するなどである。[4]

さらにレヴィの施設での調査報告から引用して母親または母親代理者との接触を欠いた場合の別の反応の型として，「幼児期の欠乏感を補うために，ある特定の人物に対して過度の要求が示される。これらは例外なく食物，金銭，特権などに関する過度の要求となる」と述べ，「これらの障害をもつ者は，故意に快活（狂躁的反応）にふるまうことによって外面をつくろう」ともいっている。[5]

以上のような例は，いろいろな年長者や母親代理者と接触を続けた人たちにみられる。代理者がただひとりの場合もあれば，代理者が連続的に交替する場合もあるが，要するに母親との人間関係を阻止された患者は，生涯のうちに母親に代わる人物と接触するにちがいない。したがって生活の型はこれら人間関係によって決定される。

そして，こうした母親の愛情剥奪（マターナル・デプリベーション）時の諸種の精神的，身体的症候群を引き起こす機構は，やはり大なり，小なり，程度の差こそあれ，乳児が経験する過程での固着を免がれることはできないだろう。

以上の例から，先に提起した問い，「つまりこの期において卵管期の受精現象に相対する現象はなにか，さらに精子に相等する生命体あるいは対象はなにか」については，もうその解答が与えられたのである。すなわちこの期での受精現象は，精神的合体を意味し，精子のように生命を賦与する対象とは「母親の世界」でなければならないのである。ローレンツらのことばを用いれば「刻印づけ（インプリンティング）」であり，それの影響を受けたボウルビーの「アタッチメント」に相等するものである。[6]

それ以外にも生理的な要求が母親によって満たされないことから，食物を一次的強化刺激として，母親を，二次的強化刺激として扱う二次的強化説

59

(母親との接触の頻度によるとする接触満足説)があるが,やはりローレンツのいうように,臨界期説を採用したい。ボウルビーもこれを認めて,その臨界期を生後12ヵ月としているのである。[7]筆者は,受精現象が卵管期での初期に行なわれるということから,理念的にはより誕生に近い時期すなわち6ヵ月前後であると推論するのである。

フロイトは,英国の精神分析学者アイアン・サティーの述べるように[8],ほとんどこうした幼児の最初の母親への愛着心については無視していたのも同然であって,ちょうど,卵の発達において受精現象を看過しては,発生学は成立しないのと同じように大変な誤りであったのである。

しかし,羅列した多くの実験例は,現実生活では,特殊例となって気づかれないことであるが,しかし,母親がなにかの理由で,赤ん坊の側にいなくなることは,いくらでもあり得ることで,ただ,現実ではそんな場合他の人人が母親に代わって哺乳し保育するから,こういった障害を生じないですんでいるだけであることは理解されよう。

以上個体は,誕生後は,母親,あるいは代替母親と精神的に合体し,分化的発達を開始することが理解されたと思う。だから逆に,乳児に各面に分化的発達が観察されることをもって,誕生後,生命体としての母親との合体が行なわれた証拠と考えることもできる。

注
1. インプリンティング imprinting とは「刷り込み」あるいは「刻印づけ」ともいい,ローレンツ (K. Lorenz) の観察した報告「攻撃心」が有名である。牛島義友・坂本一郎他編『教育心理学辞典』op. cit., p.50 を参照されたい。
2. ボウルビー, J.,黒田実郎訳『乳幼児の精神衛生』岩崎学術出版社, 1968, p.47.
3. ハーロック, op. cit., p.352.
4. ボウルビー, op. cit., p.24.
5. ibid., p.47, p.49.
6. これらの人たちには次のような名前があげられよう。
M. D. S. Ainsworth, John Bowlby, R. B. Cairns, T. G. Décarie, S. K. Escalona, S. Frailberg, J. L. Gewirt, E. E. Maccoby, L. B. Murphy, H. L. Rheingold, L. J. Yarrow etc., cited by L. Joseph Stone, et al. in *The Competent Infant*, New York; Basic Books, Inc., Publishers, 1973, p.987.
7. ボウルビー, op. cit., p.47.
8. Suttie, Ian D., *The Origin of Love and Hate*, Penguin Books, 1935.

第4期　乳房期……乳児期　II

1. 母親との交流

　合体した母親と子どもとの交流内容としては,愛情遮断 (maternal deprivation) の語から示唆されるように,愛情であろう。
　子どもは母親の関心の的になって愛情を感じとり,生きる努力を続ける。子どもは自分が注目されていることに責任とともに喜びと生きがいを見出す。成長したときにも,やはり他人の関心を引いているかどうかが,やはり彼に生きがいを感じさせるかどうかということになる。しかし,それとても,母親の愛情によってある期間の,健全な成長が必要で,その際に生じた生欲動が基本となって,他人の愛情と関心を受けとるゆとりが生じるのである。
　施設にあっても,子どもが,母親か母親代わりの人の愛情を受ける期間がいくらかでも長くなるように配慮がされなくてはならないだろう。この期間がすぎれば,他人の関心を受けとる能力が可能になったことから,小集団で生活することも認められなくてはならない。組織的な集団生活は,愛情を組織的に成員に与えてくれるものである。
　ここで母親の世界との合体によってその愛情が子どもに生きがいを与え,これが生きる努力をさせること,つまり生へと子どもを志向させることが明らかになったのである。
　母親からの交流の媒体は愛情であると述べたが,その内容を以下詳説したい。乳児の感覚器官は予想される以上に機能的であって,たとえば,「最近とみに進みつつある乳児研究では,乳児が視聴覚などの認知的スキルを用いて,積極的に外界と接触していることが注目されている。かつて考えられていたほど目や耳の機能の発達はおそくないばかりか,誕生からすでにほぼ完全に機能しうるらしい」といわれているほどである。
　したがって,乳児の視野には合体者としての母親と養分を供給してくれる乳房とがともに存在する。しかし乳児にはその因果関係——乳房は母親に付

属するという関係——が認知できていないと考えるのが妥当であろう。母親と乳房の弁別は,乳児は整った顔をいちばん長い間見つめ,白黒図形はほとんど見つめることはなかったというファンツ(R.L. Fantz)の実験から,容易になされるだろうという推察はつくのである。
(2)

さて,母親と乳児との結合は,母親からの働きかけ——母がともに居ることばかりでなく,ゆすること,抱きしめること,膝の上で遊ばせることなど——を必要とする。特に,ある位置に乳児を抱くとき,乳児の眼は,おのずから成人の顔に焦点を結ぶことになる。そしてこの位置では乳児は,視覚的には注意深く,それで,両者の間には,生き生きとした視覚的接触がおこりやすくなる。乳児はさまざまな信号によって,合体者と意志の疎通をはかろうとする。アインスウワース,ベル等によれば,たとえば「泣くこと,笑うこと,諸種の表情,身振り,ことばなど」がそれらである。それらの信号に対して母親には次の四つをもった感受性が準備されている。「㈤信号について気付くこと,㈹信号を正確に判断すること,㈧信号に対して適切に反応し,行動すること,㈢しかも素早く反応する。」母親は,乳児の信号を解読する能力,つまり「㈤信号に気付くこと,㈹信号を曲解しない,㈧母親の感情を移入させることが必要である」というのである。この母親の愛情の下で乳児の生活は,次節,「口歯期＜再び母親との合体について＞」にて展開される。

注
1. 藤永保編『講座心理学』第11巻「精神発達」,東京大学出版会,1971,p.195.
2. Fantz, R. L., *The Origin of form Perception*, Scientific American, vol. 204, 1961.
3. Richards, M. P. M., *The Integration of a Child into a Social World*, Cambridge University Press, 1974, p.65.
    リチャーズ(Martin P. M. Richards)は,ケンブリッジ大学で社会心理学を講じている。乳児が成長して一市民になる過程の研究には,乳児と社会との相互交渉を生物学的な発達を背景にして行なわれなければならないと主張する。スピッツの影響を強く受けている。
4. ibid., p.82.
5. ibid., p.122.
6. ibid., p.128.

2. 分化的発達

　ここで繰り返すことになるが,注目すべきことを指摘したいのである。すなわち卵巣という固定的,依存的な生活環境から,卵管というまったく相対的,自律的な生活環境に放出された卵はもし,合体すべき精子の侵入がなければそのまま分解・吸収され,精子と合体すればここで,新たに,より強力な生命力を得たということであり,一方子宮という固定的(アタッチメント),依存的な生活環境から,口唇という,まったく相対的,自律的な生活環境に誕生した子どもでも,もし合体すべき母親の存在がなければそのまま死への途をたどるであろうし,母親と精神的に合体すれば,愛情という精神的交流を通じて,生命力を得ている。このことから,母親と乳児との精神的合体(combination)は,精子と卵との合体のごとく,また化合物の化合のごとく,子どもの中で構造化され,組合わされてしまっていると認知しなければならなくなる。もちろん,組合わされ,構造化されるといっても,遺伝子のように具体的な形でではなく,高層として,より発展した精神的形態での構成が行なわれる。
　そして合体がなされて初めて,分裂・分化が身体的,精神的に始められるのである——これはちょうど精子と合体した卵子が分裂を開始するのと同じである。乳児のこの時期の発達は,臍帯期の子どもの成長のように,ある形質がすでにでき上がっていて,これらがそのままの形質で成熟するというのでなくて,形態・機能の分化,特徴,特質が複雑化して,新しい形態を生み出すという発達——これを筆者は分化的成長あるいは分化的発達(これに対して前者を成熟的成長,あるいは成熟的発達)と呼ぶ——形成をとるのである。このことを次に演繹したい。手根骨の発生,歯牙の発生や,運動機能の分化と細分化,熟練など,また脳細胞の軸索突起の急速な分化と伸長が見られる。ビューラー(K. Bühler)の脳の重量の変化曲線(図4)によってもそれは明らかにされている。
　これによると少なくとも,生後1年間の脳の重量増加が顕著であり,2歳から3歳にかけて,すでに成人の3分の2に達している。そして80パーセントの重量増加を終わる4歳ごろから,ノイロンの保護体であるミエリン髄鞘

図4 脳の重量の変化
（ビューラー，K.）

※ 年齢が若いほど重量の増加が著しい。特に生後1ヵ年間の増加は生涯を通じていちじるしく、脳内の各細胞・組織の分化が旺んであると見られよう。

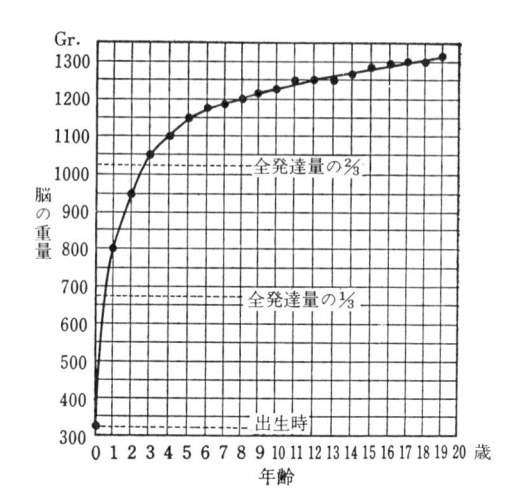

の形成が開始されるのである。

シャーリー（M. M. Shirley）は乳児の移動運動の発達を説明しているが、直立姿勢を通じて、歩行運動に至る発達は、脳の神経中枢の分化的発達そのものを示しているといわざるをえない。ひとたび歩行が可能になれば、技能の面での発達期間が続き、階段を自由に昇降でき、ホップ・ステップ・ジャンプ・駈けるなどの熟練が目立つ、いわゆる成熟的発達期に入る。

さらに、決定的な例であると思うが、知能の発達について、ピアジェが0歳から15歳までの発達を、第1段階―感覚運動的段階、第2段階―前操作段階、第3段階―具体的操作段階、第4段階―形式的操作段階の4段階に区分している。このうち反射の使用にはじまる第1段階での感覚運動的段階（0歳―2歳）は、シェーマの獲得とそれの整合による知能の発達を見事に分析したものであるが、各種のシェーマそれ自体は、分化した知能の因子に他ならないと考えられるのである。

また山下俊郎は乳児期の精神発達を分化の過程として次の5つを挙げている。

(1) 乳児期前半において感覚の働きが一通り完成される。
(2) 身体を一通り動かすようになる運動能力が乳児期全体を通じて目覚ましく伸びてゆく。

(3) 情緒の芽生えがそこにそろそろと芽を出してくる。
(4) 社会性も芽生えつつある。
(5) 知能の目覚めがこの時期の後半からそろそろ芽生えてきて，この時期の終わりにいよいよそれがはっきりと看取される。[6]

　生物学および発生学での分化とは，単一細胞(接合子)の分裂から始まり，しだいに異なる多様な形質をもつ細胞や組織が形成される過程であるとされている。分化とは一般に，単一なものの多化，同一のものからの区別の展開であり，複雑になってゆく変化である。林雄次郎氏は次のように述べている。「細胞分化にせよ組織分化にせよ，分化ということは，変化し，ちがいを生じてくるということです。つまり多様化であります。このことは同時に，より多くの共通性をもった細胞，または細胞集団から，より共通性のすくない，それぞれの特徴的な機能をいとなむ特殊な形の細胞，もしくは細胞集団に特殊化することをも意味しています。」[7]したがって，この時期は成熟というよりも分化という点で特徴的である。

　しかし，従来，シュトラッツ（C. H. Stratz）は，人間の発達は成熟と伸長

図5　身体成熟の発達段階
　　　（Stratz, C. H.）[8]

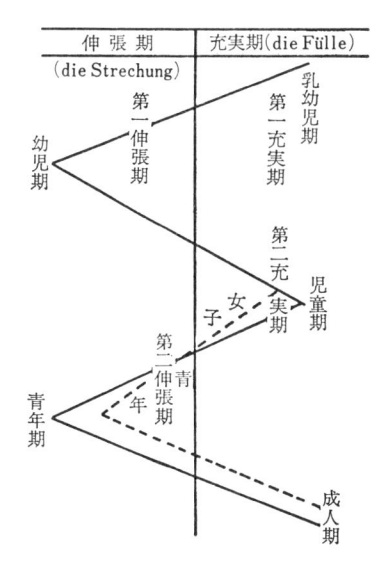

※　児童期を充実期とし，青年期を伸長期とするのは，それぞれの期間における子どもの身体的発達から考えて妥当であろう。
　しかし，それ以前の幼児期，乳児期の伸張期，充実期への区分けははたして，合理的なものといえるだろうか。

との繰り返しでおこなわれるとして，次のような図（第5図）によって，それを示している。

ビューラーは身長の伸びが体重の増加を上まわるときを伸張期とし，逆に体重の増加が身長のそれを上まわるときを充実期としている。しかし，筆者はこれに代わって「分化と成熟」のリズムによる発達を提唱するのである。

注
1. ibid., p.63.
2. このことから合体が行なわれ構造化された時，特殊な，他には感知できない関係から生じる母親の子への関心を母性本能と呼んでいたと解釈するのは，いたって容易であろう。
3. Bühler, K., *Die geistige Entwicklung des Kindes* (6th ed.), Jena: Fischer, 1930.
4. Shirley, M. M., *Locomotion & Visual-manual function in the first two years* (quoted in Handbook of Child Psychology by C. Murchison), 1933.
5. 大伴 茂『ピアジェ幼児心理学入門』同文書院，1971, pp.1―30.
6. 山下俊郎『改訂・幼児心理学』朝倉書店，1969, p.70.
7. 林雄次郎『卵はいかにして親になるか』岩波新書，1969, p.7.
8. Stratz, C. H., 赤徳治訳『子どものからだ』創元社，1952.

3. 乳房の役割

胎児期における栄養摂取は，臍帯によって行なわれる受動的，かつ，依存的な機能であった。これに反して口唇期においては逆に乳児は自分の口唇と消化器官を使用して，養分を自律的に摂取し，酸素を呼吸器官を通じて自由に体内に吸入できるという，きわめて能動的，自律的な存在である。この時期，母親とは合体者でありつつ，さらに，乳房は子どもにとって養分を与えてくれる道具である。いうなれば，彼は母体内では求心的，自閉的生活をおくっていたが，口唇期では逆に，遠心的，開放的な世界にいることとなり，それゆえ，彼にとっては，乳房はそれを通じて，彼自身を区別することのできる対象である。臍帯期では，子宮を同一性維持の対象としていて，それがオーガナイザーの役割を果たしたのである。口唇期では乳房は対比的な，子宮にとって替わる新たな対象であり，自己と乳房は比較できるもの，あるい

第 2 章 胎 外 期

はそれぞれが独立したものであり，それによって自己が自己であることを悟ることができる。そして，乳児がたまたま，親指を口でなめ，強く歯で噛んだときに，指への直接の痛覚と，母親の乳房を同様に噛んだとき，あるいは触れ遊んだときの無刺激性から，指は自己の身体の一部であるが，乳房はそうでないことを認知する。このときをスピッツの前自我 (pre-ego) の成立期としたい。これ以降，乳房にて代表される環境は自己の存在を確認するためのある道具になるとでもいえなくはない。このようにして，乳児の自己認知が開始される。これゆえに，さきのサリバンの説を支持するのである。

しかし，スピッツ (R. A. Spitz) は，乳房を乳児は自己の一部であると認知するとして，次のように述べている。「新生児はある事物を他の事物から区別できない，事物と自分自身の身体とは一度もくぎられず，またそのころには，自分をとりまくものを，まだ自分とかけ離れているものと感じない。したがって滋養を供給する乳房は，自分自身の一部分と知覚されていることになる。」[1]しかし，すでに，これまでに述べてきた事例および記述によって，乳児は，乳房をも，母親をもすでに相当初期から知覚していて，自分と自分でないものとの弁別ができるので，決して乳房と自分を同一視してはいず，そればかりか，乳房を自分以外のもの，つまり他者として意識し始める契機を与えるものと考えるのが妥当のようである。乳児は，母親の顔と，乳房を凝っと眺め，識別し，哺乳中にでもなれば，乳児は「両手で母親の胸に支えを見出す途中で『握ったり』『たたいたり』『なでまわしたり』し，この動作は2カ月の間一貫して観察される」とスピッツはまた報告している。[2]胎生学的見地からは乳房を自己と比較でき，自分でないものとの相互交渉の一つであり，乳房を友人として――むしろ，あそびの対象（玩具）として――見なす行動現象と考えられる。また，それゆえに原始的社会性の発生であると考えたい。

また生理的にも授乳行動は子どもにばかりか，母親にも利益を与えている。乳児が乳を吸飲することで，子宮の収縮の反射が誘発されて，子宮の破壊された組織の回復が促進される。また，骨盤内臓器の健康状態の復帰がうながされる。子どもは乳を吸飲することで栄養が与えられるばかりでなく，情緒的な安定もまた乳房から与えられるのである。[3]

マーラー (M. S. Mahler, 1975) も乳児は母親と一体化しているとしながら

も，皮肉にも彼女は論拠とする次の例示によって，乳児が乳房に対して抱く分離感を説明しているのである。「誕生自体の過程は分離の目覚への準備での最初の大きな動因であると考えられる。つまりこれはかなり大きな抑圧，誕生の間に新生児の受ける自分の体表への刺激，そして特に内部生活から外部生活への移行時，新生児を取り囲む圧力と温度条件でのいちじるしい変化を通じて生じるものである。」(4)

　母親が乳児を保育する様子を観察するとき，母親と乳児の距離はほとんど感じられないかもしれない。しかしマーラーがはからずも考察した上述の引用箇所は，胎内にあって，狭隘な胎盤に柔かい頭脳を，母体の緊縮しつづける腹筋力によって押え続けられていた乳児が，誕生後は無制限の自由と解放感を心ゆくまで楽しんでいることを裏づけるものであろう。だから相対的に乳児は分離感を心から受容しているといえるのである。

　さて，この時期の乳房の果たす役割が重要であることはいうまでもないが，それは，胎生期に臍帯から養分を供給されていたことと——それはとりもなおさず，生命の維持ということに直接に関与する基本的な現象であるが——本質的には相違するものではない。エリクソン（E. H. Erikson）は，この時期の口唇性を，乳児の「何でも取り入れよう」とするものという意味を発見し，発達の第1段階としているが，実はその第1段階は，すでに発生の(5)初期（細胞膜期）に開始されていた事実なのであり，エリクソンはこの事実を残念ながら見落としていたのであると断定せざるを得ない。「口唇性，つまり口に集中する経験の複合体は，食事を与え，安心させ，抱擁したり，温かくしてくれる母親との関係において発達します。私（エリクソン）はこの発達の第1段階を口唇・感覚的及び筋肉感覚的な段階と名づけています。この段階の行動の基本様式は取り入れです。われわれが人生において，最初に学ぶ事柄は，取り入れるということです。人間は，口ばかりでなく，他の諸感覚でもまた取り入れるのです。子どもは，目でさえ『取り入れ』ようとし，ついで記憶し，さらに外部にあるものをあたかもすでに自分の内部にあるかのようにみようとするのです。」

　他の言い方ですれば，乳児の社会化の初期段階であろうし，ピアジェ（J. piaget）のことばを借入すれば，社会性の第1次シェーマの獲得ということになろう。（また，あそびの萌芽がここに観察される。したがってこれは，

精神分析学の解釈による「あそびは最も自己中心的である[6]」というエリクソンの命題をより深く考察するあらたな手がかりとなろう。)

自分との合一体である母親との異和感はないが，乳房とはあきらかに，他者であるとの意識がこの乳房への働きかけの行動のなかに認められる。

以上，乳児にとって乳房の役割は養分の供給ということであろう。しかしそれとともに，それは乳児が初めて自分以外のもの，すなわち他者を意識し，自分を自分と漠然と意識しているやもしれない対象物になっている。そして卵にとって卵管がオーガナイザーとして，正常な分割をさせる役割をもっていたのと同じく，乳房それ自体，乳児の正常な身体的，精神的な分化的発達のためのオーガナイザーの役割をはたしているのである。

注
1. スピッツ，R. A., 古賀行義訳『母―子関係の成立ち――生後1年間における乳児の直接観察』，同文書院，1971, p.17.
2. ibid., p.33.
3. 服部清『躾の心理学』内田老鶴圃新社，1975, p.187.
4. Mahler, M.S., Fred Pine, and Anni Bergman, *The Psychological Birth of the Human Infant: Symbiosis and individuation*, Basic Books, Inc., Publishers, New York, 1975, P.52.
5. エヴァンズ，R. I. 『エリクソンとの対話』(第2版)，金沢文庫，1975, p.23.
6. Erikson, E. H., *Childhood and Society*, W. W. Norton, 1950, p.204.

4. 乳児の自律性

母親の胎内にあったときの新陳代謝については，母体の身体的条件にほとんど母親からの一方的な影響下にあったと見てよいだろう。母体の血糖値が下って母親が空腹を感ずれば，胎児もまた空腹を感じたであろう。母体が腎臓疾患で衰弱すれば胎児も少なからず，その影響を受けたであろう。しかし，誕生した乳児にとっては今は事情がまったく異なっている。乳児には気分のいいときには吸飲し，気にいらない食物であればこれを拒絶する自由がある[1]。誰も授乳を与えたり止めたりすることはできないのである。乳児の保健のためと称して授乳量を加減する必要はないのである。つまり，母親も乳児もともに他人がなしうる以上のことを知っていて，この関係の中で乳児は適

切な速さで適当な量の母乳を飲み，いつ止めるべきかを知っているのである(2)。

　授乳については現在，子どもが母乳への欲求に応じて，いつでも乳を与えるという欲求即応法と，時間を定めて与えるという規則的授乳法の二つがあり，その賛否についてさまざまに論じられている。しかし乳房期での自律性ということから考えれば解答は自ら，あきらかであろう。すなわち欲求即応法が好ましいのである。すべてが幼くてたより気がなく原始的ではあるが，乳児自身の自律性（self-regulativity）に任せられるべきである。時間ぎめで授乳されるというのは，自律性を無視し，将来の自我形成の基盤を破壊してしまうことになる。もしこの規則的授乳法にしたがうならば，精神分析学者の説くように，それは子どもに孤独感を与え，神経症的性格になるだろう。

　訓練について，マーフィ（G. Murphy 等）は，一般の，できるだけ早いほうがよいという学説に対して，乳児が自分の周囲の世界を受容し，それと折り合いがつくまではしないのがよいといっている(3)。しかし，理念的にいえば乳児期の自律の世界では訓練はしない方がよいし，そして乳房が自律的吸飲ができるように，常に子どもの口唇に添えられるように母親は努力するだけでよいことは，明らかであろう(4)。

　また，老廃物も母親の内臓に依存していたものが，自らの消化器官と腎臓を自由に使用し，便としてあるいは尿として，自らの排泄器官を用いて体外に排泄することができる。つまり，母体内では，すべて一方的に与えられ，一方的に体外へ臍帯を用いて排泄させられる依存の生活であり，反対に，乳児となった現在は自律的に養分を摂取し，老廃物を自由に排泄することができる。彼を中心にして世界は動き，あたかも彼は帝王のごとくであり，家庭という天下に君臨する(5)。彼は自分の恣意に任せて眠り，思うまま泣き，わめき，微笑してよいのである。すべては許されている。そして，誰も彼が行なうことを妨害したり，止めさせようと干渉してはならない。家族はただ，その生命の安全をはかることのみが期待される(6)。

　家族は，なかんずく母親は彼の奴隷として，その意に添うべく努め，奉仕するべきで，そのために母親は，試行錯誤的に，どのように扱うのが子どもにとって，最も危険がないかを学習すべきである。逆にまた，どのように乳児を社会に適応させるべきかを，乳児が母親に学習させているともいえる(7)。

第2章 胎外期

　次に命題とされていた，前段階の固定的生活に対する当段階での可動的生活について，上述した自律性と関連させて考察してみたい。前述したように動物学者ポルトマンは人間の乳児は他の哺乳動物と比較すると，すくなくとも1年は早く生まれてくる早産児であり，したがって乳児は高等哺乳動物の新生児に比べて無力で，自力で動くことはできないゆえに，ちょうど鳥類の雛のような就巣性をもつものであるという。(8) つまり，彼によれば，乳児は自律的でなく可動的でもないということになる。しかし，彼の論評は哺乳動物と比較しての結論であることは忘れられてはならない。人間の胎児の生活は前に述べたように，栄養不足傾向にあって，緊迫した母体の腹筋力の圧力を受け，しっかりと母親に固定されていた。手足を動かすことも伸ばすこともできず，一定の姿勢を強いられていたのである。しかし誕生後はその屈まされた姿勢を解かれ，手も，足も，首も不十分ながらも動かせるのである。声を上げることも口を抵抗なく動かすことも今は自由であり，自律的である。これをなぜ無力な存在であるとか，就巣的であるとか規定してしまわなければならないのであろうか。

　しかし，ここで依存的でありとする意見の根拠となる乳児期の他の特質について考察してみたい。まず保護が必要なたよりない存在であるという。これについては，卵は卵巣の保護をうけ，分割卵は卵管の，そして胎児は子宮によって保護されていると同じように，乳児は乳房（母親）によって保護されていること，子どもは家庭から保護されているし，市民は法律によって保護をうけていることから，人間は生涯，保護されなければならない存在であることが判明する。こうした，保護システムは人間以外の他の動物でも，異った形はとっても存在する。保護者の力が強い場合，保護されるものはたよりな気であるし，保護者の力が弱い場合は保護されるものは自立性が強いようである。以上の2点から，人間と哺乳類といった異種間での単に表面的な比較は妥当ではなかろう。

　結局，乳児は可動的であり，自律的であり，ポルトマンによる規定は，人間は動物と比較して考えるべきではないとして否定されなければなるまい。

　要約すると，乳児は，この期間，すべての行動は自律的に行なうことが許され，母親はそのために乳児に授乳し，排泄の世話といった奉仕をなすことが望ましい。そこで彼の自律性はいよいよ強められる。そしてまた乳児は自

律的であり，可動的な生活期にいることが理解され，仮説は演繹されたのである。

注
1. Winnicott, D. W., *The Child, the Family, and the Outside World*, Penguin Books, 1964, p.33.
2. ibid., p.31.
3. Murphy, G., Murphy, L. B., and Newcomb, T.M., *Experimental Social Psychology*, New York, Harper, 1937, pp.27—175.
4. Winnicott, D. W., op. cit., p.33.
5. Mahler, M. S., Fred Pine and Anni Bergman, *The Psychological Birth of the Infant: Symbiosis and Individuation*, Basic Books, Inc., Publishers, New York, 1975, p.44. マーラー (Margaret S. Mahler) はアルバート・アインシュタイン大学医学部名誉教授でありペンシルバニア医科大学客員教授である。彼女は「乳児の心理学的誕生と個人の心理学的誕生とは結局は同時的なものとはいえない。前者は劇的であり，観察可能であり，また，うまく区画されている，後者は，徐々に展開していく，精神内部の過程である」という観点から本書が著わされている。
6. Wolfenstein, Martha., *Infant Care*, Children's Bureau, 1955, p.12.
7. 藤永保, op. cit., p.196.
8. ポルトマン，A., 高木正孝訳『人間はどこまで動物か』岩波新書433, 1961, pp. 24—40.

5. 授　乳

　栄養を一方的に供給されなければならない存在であったものが，この段階になって，自律的に栄養を摂取できる段階に入ったのである。だから，そのための手段は非常に重要であるといわなければならない。幼児の授乳は，口，特に唇に重点を置いて行なわれる。まず臍帯期での臍帯の発展的形態としての口唇と鼻が，乳児の本能的，生得的反応として，吸啜反射と呼吸反射を行なう。呼吸反射は，以降，一生の間，自律的に腹膜・胸隔膜を基盤にリズミカルに生起するのであるが，吸啜反射は，嚥下反射とともに滋養分という報酬を得ることで，条件反対による学習が成立して，哺乳の間にこれが継続する。生得的吸啜反射，および嚥下反射と，学習による新しい吸啜反射と嚥下反射の2系列——理解を容易にするためにこのように設定——の対立は，新しく成立した学習された反射行動のなかに，生得的なそれらの反射が基礎と

して組込まれ，構造化されることで解消される。だから，もし従来の精神分析学的に，生得的なこれらの反射行動が新生児の欲求であって，行動することでこれらの欲求が充足されなければならないとするならば，学習された吸啜反射が行為されることで，生来の吸啜・嚥下反射欲動も解放されるのである。そして生得的なこれらの反射は消失してしまうのではなくて，新しく学習された行動の中に生きつづけるのであると銘記されなければならない。

さて問題は，乳児には，母親の乳房から哺乳する場合と，哺乳びんから吸飲する場合，どちらが乳児には，好ましいか，あるいは明確に，哺乳びんからの養育は何らかの発達上の支障を引き起こすのではないかということである。発達的には，口唇を中心手段として養分を摂取するこの段階の後に，歯牙の発生と，それを用いて食物を咬んで摂取する段階がつづく。胎内にあっては，透過膜，臍帯を養分の獲得手段として，さらに誕生後は口唇を経て，牙歯の発生と発達を迎えるわけである。

母乳の吸飲については，ウイニィコットが述べているのを引用しよう。哺乳びんよりの授乳の場合と，母乳でもって授乳する場合とでは，乳児の口唇の状態が異なっている。「胸で保育される赤ん坊は，乳首の根元の裏側にくいついて，歯茎で嚙む。これは母親にとっては，非常な苦痛を与えるものであるが，しかし，そこでの圧力は，乳首の中の乳を口の中に押し出す。乳は，そこで嚥下される。しかしながら，びんで育てられる赤ん坊は，異なった技術を用いなければならない。この場合，胸での経験の中で比較的小さいことである吸啜するということが強調されよう。」[1]

つまり，母乳の場合は「嚙む」ことが強調されるし，哺乳びんの場合は吸い込むことが特徴となっていると要約される。だからまた，本質的には，口唇の役割は嚙む準備行動にありとも言い換えられ，これは，次の段階に口歯の発達を迎えていることを思い合わせると，非常に示唆的であることが判明もする。このことについて，参考までに現在までの研究を渉猟し，それで，この問題を考えるためのよすがにしたい。

まず生理学的には嚙む行動は顎の発達を促進し，さらに脳の発育をうながす。もちろん母乳中には数種の抗体が含有され，乳児の体内にあって自浄作用を行なうことはいうまでもない。[2]

ロジャーソン（B. C. F. Rogerson, 1931）たちは哺乳びんによる保育児は，母

乳保育児と比べて,後に,より神経質な傾向と学業遅滞の傾向があるのを発見し,さらに彼らは食事の障害が非常にあり,健康でないのを見出した。ホルウェイ (A. R. Holway, 1949) はまた母乳保育期間と後の適応度の正の関係があるのを発見した。しかし,ピーターソンとスパーノ (Peterson & Spano, 1941),あるいはシーウェルとマッセン (Sewell & Mussen, 1952) はこれを確認していない。(3)

リチャーズとバーナル (Richards & Bernal, 1974) は,母乳保育児と哺乳びん保育児が,母親分離をさせられたときの状況を比較した。それによると母乳保育児は24時間中極端に落つきをなくし「泣く」の項目で,高得点を示した。これにより,母乳保育児の母親へのアタッチメントがより強度に成立していたとするのである。(4)

つまり,あの卵管壁が卵の正常分割のオーガナイザーであることを考え合わせると,あるいは,乳房もまた,子どもの分化的発達,およびパーソナリティ形式のオーガナイザーであるといえよう。とすれば母乳か人工栄養かということは大きな問題でなくてはならない。そして多くの学者はまた,母―子間のきずなは,子どもが母親の乳首を口にし,授乳されるときに強化され,これは後,子どもの同一性感情の基礎になるのだという。(5)(6)

そして,母乳で保育することが自然であるとすれば,乳首を噛んで母乳をしぼり出すことも,当然ながら,次に迎える口歯期とも必然的な関連があると考察される。これについては次節で,引き続いて述べることにする。

注
1. Winnicott, op. cit., p.35.
2. 松平邦夫「もし虫歯ができてしまった時は……」『灯台』,第三文明社, 1976, Vol. 165, pp.27—30.
3. Mussen, P. H., *Carmichael's Manual of Child Psychology* (3rd ed.), New York : Wiley and Sons, Inc., Vol. II, 1970, p.703.
4. Richards, op. cit., p.157.
5. Winnicott, op. cit., p.51, p.57.
6. ミーチャリヒ,A., 小見山実訳『父親なき社会――社会心理学思考』新泉社, 1972, p.70.

第2章 胎 外 期

6. 第1次分離不安とその影響

　かくして，口唇期，いわゆる乳児期は次の後半（6—7ヵ月以降）の段階に移る。これは，ちょうど，分割卵でいえば卵が桑実胚になったころ，卵は子宮腔口にさしかかり，卵管の蠕動運動も卵の移動には影響を及ぼさなくなり，したがって卵の繊毛運動も効果的でなくなるころに相当する。

　身体的成熟という量的増大によって母乳量が乳児にとって十分であったり，不十分であったりする。身振りや泣き声でもって自分の欲求を表現しても母親がこれを理解しなくなるときもある。またときには，排泄物の始末が遅れて，不快感を感じる。以前であれば，自分の口を用いて，自分の好みに応じ自律的に吸啜できる喜びが極度に大きくて，他の障害はほとんど気にならなかったのである。しかし，歯茎に歯生が開始されると事情は異なってくる。

　つまり，乳首をくわえて，歯茎でかむようにして，乳汁をしぼっていれば，事は足りていたのであるが，歯生のために，同じ調子でくわえて，吸っていたのでは，歯が障害になって，十分に口中に流れ込んでこなくなる。おまけに，流れ込む量を増大させようと，歯を動かせば，それは乳首を噛み切るメカニズムとなるから，母親はこの痛さに悲鳴をあげ反射的に，乳児を拒否してしまう。乳児は満腹にならないにもかかわらず，乳房を拒絶されたこと，急激に発生した母親の悲鳴に驚いて，これもまた急激に泣きはじめる。これは，母親に恐怖や，苦痛や，煩しさを——たとえ，それが無意識的であるにせよ——与え，母親の情緒的動揺がさらに子どもに反映する。こうして子どもの，乳房との対象関係に危機が訪れる。

　さて，この子どもの「乳房噛み行動」(1)は後の攻撃心，自己主張性の開始と解釈されているが，筆者は，これを第1次分離不安とする。

　したがって，乳児が乳房との対象関係を喪失するということほど，乳児にとって致命的な出来事はない。それはすぐに飢餓へと通じ，身体的，精神的障害のみならず，悪くすれば死欲動の発動を促がすことにもなる。この時期において無理な離乳をされることも含めて，乳房から離れる体験が記憶痕跡として残り，精神分析学的に「分離不安」と呼ばれ後の性格形成にも基本的

75

な影響を及ぼすといわれている。そしてマーフィ (Murphy, G.) は，無理に離乳させられた子どもはもらうことを熱望し，与えることを欲しない依存的なタイプになり，ときに大食，飽食の傾向を示すという。[2]

しかし，これも離乳期での乳房の否定が行なわれて後，ただちに新しい対象による統合がなされなかったための現象とも見られよう。つまり精神分析学派のいう口唇愛的性格は必ずしも形成されるとはかぎらず，離乳は人間の発達上では本来的なものではない。だから，成長後，不幸にして個人が挫折を感じ，自我を根底からゆすぶられるときに立ち至った場合，飲食行動によって精神的な安定を一時的に取りもどすという退行的行動も，マーフィの調査による性格傾向も乳房期での哺乳され愛撫された体験の記憶痕跡があるからで，分離不安体験の記憶痕跡が必ずしもそうさせるのではないことも以上のことから容易に考えられることである。

ちなみにマズロウは離乳の方法について次のような提案をしている。「赤ん坊に選択を与えること，赤ん坊に決断をさせることである。流動食と固型食の両方を赤ん坊に与えてみる。もし固型食のほうがアッピールするようであれば，赤ん坊は自発的に離乳をはじめるであろう。」[3] しかし，マズロウのこの方法と従来の母親によるプログラム化された離乳法とはその功罪はそれほどの差異はない。むしろ伝統的な方法が，赤ん坊の成長を促進するということで有利であろうと思われる。

授乳期間と，幼児・児童期のパーソナリティ特性との間の直接の関係については否定的な研究も多い。たとえば，スパーノは授乳期間と幼稚園時代および青年期の人格構造には何らかの相関性はないとし[4]，サーストン (Thurston, J. R.) らは91人の大学生の現在の性格を調査し，またその幼いときの授乳の状況を調べた。そしてその間の関係から，口唇愛的性格形成の理論は否定されなければならないとしているのも[5]，あらためて評価しなおす必要があろう。

要約すれば，確立された乳房との対象関係は，乳房自体の乳量不足と乳児の歯生によって不安定になり，やがて崩れていく。精神分析学でいわれていた口唇愛的性格は否定されなければならない。

第2章 胎 外 期

注
1. 対象関係とは個体の自我が，欲求，認知の対象に対する関係をいう。スピッツは対象をリビドーの対象と解釈し，母─子関係の説明にのみそれを用いているが，本論文では，保護者のみならず，事物との同一化の対象を意味し，したがって，乳房，哺乳びんをも対象と考えている。逆に保護者からいえば，オーガナイザーともいえる。つまり，子どもは常時，対象を設定せんとしていて，対象が何らかの理由で設定できない場合は別として，スピッツのいう「対象のない段階」はあり得ないと，筆者は否定するものである。
2. Murphy, et al., op. cit., pp.27—75.
3. ゴーブル, op. cit., p.104 に引用。
4. Spano, F. and C.H. Peterson, *Breast feeding, maternal rejection and child personality*, Charact. Pers., 10, 1961, pp.62—66.
5. Thurston, J. R., and Mussen, P. H., *Infant feeding gratification and adult personality*, J. Pers. 19, 1951, pp.449—458.

7. 新しい対象の発見

　個体の発生期より，いかにして養分を獲得するかという，「手段」の否定と統一を通じての発達も，こうして口唇の価値をも疑わせることになった。
　カテゴリーとして胎内期にこの同形的な段階を考えると，分割卵が卵管から子宮腔に移動し，子宮内壁に着床するまでの段階に相当しよう。細胞膜の透過性によって卵の成長が促進され，栄養膜細胞層の形成が行なわれる。そして細胞膜と栄養膜細胞層の機能の対立，拮抗が激しくなっている。しかし，栄養膜細胞層の機能が勝って栄養膜細胞層（卵黄包）によって統一される。しかし，このときすでに，原始臍帯が形成されていて，さらに臍帯によって栄養膜細胞層も否定され，統一される。
　この段階で最も重要なことといえば歯生であろう。口唇により吸収された養分は，必然的に身体組織を発達させるばかりでなく，母乳摂取行動からは無関係ともいえる「歯」の成長をうながす。無関係というよりは，歯は次期になれば，母乳の吸飲行動を否定してしまうような機能をもつことから負の関係をもつともいえる。
　そして，新しく生えた歯の機能である「咬合行動」と口唇の機能である「吸飲行動」との両者の対立がはじまり，子どもは，歯が生える際のむずがゆさ

になやみ，無意識的な対立から生ずる不安定にイライラして，不機嫌になることが多くなる。そして，この不快は，このころ，身体の成長に比例して，母乳量が増加しないということで，一層大きくなる。

そしてまた，自分の自律的な排泄後に伴う不快感と，母親がそれを始末することで与えてくれる快感とを経験する。また乳量不足の際には人工乳を規則的に作って補ってくれたり固い食物を咀嚼して，たべさせてくれたりする母親の存在を認知しはじめる。つまり，ここに，自由であるために，結果的に満足に乳を出してくれなくなった乳房と，規則的に飢えを満たし，排便の処理のために忙しく立ち働く母親との2箇の対象を自分の認識界に取り入れる。その時期には，乳房と母親という対立以外にも，乳房から吸飲するという自律性と，食事を作ってくれる母親への依存性との対立，あるいは自由ではあるが不快感を伴う排泄と，このころようやく開始された躾による快適な排泄との対立などを体験しはじめる。これら対立は乳児に選択を迫るもので，一方をとり他は棄てさり，否定しなければならず，両者の調和的な選択といった静止的，御都合主義的な方法はありえない。

しかし，これら諸対立の中には主要な対立は一つのみであり，この一つの対立が成長とともに増大すれば他の対立も影響をうける。それは歯牙機能と口唇機能の対立であって，この対立はますます激化して子どものむずかりとなって現われる。そして，主要な対立と矛盾が解決にいたれば他の諸対立もすべて影響をうけて解決するのである。

乳児は乳房によって授乳されている間に，そしてまた，空腹を訴えて泣きわめいている間に，この対立と矛盾を痛切に体験している。しかし，スピッツは「母親の腕に抱かれている子どもは，授乳の間しっかりと母親の顔を凝視している。眼をほかに移さないで腕に抱かれたまま，ついに眠ってしまうこともある（しかし哺乳びんで育てられている子どもの場合には，そうした現象はそれほど規則的に観察されない）。母親の顔は子どもに対して，最初の一カ月に最もしばしば提供される視的刺激となる……生後六週間に子どもの記憶に印象づけられる」と述べている。

母親が哺乳しながら子どもの顔をじっと眺めたり，ほほえんでみせたり，語りかけたりするのを，子どもはまじまじと観察する。自分に働きかけている母親という存在は，自分には決して害を与える存在ではないと知る。

第2章　胎外期

　8カ月もすると子どもは人見知りをするようになる。スピッツのことばを借りれば「8カ月不安の現象は，子どもがいろいろな人の顔にある母親の顔に特別な地位を与えることを意味するものである。すなわち，子どもは母親の顔を選択し，母親の顔と異なる他のすべてのものを拒否する。」(2)
　もちろん，ここでいう母親はその代理でもかまわないことはいうまでもない。しかし，人見知りの際の特定の人が母親となるためには，次の資格が必要である。
　(1)　彼女の存在が食欲の充足と結びついている（乳房をくっつけている）。
　(2)　応答性や新奇性（変化）をそなえている（微笑・語りかけをしてくれる）。
　(3)　相手（母親）が自分（乳児）に好意をもっているという認知を成立させている。(3)
　しかし「病理的であるのは8カ月乳児の不安反応の存在ではなくて，むしろその欠如である」とスピッツはいう，「すなわちその欠如は，子供の情動の発達が遅滞していることを意味している。明らかにこの遅滞は，対象関係の形成が失敗に終わった結果である」(4)と。そして，ボウルビーはその失敗の原因を母―子間の関係に求めている。ちょうど，このころは第4期・第5期の相互浸透の時期であるので，実のところボウルビーのように，対象関係形成の失敗因を，母―子間の関係にもっていくべきか，あるいは乳房―子間の関係にもっていくか実際の観察と分析が必要であるのである。今後の研究を期待しよう。
　さて，以上述べた変化は，急激になされるのではなく，昨日までは乳房，今日からは母親を対象と変化していくのではない。これは徐々に行なわれ，新しい形態（母親）のもとで乳房か母親かという葛藤の長い過程を通してのみ行なわれる。この期間を過程という。

　注
1．スピッツ, op. cit., p.22.
2．ibid., pp.62―63.
3．八木晃, 藤永保, op. cit., p.194.
4．スピッツ, op. cit., p.121.

8.　考察と要約

　一般的に乳児期は依存の時代であるというのを否定して，筆者はこれを自

律の時代としてその論証を行なった。したがって誕生という出来事は乳児には大きな快感を与えるものであることになる。誕生したとき乳児は（母親でなく）母親に付属する乳房を対象として同一性を得る。それによって乳房は他者であるという相対性を意識すること，そして授乳は欲求即応法が好ましくさらに人工栄養よりも母乳を与えた方が理念的であることを述べた。従来の生・死欲動以外にも無気力欲動が乳児期に形成されることをマターナル・デプリベーションの例から説明し，さらにこうした現象は乳児と母親の世界との合体の成立いかんによるものであることも理念としての受精現象から論証した。その他，修復欲動と空腹欲動が形成され，特に後者の場合，乳を飲む行動と満腹感の条件づけによって食欲の形成が行なわれることも推定された。そこで先の命題となっていたのは「乳房期では栄養を獲得せんと口唇を自律的にし，（その結果）吸飲行動が成立する」のである。そこで今，述べたことからでは明らかにされなかったのが，命題中の「吸飲が成立する」は何を意味するのか，そしてそれは乳児の吸啜反射行動とは同一のものなのかという疑問である。そこで前段階のカテゴリーの胎内期を考慮すると，それは，明らかに個体内の血管組織への導入を意味することから，「吸飲がなされる」は最終目標で吸啜反射行動はそれへの過程中の一行動を示すことであると理解できる。社会的人間の理解には表面に現われた行動観察が不可欠とすれば，この「吸啜反射行動」も看過すべきではないし，また新生児期での一つの行動は将来の発達の可能性をより大きくもつゆえに，カテゴリーの図式で発見された法則に，この行動概念を付加して考察したい。

またこの時期には，乳児の特質は「取り入れ」「依存性」「洞察力の発達」である。乳児は手にするもの，眼にするものはなんでも口の中に一度は含んで，験すという傾向が強いのである。(1) そして洞察力も著しい発達を示すという。

自律的な世界であった卵管内で受精卵は自律的に栄養を吸収し，老廃物を自律的に排泄するという物質代謝を旺んに行なう。この細胞の特質が乳児期という自律的な世界に入ったとき，同形論的に再現される。乳児は口唇反射によって頬などの顔面の一部に触れたものの方向に顔を向け口に吸い込もうとする。「取り入れ」現象はこの乳児の乳を吸啜するという行動が，身体の成長とともに，手に触れたもの，眼にしたものは何でも口中に取り入れよう

第2章 胎外期

とする行動に延長されたものと見なせよう。そして「洞察力」は取り入れ行動の体験的な累積によって育てられるものと思われる。依存性については先に否定されている。したがって「口唇で，乳房に集中した栄養を取り入れ，自律的に吸啜することができる。それとともに行動面では『取り入れ』という特質と『洞察力』が発達する」。したがって乳児は「依存」の生活でなくて自律的な生活が展開されなければならない。したがってポルトマンなどによる従来の説はこの段階での特質を説明するものではない。

ところで胎内期での特殊な現象であった「受精」もまた乳児期での「母親の世界」との合体現象を並置したときには，それも普遍的な事情であることが期せずして明確になったのである。つまり，前半は「母親の世界と合体し，口唇で栄養を取り入れ，自律的に吸啜することができる」と訂正できるのである。

また，次のようなことが理解される。胎内期での個体の生活は，誕生後も，高次の形態で繰り返されるらしい。だから誕生後の生活の未知の部分はその歴史を遡及することで，その原初的な形態が把握される。誕生後の生活は，その発達として分析できる。

その例として，受精現象に相当する「母親の世界との合体」が行なわれていて，それによって子どもは分化発達が促進されていることがあげられた。なお，吸飲期の生活では，子どもは乳房を相対性育成の対象とし，自律性を培う対象としているために，母親の世界との合体現象とからみ合って複雑な様相となっていること，そのために，母親の世界との合体現象は，アタッチメント行動とは区別して考えるべきであることも示唆された。その他，自我の萌芽が，相対性のうちにあること，乳房との分離不安が後の口唇愛的な性格を形成するものではないらしいことも述べられた。注目すべきことは，発達には，分化的発達と成熟的発達があり，常にこの両者の対立と統一によって個体は成長することであろう。

注
1. エリクソン, E. H., 岩瀬庸理訳『アイデンティティ』鎌倉文庫, 1973, p.122.

第5期　母親期（歯牙・咬合期）……幼児期　Ⅰ

1. 母親期の成立

　口唇による乳房からの自律的な乳の獲得か，あるいは歯牙の咬み合わせを母親の一方的な世話に任せて依存すべきかというつまり自律と依存の両極性の故に子どもはしばらく葛藤のなかで生活する。こうした人見知りのはじまるある日，乳房を口腔に入れたり，出したり，あるいは乳房を吸飲する際の母親の身体的反応，あるいは表情の変化から，突然，乳房と母親とは連続しているという内面的な連関性を認識し，母親に対する信頼感を獲得する（原信頼）。それと前後して，口唇と歯列（歯牙）との対立も，内的連関が成立することで解決する。口唇と形成された乳歯との対立は，吸啜と咀嚼との対立としてでも現われる。母親が用意してくれる離乳食は，成人のたべる固形食と母乳との中間であって，母乳のようであって液体ではなく，固形のようであって固形というわけではない。この期間に，母乳を乳房から受ける際の口唇運動および歯茎機能と，離乳食を噛み，嚥下する機能とはほとんど相同じであることが，その生理的恒常性（ホメオ・スタシス）の変化を通じて神経中枢に伝達される。離乳食を口中に含むとき，唇は閉じなければならないが，これは乳首をくわえた際の唇の形と同じであり，母乳を吸うための歯茎の運動と食物を咀嚼する運動も同一である。そして一層重要なのは，この二つの対立の内的連関を成立させてくれるのは，滋養分の身体への消化・吸収と細胞・組織・器官への配分ということであろう。古いもの（乳房）を否定し，新しきもの（母親）との対象関係を形成することで，その葛藤は解消され，ここにすべては統一されるのである。乳房にとっては，乳児に哺乳するということは，乳房自体に対して有益な機能も，その成長とともに，乳児の食生活が離乳から成人食へと変化させられること，つまり乳房自身をも否定させるという必然性を，その初期から内に秘めていたということになり，乳房のもつ自己否定的な機能をこの段階にてもうかがうことができる。そして

第2章 胎外期

　また，発生学的にも乳首が乳児の歯茎で噛まれなければ役に立たないこと，そして，それは母体には苦痛であるという現象の中にも，すでにこうした矛盾がみられる。また歯生が開始されるに及んで，この矛盾は，母親には大きな葛藤を与えることになる——そしてまた，歯茎で乳首を噛み，それによって，歯生が促進されるということにでもなれば，授乳行動はそれが開始されたときからすでに自己矛盾を含んでいたとも考えられる。

　またここで想起されるのは，未開地における原住民の離乳期における母親の幼児への食物の与え方である。アイブル＝アイベスフェルト (I. Eibl-Eibesfeldt) によれば母親は自分の口中でよく咀嚼した食物を口移しで子どもに与えるというのである。(1) 彼らの保育において，文明社会にはすでに消失しているこの習慣こそ，母—子の同一感を高める最高の手段であるにちがいない。だから彼らの保育の世界こそいまだに理念を保持しているものとして，でき得れば，金属的スプーン類を使用しての習慣の中に，口移しの習慣を保育期間のある一時だけなりとも復活させて，乳房期から母親期にかけての子どもの精神的な葛藤を減少させたいものである。これは先に論じたように，母乳か人工乳かの問題に匹敵する論争価値を有するものであろう。ちなみにフロイト流に解釈すれば，この「口移し」の習慣こそ，母子間のエロチックな関係で，原始的な接吻であるとするだろう。乳房期に不幸にして母乳が飲めないでスキンシップの欠乏を体験した子どもに対して，最後のそして最も効果的なスキンシップ回復の手段であろう。

　ともかく，こうして，真の意味の母—子関係が形成されるのだが，この新しい母親期での理念的条件を考えてみたい。前章と同じ論証で行なえば，やはり乳房期での諸特徴の 否定概念を取り上げることに なる。「母親期では栄養（＝食物）を受容せんと歯牙を母親に依存的に咬合させ，その結果，摂食行動が成立する」というのがこの段階で一般化されたことになる。

注
1. アイブル＝アイベスフェルト，日高敏隆・久保和彦訳『愛と憎しみ』みすず科学ライブラリー，みすず書房，1974, pp.185—202.
　　アイブル＝アイベスフェルトは先に述べたコンラド・ローレンツの弟子であり，比較行動学をその主な研究分野とする。現在（1970年）ドイツのマックス・プランク行動生理学研究所・人間行動学研究グループを指導している。

2. 自己中心欲動
(ego-centricity : E. C. I.・self-actualization instinct : S. A. I.)

　母―子関係が成立すると，子どもは母親の支配体制に位置づけられる。母親は支配者として子どもを服従させる。こうして，子どもには自己中心性（自己主張欲動）と服従心（自己否定欲動）がそだてられる。

　乳児は吸飲期には自律的に乳を，思うさまに飲み，気が向かなければ中止できる。そして排泄にしても自由に，随時排泄できる。咬合期に入るとしつけがきびしくなり，自由に吸飲・排泄はできなくなるが，母親の保護態勢は強化される。栄養摂取に，疾病・傷害に，清潔さの維持に母親は絶えず配慮をする。また，子どもがイライラしているとき，淋しそうなとき，恐い夢を見たとき，疲労したり眠くなったとき，あるいはしょげ返ったときなどに母親は適切なことばをかけて，気持をほぐしたり，元気づけたり，慰めたり，子守り歌をうたって寝かせたりする。あるいはまた，子どもが転んで，ひたいを柱に打ちつけて泣き出したとき，母親がその柱を打ち返すことで泣くのを止めさせようとしたり，あるいは子どもが隣家の子どもと喧嘩して打たれ泣いて帰ってくると，母親はそれを見て大騒ぎをし，相手の親の謝罪を要求しに行く。子どもはそれで溜飲を下げて満足したり，あるいは母親が相手の子どもを叱っている傍で，虎の威を借る狐よろしく「バッカ」とか「ヤーイ」とかいって戦いに敗れた際の欲求不満を，母親のおかげで，逆に攻撃に変えて解消する。また母親がバス・電車などで，厚かましく振って子どもを席に坐らせると，子どもは席を譲ってくれた周囲の人たちを満足気に見まわす。子どもにとって世の中は自分を中心に回転しているようなもので，こうした体験を通じて子どもには自己中心性，あるいは自己主張性が発達する。

　この場合自己中心性とはピアジェが子どもの心性の特徴として指摘した内容をもつ概念にしたがう。つまり「複数個の視点が存在することを知らずに，単一の視点――自分自身の視点――からだけ外界をみる認知のしかた」をいう。無意識的に自分自身の視点に中心化していて，それらの脱中心化ができない。視点の分化ができていないので，自己を自己として定位し得ない（自意識過剰や個人主義とは異なる）。自己を意識すること，自分の活動を内省

第2章 胎 外 期

すること，社会的相対的関係を理解することができない。現実に背を向けているのではない（この点では自閉的心性と異なる）が，伝達や協同がうまくできない（社会的心性と異なる）ので無意識的，空想的，個別的な自閉的心性と，意識的，現実適応的な社会的心性のあいだの過渡的，中間的な心性として位置づけられた。[1]

しかし私はもう少しこれを発展的に考えたい。前にも記したように乳房期では乳児は相対的存在であることを知って前自我を形成し，さらに自律的な世界に生存していることを経験した。したがって理念的にいえば母親期では幼児は母親の支配を諒としてこれを受容すること，つまり依存的であるのが特徴である。さらにここに母親と幼児との同一化が成立する。そして，彼の全世界は合体した母親という世界と重なり合う。母親と自分を分かつ境界が存在せず，混沌とした全体があるのみである。自我と非自我の区別がつかないのである。これを幼児のもつ混同心性といい，物活論，実念論，人工論などの世界観に展開されるものである。そして，これらの特質はすべて，子どもの自己中心性に根ざすものである。母親のあらゆる行動を子どもはできるだけ模倣しようと努力する。母親の後につきまとって離れようとしない。子どもは母親のもつ支配性を身につけ，自己の母親の他には力のある存在はないと思う。もし自己と同等かあるいはそれ以上の力をもつ他者が存在すると判明するときには，これを徹底的に打ちのめして服従させてしまう。だから一方的に他を悪者ときめつけ容赦なくこれに攻撃を加える。こういう傾向を自己中心性と呼びたい。もちろん，この傾向は器質的な発達を行ない母親との会合によって顕在化されると見るのである。そしてこれを自己中心欲動とし，先に挙げた各欲動に次ぐ第6番目に位置づけたい。次にこの自己中心性の変形と考えられる攻撃性については，項を改めてより詳細に論じてみたい。

3. 攻　撃　性

この攻撃性を発達的に考えると，第4期が終末になると歯生もあり，乳汁も十分に補給されないことと相俟って子どもの自己中心欲動は解消されない。そしてこれらの不安，怒り，不満が過度の場合，母親の制止にもかかわら

85

ず，乳房を噛んで食いちぎろうとする衝動や破壊的幻想を生んだりする。かくて，子どもはしだいに固形の食物を噛みくだき，積極的に取り入れ摂取する活動とともに，激しい攻撃的な感情を示しはじめ，かくして攻撃的な性格傾向を形成したり，攻撃心，不満感を解消する方法を学習する。

　M. ミードは，ムンドグモ族の育児法と後年の性格傾向，習慣におよぼす影響を観察し，「ムンドグモ族の女たちは育児を積極的にきらわし，また子どもをきらっている。……母親は立ったままで，赤ん坊に乳を与え，赤ん坊がまだほんのちょっとしか満足していないうちに引きはなしてしまう。時々あることだが，新生児の養子はひどくひもじいままにされるので，赤ん坊は女の乳房に乳が出てくるまではげしく吸うのである。ここに我々は，怒れる，強烈な欲望に重点をおくところの性格の発展をみる。後年になると，ここでは，求愛は賞金をかけた試合の第一ラウンドのように行なわれ，かみつき，ひっかきは，性的前技の重要な部分となっている。ムンドグモ族が敵を捕虜にするとそれを食べ，後で彼らが語ったところによると，笑ったというのである。ムンドグモ族のなかには，あまりに怒った結果，怒りは自分自身にむけられ，カヌーに乗って川にただよって下り，つぎの部落のものに自分が食べられる，というものもある(2)」と報告している。

　このように，子どもはしだいに固形の食物を噛み砕き，積極的に自己の口に摂取する活動とともに激しい攻撃心を示しはじめる。そしてこの時期をもって吸飲行動と咬合行動との対立は，後者の行動によって統一されたと見るのである。

注
1. 牛島義友他編『教育心理学辞典』金子書房，1968, pp.354—355.
2. ミード, op. cit., pp.97—98.

4. 自己否定欲動 (self-negation instinct: S. N. I.)

　クラーゲスによると自己否定とは自制の意味をもち，それは2種に分類される。つまりその第1は「自分を支配する，自分に強制する，克己，自分を克服する」であり，その第2は「自分の理性と相談している，理性に従って

第2章 胎外期

いる」であるという。さらに「主としてエゴイズムを犠牲にして行なわれる場合を節度といい，情欲を抑える場合を克己とか，自己否定などといい，逆に情欲が無制限な勝利を得ることを『我を忘れる』」と称している。しかし，これを発達的に考えると，幼児期に自己主張（自己中心性）欲動の発達を見たのであるが，この自己中心性は母親を除く他者への配慮もなく，むしろ他者の存在すらも意識できない状況を現わすものであった。しかし，一方この場合，母親に対しては母親を権力者としてあがめ，服従し，依存するという定言的命令関係にあったのである。その子どもの心情は，絶対者に対していだく「命令は必ず行なわねばならぬ，うろうろしていれば叱りとばされるかもしれないな（＝警戒心）」そして，「命令に従ったのだが本当に命令通りにやってしまったのかな，失敗してたらどうしよう（＝失敗感）」という心的状態でいいつくせよう。あくまで卑屈なまでの自己中心性の喪失，つまり我執，我まま，平等への権利主張すらも放棄した心的状態を意味するのが自己否定欲動である。したがって，母親は子どもを自分に依存させるだけで，すでに2種の欲動，「支配する」「支配される」という縦関係への傾性を育てていることになる。なお，ちなみに，他人との平等性を認め合って友人を作る際には自己中心欲動は抑えられ，自己否定欲動が発動されて，それらの平衡が必要となるだろう。クラーゲスのことばに従えば，「理性と相談する。理性に従っている」といい，さらに「節度がある」ということになるだろう。

　子どもの欲動は自他平等肯定欲動が，青年期後半になると新たな発育をはじめる（121頁）。以上，2種の欲動を2章の基本欲動群に組み入れて総計8種とする。

　なお，劣等感はたんに自己否定欲動をいい換えたものではない。劣等感とは自己を否定（主張）せんとしても非力のゆえ，それができない場合に抱く感情である。ソクラテスおよびイエス・キリストの死は劣等感によってなされたのでなくて，純粋な自己否定欲動によってなされたものである。一方，自己に何らかの障害（身体障害，あるいは精神的打撃）のゆえに前途を果敢なんで死する場合は，無力感と自己否定欲動の混成によるものである。一般的に精神分析学派（アドラーなど）のいう人を向上させる劣等感には，2種類あると説明できよう。その一つは無力感と自己主張欲動の結合，その二は無力感と自己否定欲動の結合である。前者は普通，嫉妬心と呼ばれる。後者は

無力感を与えた原因そのものをあきらめ（否定し）て，他の可能性のある面に己れを志向させ，その実現に努力させる傾向である。後者の場合，特に補償という語で説明されているのである。今後は，劣等感もこのように分析する必要がある。

注
1. クラーゲス，L., 千谷七郎・詫摩武俊訳『性格学の基礎』岩波書店, 1957, p.206.

5. 性欲動の構造

以上，1次的衝動として，母親の養育方法によって子どもには自己主張性および，彼女が子どもの傍にいるということで，生の衝動がはぐくまれることが判明した。そして，次にわれわれはこの節にて，標題に示すように，性欲動の発達について論じよう。

従来は基本的欲動として，各種欲動に加えて性欲動が必ず挙げられていたのだが，理念的には直接的に導き出せるものでない。すなわち，それは第1次的，基本的欲動として発達するものとは考えられない。したがって，本節では，動物行動学および生理学的に考察し直してみたいと思う。マズロウも，性的行動は性的欲求だけによって決められるものではなくて，「その他の愛とか，愛情欲求の中の主要なものによって決められる(1)」としている。その意見の是非はともかくとしても，性行動が単純要素によって引き起こされるものでないこと，すなわち2次的なものであることを見出しているのである。

生化学的に考えるとヘッブ（D. O. Hebb）によれば血液中のテストステロン（主として骨の形成に関与するホルモン）は雄の（生の志向性のあるレベルまで）攻撃性のレベルを高めて性行動を促進する。また反対に「男の分裂病患者に男性ホルモンを試験的に与えると衝動行為のほかにしばしば自瀆や同性愛の形で性的興奮症状があらわれ(2)」ているし，また「メスの動物に卵胞ホルモンを過剰に投与すると闘争性のいちじるしい増加がみられ，ときには動物が全部互に殺し合ってしまうことさえある(3)」し，「性的興奮が高じるとそれが攻撃性となってあらわれ，極端な場合には性行動は脱落して，雄または雌が

第2章 胎外期

ただ相手に襲いかかるということがよく観察される[(4)]」という。つまり性的興奮が高じるとその一部の形成因である攻撃性も高じることになる。攻撃性（自己主張性）のレベルがさらに高じて、いわゆる生の欲動レベルを凌駕すると、生欲動は消滅して攻撃的な行動ばかりになるのである[(5)]。つまりここは精神分析学の説明のように生本能と攻撃性（死本能）とを並列に考えると、解釈できなくなる。ローレンツ自身の次の報告も性欲動と攻撃欲動の二つを別の系列のものと考えると説明できないが、両者は同一系列内の2種の欲動のエネルギーのレベルの相違によって発現するとした方が理解は簡単である。「雄は攻撃的行動と性行動を完全に混合し、重ねることができる。彼は同時に求愛活動をしながら、実際、雌を咬み傷つけることができる。雄の場合には高まりすぎた性行動を、性行動自体と攻撃性の同時の充足によって解消させることもできる[(6)]。」

彼の動物観察によっても、動物たちの性行動には必ず攻撃が伴うという。「攻撃は……愛を伴わないことがあるらしいが、逆に攻撃性のない愛は存在しない[(7)]」と。つまり前者は攻撃性のレベルが高いときで、生衝動のレベルが低くて愛（性欲動）が形成されていない。しかし、愛（性欲動）はそれ自身の要素として攻撃性を含んでいる。またフロイトの立場に立つスピッツも人間の乳児の成長の観察によって、「生後1ヵ年間に……攻撃とリビドーの分化[(8)]」のあること、つまり、攻撃性と生欲動のあることを認めている、と考えられる。しかし、スピッツの母―子間における心理についての次の説明は適当ではない。つまり愛対象（母親）の頭を振る拒否の挙動ならびに「いや」という言語も、子どもの自我に対して、記憶痕跡として身につけられる。「不快に満たされた情動のカセクシスは、『このような対象痕跡からとき放され、自我の否定的挙動の記憶痕跡からとりまかれたエスの内部における攻撃的なカセクシスの前進を促すことになる。子供が自分を愛対象と同一視するときは』アンナ・フロイトの言葉にしたがうと、攻撃者との同一視にもとづき外界に対する攻撃となる。15ヵ月頃においては子供が愛対象から自分のものとしてとり入れたこの攻撃は、否定の形式をとるのである[(10)]。すなわち『　』内を次のように改めても理解されるのである。『不快に満たされた情動のカセクシスは、子どもの生の欲動を抑制してしまい、攻撃性（自己中心欲動）は高揚されたままになり』、そして、アンナ・フロイトのことばにした

がうと，攻撃者との同一視にもとづき外界に対する攻撃となる。両者の了解度の容易さについては読者に任せたい。

さらにトゲウオの雄の生殖時における雌に対するジグザグ行動を観察して，ファン・イールセル（J. van Iersel）は雌へ向かう「ジグ」は攻撃によって，巣へ向かう「ザグ」は性的衝動によって引き起こされるのだと結論していることから，これは律動的に生欲動が攻撃心に付加されたり，分離したりすると見てよいのである。

たとえば，以上のことからも次のことは容易に理解されよう。

ハーロウの実験のベンガル猿は，最近彼が報告したように，その後も成長し，身体的には完全に成熟して最良の状態にある。それにもかかわらず，性行動のそぶりすらみせない。正常に成長した動物の大集団に入れても，その無関心さは変わらない。自発的な性行動は示さないし，他の動物の接近の試みに応ずる気配もない。たとえ，懐妊して子ザルを生んでも，赤ん坊を育てることも，サルの声や身振りを伝えることもできない。母性性も喪失してしまっているのである。子どもがのちに愛しうるためには，適当な時期に愛することを学んでいなければならないというハーロウの初期経験説（「愛する」を「母親の世界と合体する」と解すれば），この性的に成熟した動物が性的興奮をまったく示さないことから証明される。ハーロウはこの点に関して，母性喪失の結果生じた状態が重大であると仮定する。これも母親による攻撃性の養育がなかったこと，生欲動の定着経験がないことから生じた現象である。

母親が適当な時期に子どものそばにいなく，子どもにとって対象形成が，精神の進歩と発達上根本的な影響をもつものであるにもかかわらず，子どもが対象形成に失敗したときには，ホスピタリズム症状を示すのであるが，特に母性的愛情面では深刻な影響が表面化する。攻撃性をはじめとする自己中心欲動の欠如のために自我の形成も歪められ，内容が十分に発達しないままに，固着してしまう。性行動の誘発には，先に述べたローレンツの動物観察報告のごとく，「攻撃性」の形成とその著しい増大が前提とされるべきである。にもかかわらず，それが形成されない。それゆえ当然，性行動とそれに付随する母性行動も現われなくなるとみるほうが合理的なようである。

このことから，誰もが，母親はわれわれにまだわかっていないなにかある

方法で，子どもに正常な性行動の能力を伝達しているという一種の神秘感に捉えられているが，これは，せっかくの科学的観察方法の中に取り入れた神秘主義的，退行的な表現ではないのだろうか。人間の幼児の場合には母親との合体は，乳児期・幼児期を通じて行なわれ，それが後の性行動を導き成功させる機制を形成するのであると解釈されるのである。[12]

山根常男はイスラエルの協同生活集団「キブツ」の中の一メンバーとしてともに生活しつつ収集した多くの資料をわれわれに提供してくれている。キブツでは子どもは誕生すると「幼児の家」に送られ集団生活をさせられる。ただし，両親は仕事が終わってから子どもを訪問し，子どものしつけや，子どもの生活を見，子どもとともに遊ぶことが許される。山根は，キブツでの子どもと両親との関係を，一般社会での状況を連続しているかに見えて非連続であるというのに対し，非連続であるかに見えて連続していると表現している。そして子どもが高校生になっても兄妹のように同じ部屋に眠り，入浴も分離して行なわれない。しかし，(一般的とはいえないかもしれないが)キブツの2世が成人後，性的な適応および結婚後の親としての子に対する適応にかなりの障害のあることを指摘し，これを，キブツ教育における男女の性的分離の無理な禁止に原因するとしている。[13]

山根はこのほかに，キブツの生活には母子分離はないと説きつつ，一方キブツの子どもたちは，10歳くらいまで，遺尿その他の神経症的症候がきわめていちじるしいことを指摘している。とすれば，やはり，母―子の情緒的な結びつきが不完全なために，一種の愛情遮断の症状を呈し，したがって，母親による生欲動と攻撃欲動の形成も不完全であったと見うけられる。だから，上述した性的な不適応も乳児期に養育され定着されているべき生欲動あるいは攻撃欲動の一方が欠如しているがゆえの障害であると解釈するのは無理であろうか。

例を挙げればいくらもあるが，いずれも攻撃性と，生欲動の2種の共同によって性欲動が発動されることの論拠とすることはできても，フロイトの説を支持する研究かどうかはうたがわしい。いまだ性欲の構造の解明がなされていないことに不満を感じるのは筆者ばかりではあるまい。ここでわれわれは謙虚に，初歩の進化論および生物学という原点に立ちもどる必要がある。

生体の進化の原型であるアミーバ，ヒドラなど，藻類・原生動物の生殖法

がその鍵となるものと思われる。それらの増殖は単性生殖によるものである一方，進化したと考えられる海綿動物，刺胞動物といった雌雄異体の生物は両性生殖を行なっている。この単性・両性生殖に共通する現象は分裂である。なるほど哺乳動物をはじめとして雌雄異体動物は性行動を増殖の基本様式とするのであるが，精子と卵との結合によって促進されるものはやはり分裂現象である。そして今述べた原生動物の増殖を含めて地上のあらゆる動物植物は分裂を反復することでそれぞれの種を維持している。またそれは増殖ばかりでなく，すべての生体内の細胞は——特殊な細胞は除外するにしても——絶えず分裂を続けることでその生命を維持している。そしてその分裂を促進させるものは受精や，細胞分裂のための生化学的，神経生理学的メカニズムであることはいうまでもない。(14)

　結論的にいえば，先に述べた分裂あるいは分裂を引き起こす生欲動が第１次的な因子である。そしてこの生欲動と，これまた１次的因子である攻撃性（自己主張欲動）が相伴うところに性欲と性行動が第２次因子として発動される（進化論的にも，原生動物に性欲が内在するなどとは誰も考えはしないだろう）。したがって性欲が欲動として発動するメカニズムは，雌雄の別が生じ，性行動が必要とされるようになってから，つまり２次的なものであることを否定することはできないのである。

　先に挙げた例の解釈に，攻撃性と性行動の二つがあると考えることもできるが，上に説明したことから，生の欲動と自己主張の欲動の二つが別箇に活動するときには攻撃性が，両者がともに活動するときには性欲動が発動する。あるいは攻撃性エネルギーが，生欲動エネルギーとバランスを保つときは性欲動，そして攻撃性エネルギーが他方をしのぐ場合には攻撃性が発動されるという解釈と，置き換えても，何ら彼らの観察結果に矛盾をきたすものではない。そればかりか，統一的な解釈を与えてくれるようである。

　このように，性欲動の単一性がいまだ実証されていないゆえをもって，筆者は，性欲動は，乳児が母親に傍にいてもらうこと（生欲動の発生）と，手厚い保護をうけること（自己主張欲動の発生）とで発動され，そのいずれか一方，特に生欲動が欠如しては，性の発動はありえないとする。性欲動の発動は，時期としては，第５期，２要素が生じてからというだけしかいうことはできない。これは乳児期は無性であるというフロイトの説と一致するのである。

第2章 胎 外 期

注
1. ゴーブル, op. cit., p.65.
2. アンリ・バリュック, 豊田純三・栗原雅道訳『実験精神病理学』クセジュ文庫, 白水社, 1968, p.110.
3. ibid., p.108.
4. Hebb, D.O., 白井常他訳『行動学入門』紀伊国屋書店, 1964, p.201.
5. ローレンツ, op. cit., p.295.
6. カーシ, J. D. and エブリング, F. J., 香原志勢訳『攻撃性の自然史』ぺりかん社, 1971, p.131.
7. ローレンツ, op. cit., pp.151—301.
8. スピッツ, op. cit., p.91.
9. カセクシス〔英 cathexis, 仏 investissement〕1)'ある人を愛する', 'ある物を嫌う' というような, 対象へのプラスおよびマイナスの関心がいつまでもつづくこと。精神分析学派によって, 精神的エネルギーがある特定の観念とか, 記憶とか, 思考とか, 行動とかに蓄積されると解される。無意識で嫌っている者を意識的に愛するというのは「反対カセクシス」(Counter cathexis, counter investment)。(宮城音弥編『心理学』第3版, 岩波小辞典, 岩波書店。)
10. スピッツ, op. cit., p.80.
11. ibid., p.5.
12. Harry, F. & M. Kuenne, Harlow, op. cit., pp.101—111.
13. 山根常男『キブツ—その社会学的分析』誠信書房, 1965, p.632.
14. 生の欲動の実験的な証明ができるのか否かは筆者もまたよく知りたいところである。しかし, 次の2点からのアプローチはあるようである。
    ① アンリー・バリュックはその著書で, 生命感とは何かと問い「生命感の欠如, 生ける屍の感情が, 血流の減少や全身における血流の配分の異常によるものとして説明されるようにも思われる。(血圧が増大して)オシロメーターの振幅が増すと同時に生命感の回復が認められる」と述べている。つまり細胞内液のホメオ・スタシス (恒常性) が維持されている状態, したがって, 細胞内液が充満していて, 細胞の呼吸量とその表面積との比率が限度になった状態で, はじめて分裂が生じるという解釈が成立するものではないだろうか。(ただし, 受精卵の分割については別のメカニズムが作用するらしい。) そして血流を調節するのは, 脳下垂体であることから, 母親との精神的合体が子どもの生命にまで影響するメカニズムも判明するのである。(アンリー・バリュック『実験精神病理学』白水社, p.64)
    ② 色彩体系の理論的追求についての拙著『色彩生理心理学』黎明書房, 1974, pp. 26, 27, 61を参照されたい。

第5期　母　親　期……幼児期　Ⅱ

1.　しつけと母親の態度

　母親は理念的に子どもに対して権威的，指導者的，保護者的であるべきである。彼女は養育の主導権をもっている。

　子どもは，ちょうど臍帯期，胎児が胎盤に固定され，母体からの栄養供給に全く依存していたと同じように，母親の献立通りに食事する。母親は子どものために十分なカロリーと配分を考えて食事を用意する。子どもの好みに合わせるというよりは，むしろ母親自身の好みに合わせる。したがって，ときには強制するということもある。子どものこの時期の発達は全く母親に依存している。

　幼児期の発達の中心的課題は，前段階での口唇に代わって，歯牙の使用法を習得するということである。食事に際してはまず手を洗うことが要求される（清潔の習慣）。次に礼儀正しく坐り，ナフキンを膝に置いて，食前の感謝の祈りと，「いただきます」をいわなくてはならない。そして右手と左手の使いわけ，箸の正しい使い方，音をさせないでたべる方法を教えられる。あまり騒いだりお話しをしないで食べること，お代わりのとき椀の中にいくらか残すこと，食べ物を下にこぼさない，騒がないことなど指示される。食べ終わったら，「ごちそうさまでした」と料理した人に感謝の念をこめた挨拶が要求される（食事の習慣）。食後は歯をみがいたり，衣服をあらためたりする（衣服の着脱）。そして食物の摂取が終わればそれを排泄しなければならない。その場所，方法などの習慣の確立が要求される。つまり，歯牙の使用法を中心にして各種のしつけ，訓練がほどこされて，将来，社会に適応することが計画される。

　こうした基本的習慣の形成以外に，這うことから，直立姿勢がとれ，母親の援助によって少しずつ歩行ができなければならない。もちろん，離乳訓練が伴行することは言わずもがなである。この各種習慣の形成がしつけの形で

第2章 胎外期

行なわれるころ,ボウルビーのいう「オーガナイザー」としての母親の役割が強調されなくてはならないだろう。12カ月から15カ月になって歩行が可能になり,その可動範囲が拡大するころになると,子どもは母親への信頼と尊敬を増大させる。

理念的に考えると,いままで説いてきた各段階の発達的特徴も,明確な形で理解されるのではなくて,前段階の二つの側面的特徴が対立しつつ,新しいもので統合される。そして漸次,相反する形態・段階へと移行し,さらにその中からすでに矛盾が育てられ,ついには対立したまま,次の段階に行く。一つの期間は,すべて過程であり,ほとんど不可避的に両極的な形態が併存しているのである。肛門期は,カテゴリー的に考えると歯牙期に相応し,母親の子どもに対する排泄訓練が開始されるころである。子どもは,口唇期の名残りとして,自由な排泄を行なうのであるが,間もなく,母親は,排泄を規制するように命じることになる。

フロイトは性感帯の発達を口唇・肛門・エディプス・潜在・性器期にわけ,この順に発達すれば正常であるとしている。そして,肛門期(満1歳—3歳)は前半が主として排泄活動,後半が保留活動をその様態としていると考えられている。この両活動の方向性は正反対であるから,この期には同一対象への相反する感情的態度または関係の併存が芽生えるという。具体的には,排泄のしつけを強要する親に対して,両極性がいだかれる。この期への固着は,両極性を基調とする肛門性格を導く。これは,倹約・頑固・几帳面など,肛門期のモードを象徴する特性から成る性格であるが,従順と反抗,恥ずかしがりと意地っぱりのような相反するものが統合されずに依存する[1],というのである。

そこでしつけについて精神分析学正統派のミーチャリヒはその著『父親なき社会』にて,「この時期において子どもはあらゆることを要求してよいし,そのためになにかする必要もないのである。賞罰原理にもとづく早期の習慣づけと教育はこの場合,害となる[2]」とし,さらに「子どもは叱責者を,自分を攻撃するものと解し,自己同一性の混乱を生じやすくなる。つまり,母親は,保護し,養育してくれる存在であり,依存のできる存在でなければならない[3]」としている。

しかし,この時期の発達特質として,歩行が可能になること,言語によっ

て意志の伝達が可能になることが挙げられる。この特質こそ子どもを自律的にするものでなくてはならない。それらは確かに乳児期と比較すれば格段の差として示される。まず歩行能力の発達について述べよう。乳児期の乳児の生活空間は極めて限定されていて歩く必要がない。それに反し，幼児の生活空間は知覚の発達によって，一挙に拡大され，ヨチヨチ歩いて目的物まで歩行可能になっている。しかしその周囲は危険に満ちているために，歩行はきびしく制限されなければならない。つまり，依存的である。さらに，マーラーは，依存的な子どもが母親の一挙一動を模倣したり，その後を慕ってついてまわる行動をシャドーイング (shadowing) と呼んでいる。[4] ヨチヨチと母親を求めて歩く子どもの姿こそ，依存的としかいいようがないのである。

　また，言語についていえば，幼児は自分の欲求を解消させるための意志伝達手段とするには，余りに幼稚すぎる。つまり，まだ母親の一方的な計画に任せなければならないのである。

　このように，以上の発達段階に適用して考えてみると，子どもは乳児期（0ヵ月—11・12ヵ月）では，何を要求してもよいし，何をしてもよい。幼児期（1歳—6歳）では，母親は保護し，養育してくれる存在であり，依存のできる存在でなければならないと解すべきことは了解されよう。各段階にあって子どもはそれぞれの特徴，つまり依存性，自律性を十分にはぐくまれるべきであることからも，このことはより強調されてもしかるべきである。幼児期での母親は子どもに対しては，権力者として，しつけをきびしく行なわなければならない。

　ここで，大切なのは母親の子どもに対する姿勢である。母親が常に母親としての寛大さと指導性・権威性をもっていれば，子どもはその行動の一つ一つに喜びを見出す。母親が子どもの生活空間に深い関心をもち，楽しい態度と雰囲気，平和でよろこびに満ちた情動を無意識のうちにでももっていれば，子どもはいろいろな動作を容易に行なうことになる。スピッツなどは「多くの場合，乳児の動作を促すものは，母親の無意識の態度である」と述べるのも，こうした前提的な経験があるからである。[5]

　山根はキブツの例を引いて，子どものこうした依存性，信頼性を意識的に高める方法を示唆している。「親は子どもを毎夕自分の家につれてきて，親子のインテンシヴな接触は場をかえて継続する。親の子どもにたいする態度

は，排他的，情愛的，かつエロチックである。これは子どもがメタペレット（保母）に期待することはできず，親のみに期待することができるものである。キブツの親は幼い子どもをひじょうにかわいがる。子どもを家につれてくると，膝の上にのせて身体の方々をいじったり，つよく抱きしめたり，頬ずりをしたり，接吻をしたりする。」集団のきびしい生活の中で肉親の愛情をはなれて，日中を過ごしていたため，その反動的な面が現われるのであろうが，きびしいしつけ・訓練の中にあって，よけいに母親の子どもへの情愛ある触れ合いが必要となる。

かくして，幼児は，母親との接触（アタッチメント）において，将来，自我の核ともいうべき「自己中心性」を養うことになる。子どもは，母親に対しては，従順でありつつ，他人に対しては攻撃的になり，自己主張が強く，支配的，そして外罰的な性格傾向を培う。

注
1. 東洋，大山正他編『心理学用語の基礎知識』有斐閣，1973, p.240.
2. ミーチャリヒ，小見山実訳『父親なき社会』新泉社，1972, p.70.
3. ibid., p.70.
4. Mahler, op. cit., p.292.
5. スピッツ, op. cit., p.43.
6. 山根常男, op. cit., p.592.

2．信 頼 感

すでに，口唇期における母親の乳児への反応姿勢を述べたのであるが，母親に対する乳児の信頼感は，端的にいえば，特に子どもの個人的な，ときに応じての欲求に感情移入的に満足されるような母親の態度から生まれ，それの密度が高いほど信頼感も増大する。ここで子どもに対しては母親の態度としてどのような態度が好ましいかが問題になるだろう。前段階では，乳児は，自律性に不安を感じ，自由をいとい，母親の束縛性・保護性（抑圧性）に魅力を感じ，前者を否定し，当段階を迎えたのである。だから，子どもにとっては，母親は，保護者であるとともに，厳しくしつけをなし，教え導き，規律的に生活をすべきであると命じる権威者であるべきである。母親は

子どもを自己の恣意のままに行動させるのが好ましく，それがかえって，母親に対する信頼感と依存性を高めるものと思われる。実際，母親の溺愛的態度が必ずしも子どもの依存性となって現われるのではなく，子どもの反抗にきびしい態度をとる場合に，かえって依存的に母親の愛情を高めようとする傾向となって現われることが指摘されている(1)。

　信頼感を高めるのに，エリクソンは，子どもと母親との関係の質に大きく依存するという異った意見を述べている。「それは，乳児の個人的欲求にたいする敏感な配慮と，地域社会の生活様式という信頼された枠組内部における堅固な人格的信頼可能性感とが質的に結合しているような躾(しつけ)をすることによってである(2)。」筆者はこの意見をきびしいしつけと変えて受入れたい。

　このようにして子どもには信頼感と依存性が高まる。

　そしてまた，シアーズ（R. R. Sears）は，母親は子どもの個人的欲求に対する敏感な配慮と，地域社会の生活様式という信頼された枠組内部における堅固な人格的信頼可能性感とを結合するようなしつけをするべきで，そうしてはじめて子どものうちに信頼感を創造することができるとし，母親のしつけの重要性を強調している(3)。アインスウワースとベル（Ainsworth & Bell）は，白人中流家庭の乳児（49—51週）56名のなじみのない状況での反応を観察している。母親が不在で悪いことが起こりそうだと知覚された状況では，泣いて母親を探す行動が増大し，それとは両立しない探索行動が減少する。それに対して，アタッチメントの対象が存在し，それに愛着している状態では，探索行動が促進される。さらに，分離についての恐れがないときは，赤ん坊は母親を安全基地として使用し，そこから探索をする。そのときは，なじみのない場所でも警戒しない(4)。そしてそれが，同一性感情の基礎となる(5)。

　信頼感を増し，同一性を形成する要因としては，その他に，歩行訓練，発声練習・語りかけなども考えられる。母親は子どもの手をとり物に把まらせるなどして，歩行を励ます。子どもは当初はそうされることによって母親への信頼感を増し，自己中心性を高める。そしてこれは口唇期に体験した自己性愛が自己愛に高められることを意味する。「語りかけ」については，次に改めて詳説しよう。

　注
1. 大西誠一郎編著『親子関係の心理』金子書房，1971, p.36.

第2章 胎外期

2. エリクソン『アイデンティティ』p.130.
3. Sears, R. R., Some Child rearing antecedents of aggression and dependency in young children, *Genet. Psychol.* Monog. 47, 1953, pp.135—204.
4. Ainsworth, M. D. S., S. M. Bell, & D. J. Stayton, Individual differences in strange situation behavior of one-year olds. In H. R. Schaffer (Ed.), *The Origins of human social relations*, London : Academic press, 1971, pp.17—52.
5. ミーチャリヒ, op. cit., p.70.

3. 語 り か け

　この信頼感をえる具体的な方法として看過できない決定的なものがある。それは母親の子どもに対する理念的態度としての一方性，つまり母親の乳児への語りかけである。生後第6週ないし第8週ごろになると，泣いているとき，母親にやさしく静かに話しかけられると泣きやむ。また乳児が乳房を口にしているとき，母親がさまざまの表情をもってやさしく語りかけるのをじっと注目し，それを理解しようと努めているようにみえる。こうした語りかけは，あくまでも母親からの一方的な行動のみであっても，そしてそれは子どもの反応を期待しなくても，かまわないのであろう。
　発声練習について，このように最初は意図的ではないものの，母親の一方的な語りかけ，たとえば，微笑みかける，子守歌をうたう，あやす，話しかけ，喃語に応じるなどにより，発声の準備が行なわれ，これらが発声訓練期に言語機能を大きく発達させる原因となる。これもまた，しだいに自分の意志を伝達する方法であることを認識する。
　次の引用文は，日本とアメリカの母親たちの育児における子どもへの働きかけ，子どもからの働きかけに対する反応の仕方の相違点についてである。以上述べてきたことから，いずれの方法が，より自然であるかが理解されるのである。
　戦後の研究で，母―子の相互作用をもっとも詳細に調査したものとして常に引合いに出されるのは，コーディルらのものである（Caudill & Weinstein, 1969：Caudill & Frost, 1972）これは，日米両国の中流家庭の3—4ヵ月児（第1子）とその母親を対象として，2日にわたって正味800秒（回）の相互作用を記録，分析したものである。日本の母親と比較して，アメリカの母親は赤

ん坊に積極的に生き生きと話しかけることが多く,赤ん坊の方も発声の頻度が高まり,特に母親に対してうれしそうな発声と大きな身体的動きに応じるようになる。それに対して日本の母親は,赤ん坊を声ですかしたり,抱いたりゆすったりすることが多く,赤ん坊は身体的に不活発である。また日本の赤ん坊は母親の注意を求めてもなかなか応じてもらえないので,悲しそうな発声が多いことが見出されている。このように,生後3—4カ月ですでに,母親の働きかけに応じた行動特徴を赤ん坊は示している(2)。

英国の調査によると,母親たちは子どもに語りかけるために,意識的に基本的語彙を用意している(3)。またおとなは子どもに対して,非常にはっきりと,ゆっくり,単純に話をする。ブラウンら (Brown & Bellugi) は,おとなはたいがい,短く,文法的に正しく話しかけることを知った。だから,母親にはこうした話し方をすることが大切であることが強調されている(4)。

一方的に語りかけられる場合,子どもはそれに反抗することは許されない。「おとなしく」,「静かに」聴くことが要求される。「おはなし」「民話」「童話」といった型態では特にそうである。「子守歌」の場合には眠ることが要求されているし,「いいつけ」の場合には,命令に服従することが要求される。繰り返しこれが習慣化される。そして,子どもの深層に目覚めることのなかった「自己否定欲動」が覚醒せしめられる。そして,6歳にはその活動が最も旺盛になり,その後父親期以降への布石となる。

注
1. スピッツ, op. cit., p.22.
2. 日本教育心理学会『教育心理学年報』1974, Vol. 14, p.104.
3. Richards, op. cit., p.86.
4. ibid., p.200.

4. 愛 情 形 成

前段階までは無意識になされていた栄養獲得は,この期に入るころ,つまり離乳期,そして特に母親との同一視がはじまるころ,自分の歯牙を咬み合わせて食物を咀嚼する行動の中に次の意味を見出す。つまり,「自分に食べさせてくれること」と「食べさせてくれる母親」が存在するということであ

る。そして「自分に食べさせてくれる」ことに意識的になる。これを，真の意味での「自己愛」と呼ぶ。そして自己愛を満足させてくれる同一体でもある母親に，漠然とした信頼感と快の情緒をいだくことになったとき，これを「愛情」と称する。つまり愛情とは自分の口に食物を入れてくれる母親に対する親近感あるいは志向性と説明することができる。愛の原初形態は理念的には「食物の授受」に他ならなかったのである。

　一方，乳首は女性の性感帯の一つであることはよく知られているが，乳児の吸乳により母親は性的快感をたのしむと同時に，母親としての愛情を深めるのである。事実，子どもにお乳を吸わせるようになってはじめて子どもへの愛情が湧くようになったという多くの女性をボーヴォワールは語っている。
(1)

　そしていつか母親を自己の所有物と見なすようになる。自分が所有しており，自分も所有されているということ，これをエリクソンのことばを借入すれば——これは彼の意には添わないだろうが——「愛されており，愛している」ということからくる安定性という「健全な存在にとっての基礎工作」が
(2)
形をととのえてくれる。つまり，愛するとは自分に利益を与えてくれるものへの所有欲にすぎないということである。しかし注意しなければならないのは，エリクソンは「子供の愛情は母親のやり方に従って『得る』術を学び，さらに『自分にしてほしいことを他人にさせる』術を学ぶにつれて，幼児は同時に，自ら与えるものになる下地を発達させてゆくのであるが，あくまで，自己—母親との間の関係でのみ成立するものである」という。上述したこと
(3)(4)
から考えれば，愛情は母—子という関係の中で成立する感情にすぎないがゆえに，本質的には，相互に所有し合うという，エゴイスティックな愛情に終わっているのである。つまり，エリクソンのことばは肯定できない。幸いに後になって，より発達した高次の生活関係の中で「友だちに与える」ことを学んだときに「他に与えること」と，「自分のものにすること」との対立と葛藤を体験する。そして，友だちが喜び満足すれば，自分も気がとがめないし，罪悪感をもたないという内部的な連関が成立する。かくて知人・友人に
(5)(6)
与えることによって，前者（自己愛）は統一される，と考えるのが合理的である。

　なお子どもの青年期での異性への愛情もやはり，この母—子関係から生じ

た自己愛の延長された単なる所有欲にしかすぎないと結論される。「相手への憧れは，その人を自分のものにしたい（独占）という欲望にかわる。」「このように愛とは，利己主義の最たるものである。自我は，他人の存在を吸収することによって自己をゆたかにしようとする」と述べている。[7]

こうして，母親は子どもの心の中に自己愛を基礎にした，攻撃心と競争心を形成することになる。[8][9][10] この攻撃性，競争心はエゴイズムを基盤として，他人を排除せんとする傾向である。このとき「父親期」で述べるように，子どもは，すぐに母親から精神的な独立をはかり，父親に同一化の対象を見出すが，父親が死亡とか，あるいは多忙のために子どもに十分な理解を示さないならば，母親と子どもとの一体化は異常にエスカレートする。彼らは競争的雰囲気を作り出して環境をこれにまき込み，その結果，周囲は超自己中心的な，そして神経症的な状況を呈するようになる。現代社会の競争的な社会状況は，入学・入社試験にまで付添っていく親を作り，それに象徴されるような教育ママにその一端があるといっても過言ではないだろう。いわゆる「父親なき社会」である。さらにこの異常な愛情関係は，社会が母親―子ども関係に干渉し，その関係を歪めていることになる。子どもをコインロッカーに置去りにしたり，道路わきに捨子するという事件の中に，社会からの過大な期待・制約のゆえであるとするのも，そう少なくはないはずである。

要約すると，愛情は母親の子どもへの積極的な関心であるが，これが相互に自分に利益を与えてくれるものへの所有欲を形成する。またこれが目的物獲得のためには手段を選ばぬ競争心をはぐくむし，また母親こそ自己中心性の源泉であると述べてきた。そして，この自己中心性形成が，将来，子どもの真の自我形成と，社会性発達の基底となることであることは，次に述べることになる。

注

1. ボーヴォワール，生島遼一訳『第二の性Ⅱ女はどう生きるか』新潮文庫，新潮社，1959, pp.185—187.
2. オールポート, op. cit., p.91.
3. エリクソン, op. cit., pp.124—125.
4. Erikson, E.H., *Childhood and the Society* (3rd ed.), a Pelican Book, Penguin Books, 1965, p.201.

5. ハーロック, op. cit., p.464.
6. Firestone, S., 林弘子訳『性の弁証法』評論社, 1970, p.160.
7. ファイアストーンは，男性と女性の間に本質的な生物学的不平等があると断言する。彼女は，性の区別そのものが自然界におけるもっとも深い差別であり，そのほかの社会的，文化的な差別の土台となっていると考えている。性の弁証法――歴史を通じての男性と女性の力の相関関係――がカーストのみならずあらゆる階級の発展の基礎となり，さらには文化史の流れを決定していると彼女は考えている。

しかしながら，彼女は性的な不平等は「自然」なことだが，それは常に女性と子どもを抑圧してきたと主張する。つまり，自然であることは必ずしも「人間的」ではないというのが彼女の出発点となっている。しかしテクノロジーが進歩するにつれて男性と女性の間の差異は，だんだん重要でなくなると彼女は述べる。

現代における，男性と女性という性の役割りの崩壊は，究極的には政治的な問題である。数千年の歴史を通じて堅固なものにされてきた男性の支配は，闘争なしになくせるものではない。この女性解放革命が，ラジカルなイデオロギーの鍵として出されたマルクスとフロイトの中の隠された線をさぐり出し，政治的なものと人間的なものとを結合する役目を果すと彼女は考えるのである。なお彼女は急進的女性解放運動の創始者のひとりであり，その機関紙（ノーツ）の編集者でもある。筆者の高く評価する思想家である。
8. 過保護の環境で育てられ，欲求耐性が形成されなかった青年貴族たちは，それが自己中心的な主張であることに気づかないで，社会的な抑圧をはねかえしてでも手に入れる愛情（つまり所有欲の充足）が精神的に尊いのであると，詩にうたい，文学に主張してきている。しかし，ここからは「他に与える」という真の意味の精神的な向上は望まれない。そればかりか，この所有欲讃美観がいかに，人間の精神生活を低俗化してきたことかに，反省が加えられなければなるまい。
9. Suttie, op. cit., p.31.
10. アイブル＝アイベスフェルト, op. cit., p.181.

5. 嫉妬心・羨望など

　無気力衝動が解消されつつも，なお攻撃心，自己中心性の発露を見るときの感情である。すなわち，嫉妬心とは子どもが愛情を感じていた他者の愛情の喪失を知り，なおかつ，それに対して自分ではなす力もない無気力なときのその他者に向けられた怒りの一種の情緒的反応である。具体的には弟，妹などが生まれると嫉妬心が生じてくる。特に，年上の子どもが長子で親の関心をすべて受けていたときに，嫉妬は顕著に現われる。新しい赤ん坊に手間

が多くかかり，母親はどうしても，それにかかりきりになり，関心を年上の子に与えなくなるので，その子どもは〝無視〟されたと感じ，母親と新しい赤ん坊のどちらも恨むようになる。

ハーロックは，ディビスとハヴィガースト（A. Davis & R. J. Havighurst）の報告をその著『児童の発達心理学』に引用している。

「年上の子どもにとっては，この無視は急激にしかも激烈に起こる。最早や彼は，最も重要な者でもなければ，最も世話の必要な者でもない。母親があたかも儀式の如く子どもの世話に熱中する普通の中流階級の家族では，年上の子どもが母親に不当に扱われ，赤ん坊に嫉妬するのはほとんど避けられない。さらに悪いことには，母親は，もちろん，その子どもに謝ったり，悪いことをしたということをいわない。しかしその子自身は今まで親から過剰に愛され，励まされすぎている。従って自分は〝虐待された〟と深く感ずるのが普通である。」(1)

弟や妹が誕生して母親がその世話にかかりきりになるとき，子どもにとっては，ちょうど愛情遮断が生じたと同じことになる。子どもは〝無視〟されたと感じ，以前は生への志向性をもっていたものが無志向的になる。つまり程度の差こそあれホスピタリズム症候を示しはじめる。

しかし，誕生直後に生ずるホスピタリズムとはかなり事情が異なっている。誕生直後には子どもは，母親との対象形成もできていないので，自己中心性も発達していず，したがって他を攻撃するという意欲もない。これに反して，妹や弟が誕生するころまでには，母親が子どもに一度は，ある期間はその世話のためにかかりきりになるといったこともある以上，すでに自己中心性という後の自我の一部がそだっている。この自己中心性は，無視されたことによって，生じた無気力欲動と組み合わさって「無力であるが，攻撃したい」という新しい情動，つまり嫉妬心を生じる。そして嫉妬心は，つねに攻撃，不満，非難といった自己主張の形で現われる（なお，この無力感をはじめとする一種のホスピタリズム現象は，それ以外，子どもと母親との関係の中でも生ずる。母親に叱責されたとき，母親が多忙なとき，母親が外出したとき，母親が死亡したときなどに生じ，それはまた，母親の関心が子どもにもどったときに回復して志向性のある生の情動に支配された生活となる，子どもの生活はこの繰り返しということになる）。

第2章 胎外期

　生まれた新しい弟に対する4歳児の嫉妬の反応の研究によると、この変化した環境に適応しようとした反応は広範囲にわたっていることが理解される。その行動には、積極的に親の注意をひくこと、指なめ、弟に対するあからさまな言語的攻撃、そして親への攻撃がある。[2]

　羨望も嫉妬心の変化と見ることができる。口唇期には母親の関心は授乳行動に集約されようし、また歯牙期には、母親の関心は、排泄、歩行、発声訓練に向けられるが、食事を作って与えることに集約されるといっても過言ではないだろう。「与えられる」という行動は与えられるものによって代表されるし、また、母親の関心は与えられるものに代置される。弟、妹が生まれたときに、子どもは母親に無視されたと感じ、無力感から嫉妬心を生じ、さらに弟や妹が母親から授乳され、食事の世話をされていることに強い嫉妬心をかき立てられる。これは、ついで、弟や妹たちの食べているもの、与えられているものに、自分の食べものと比較する気持をさそう。これが羨望へと発達することになる。

　結局、嫉妬心、羨望心は、乳児期の母親との合体の不完全さ、あるいは母親との対象関係不成立などから生じた無気力欲動と、自己中心欲動とが組み合わさって生じたもの、そして、無力であることを認識しつつ自己の欲求（自己中心性）を抑圧することができないでいる葛藤のときの感情であることを論じた。（また、性欲動は、精神分析学的な考え方とはちがって、第1次的でなく、第2次的なエネルギーであることを想起されたい。）

　この時期に母親を社会と関連づけて、ここから徐々に、子どもの自我が形成されるとエリクソンは述べている。[3] 特に「いけません」という制止の命令や、[4] 這うことができるようになったことは、子どもには母親を他人と感じさせ、自我の凝固を促すというのである。しかし、自我の他からの本格的な区別と形成はこの段階ではなく次の段階に行なわれる。

　さてこうして離乳期には吸飲行動と噛む行動の対立と、噛む行動による統一を基盤として攻撃心、不満感、自己中心性、自由な気分、専制的、支配的な性格、外罰的性格（すべての概念は「自己中心性」の概念に含まれるが）の発生が見られるし、また、自己中心性をもとにして、[5] 嫉妬心、怒り、羨望、孤独感などの感情は生後一年ほどで認められるようになる。[6] そしてこれらの感情は、母親からの分離不安を基にして、その後の性格傾向と習慣形成に少

105

なからぬ影響を与えることになる。

注
1. ハーロック, op. cit., p.385.
2. Anonymous, Ambivalence in first reactions to a sibling, *J. Abnorm. social. psychol.* 44, 1949, pp.541—548.
3. エリクソン『アイデンティティ』p.100.
4. スピッツ, op. cit., p.77.
5. Erikson, *Childhood and Society*, p.201.
6. スピッツ, op. cit., p.91.

6. 取り入れと実念論

a. 取り入れ

　第4期（乳房期）では，子どもの世界は乳房のみに限定される。口唇・手のおよぶ範囲が彼の活動する世界である。彼は自分の指をしゃぶり，乳首をしゃぶる。また自分の指を噛み，痛いと感じる。しかし，次に母親の乳首を噛んでも痛みは感じないことを経験する。こうして，彼の世界は噛んで痛みを感じたり，しゃぶってみて何らかの感覚のある世界，つまり，自己と，噛んでも痛くないし，しゃぶってみても何も感じない世界，つまり，外界の二つに区分される。乳児のたとえ満腹であっても視野に入るものすべてに腕を伸ばし，握ることのできるものは何んでもつかんで，口まで運び，口の中に入れたり，しゃぶったり，なめまわしたりする行動は自己認知のためのものであると考えられる。子どもの世界は漸次，母親の乳房を中心に拡大され，こうして自己認知とともに原始的な社会性の発達をみる。おとなが乳児の掌から，握っているものを奪いでもしようものなら，火のついたように泣き出すか，精々よくても取り上げたものをもどせといってぐずつく。とにかく，このころの子どもの取り入れ行動はエネルギッシュであり，外聞をはばかるものでなく，それだけ，彼は自分の世界の拡大に意欲的であるのが知られよう。

　したがってボウルビーのいう「指しゃぶりによる自己認知」も単に指だけで行なわれるのでなくて，乳房を対象とする世界の中で行なわれて，はじめ

て，意味をもつことが理解されよう。またピアジェも，この時期を自我と外界の未分化な時期であり，したがって，このことから感覚運動的自己中心性が生じるとしているが，実はこの時期は原始的な社会性，つまり，自我と外界が明らかに分化する時期であることを考え合わせると，彼のこの部分については再度の考察が求められるのである。

b. 実 念 論

　離乳がはじまるころから，子どもは乳房以外に母親の姿がはじめて乳房と対立するものとして理解する。乳房はそれまで乳を彼に与えてくれ，そのために彼は常に飢えることもなく，成長することができたのである。他方，彼は成長したために乳房だけでは十分に飢えを満たすことができない場合に，母親は常に台所へ立って行き，母乳とは異なってはいるが味のよい人工栄養をもたらしたり，離乳食を食べさせてくれる。どちらも，彼にとってはなくてはならない存在である。

　しかし，あるとき，彼に一つの契機が訪れる。彼が母乳を飲んでいるとき，つくづく，母親の顔を眺める。そして，ふと，母親の顔と乳房は連続していること，母親に依存しても乳房には決して裏切り行為でもなく，かえって，それが，乳房の負担を軽減することであることに気づく。彼の心中の葛藤はかくして解消する。彼は何の逡巡もなく，母親の保護のもとに入っていく。乳房から自律的に乳を飲んでいるかぎり，それは身体の増大とともに不足しがちであった。つまり，供給が不安定であったことに比して，母に依存すれば，身体がいかに成長しようが，栄養は十分に与えられることを知る。彼は母親の世界と今は融合する。母親に恭順であれば，栄養獲得のための気づかいは決して必要ではない。

　母親とのこの精神的な一体化は，彼には，しつけの形でより緊密なものとなる。母親が彼を大切に扱えば扱うほど，また，家族が彼を家庭の中心に置き寵愛すればするほど，彼の心中には主観性，および自己中心性などが強く形成される。母親のしつけを通して，これが行なわれる。つまり，しつけは権力的，命令的，一方的に行なわれ，そのしつけに従順でなくてはならぬことから，彼の主観性と自己中心性は母親のそれらと結合され，共有される。ここに彼の生命は母親から，肉体的，精神的養分をとって生存を継続する。

母親の世界は地であり，子どもの世界は図なのであるが，この両者が融合しているために，地はほとんど抵抗なく図の場に入ることができるし，図もまた割合になめらかに外部に出ることができる。この両者の交流があるために，彼は順調に，そして健康的に成長することができる。

　子どもにとっては，他者は存在しない。そして，また自我も非自我もなく，ただ混沌たる全体があるのみである。だから，自我の内部の現象がそのまま外界の現象にもなりうると信仰してしまっている。母親は，彼にとっては家庭の代表であり，環境への橋わたしをするものである。

　この子どもの自己中心性を分類すると実念論と，物活論および人工論になる。ピアジェは「アニミズム（物活論）……は内部の主観的な世界と物理的な世界との混同ないし不分離をあらわしているのであって，内部の心理的実在が優位となるからではない[2]」としているのである。

　母親の世界の中にあって，彼は母親の要求するしつけを身につけることが課題となっている。彼のなすことは自分のためにのみ，歯牙を咬合させ，食物を咀嚼し，胃腸に送り込んで，常時，彼は満腹感を得ていること，つまり，胃の同一性を維持することである。そしてまた，これは母親自身の課題でもある。彼女の愛情は具体的には，子どもに食物（衣服その他の世話）を与えることであり，彼の胃を一杯にしていることであるし，常に，子どもが咀嚼しているということでもある。

　ここで問題になるのはいうまでもなく母親の情緒状態である。これを通して母親と子どもの世界はアニミスティックとなる。そこで，彼女の環境の代表者としての役割が問われるわけであるが，彼女の環境への適応度，あるいは彼女と彼女の夫（子どもの父親）との同一性の維持の状況いかんによって，子どもの世界も，正常か異常か，そして，母親の愛情の受け止め方・食物の咀嚼の仕方から排泄訓練の成功・不成功が定められるのである。したがって，たとえば母親が夫と正常な関係が保てなく，いささか神経質になっていれば，子どももまた神経質になり，消化不良・下痢を起こすことになる。また，母親の情緒を通してアニミズムの世界を眺めるのであるから，彼女の情緒が不安定ならば，普段は親近感に満ちていたその世界も，憂鬱な，また，恐怖に満ちた世界と化し，子どもの夢の世界に，幽霊，化物，怪獣といった具体的な形をとって侵入するし，また一方，各種の身体症となって現われる。

第2章 胎外期

　成人すら，その生活に障害を感じれば，食物・飲料・喫煙を通して，乳児期，あるいは幼児期へと退行する。いわば，食物・飲料，喫煙を代償として，無意識的に，アニミズムの世界（幻想界・夢幻界）に逃避するのである。バーでママさんからウイスキーを注いでもらって飲むのは，母親から授乳された体験を再現して，一時的にせよ休らぎを得たり，仕事中，疲労を覚えれば煙草をくゆらせて，母親の乳房にしばしたゆたっていたころの安堵感の記憶をよみがえらせたりするのであろう。旅もまたそうである。旅の目的が自然鑑賞ならば，彼の自然の懐にとび込んで，現実の厳しさから暫時，解放される。しかも，旅先では種々な変わった珍らしい食物を口にすることもでき，彼はいよいよ実念論的な世界に容易にもどることができるのである。

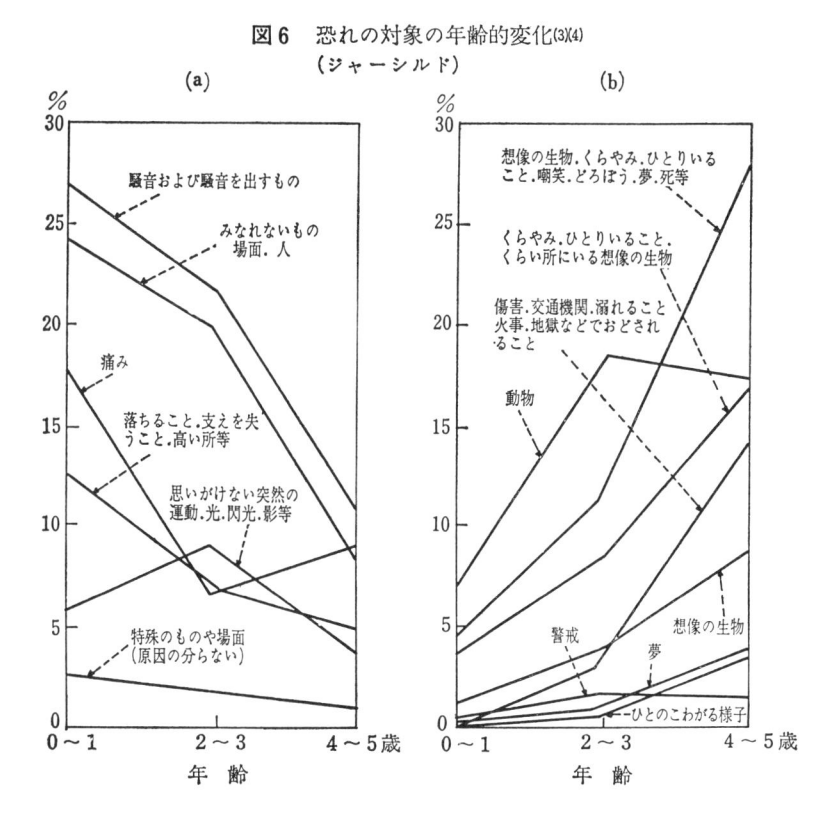

図6　恐れの対象の年齢的変化(3)(4)
（ジャーシルド）

以上の乳児期と幼児期での世界観の相違と変化を具体的に考えてみたい。前図ジャーシルドによる「恐れの対象の年齢的変化」を示した図である（図6）。実際，存在するものと信じているからこそ恐れるのであれば，これはとりもなおさず，実念的な世界観（後述）を示すものであると考えられよう。だから，今，ここで,「取り入れ」とは，子どもが自己認知を深め環境に対しては客観的になる一つの方法であるとすれば，その根本は現実を客観化しようとする乳児の発達過程を認めることができる。ピアジェの用語に従えば「知能のシェーマ」の成立である。図6の(a)は乳児が最も反応を示すのは現実的な刺激であること，それは幼児期に入って急激に低下していることである。他方，(b)は，子どもが幼児期に最も反応を示すものは，空想的，想像的な対象であり，それは，幼児期に入って急激に上昇している。

　やがて幼児期も後期になるにしたがい，子どもの思考は現実的になる。図7は「恐れの対象の学年的推移」を表わす図である。ここから動物に対する

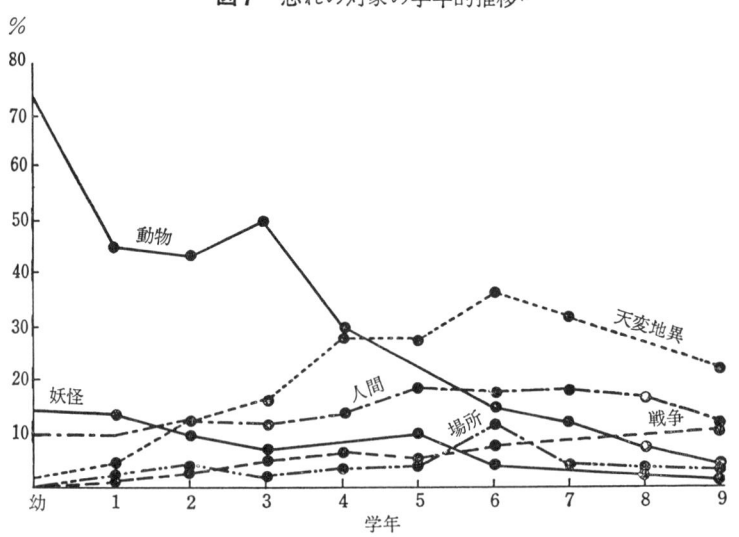

図7　恐れの対象の学年的推移[5]

恐れは小学校3年から4年生にかけて急激な落ち込みを示しているし，また妖怪に対する恐れも同じく1―2年生と5―6年生を機にして減少していることが読みとれよう。つまりそれらの時期から急激に子どもの世界観はアニ

ミズム・実念論・人工性の思考がおとろえて,現実性を帯びてくる。それはまた天変地異・人間・戦争に対する恐れ——これらは客観的な恐れの対象であって,主観的ではない——が増加していることでもその一面が明らかであろう。

注
1. ピアジェ,滝沢武久訳『思考の心理学』みすず書房,1968,pp.55—58.
   しかし,筆者は彼の分化説には反対である。論理的,合理的操作能力はその能力は小さいながらも,自己中心性とともに平行的に存在しているのである。ヴィゴツキーの立場を全面的に受入れるのである。
2. ibid., pp.21—26.
3. Jersild, A.T. and Holms, F.B., Children's Fears, *Child Develop. Monog.* No. 20, 1935.
4. Jersild, A. T., Studies of Children's Fears, in Barker, R. R. Kounion, Jersild and Wright, H. F., *Child Behavior of Development*, 1943.
5. 全日本教育長指導主事連盟「恐れの対象の発達」『児童の発達と学習指導』第5章,新教育協会,1951.

7. 第2次分離不安とその影響

2歳から3歳ごろになると,母親の十分な愛情の下に育てられた子どもは,可能な範囲のことならば母親の世話を離れて自分で行なおうとするようになる。表情,身振り,泣き声,笑いでしか伝達できなかった欲求も,不十分ながらも,自力で他人に理解してもらえるようになる。手を引いて支えてもらえなければ歩けなかった子どもが,「〜ちゃんが ひとりでする」とさかんにいいだす。それ以前に親にしてもらっていたすべてのことを「ひとりで」と主張,自力で歩いたり,走ることができるようになる。そうなれば,もう側にいて手を引いてもらうことなどは面倒になる。そして大切なことは,母親の助けで食物を口まで咀嚼という形で運んでいたものが,自分の手で,より自由に,より広範囲から選択しつつ運び込むことができるようになる。

このころの子どもの身体的,精神的発達を考えてみると,シュトラッツがいうように身体発達のいちじるしい時期である。身長・体重・胸囲の発達はいうまでもなく,身体各部の量的,質的な発達もいちじるしい。この時期に

は，脚力が増大し，個人差はあるが，平均1年3ヵ月で独り歩きが可能になり，2歳でしだいに歩く運動が完成される。またそれに伴って，歩く速さと距離が増加し，走る運動へと発達していく。また歩行運動が完成すると，それは各種の運動の型として現われてくるし，さらに，しだいに手先きの運動の発達が見られるようになる。

知覚も発達するが，まだアニミズム（animism）の世界から現実の世界に自分を置いて考えることができない，いわゆる主観性の強さからは脱却はできない。その他，言語，思考，知能などがいちじるしく発達する。

結局，運動能力，腕の機能等の発達によって，それまで母親の養育と世話に依存していたものが，あらゆる点で自律性を獲得し，さらに，それらの能力が母親のそれを凌駕し，父親の能力に対等に立ち向かえることのできるほどに発達する。

だから，子どもはひとりであちこちと歩きまわり，走りまわり，ころげたりする。また消化の悪い食物を見境なく食べたり，憎まれ口をきいたりするようになる。すると母親は一層，頻繁に小言をはさむ。このようにそれまでは，「養育」だった母親の 世話は 子どもにはうるさい「干渉」へと必然的に移行する。こうして母親と子どもとの交渉あるいは関係は，根底から変わってくる。「この時点までは，母親は直接子どもの願望を満足させ，あるいは満足させなかったのであるが，いまや，母親は，直接子どもの身勝手なやり方を阻止するようにさせられる。実に子どもらしい活動性への衝動が急激に増大するそれぞれの時点において特にそうである。なぜならば（この時点）は受動性から能動性への重大な移り行きを特徴づけるものだからである。(1)」

「この時点」では，母親は養育と干渉の区別を明確にしないことがしばしば子どもに大きな問題性を残すことになる。「いい環境は乳児の人格・相対的な有効性感・活力の自覚などの形成に重要な影響をするような方法で自律性という観念や概念を伝達するように要求されるのである。(2)」つまり母親は養育については理念として子どもの自律性を高めるように意図的になることが強く要請されているのである。

コウルダー（N. Kolder）はその著書『感情を持つ機械』の中でハーロウ夫人の観察報告を次のように引用している。

「ハーロウ夫人は，幼いサルが，母親にへばりついていることをやめて，

第2章 胎　外　期

自分と同じ年齢のサルたちと一緒にほとんど独立の生活——人間では乳離れと呼ばれる生活——を送るようになる移行の過程に，もっとも深い関心を寄せていた。この移行は幼いサルの成熟に不可欠の過程であり，母親はしだいに頻繁に，優しく，しかし断乎として子ザルをはねつけはじめる。しかしこの過程は緩慢であり，2歳になっても完結しない。[3]」

　実は子どもは，この時点で母親との共棲か，母親からの分離かという対立のうちに，二者択一をせまられているともいえる[4]。母親は自己中心性，攻撃性を育成し，自分が無意識的な生活をすごす期間，養育してくれたということからくる愛着となつかしさのゆえに，母親から分離しがたく思う。しかしそれとともに，父親には母親にない新しさ，そして頼もしさを見てとる。そしてこの現象は愛情喰失といった現象にある程度の抵抗力ができる年齢になって，はじめて，父親の存在価値は高まる[5]。かくて自我の同一化の対象を求める子どもの葛藤は増大する。

　父親は母親ほどに，細部にわたって干渉せず,それゆえに煩わしくはなく，そしてもっと魅力的なことは，いつまでも自分を赤ん坊として扱いたがっている母親とは異なって，父親は自分をひとりの独立した人格と認めてくれていることに気づくことになる。さらに，この時期に子どもに認識される新しい事実がある。それは，母親は食事の準備をし，食べさせてくれる存在であるが，実はその食事の前提となる食糧を得ること，そのための費用は，父親が外で稼いでくることである。母親は自分と子どもの食糧購入の費用を求めるために父親に取り入る。父親は母親にねだられる毎に，母親に対して，一言，二言話すと，母親はそれをかしこまって聞いていたり，金額の多少に応じて嬉しさを表現したり，怒りを表わしたり，悲観したりする。

　このことは，いずれの社会でも同じことで，マーガレット・ミードによれば，女は食物を採集したり，栽培する役目をもっているが，ほとんど完全に肉や魚に依存して生活する諸民族では女性の役目は皮の処理，料理，獲物の貯蔵に限られるとして，父親が収入の獲得者であることを述べている[6]。

　キブツにおいては，生活物資および食糧はすべて平等に配給されるので，父親は家族内では，特別に収入獲得者とはなっていないにもかかわらず，子どもからは自我同一化の対象となっている。山根常男によれば，「キブツの子供のこの親への同一化は，かれらが自分の父親を個人として誇りにし，相

113

互に父親の仕事の重要性を自慢して,たがいにあらそうこと(教師よりもトラックター,耕作機械の運転の方が重要だと子供たちは信じている),自由な遊戯の時間にはしばしば自分の父親の役割りを取得すること,他人との会話において,しばしば自分の父親のようになりたいというつよい願望を実現することなどの態度・行動にあらわれている(7)」としている。

このように父親は,食糧獲得において,母親を従属せしめ,より権威者であるということの他に,父親は森の中のこと,森や沼の向う側の世界のこと,現代では彼は計算力でも,スポーツについても,あるいは政治・経済についても,その知識の豊富さでは,遥かに母親をしのいでいることに権威性を見出すのである。

ハーロックは次のように述べている。「子供が幼く,その世話の第1の責任者が母親である時は,母親はボスであるが,成長するにつれて父親が〝力のあるボス〟であることに子供が気付くようになる,家庭の事で多くの決定を下す人・子供に許可を与える人・家族の行動に口を添える人・家族の生計維持のために収入を得る人・共同体において家族が従う地位を保持している人,それが父親である。」子どもは6歳を過ぎると父親の役割は母親の役割より勢力があることに気付く。この結果,父親は母親より重要な人物であるとみなす。社会的に下あるいは中の下の階層の家庭では,家族の統制に関する限り,父親の役割は母親の役割と比べ,はっきりと優越したものになっている(図8)。

また「女性の仕事」が男性の仕事と比べ,文化的集団にあまり高く評価されていないことを知ると,子どもはこの評価により母親を低く評価する。親に対する子どもの態度変化の多くについては,男性は女性よりも社会に貢献するところが多く,したがって,男性はより重要であるという文化的通念を,子どもが認めていることに,その原因を求めることができる。遊び仲間の集団で,子どもが威信ある成員に好意を寄せることと同じく,子どもは,家庭における地位が優越している親に好意を示すのである(9)(10)。

この動きは,母親の保護下における肯定的な面から否定的な面へ向う過程である。過程であるがゆえに母親の世話による安心感と,独立した存在として感じられる優越感との対立が,つまりは母親像と父親像との対立は,結局は父親像の完全な獲得の方向に進められていくことになる。言い換えれば,

第2章 胎 外 期

図8 家庭における母親の役割と父親の役割の相対的な重要性に関する子どもの弁別に見られる年齢的変化（Emmerich, W. 1961）[8]

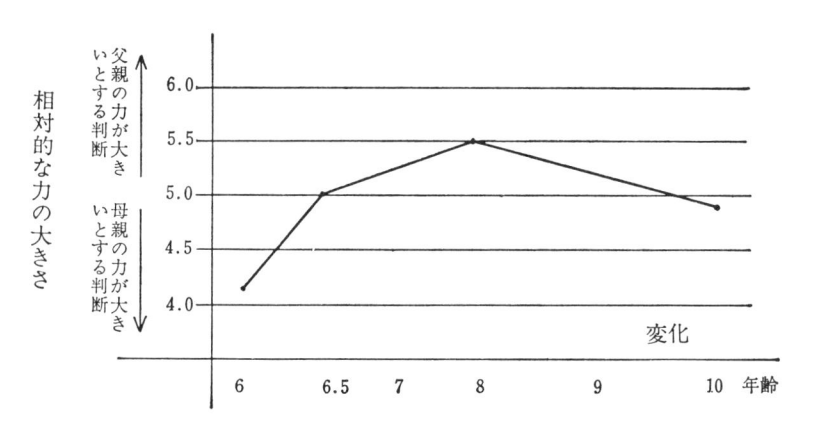

こうした過渡期の母親と父親を求めるという矛盾は，深く内面的には対象形成欲求という連関をもち，さらに独自の矛盾の形へ発展してくる。

子どもはこうして，母親か父親かの選択を迫まられつつ，葛藤の渦の中をあがく。しかしあるとき子どもは，母親は子どもばかりでなく，父親をも夫として信頼し，愛しており，かつ，尊敬しているのを発見したとき，この葛藤は解消される。つまり，養育者としての母親を否定して，父親に従い，父親を尊敬することは，彼女に対する裏切り行為とはならず，かえって母親への愛情と尊敬・信頼を深めるものであること，また彼に従っても，母親による食事までも否定し去ってしまうことでなく，将来は父親とともに労働して収入を増し，母親の果たす役割を楽にさせることになるのを認識

図9 親に対する要求（大西ほか）[11]

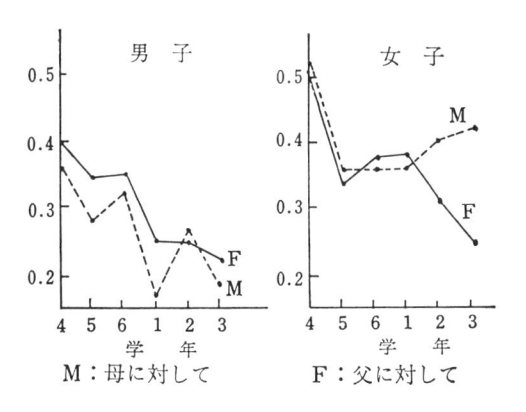

する。そして，子どもは欣喜雀躍として父親を同一化の対象として，その一挙一動に驚きと尊敬の念をもってしたがう。

　母親からすれば，子どもにとっては都合のよいはずである養育という名で接触していたのであるにもかかわらず，それはすでに将来は干渉という呼び名でもって子どもに否定されるという必然性と自己矛盾をもっていたともいえる。このときの子どもの反発性を反抗とみなせば,第2反抗期といえよう。[12]

　こうして，すべての矛盾は新しい対象,「父親」によって統一され，秩序だてられる。精神分析上のことばで表現すれば，精神的に母親の養育から走り去った子どもは，自分が依存できる尊敬すべき理想像として，父親を設定し，母親からの分離不安による危機を乗り切ろうとする。[13]さらにまた，身体的な発達が母親とだけの愛情生活に耐え切れなくさせているというのが，この分離現象の原因であって，これもまた正常な発達の一現象である。

　さて，こうした変化は前節で述べたような「誕生」といった急激な変化（誕生は実際は急激な変化ではないらしいが）ではなく，昨日までは母親，今日からは父親を同一化の対象と変化していくのではない。これは季節の移り変りのように徐々に行なわれ，そして父親への転化の完了までについていえば，父親という新しい形態のもとでの母親か父親かという葛藤の長い期間を通じてのみ行なわれる。家庭内保育の第1次の質的転化の完了は，なによりも先ず保育・養育の土台である親子関係の変革の完了でなければならないが，これは，母親は自分の保有していた親としての権威をいさぎよく夫の手に移すこと，移したならば，夫唱婦随的に夫を立てて，夫に対する信頼感・愛・尊敬を素直に表情や身振りによって現わすことによって母親（保育者）としての義務は遂行されるのである。[14]

　注
1.　スピッツ, op. cit., pp.74—75.
2.　エリクソン『アイデンティティ』p.118.
3.　コウルダー，N., 中村喜男訳『感情を持つ機械』みすずライブラリー，1970, pp. 76—77.
4.　エリクソン『アイデンティティ』p.119.
5.　ボウルビー, op. cit., p.4.
6.　ミード, op. cit., pp.241—243.
7.　山根常男, op. cit., pp.595.

8. Emmerich, W., 1961, quoted in 『児童の発達心理学（下）』by E. B. Hurlock, 1964, p.909.
9. マッセン，コンガー，ケイガン，三宅和夫訳『発達心理学Ⅰ，Ⅱ』誠信書房, 1943, pp.335—336.
10. ハーロック, op. cit., p.921.
11. 大西誠一郎, op. cit., p.54.
12. ハーロック, op. cit., p.477.
13. Kohut, Heinz, *The Analysis of the Self*, International Press, Inc., New York, 1971, p.139.
14. 浜畑紀「胎生期をその規定因とする発達心理学」pp.82—94.

8. 要 約

　以上，母親（幼児）期では母親のおもむくところに追随するということで子どもの生活は依存的である。また母親の計画し命じるままに行動しなければならない関係にあると述べられた。さらに母親は自己否定欲動と自己中心欲動を子どもにはぐくむことが要求される（これが将来の自我形成の内容となる）し，その自己中心欲動と前段階での生欲動が作用し合って，幼児性欲が形成されるのであって，性欲動自体は第1次的なエネルギーではなく2次的なものであると論じられた。1次的なエネルギーは細胞のもつ成熟と分裂の生欲動であると説明された。またしつけはきびしくなすべきであるし，愛情は自分を食べさせてくれる者に対する志向心ということであり，そして，自己愛は自分のために食べさせることを意味するがゆえに愛情を食欲に還元できるのである，そして自己中心欲動と無気力欲動の作用するところに嫉妬心・羨望などの感情が形成されることを論証した。
　このことによって，命題の「母親期では，栄養を受容せんと歯牙を依存的に咬合させ，その結果，摂食行動が成立する」が演繹されたことになる。表にすれば次頁（表4）のようになろう。以上の分析で「栄養を受容する」にも「だれのために」（本段階では幼児は「自分のために」）という目的格に相当する概念が導き出され，これもまた命題の一部とされ，普遍化されたのである。
　さて，ピアジェによれば幼児期の世界観の特徴はアニミズム（物活論）・実念論・人工論にあり，また考え方の特徴としては自己中心性・情緒性・身体

表4　発達段階に現われた統辞律

(1)	(2)	(3)	(4)	(5)	(6)
段　階	目　的	器　官	行動類型	行　動	結　果
～では	栄養を {獲得 　受容}せんと	～を	{自律的に 　依存的に}	～させ	その結果 ～が成立する

性・興味性であるという。理念的にいえば前段階で臍帯（＝血管）を否定して，この段階では幼児は歯牙の咬合わせによって食物を十分に咀嚼することが命令されている。また，乳児期の不規則的，自律的授乳時間に比して，母親の幼児期の子どもに対しては食事時間・場所・食べ方など実に厳しく幼児に要求するのである。つまり定言的命令を遵守しなくてはならないことから子どもの主体性は時間・空間の中に奪いとられている。

　また子どもは自然（時間と空間）と混然一体になっているのである。自分が歩けばお月さまも自分だけについてくると考える自己中心性の中にいるようなものである。子どもの意志のままに自然は応対してくれる。それは以心伝心でもって成立する非論理的で主観的な世界である。時間と空間の中にいるがゆえにその直観形式のままに行動してもよく，それはだから必然的にアニミズム・実念論・人工論と表現され，さらに，情緒的であるとも表現されることになる。

　興味性については，前段階での「取り入れ」の傾性の幼児期での発展的形態であるとみなすことができる。したがって前述した第5は解決したことになる。しかし，具体性については幼児の大脳の未熟性のための傾性であると見られよう。

　結局，「洞察力」と「具体性」および，他の諸傾性はすべて，理念「歯牙で咬合わせる」の多様化された形態であり，普遍的である。

　このように，幼児は自己中心性・情緒性・興味性という発達的特質をそなえ，アニミズム・実念論および人工論という思考様式をも発達させることも判明したのである。

　なお従来は乳児（乳房）期と幼児（母親）期での発達については大体同一傾向とみなされてそのような取り扱いがなされているようであるが，本論文では2期を厳然と区分し，両者の特徴は全く相反するものとしたのである。

第6期　父親期(手足・生産期)……児童期　I

1. 父親期の成立

　子どもは母親の能力の限界を知り，かつ彼女の養育としつけが，保護となるよりはむしろ煩わしい干渉としてしか感じられなくなる。それに比して，子どもは父親の能力の大きさ，そして彼のその能力に基づいた権威の強大さを知り，彼が自分の行動を自律的になるように助け導き，愛し，より広範な知識を伝達してくれる存在であることを知る。しかし，同じように子どもは前段階にて，母親の養育と愛情，またその能力と特権を認め，同一化の対象としてきたという経験から，この両親像を対立したものとして把え，その選択に葛藤をいだく。そしてこの混乱の経過の中に，両親は相互に信頼し合い，愛し，かつ尊敬し合っていることを悟る。さらに父親を同一化の対象として選んでも，母親には裏切り行為とはならず，かえって彼女にも従っていることになるのだという，いわゆる内的連関性を体験する。たとえば，ある夕方子どもがしつけのことで母親にこっぴどく叱られて，玄関先で泣きじゃくっている。母親がまだ子どもにガミガミと叱りつけているおり，偶然父親が勤務先から帰宅して，この光景を眼にしてしまった。母親は父親（夫）の顔を見るや，叱っている原因を訴えた。「あなたも一度，きつく叱ってください。」父親が子どもの側へ近づくと，子どもはまた叱られるのだろうと，こんどは一層声をあげて泣きはじめた。父親は，「お前もばかなことをしたものだね。こんどだけはおとうさんがかあさんにあやまってあげるから，もうこれからはしてはいけないよ」と子どもをなだめた。この慈愛溢れる父親のことばと態度は一層，母親離れ（精神的離乳）を促し父親に対しての親近感をより強くいだかせることとなる。ここで，母親の保護圏を決然と否定して，父親との相対的な生活圏に入っていく。サルトルのことばを使えば，「我あり」という意識（対自存在）が指向的にかかわることなしには存在しえない自己の

119

対象となるもの（即自存在）をあらたに定位することになる。[1]

　卵が卵胞という抑圧的な世界から自由な世界へ，依存的空間から自律的空間へ，放出され，そこで対象の世界と合体して分裂を開始し，第2の生活界にその生命を維持する。また，胎児が子宮という固定的で栄養も不足がちになった世界から自由な栄養も十分に得られる世界へ，依存的空間から自律的空間へ放出（つまり誕生）され，そこで母親の世界と合体し，分化的成長を開始した。前者を第1の誕生とすれば，後者は第2の誕生となる。しかるに，母親期も後期になって，抑圧的，固定的，干渉的な生活が，子どもにとって不快と感じられ，そこから，父親との相対的，自律的な生活圏に突入したとすれば，これもまた「誕生」といわなければならない。つまり第3の誕生であろう。先に述べたM. S. マーラーは，その著書 "The Psychological Birth of the Human Infant"『乳幼児の心理的誕生——母子共生と個体化』のなかで，いみじくも，この過程を，「母親との一体的共生状態から個体化される過程」とし，「孵化 hatching」とも名づけ，また「第2の心理的誕生の経験」としているのは興味深いことである。[2]

　また次の様にいいかえられるだろう。歯牙の機能によって幼児は成熟的成長を続ける。もちろん分化的成長もあるが前者の発達が顕著である。2歳半にはすべての歯が生えそろって，身体の成長・運動能力の発達に応じて食物摂取量も自分自身のために増大する。そして特に人間として特徴的なのは手および腕の発達である。全体的運動の他は動かなかった手先が目立って巧緻な働きをするようになる。つまり（理念的に）子どもは自分で狩猟・農耕といった形で食物を父親や友のためにも手に入れることができるのである。ここで歯牙のみによる生活に矛盾が生じていることを明確に理解するのである。主たる生命維持機能をもっていた歯牙は，食物を咀嚼し，体内へ送り込む。しかし，はからずもこの栄養分は身体，ことに腕と足の運動機能——将来は生命維持機能の主となるべき機能——を発達させてきたという，いわゆる自己矛盾に陥っていたのである。やがて，歯牙と足腕との対立は，ともに同じ身体に所属する器官であり，また自分のみならず父親（友）も家族も養うことができるという内部連関が成立して，後者は前者を統一していくのである。現代ではこの足腕とは教育と技術の習得そして生産へ従事（就職）するという意味になるだろう。

さてここで前段階でのごとく児童期の子どもの精神的発達を考察してみよう。一般的にいえばこの時期は，基礎的には，前段階での両極性を統一してきた足と腕による友愛からの技術を使用して生産することである。そしてふたたびわれわれは理念的に，次の理念を導き出すことができる。すなわち「父親期では，友のため，栄養を獲得せんものとして，（対話で作った）きまりに従い手腕を自律的に労働させ，その結果，生産行動が成立する」である。そしてまた「父親の世界との合体を行なうこと」であるし，また「取入れ」と「洞察力の発達」もあげられるべきであろう。栄養獲得にはもう一つの「～のために」という目的格が結果として現われたのでこれを演繹したい。

注
1. サルトル, J. P., 松浪信三郎訳『存在と無』現象学的存在論の試み I, サルトル全集, 人文書院, 1943, Vol. 18, pp. 11—260.
2. マーラー, op. cit., p. 290.

2. 自他平等肯定欲動

自他平等肯定欲動は自己と他人との力が釣合うことを願い，相互にその平等性を認め合って，心的緊張から逃れようとする欲動である。そして第1次的欲動である。

精神分析学的には集団帰属本能，群居本能などと呼ばれるものである。一応幼児期にて自己中心欲動の発達が完成するすこし以前から，子どもの心中に父親の世界との合体によって芽生えはじめる欲動である。

父親の子どもへの，友人としての働きかけによって子どものこの欲動は一層発育する（それは友人の増加によって判断できよう）。そしてしだいに集団に所属することの喜びを感得し，さらに他人も自分と同じように感じているという思いやりの気持にまで発展する。トロッター（W. Trotter）によれば，群居本能は人間にとっても他の動物と同じく生得のものなのである。この群居性とは生物学的には多細胞性からの類推であり，いわばその継続である。リビドー説の意味では，つねに包括的な対象に合体したいという。同種のあらゆる生物のリビドーから発生する傾向のすすんだ表現である。群居本

能は，何か1次的なものであってそれ以上分解されないものであるとする。[1]
フロイトはトロッターの説は集団における指導者の役割りを顧慮することがすくないと批判しているが，しかし衝動を第1次的，生得的，そしてもし器質的なものと考えれば，これに及ぼす環境の影響は第2次的となる。すなわち発達当初は器質のみの描写を行なう必要がある。この欲動は幼児期での自己中心性の，不完全なあるいは抑制された発動の所作と解釈することも可能である。この群居本能は「親和性」，「集団性」あるいは「社会性」などの発達の基盤となるものである。

　親和性・集団性・社会性・自己中心性の不完全な，あるいは抑制された発動の故と解釈してもよい。なお大脇氏は衝動の種類分類中に「言語活動・技術的衝動・芸術的衝動」[2]を挙げているが，論を進めるにしたがってこれらの衝動は，本欲動の延長的欲動であることも判明しよう。指導者の役割りを考えると群居本能あるいは所属本能の意義は拡大される。すなわち，自己中心的欲動が強大で実際に能力がそれに伴っている場合の群居あるいは所属本能は，権力体制の中でのリーダーシップへの欲動を意味するし，他方，自己否定的欲動が強大な場合には，強大なる権力者への自己犠牲を意味するものとなる。先にフロイトのトロッターへの批判もこのへんを考慮しているのである。しかし，本論文では後者（権力社会）への所属欲求は，自他平等肯定社会への所属欲動あるいは平等に能力をもつ集団での群居欲動の概念中には含めない。

注
1. トロッター, W.『平和と戦争における群居の本能』(*Instincts of the Herd in Peace and War*), London, 1916, quoted by Freud, S., 井村恒郎訳「自我論」日本教文社, 1970, pp. 151—152.
2. 大脇義一, op. cit., p. 137.

3. 社会性の発達（胎生的社会性と前社会性）

　卵は卵巣から放出されてからは，卵管采を経て卵管へと導びかれ，自律的生活を開始する。卵管は卵を子宮に送るために，それ自身の蠕動運動を行ないつつ，卵管内壁の繊毛の運動を伴わせる。卵は精子と合体して後は，自律

第2章 胎外期

的生活にそれまでとは異なった激しい同一性を維持しつつ移動を行なう。卵巣内では全く卵巣の卵胞と一体であり融合体であったものが，この第2期では，卵はそれ自体で運動を行ない，卵管とは全く別の存在である。同一性も卵の内部で一つの系が存在し，卵管はまたそれとは異なった系を形成し，この両者はまたその相互作用によって，それぞれの内部の同一性を維持させる。もし，一対一の関係を社会関係の一単位とすれば，ここに一つの社会が存在すると考えてよかろう。これを胎内的社会性と名づける。

　第4期乳児期もまた第2期卵管期の繰り返しと見られる。従来は，乳房と乳児とは融合した存在で，乳児は乳房に依存していると考えられていたが，実は乳児は，自律的な生活を送っていて，乳房とは別箇の存在であるとするのが妥当であることが明らかにされた。乳児の血糖値の低下（つまり空腹感）によって，泣き声が発生せられ，これが信号として，母親の授乳行動を誘発する。まず彼女は乳房を子どもの口唇に添える。すると子どもは反射的に唇でそれを吸い込み，吸啜をはじめる。やがて，満腹になると，吸啜運動は止む。すなわち同一性が成立する。母親がいかに努力しても，もう乳児は乳を飲もうとはしない。乳児には授乳を拒絶する自由があるのであって，前段階のように，一方的に臍帯を通じて供給される機構とは全く異なった状況となっている。乳房はもう彼には必要のないものである。乳児はその乳房を手でもてあそびはじめる。こうした，乳房との交互作用が乳児に対しては他者を意識させる。とはいえ，この意識は成人のそれとは全く異質のもので，より感覚的なものであることは想像にかたくない。乳房を噛んだときと，自分の指を噛んだときの反応の相違は，まったく感覚的であるからである。この場合の社会性は，第6段階父親期（児童期）に繰り返されるもので，これを前社会性と称したい。

　父親期に入ってからは子どもの生活は母親期の生活とは一変する。母親期では子どもは母親とは，一体不離の関係で生活をするのであるが，母親から独立を試みる際，子どもの目には父親の姿は，畏敬の対象となる。母親のように干渉がましくない，母親より能力がある，母親が抑圧的であるのに対して父親は自由を認めてくれる，母親は支配的であるのに対して，父親は友好的で対等的である。このようにして父親は子どもにとっては，すくなくとも自分の苦しみを救ってくれる存在のように目に映じる。父親は母親が一方的

であるのに反して、対話の相手となり、議論の相手ともなるし、あそび相手ともなってくれる。子どもは父親を信頼し、父親を通してその世界——父親の同一性の系——と合体する。

そして「(友のため)栄養を獲得せんと、きまりに従って手腕を自律的に労働させその結果、生産行動が成立する」という理念に、つまり友情に生きることを教えられる。子どもは合理性と論理性を大いに発揮させて、生産への教育を受け、友情確立に努力をする。こうして彼の社会性は順調に発達するのである。

実際、この合体現象は第2段階(卵管期)の卵と精子との合体、第4段階(乳房期)での母親との刻印づけに比すべき重要性をもつもので、これによって子どもは精神的な生命を賦与される。つまり社会との合体がない場合には、将来の自閉性症候群の顕現となる。

このころから子どもには、論理的、合理的思考が分化的発達の一部の特徴として顕著になる。子どもとそれを取り囲む社会集団との関係も、子どもの成長に伴って、分化的発達をはじめる。まずギャング集団(徒党時代)の形成に参画した子どもは集団内の権威性と、その集団の自律性の魅力にとりつかれる。子どもはこの集団に対して、全エネルギーと忠誠を全身で捧げることができるのである。

さて、このころになると他人に対して感情移入ができるようになる。つまり、同情心(利他心)の芽生えを伴うものである。コールバーグ(L. A. Kohlberg, 1969)は、社会性を相互に自己として認識する自己の間に頒ち合うこと、意志疎通、あるいは相互性の関係としてとらえていることもうなずけるわけである。そして子どもは仲間集団に所属することの魅力をますます認知する。つまり父親との相対的同一性を仲介にして、それ以外の他者との関係を深め、細分化し、複雑化する。他方、子どもは芸能人・スポーツマンなどを崇拝(同一視)の対象とする。

思考力も分化的に発達し、論理性・抽象性以外にも、合理性と洞察力も併わせて分化多様化されてくる。そして集団内の地位が確実だと感じるほど、社会的洞察力はよくなる。安定感があると、地位を失うおそれもなく、また、不安が自分の反応をゆがめることもなく、判断することができる。リーダーは、追従者よりも、社会的洞察力がすぐれている。リーダーは、指導力を発

揮するためには、メンバーの希望や、興味を理解しなければならない。社会的洞察力は、子どものパーソナリティによって変わる。よく適応しているほど、他人に対して多くの関心をもつ。逆に、適応のよくない子どもは、自己本位な傾向があり、このために、他人について学ぶ機会を失う。一般に、自分を好きでない子どもは、自己変容している子どもよりも、よい社会的洞察力をもっている。前者は、人間関係に敏感なので、他人の感情について知覚が鋭い。その上、彼は、自分自身の中にある嫌いな特性を、しばしば、他人に投影し、これが、他人についての彼の判断を歪める。一方、他の子どもを、自分と似ていると知覚するならば、異なっていると知覚する場合よりも、よく彼らを判断することができる。(4)(5)(6) しかし父親は、この間は表面に現われなくても、子どもの精神のオーガナイザーとしての役割をはたしているのである。

　このいわば社会性の発達と、父親との自我同一視という自我の認知の進み方が、対応しているならば、その子どもの発達は調和のとれたものとなろう。しかし実際にはこのようなことは起こらない。社会化の過程は自動的に起こるのに反し、自我の認知の進展は個人的、社会的な理由で、いろいろと妨げられる。たとえばこのころ、もし父親が友好的でなくて権威主義的であると、今まで自分が一種の内的隷属関係におちいっていた父親に対し、憎しみのごときものが生まれることさえ少なくないのである。(7) そしてあるいはこうした際に父親の中に自分の否定的な同一性をみとめて、父親との初期の同一化が以前に考えていたほど、有効で望ましいものかどうか疑いはじめる。(8) そして、同時に父親を「人生を多く経てきたただの男にすぎない」「問題にしていない」「つまらない人間」「血でつながっているだけ」などと視ている。エリッヒ・フロムは、社会性の発達と自我の認知の進み方の差異によって、子どもの中にたえがたい孤独感と無力感とを生み出し、そしてこの孤独感と無力感とが、今度は逆にのちに逃避のメカニズムを生み出すと述べている。(9) したがって、不十分ながらも、こうした分化的成長は無意識的な母親との融合の時期とは異なり、独立した個体となって行動する際、その意味づけを、観念的にも、具体的にも必要とする。つまり、一つは社会性の証しおよび、人生の意味といった大きな観点における意味づけである。社会に何らかの役割を果たしている個人、独立した個人であることの証しが必要となるし、(10)

また，大きく人生の意義が関わってくる。そして社会から，子どもが応答されている，あるいは認められていると自ら感じ，そして徐々に成長していくことが意味をもち——とりわけ彼にとって意味をもちはじめる人の目にそう映るようなひとりの人間として社会から役割と地位を与えられるときに，独立への欲求は満足せしめられる。つまり，この地位は職業で代置されることになる(11)（役割同一性(12)）。したがって，こうなると職業の選択というものは，賃金と地位という問題を超えた重要性を帯びてくる。そうであるからこそ何人かの青年は，優秀な機能を果しているという満足感を与えてはくれないにせよ，とにかく，成功を約束してくれるような将来性のある職業を強制されることを拒否し，暫くの間は，まったく働かないという途を選ぶこともあるのであり，先進国の青年の共通の傾向となっている(13)。また両親は子どもが自分と同じ道をたどってほしくないという願望をもっている。両親たちは，だから，子どもたちを出世，進歩，高い生活水準，十分な欲求満足を約束してくれる仕事，あるいは大学へと無理にすすめたがる(14)。しかし，しばしば，欲求満足を約束してくれる将来性のある職業は，機械的，技術的な集団文明の要求に適応しているように思わせるかもしれない。だがそれは同時に故郷の喪失，社会的な場における「生」の欲動の対象固定の欠乏を表わしている(15)。すなわち，次の段階に進めないで腹腔内を右往左往する非常に大きな危険を内蔵した受精卵の姿を想起せざるをえないのである。

　だからこの時期は，すばらしいロマンチックなことに打ち込んだり，情熱的になったり理想に走る時期であるとともに，一方では罪人，やくざ，売春婦をつくり出す時期となる危険もあるのである(16)。前者の特徴と後者の特徴のどちらをより多く子どもが示すかは，彼らの育った環境による。子どもの基本的欲求の満足が阻止され，不安定でおどおどしている場合，消極的な面が優勢になる。子どもが愛され尊重されていたならば破壊的で攻撃的な行動を示すことがはるかに減少する。

　その二は，人生の意義に関わる問題である。前に挙げた社会での位置づけによって，独立した個人の自覚へと進む。これはさらに発達して，それまで保っていた同一性を破り，青年をして必然的に人生での個人の運命（生と死）・その意義といったものを求めさせる。やがてそれなりの解決を人生の目的といったものの中に具体的生活を関連づけて，新しい同一性を回復するもの

である（生の意義299頁以下を参照されたい）。

　この両者，つまり役割りによる同一性の維持と，大きく人生での自己の在り方を究明してそこで同一性を維持することは，理念的には連続しているべきであろう。しかし，現実の社会では，青年期初期は，社会から早急にしかるべき役割りを与えられる青年はごく限られている。中学校を卒業して直ちに社会へ入った場合のことであるが，これはむしろ，他の多数の青年が高校へ進学するということで，異常とみなされ，社会から遊離して学生生活を継続すること——モラトリアム——のほうが正常とみなされている。したがって，役割り同一性と人生の意義の把握は同時に行なわれる場合，前者のみで終わってしまう場合，あるいは，人生の意義の把握が先行する場合など，諸種の例が生じてくる。しかしいずれにしても，マズロウの「両親が愛情と敬意をもって子供を扱うならば，子供たちは多くの失敗を重ねながらも成功をおさめるようになる」というのは正しいのである。

　かくして，この段階では子どもは集団の中で乳房期で発達をみた洞察力を論理性・合理性という形で多様化へと発達せしめ，これは教育という生産技術習得の過程でますます質的に高められる。つまりこの洞察力によって子どもは友情のために生きることを得，市民としての資格を身につけてゆく，つまり社会化されていくのである。

　注
1.　Richards, M. P. M., op. cit., p. 159. Quoting from *Stage and sequence:the cognitive-developmental approach to socialization*, by Kohlberg, L. (1969). In Goslin, D. A. (ed.), *Handbook of Socialization: Theory and Research*, Chicago, Rand-McNally.
2.　ミーチャリヒ, op. cit., pp. 154—155.
3.　ハーロック, op. cit., pp. 170—171.
4.　ibid., p. 89.
5.　ibid., p. 128.
6.　ibid., p. 480.
7.　シュプランガー, E., 原田茂訳『青年の心理』協同出版, 1973, p. 166.
8.　エヴァンズ, op. cit., p. 50.
9.　フロム, E., 懸田克躬訳『愛すること』紀伊国屋書店, 1959, p. 41.
10.　ハーロック, op. cit., p. 204.

11. ミーチャリヒ, op. cit., p. 172.
12. 本書, 第6期2, 182頁以下参照。
13. エリクソン, E. H., 岩瀬庸理訳『アイデンティティ』金沢文庫, 1973, p. 172.
14. ミーチャリヒ, op. cit., p. 172.
15. ibid., p. 172.
16. Herman Heinrich Ploss, with Bart, May and Paul, et al., *Woman*, William Heineman, London, 1935.
17. 特権の少ない——つまり物質的にも社会的にも何ものも与えられていない「貧困」ということは, 逆手をとって大きな特権に転じることができるのである。ちょうど貧乏人が免税の恩典にあずかり, 失業者が失業保険を交付されるように。これがエリクソンのモラトリアム理論にあたる。(E. H. Erikson, *Childhood and Society*, p. 254.)
18. Maslaw, A. H., *Motivation and Personality*, Harper & Raw, New York, 1954.

4. 理念としての父親

　父親の役割の規定ともなると, 非常に観念的になる。なぜならば, 母親は常時, 子どもに接しているために, 具体的な形でその役割の規定ができたのに反し, 父親はそうでないから, ある観察事実の普遍か特殊かの認定が困難であるからである。一般的には, 父親は戦前は儒教精神に支えられた象徴としての掟であったし, 戦後では稼ぎ手になっている。

　しかし, カテゴリーとしての発達の初期に眼を向けるときに, それがすでに類似の形で示されていることに, 読者は気づかれるにちがいない。養育し, 保護してくれる卵巣から放出された卵は, 自律的な生活ができ, 可動性のある卵管内へと移動する。まず, この移動現象について考察しよう。

　次は, 『胎児医学』からの引用であって, 卵の移動状況を詳細に説明してくれる。「……卵巣も子宮とともに運動性を有し, 卵巣間膜にも弾力性があるため, 卵管壁自身の蠕動運動のほかに, 卵管自体の3次元運動が可能であって, 排卵時には卵管采部（卵巣から放出された卵を卵管へと導入するようになっているラッパ状の開口部）がよく被覆でき, Westmann 現象が成立する。（試験管の中ではあるが）采部の蠕動運動による卵管吸引現象がなくても, 采部粘膜における繊毛運動によって附近に水流ができ, 卵子と卵丘は容易に采部に吸い込まれるのがみられた。

第2章 胎外期

　ひとでは卵巣表面を卵管采部がこの部をなでまわすことによって，ついには卵丘と卵子が采部内にとりこまれるという。」⁽²⁾
　次にこの卵管の機能と，乳房の役割りとを箇条書きにしてみる。
1. 卵管は卵の導入を積極的に行なう。
2. 卵管は，卵を自由に移動させつつもそれを保護するものである。
3. 卵にとって卵管は相対的存在である。
4. 卵管自体に蠕動運動があり，卵を移動させることが可能である。このことは，誕生した子どもの口に母親が添え乳をして乳汁の吸飲を助けるのと一致する現象である。
5. 卵巣での依存的生活とは異なった自律的，独立的生活を助けること，これも乳児が哺乳量を乳房で制御されるのでなくて，乳児自身の恣意に従って——自由に——吸啜できる現象と同じである。
6. オーガナイザーとして卵に作用し，その分割を正常に保つ。
7. 乳房は吸飲技術を子どもに学習させる。
8. 卵管は本来は卵子と精子とを合体させ，またそのために，入ってきた精子が卵子に貫入できる能力を与えるというキャパシテイションを行なう。これはまた，新生児が母親の乳房を媒体として，母親との合体（刻印づけ）が行なわれるのと同一現象である。
9. 分割卵を子宮腔に移動させること，そしてまた乳房がその相対的乳量を減じることで彼を成人食へと導くことと類似現象である。
10. それにまして大切であるのは，個体の安定した生活は，卵巣と子宮腔においてなされるのであり，卵管はその両者の連絡帯である。口唇期の生活はそうした子宮腔期から歯牙期という安定した生活期間への過渡的な時期である。

　発達は低層での運動を繰り返すが，次元を異にしている。自律期つまり卵管および吸飲期でのすべての環境のもつ卵（個体）に対する役割りは，父親期に入った際に繰り返される。したがって理念的にそして同形的にいえば，父親の役割りは次のようである（番号は，上述した低層の役割りの箇条書き番号と対応する）。
　父親は，
1. 母親からの子どもの精神的離乳を助ける。

2. 子どもの，自律性を認めつつも，その保護者であること。
3. 子どもと共通の立場にあり，対等な仲間であることを知ること。
4. 子どもの生活を束縛するのでなくて，自律性が育つように助ける。
5. 自律的生活が快適であるようにすべての環境をととのえること。
6. 社会生活に適応できるべく，正しい社会の情報を与える（教育）こと。
7. 生活維持のための生産技術と労働の意義を教えること。
8. 子どもが早期に「父親の世界」と一体化するべく努めるべきである。そのためにもいわゆるキャパシテイションに類する準備行動をなすことも必要であろう。
9. 次の発達段階へとその成長を助け，助言者として導くこと。
10. 妻（母親）と意見を同じくし，次なる発達段階に，父親自身も生活し，たずさわること。

父親期での父親の役割はすでに規定されてはいるが，それぞれが一層分化したり，各々が相互に干渉し合ったり複雑化していることは確かである。しかし，ここで明確なことは父親の世界はかなり広大である。つまりその後には——父親を媒介として——学校の教育生活とそれに付随する集団生活，そして社会生活が深いひろがりを見せていることである。子どもは父親を同一化の対象としつつ集団化され，社会化されて市民たるの条件を獲得していくのである。これはあくまで理念であることは断っておかねばならないだろうが。次にそのいくらかの特質について説明を試みたい。

注
1. フリードリヒ・エンゲルス，菅原仰訳『自然の弁証法』(21ed.)，国民文庫116，大月書店，p.38.
2. 坂元正一・小林登編『胎児医学』同文書院，1974，p.20.

第2章 胎 外 期

第6期　父親期……児童期　II

1. 父親の子どもへの積極的態度

　正直いって，このテーマの取扱いほど頭痛の種となるものはない。現代の発達心理学研究の大勢は，母一子関係に集中されていて，純粋に父親についての文献は数えるのは容易である。それも発達心理学的なアプローチというよりは，社会心理学的なそれであって，筆者の意図とははなはだしく異なるのである。

　胎生学的には，父親期の必要性は納得され得るものであるかもしれないが，これはあくまで理念から考察したので従来の発達心理学との連関が希薄になっていることは止むを得ない。しかし，私はすべての悟性認識を前提にし，次にこの悟性認識を理念に従って統一しているつもりである。

　さて，卵巣から卵管への移動は，単なる変化ではなくて「放出」という突然の，しかも急激な変化であり，また，子宮腔からこの世に生まれるということも「誕生」という語で表わされるように大きな変革である。つまり，依存的生活空間から，自律的な生活空間への移動は本質的には急激な変革を伴うものであると考えてよい（67-68頁のマーラーのことばを想起していただきたい）。そしてこの変革の際にはそれぞれ次の段階の自律的生活空間での対象物（自律生活空間での保護者）がその変革を助けているのである。卵管采は卵巣の表面をなでまわして卵を積極的に取り入れるし，医師は，産婦の出産を助け，難産の場合にはあらゆる手段でもって，子どもの生命を救っている。

　したがってこのことは必然的に次のように敷衍できる。母親から父親への移行（あるいは歯牙による咬合期から手足による技術・生産への変革）は子どもには急激な変革である。自己中心的世界から社会という世界へ，依存から独立へ，固定的生活から可動的生活へ，成熟的成長から分化的成長へ，また自閉的生活から開放的生活へという慌ただしさの真ただ中に子どもが置か

れる。この時期を称して疾風怒涛（Strum und Drang）時代と呼ばれるのも肯ずけよう。

もし卵管采部が三次元運動を停止し，繊毛運動によって水流を作り出さないで卵を取り入れることをしないならば，また医師が難産の際に鉗子を使用しなかったり，帝王切開手術をしなかったならば——その結果は，火を見るより明らかである。卵は，母胎の腹腔内にただよい出て，そこで受精卵は，内臓の一部の表面を酵素によって融かして着床する（子宮外妊娠）率は高くなろうし，難産での新生児はそのまま窒息死するだろうし，悪くすれば母体もともに死亡してしまうことにもなる。こうした急激な生活空間の変革は生命体には決して予断を許さないものであると考えてよい。

だから，子どもが母親期から父親期に移行する際には，父親側からの積極的な働きかけが必要であることは自ら明らかである。子どもが自己中心的，依存的，閉鎖的——つまり母性的な世界にいつまでも付着していたり，その世界に安逸をいつまでも貪っているのであれば父親は母・子の精神的生命を救うために子どもの母親からの精神的な誕生に手を貸すことが要請される。

この精神的誕生に手を貸すことを制度的，習慣的に行なうために，各地で催されている「成人式」がある。これこそ，子どもが幼児の世界から社会へと独り歩きが可能となるべく，成人たちが子どもを激励し，力を貸し与える式典である。

G. バートソンはイアトムル族の「男の成人式のときには巨大な子宮のモデルが成人となる男子の頭の上にかぶせられる」と述べているし，また M. ミードは，ニューギニア本島に住む4種族の成人の儀式について調査報告している。そのうちのイアトムル族の成人式では，男の子は「子宮の家」と呼ばれる宿へ入れられ，いじめられ，乱暴され，はずかしめられた後で席を与えられる。この子宮の家はわにの口に似ていて，そのしっぽにあたる部分から新たに生まれ変わって出る。あるいは彼らは子宮の家の中に入れられたり，血液をのまされたり，太らされたり，養われたり，男の「母親」の世話をうけたりする(2)，というのである。ニューギニアの住民たちが無意識的に母親から父親への移行（精神的誕生）を本能的に察知し，その理由はいかであれ，現在まで純粋な形で伝えてきているという事実に驚かないではおられない。これこそ身体同形説の最も具体的な例として指摘したい。ちなみに，この儀式

について，ミードは，「女性の役割を軽く見てきた社会に育ったヨーロッパ人には，これはあまりに不自然なこじつけのように見えるだろう」とし，さらに，「社会全体がその儀式を女性の役割への羨望と，それをまねようとする願望の上に立てられている……」のだろうと結んでいる。確かに，彼女の主張のような面も否定はできないだろうが，上述したように高次の空間への精神的誕生の象徴化であると，考えた方がより自然であるように思うのである。

　女の子どもについて，後に「男らしさ・女らしさ」のタイトルで詳説するが，社会が階層化されている際には，男の子は，より高次への精神発達が望まれるがゆえに——そして父権制社会であるがゆえに——その成人式が挙行される。しかし，一方，女の子の精神的発達は無視され，女らしさ（＝母性性）の段階にとどめ置かれてしまい，結局，女の子の成人式は無視されることになる。

　江戸時代においては，社会が典型的に階層化されていたため，成人式にあたる「元服」もまた男の子どもにとってのみの儀式であったし，そのために父親が司式者としての役を努め母親からの精神的誕生を助けたことも肯定できよう。

　この精神的誕生の時期は個人差があって，確定はできないようで妹が生まれて，母親の関心がその世話に集中されるときがその時期であろうし，母親が夭死したときもそれにあたるだろう。しかし多くの学者らの説を参考にすれば6歳を中心にした時期が適当と考えられよう。つまり，父親の子どもへの助力はこの時期以降，最も必要なのであり，この助力があって，子どもの青年前期への過程もとどこおることなく進展するものであり，父親はそのために決して徒手傍観をしてはならないのである。

注
1.　ミード, op. cit., p. 97.
2.　ibid., pp. 126—139.

2. 保護者として

　ここで再三，胎内期にもどって考察する。卵は，前段階での卵巣期の依存

的,固定的,受動的な生活とは,まるで異なった独立的,流動的,能動的な生活空間の中に運動を行なうことができる。自由に細胞膜の透過性・透析性によって栄養を吸収し,老廃物を排泄するのである。ここでは一見,卵はどのような生活関係にも束縛されてはいず,自由であり独立した動きをしているかのようである。しかし,それも,大局的に考察すれば,卵は自由な運動をするとはいいながらも卵管内での自由,相対的な自由にしかすぎない。つまり,卵管は卵の自由を大幅に認めつつも卵の生活空間の周囲にいて絶えず卵を保護している。自由と独立はあっても卵管内だけに限定されている。もし卵管が欠落しているとすれば,卵は,卵巣から母親の体腔内に出て絶望的な子宮外妊娠現象を起こすしかないのである。そしてそれも,卵を含む卵胞の成長と卵の放出も卵管の存在を前提とするのである。

　また吸飲期にあっても新生児は前段階での依存的,固定的,受動的な生活とは逆に,独立的,能動的な生活を送ることになる。自由に,気儘に,そして自律的に乳汁を吸飲することができ,また随時,排泄も自由に行なうことも許される。しかし,子どもは独立的,能動的,自律的であるように見えても,やはりこれも相対的な独立・能動と自律でしかないのである。子どもの口には柔らかな乳房がそっとあてがわれなければならないし,また排泄物は常に処理されて快適でなければならないのである。

　以上のことから,父親の子どもに対する保護の方法も自ずと明らかになる。まず,前段階での母親の保護は子どもをしっかりとかかえ込んで内的に食糧を与えつつ外敵から子どもを守るという直接的な保護と指導であったのに対し,父親のそれの場合,子どもには自由を与え,自律的な行動をさせつつも,その周囲にあって常に必要なものを準備したり,障害物を取り除いて危険のないように,見張っているという間接的な保護と助言者形態をとることが求められる。

　たとえば習得したばかりの水泳が面白くて,川へ行って泳ぎたいと父にせがめば,父親はそれを許すし,それでいて,父親もそっと後からついて行き,その泳ぎを見ている。深い場所で水流に足をとられ溺れそうになった際には,直ちにそれを救い出すといった保護の方法が必要なのである。子どもには最大限の自由を許しつつ保護している。それも子どもには保護し看視しているのであるということが露骨に悟られるようでも,子どもの自尊心を傷つ

けることになるし，またそれでは，母親流の直接的保護と大差がなくなって，子どもの独立心を剥奪してしまうことになる。

保護のもう一つの意味は，父親は生計費（食糧）を獲得するということである。母親を否定して父親を対象として選んだ決定因となったのはこの能力であって，それは少なくとも子ども自身の無力に比して，より大きいのは確かであろう。この収入能力が子どもに社会の存在，隣人，協力，技術，労働，科学といったものに眼を開かせ，父親の能力のゆえに父親と自己を同一視しはじめる。マズロウは父親は他人の成長や自己実現を喜べなくてはならないとする。この父親への要請は非常に理念的であり，健康的である。しかし，彼がよい父親というものをよい指導者としての特徴と十分な人格的な力をもち，ボスであるべきだとするのは，いくらかの補足的説明をもって納得されるべきである。

注
1. ボウルビー, op. cit., p.4.
2. ハーロック, op. cit., p.923.
3. Maslaw, A. H., *Eupsychian Management*, Irwin-Dorsey, Illinois, 1965, ゴーブルの前掲書に引用。

3. 子どもは対等の仲間

「絶対性」という語句はあまり妥当ではないかもしれない。前段階では母親が絶対的権威者であって，食事の制御を通して子どもの生殺与奪の権力を掌握していた。彼女の命令は何であれ至上命令であった。いうなれば子どもは母親との絶対的世界の中で生きてきたのであって，この意味で筆者は絶対性なる語句を使用する。一方，当段階は相対的な世界であるべきである。ちなみに，第2段階の卵管期と第4段階の乳房（吸飲）期について，この性質を考察してみたい。

卵管期では，卵は卵管の中を固定的にではなく自律的に動く。卵巣期の生活とは異なって，卵巣や卵管といった対象とは遊離した存在であり，対象である卵管は蠕動運動ばかりか，三次元運動までも行なって卵を送っている。常に運動は相対的であった。また，第4段階の口唇期にあって子どもは乳首

135

を噛んだり自分の指を噛んで，自己と乳房の区別を認識し，相対的世界を認知とはいかなくても，瞬間的な意識化は行なっている。

　第6段階（手腕期）にあっては，父親は決して威圧的，権力的に子どもを規制してはならないし，一切の形式的権威は排除するべきである。また父親は収入を得てくるが，そのことのゆえに恩着せがましくあったり，独裁的，独善的であってはならない。むしろ彼は子どもと対等な仲間であり，平等な権利，自由を家庭内にあって享受させるべきである。家庭的，社会的な諸問題をともに考え，可能な限りそれに参加しなければならない。そうした行動と活動を通じて，父親は子どもの自律性と自主性を伸長させ，これを尊敬すべきである。「子供は物事を任せてくれる親に親しみを感じ，任せようとしない親から離れる傾向がある(1)」のである。まず子どもに自律的行動がとれるように常に意図的であるべきである。また恩着せがましくしなくても，子どもは，自分の無能力と，それにくらべて父親の有能性を認めているからである。

　具体的には，子どもが問題をもったり，自然現象や環境の事象に矛盾を感じたりした際には助言を与えたり，対話から，ときには討論に展開することもあえて辞さないといった寛容性をもつべきである。つまり，父親は子どもを友人として接し，子どもを民主社会の一員としての性格，民主的な市民としての態度・行動をとることができるように養育すべきである。そのために，どのような問題，たとえば家庭の各種の問題をも，ある年齢に達した子どもをも含めた家庭全員の中で，民主的な話し合いを通じて処理されなければならない。

　次の作文は中学2年の男子生徒の記したものであるが，この話し合いが非常に成功した例で，父親の平等を是とする姿勢もここに至ればその極(きわ)みといってよいだろう。

　　ぼくの家庭は平凡な労働者の家庭である。国家にも法令があるように，また会議があるように，ぼくの家庭にも，法や会議がある。会議は，毎週，土・日曜日のいずれの日の夕食後行なう。その結果は法として制定される。
　　最近，できた法では，母から提案された「休暇の時は，早起きをして食事の手伝いをする」というものだ。簡単なようでなかなか実行できない法もあるが，法があるために家庭が明るく自分のけじめがつく。国会が，うんと縮まったようなこの家族会議は，ぼくの家では切っても切りはなせない。

第2章 胎外期

　今，会議の議題に，こづかい値上げを持ちだしている。これは，親と兄弟の激戦で，二週間たった今，結果はでていない。はやく認めてほしいと思うのであるが認めてくれるには，まだ時間がかかりそうである。
　まだ，だれにもしゃべっていない〔筆者註：話していない〕が，ぼくは，毎日苦労して働いている父や母に休んでもらうために，父の日，母の日だけでなく，月に一回か二回，ある時間を決めて休んでもらってはどうか，会議に提案するつもりでいる。
　家庭の和をつくるためにも，この家族会議を，今後もずっと続けていきたいと思っている。（K・H・君，愛知県東海市富木島中学校）[2]

次は，小学校5年生の作文である。伝統的縦の関係から，民主的な横の関係への転移を示すものである。

　私の家では，毎週土曜日の夜，父が帰ってきてから，家族会議を開いています。たとえば，父や母のことで私が，何か気にいらないことがあったら，そのことを言って，みんなで話し合うのです。ぜったいどんなことを言われてもおこらず，冷静に考え，まとめていくのが条件です。だからどんな問題もかいけつしていくし，とても，よいことだと思っています。
　この会議のきっかけは，私はある時，代表委員会があっておそくなってしまいました。すると母が，わけも聞かずに，ものすごいいきおいで私をしかりつけたので，父が，私の意見も聞かなければいけないと，会議の話をもち出したのです。そこで一回会議を開き，そのことを，問題点としてやったら，とてもうまくまとまり，母は私に，「ごめん，お母さんがまちがっとったわ」と言ってくれたのです。こんなことは初めてなので私もびっくりしてしまいました。それまでは，話し合いなんかせずに私の意見も聞かず，一方的におこられて反発を思うことが，大へん多かったので，この話し合いの日を作ったのです。
　その日ができてから，家の中は，前より，よくなってきています。父も母も，会議で決まったことなどを取り入れて，私をしかるときもよく考えてから，行動を取ることになったのです。また私のほうでも，そのようにしかられると，すなおにあやまれるし，反発感もしないようになりました。そのため，家庭だけでなく，学校にも通用して，とまどわなく発表もできるようになり，何事も，冷静に考えて行動できるようになりました。私はそこでつくづく話し合いって大切なことなんだなあ，と思いました。
　こんなちょっとのことで，ふだんの生活もよくなると思うと，学校で，社会で，うんと必要なのは，冷静に話し合うということじゃないんでしょうか。
　日本の国の，一人一人がそのようにすれば，きっと，どんな問題でもかいけつし，どこの国にもまけない，すばらしい国になると思います。（小学校5年生女子，岐阜市）[3]

　その他，父親は母親とともに，子どもの人格を尊重し，自分たちと平等な人間であり，同じ一個人として扱うこと，やはり子どもの友人となることが

要求される。子どもを子どもとして無視することなく，有能な一市民として受け入れる。シュプランガー（E. Spranger）は子どもは「実際にまだ子どもであり，『一人前』とは認められない。しかしもし人々が彼の感受性をいたわってやったり，あるいは青年を無意識的に『一人前』扱いしさえすれば，青年を教育することができるだろう」(4)といっているのである。さらに子どもには物事の判断を任せること，すなわち民主的でなければならないのである。ハーロックによる親と子どもの相互自覚像のうちにまとめられている子どもの親の理想像と胎生学的父親像が重なり合うのである。(5)

　子どもは親を欲求の阻止をする人間とみなしやすいが，一方，親は，自分自身子どもの欲求を充足させる人間であると考えている。(6)(7)(8) ほとんどの子どもにとり，親は，自分のためにいろいろ物事をしてくれる人であり，また自分が依存し得る人である。子どもがいだいている親の概念は，親の身体的な外見やパーソナリティ構造よりも，親の具体的な活動に基づいて作られている場合が多い。子どもにとり「優れた親」とは許容的であり，あるいは，自分の要求を満たしてくれる人である。そのような親は家庭，子ども，子どもの興味などに関心をいだいている。また，子どもの個性を尊重し，子どもに恐れでなく愛を与える人でもある。(9)(10)(11)(12) したがって親は子どもにとっては，（権威的存在であるよりは，むしろ），愛の対象であり，余暇においては遊び友達(13)であり，政治・経済・人生・宗教・思想について語り合いのできる仲間であるべきである。E. H. エリクソンはこうした場合の父親の態度を次のように述べている。「（父親は）もし自分の息子とともに，野球選手，産業界の指導者，喜劇役者，科学者というような理想的な型をたたえるとすれば，その理想的な型のようにならなければならない。父親の欠点は問題でなくなる。もし父親が自分の息子と野球をするなら，それは父親が，子どもとともにその理想像に近づくのであると子どもに印象づけようとするのでなく……（略）……子どものほうがより近くその理想像に接近できるかもしれないと，印象づけようとするのである。息子がこれに気づくとともに，新しく，驚くべき尊敬が彼の愛情に付加される。ここに父親と息子との間に，真実の友情があるのである。」(14)

　父親は子どもと同等の立場にいる——友人として努めることが求められるが，A．ミーチャリヒは，さらに「彼は息子たちからも学びうるものでなく

第 2 章 胎 外 期

てはならない」とさえ述べている。[15]

バーゲスとロック (Burgess & Locke) は，産業化がすすむにつれて，家族構造が夫権的な「制度的家族」から平等主義的な「友愛家族」に移行することを指摘し，「友愛家族」が夫婦の幸福にとっても，さらに子どもの社会化にとってももっとも望ましいものであることを示唆した。[16]

父親は，子どもの行動に対しては常に是認と報酬，激励，またあるときには，否認といったフィードバックによって子どもに臨むべきである。[17]自分の行動が，社会的否認と拒絶を受ける，ということを知れば，子どもはその行動様式を「脱皮する」のであるし，自動的に「改造する」と考えられる。子どもは，身についた行動様式から，「脱皮する」ことはない。逆に，そういう様式は習慣になってしまう。ハーロックはいずれの年齢でも，人は自動的に「改造する」ものではないし，また，改造したいと欲するかもしれないが，その仕方を知らない場合が多いという。[18]だから，重要なことは，卵に対して，卵管がオーガナイザーの役割をし，胚を組織・器官に分化させていくように，父親と仲間集団が子どもの反社会的行動を，矯正するのであることを認めなくてはならないのである。

卵巣から放出された卵は，受精後は分裂を行ないながら，自律的に卵管内を移動するように観察されるが，実は，卵にとってやはり卵管内存在という規制は必然的であるし，さらに，その移動ですら，内分泌腺（主としてエストロゲン）によって調節されている。だから自動的，自律的行動が許されるとしても，それは父親のもつ社会的枠組の中でのみであり，決してその枠外への逸脱は許されていないし，また父親の注意深い——それでいて子どもにはそれと気づかれることもない——観察によって，計画的に子どもの行動に方向づけと助長が行なわれる。

ハーロックも父親の役割の——必要性を強調している。すなわち，もし両親が子どものすべての行動——特に非社会的行動を容認するならば，子どもはそのような行動が社会的に受け容れられると思ってしまう。そして後になってその誤りに気づき，直そうと思っても，それはむずかしい。このような消極的な寛容と理解は，教育の方法としては無価値である。事実，それらは，子どもに，自分が社会的に承認される仕方で行動していると思わせ，非社会的行為を繰り返させるから，有害である[19]，というのである。

139

なお，父親は家庭にあっては「完全なボスの定義をもって説明するのが最も適切であるとも言える」(マズロウ) などといわれるが非常に誤解されやすいことばである。母親期では，母―子関係はあくまで片面的で，母親がすべて計画し，決定するという関係が正常でなければならなかったのが，父親期では全く，対等な対話が，そして民主性が尊重されなければならないのである。だから，マズロウの「ボス」ということばは，単に「助言者」あるいは「指示者」というほどの意味に解すべきなのである。父親の権威というのは後に述べるように，彼自身が最高叡知者期にまで成熟しており，父親自身が最高叡知者の絶対性を信じている限りにおいて，父親の権威性は，巧まずして彼に賦与されるのである。一般的に，第7・第8段階にまで発達過程をたどらないで，第6段階で停滞する父親は，したがって，それに替わる方策——つまり対等・対話・民主性という資質を備えつつ，さらに権威性・絶対性・一方性・専制性を発揮するという二重人格的方策——を採らざるを得ず，彼の子どもに対する教育は混乱し，失敗するのである。つまり大多数の男は父親になるまで完熟していないのである。マズロウはだから，さらに続けるのである。「比較してみれば，アメリカの両親は，混乱しており，自信を失っており，罪悪感を持っており，矛盾している。その伝統は失われており，両親に有益な新しい伝統はまだ何一つ存在しない」と。これはアメリカよりも特にわが国の父親の現況を述べたものといったほうが適切ではあるまいか。

　注
1. Maslaw, op. cit., p. 919.
2. 愛知県東海市役所企画課編『とうかい』東海市役所，1977，2月，Vol. 189.
3. 岐阜市青少年育成市民会議編『ぎふ市の青少年』岐阜市教育委員会，1977，4月，Vol. 18.
4. シュプランガー, op. cit., p. 36.
5. ハーロック, op. cit., p. 919.
6. ibid., p. 30.
7. ibid., p. 79.
8. ibid., p. 144.
9. ibid., p. 4.
10. ibid., p. 56.
11. ibid., p. 86.

第2章 胎 外 期

12. ibid., p. 144.
13. 山根常男, op. cit., p. 593.
14. Erikson, E. H., *Childhood and Society*, Penguin Books, 1965, pp. 305—306.
15. ミーチャリヒ, op. cit., pp. 145—146.
16. Burgess, E. W. and Locke, H. J., *The Family*, from institution to companionship, New York: American Book, 1945.
17. ラビン, A. I., 草刈吾造他訳『キブツの教育』大成出版, 1969, p. 56.
18. ハーロック, op. cit., pp. 470—471.
19. ibid., p. 471.
20. Maslaw, *Eupsychian Management*, op. cited.
21. Maslaw, A. H., *Adolescence and Juvenile Delinquency in Two Different Cultures*, Festschrift for Gardner Murphy, Harper, New York, 1960.

4. 対話と約束事

　母親（歯牙）期には，母親が一方的に子どもに語りかけるという型態が特徴であった。①命令・禁止，②子守り歌，③語りかけ，④発声指導，⑤説明，⑥昔話し等々の形で，とにかく母親からの一方的な語りかけが成立していた。しかし，父親（技術）期は，母親期のすべての系を否定している以上，この母親からの一方的語りかけも否定されていることになり，当然，その統一の新しい型態は，平等な話し合い，つまり「対話」であることが求められねばならない。ここでも，「一方通行性」と「相対性」とによる統一が認められる。
　対話の諸形態としては，子どもは自己中心性が強いため，自分を相手に理解してもらう表現形式を発達させる。分化的発達の顕著な面は，対話技術の獲得に伴う子どもの各種の能力の発現である。子どもが自分の考えを父親に理解させる必要を感ずるようになると，思考の客観化が行なわれ，思考における論理性が必要になってくる。また対話を成立せしめる二大要因には自己の意志を伝達（＝話し），相手の意志を理解する（＝聞く）ことである。そのなかで，対話の発達に伴って，相手の立場を理解しようという態度——そしてこれは，他人への思いやりにもつらなっていく——が育ちはじめる。いうなれば民主的な態度がとれるようになる。ピアジェによれば，こうして自己中心性の脱却は3歳ころにはじまり，11歳ころには脱中心化するという。[1]

母親期での母親の一方的な発言は，そのまま子どもに服従心を形成するとともに自己の主張を相手に押しつけようとする，いわば「権威主義的」な発言態度を形成してゆくのであるが，父親期になると，父親との真剣な対話によって，子どもは「聞く」態度をとるように変革される。この民主化への訓練について，オーズベル (D. Ausubel) は，「(これは)両親(特に父親)によって計画的に行なわれなければならない」としている。⁽²⁾

　対話の方法としては，日常生活での相互の思いやり，議論，教え合いなどがあろう。意味深長な，なぜ(疑問)を出し，与えられたなぜなら(理由)が有効かどうかを判断できるように自己を訓練しなければならない。それゆえに（父親も含めて）相互に与えられた環境において，否認したり抵抗したりすることを義務と感じなければならない。ボルノウは，「この相手が，最初に口を開くかもしれないが，相手が積極的に賛成したり，ためらったり，反対したりする態度に応じて，私は自分の言ったことを確認するのであります。……相手が，異議を唱えた時には，私は修正をせまられ，思考のこの思いがけない障害……によって創造的な運動に火がつくのであります。……相手と相見えることによって始めて実を結ぶのであります。相手が，批判的な反論だけに終始しないで，その結果，共通した話題による話しのやりとりにより完全な対話が，行われた時に，その思考は，完結したことになります」⁽³⁾と述べている。そして，そのための客観的情報は，父親，教師などが外部より獲得し，対話の中へ共通の獲物として持ち出す必要があろうし，また，そうした情報が得られがたい場合に，社会の中でそれを得ることを責任ある生活をするための一つの大きな課題としなければならない。⁽⁴⁾

　対話によって，理解し合い，確め合い，教え合い，そして学習する。対話でのテーマは政治・経済・思想・宗教・人生，あるいは日常生活でのほんのさ細な出来事などである。この対話を通じて，ともに働く態度もつちかわれるだろう。すなわちこの時期の主要な「自我同一性」は対話によって促進されるといえる。そして父親と子どもとの対話の多寡が，将来，男の子ならば民主的態度をとる子どもにするかどうか，また女の子ならば，これに付け加えて，年ごろに異性の友達とその性差にこだわらず，積極的に話し合えるかどうかも決定するだろう。⁽⁵⁾そして，また，そこに男の子も女の子も友人との連帯感を強め，さらに，ボルノウのいうように，この連帯感は拡大されて

第2章 胎外期

ゆくのである。⁽⁶⁾

ユダヤ教のラビであるトケイヤーは彼の著書『日本人は死んだ』の中で父と子の在り方を生き生きと描き出している。

> 親と子のほんとうのコミュニケーションというものは，二人きりで静かな部屋にすわり，子供は親から何ものかを学びとり，また親は子供からなにかを吸収するという形の対話でなければ，真のコミュニケーションとは言えないのである。親と子のコミュニケーションの間には，相互の尊敬が存在していなければならない。それは単に「こうしろ」「ああしろ」という，命令の形で表現されるものではないのである。父と子の間でスポーツのことや競馬のこと，その他さまざまなレジャー活動のことを話し合ったとしても，それもまた真のコミュニケーションとはいいがたい。
>
> ……私の子供はまだ5歳にはなっていない，小さな男の子である。彼はときどき，父親のまねをしてみることがある。そのとき彼は，部屋のすみにある椅子に腰かけて，本棚から一冊の本をとり出して，ページをめくりながら，しかめつらをして本を読むまねをする。しかし，彼はまだ文字も知らないし，当然本を読むこともできないが，私の子が想像する父親のイメージというものは，椅子にすわって本を読んでいるという姿なのである。つまり父親像はいつもテレビに見入っている姿でもないし，釣りから帰ってきた状態でもないし，また，しょっちゅうビールを飲んで酔っぱらっているという姿でもないのである。
>
> ユダヤの家庭の食卓においては，すばらしい対話が展開されるのがふつうである。もちろん，スポーツのことも話題になる。ショッピングのことやデパートのことも，話題に上るのは当然である。しかし同時にそこではものを学ぶこと……。つまり父と子が一緒に勉強するというのは，対話における最も高度なコミュニケーションの形式である，と考えられるのである。数学の問題を一緒に解いたり宿題を一緒にやったりすることによって，父と子の間のコミュニケーションが深まっていくのである。⁽⁷⁾

少し冗長になって恐縮だが，この一文をもって，父親の民主的な態度とは何か，そして，青年が将来，有為な民主社会の価値ある一市民となるかどうかは，父親の態度に負うところが大きいことが理解される。かく，人は対話とそれに基づいた約束（きまり）によって，お互いを見出すときには，すでに友人関係（＝民主的相互関係）が成立しているのである。父親を中心とする家族全員にそのように子どもを導くべきことが，そして市民社会の一員として育てることが求められているのである。⁽⁸⁾

注
1. Piaget, J., Response to Brian Sutton-Smith, *Psychological Review*, 1966, 173 (1), pp. 17—18, 33—34.

2. Ausubel, D. P., *Theory and Problems of Child Development*, Grune and Stratton, New York, 1958, p. 376.
3. ボルノウ, O. F., 浜田正秀訳『対話への教育』ボルノウ講演集, 玉川大学出版部, 1973, pp. 7―8.
4. ミーチャリヒ, op. cit., p. 311.
5. 八木晃, op. cit., p. 172.
6. ボルノウ, op. cit., pp. 8―9.
7. M. トケイヤー, 箱崎総一訳『日本人は死んだ』日新報道出版, pp. 175―177.
8. ボルノウ, op. cit., pp. 5―9.

5. 父親の世界（社会）との合体

　卵巣を離れた卵は卵管膨大部にて, これまた子宮口より侵入して途中でキャパシテイションを行なわれた精子と出遭って受精が行なわれる。受精後は死滅することなく分化しながら生き続ける。また誕生した新生児は保育者と精神的合体（刻印づけ）を行ない, これまたその生命を維持し, 急激な分化的発達を開始する。

　これと類以の現象が母親（咬合）期から「誕生」した子どもにも生起することになる。もしそうでないならば子ども自体の以後の精神的, 分化的発達も行なわれないことになる。その現象はいったい何であろうか。父親期に入ってからの刻印づけを, 筆者は最初は結婚ではないかと考えた。しかし, 幼児期を脱し, ようやく児童期に入ったばかりの子どもが結婚というのは, たとえそれがサモア島ですらなされている習慣ではなく, そしてまた, 子ども自体の精神的, 肉体的発達もその途次にあり, 未熟であって, 種族保存には最適の条件とはいいがたい。そこで, 再び胎内の生活史をひもとくことになる。

　「受精とは新個体を生産するための第1着手としての精子と卵子の合体をいう。表面的には細胞の合体であるが, 進んでは核の合体, 正しくいえば染色体の合体である。」(1) 時期的にいうと, 染色体の合体から赤道板の発生する中期までをいう。厳密にいえば「両染色体（卵子と精子の）が個性を失う融合ではなくて, 個性を保有する合体である。」(2) 染色体の合体によって, 両者の個性が保有されて, 個体の発達が開始される。そしてこれは非可逆的であ

第2章 胎外期

り，そして一回性であって卵にとって受精は2回はあり得ない。また，染色体の最初の合体の仕方が基本となってそのまま胎児にまで成長する。

次に第4期（乳房期）についてはローレンツとティンベルゲン (K. Lorenz and N. Tinbergen) によって報告された刻印づけの問題が適当である。アヒルあるいはガチョウの雛が誕生後十数時間内に見た動く対象を保護者と認知する現象は「学習」の問題としてかっこうの実験例であるが(3)，これは最初の動く物体の刺激が神経系に刻み込まれるのであるとした。

1914年にすでに W. クレイグ (W. Craig) がこの問題について論文を発表し，その中で，若幼の鳩の親を取り去って育てたところ，飼育者の手に性的反応を示したと述べている(4)。また，発達心理学者，J. ボウルビーの母—子間の「アタッチメント」理論もこの影響を受けている(5)。一方 G. ガードナー (G. Gardner, 1958) はこの刻印づけを一層広い概念 (canalization) からこれを取り扱っている。しかし，私は，この初期の学習こそ，母胎を出た子どもの合体現象であるとするのである。合体ができない乳児はマターナル・デプリベーションに陥るし，また，山根常男の報告によれば，性的障害を起こす傾向もある——つまり，一代で生命の停止となる——らしいのである(6)。さて，この刻印づけの特徴は，①非可逆的である，②刻印づけの完遂には時間がかかり，即座に成立する学習の経過とは異なっている，③報酬は必要でない，④臨界期がある，などであり，これらをもって受精現象の高次での繰り返しであるとしても何ら不自然性はみとめられないのである(7)。

さてここで「多様なもののうちに見られる親縁性は，多様なもの相互の差異があるにも拘らず，統一性の原理のもとでは，物だけに関係するのではなくて，更に物の単なる性質や力にも関係する」というカントのことばを敷衍(8)して次のように論証を進めたい。つまりそれは「父親の世界（＝社会）」との合体に他ならないと。

さて130頁にて述べたように父親の役割中で最も大切なのは「父親は社会と家庭を結びつける」役割であることを想起すればよい。エリクソンもいうように，父親のもとで，子どもは「社会」を刻印づけの対象とする。つまり子どもは社会と合体しようとし(9)，そしてまた，低次での生活史と同じく，その合体は生命の賦活のために必要なのである。コールバーグ (Kohlberg, 1969) は，「相互に自我として認識する自我との間に，頒ち合い，つまり意志疎

通，あるいは共同関係として考えられる」ものとして，述べている概念（社会的アタッチメントあるいはきずな）が社会との合体現象を説明するものである。子どもが男の子であれ，女の子であれ同じ時期に，同じメカニズムで行なわれねばならない。男らしさ，女らしさの性別は後（186頁以下）で述べるように，母親と父親との同一視によって行なわれるのであるが，それも子どもが社会と合体した瞬間から開始される分化（多様化）の過程を通じてなされる。その時期についてはまだ実験的な資料と理論的な予想も立てることはできないが，とにかく幼児期における分化現象——合理性・論理性・抽象性の能力といったもの，あるいは同情心・利他心などの気持ち，合同遊びの成立の発達——が観察されるようになった時点でもって，父親による社会そのものとの合体が完了していると診断できるのである。合体に失敗すれば，子どもの精神的分化現象は生ぜず，しばらくアニミズムの世界に停滞しつつも，まもなく乳房期（歯牙期）に退行して，活発であり，自律的で絶えず衝動的な運動はあるが，周囲とのコミュニケーションを断ってしまう症状，すなわち自閉性症候群を呈するようになる。しかし，これは幼児の自閉性症候群をそのまま呈するのではない。乳房期に母親の世界と合体できなかった子どもはホスピタリズムを呈する。この時の特徴は「赤ん坊は無関心になり，もの静かになり，周囲に反応しなくなる，かんしゃく持ちのようになり，激しく蹴ったり，金切り声をあげて泣く」（58頁）などである。したがって，父親の世界と合体しない場合にも同様な症候を呈することになると思われる。これを自閉性症候群と述べたのである。父親の世界との合体が行なわれなかった場合，子どもは合理性，論理性，抽象性の能力，あるいは同情心，利他心の発達が阻害されるばかりか，後にはこれが影響して正しい世界観の形成も妨げられることになる。黒田正典はその著『若者のこころ』の中で，次のように述べている。現代青年の心的状況を示す流行語の中で「シラケ」または三無主義，すなわち無気力，無関心，無責任，あるいはこれに無感動を加えて四無主義ということばがある。これが底にあって，太陽族，ヒッピー，学園紛争，内ゲバ，リンチ，ハイジャック，あさま山荘事件，連続爆破事件その他の第三者には不可解な事件が発生するという。これこそ彼らの心理が正常な分化を遂げないで，異常なそして奇形的な分化発達をしていた結果であるともいえるのである。

結局，父親期での分化的発達とは世界観の形成への複雑な過程にあるともみられるのである。このことは，後（223頁）に詳説しよう。

注
1. 坂元正一, op. cit., p. 20.
2. ibid., p. 20.
3. Mussen., Paul H., *Carmichael's Manual of Child Psychology*, (3rd ed.)John Wiley & Sons, Inc., 1970, Vol. Ⅱ, p. 6.
4. ibid., p. 464.
5. ibid., p. 571.
6. 山根常男, op. cit.
7. Stone, L. Joseph, H. T. Smith and Lois B. Murphy, *The Competent Infant: Research and Commentary* (eds.), Basic Books, Inc. Publisher, New York, 1973, pp. 409—416.
8. カント, op. cit., p. 323.
9. Erikson, op. cit., p. 204.
10. リチャード, op. cit., p. 159.
11. 黒田正典『若者のこころ』産業能率短期大学出版部, 1976, pp. 2—8.

6. 子どもの集団化と社会化

卵管采は卵巣を被ってこれの表面をなでまわすとともに，繊毛運動によって卵管内部へ向う水流を作り出して放出卵を迎え入れる。卵は自由な己れの運動によって，卵巣を相対化しさらに卵管采をも相対的な存在とする。

父親は社会と家庭を結びつける役割をもつ。父親は集約された社会であり，これを通して子どもの社会化が開始される。しかし，これも，特に子ども側からの愛情を受容し，子どもの自律を適度に認めることが組み合わせられた親の態度が望ましく，こうした親の態度を通してはじめて子どもに自信が生まれ，効果的な社会化が行なわれるのである(1)。まず，母親という融合体から子どもは分離してこれを相対化するとともに，父親がまた相対的存在であることを知る。母親と父親が自己とは異なった存在であること，つまり他人であることを知覚するとも言い換えられる。ここから，他人の世界は家族・仲間・近隣と拡大される(2)。

かくして，父親との正常な精神的交流によって，自分や母親といった自己

中心的な対象以外に，父親と父親によって代表される異質な対象の存在を認知するにいたる。ここではじめて他人を父親の中に意識し，そうした異質的な対象でありつつも，それらが子どもに関心をいだき，子どもの自律性を適度に認めていてくれると認知するとき，子どもに自信が生まれて，効果的な社会化が行なわれる。子どものあそびの発達をみると，この社会化の過程がよく理解できるのである。

そのあそびにももちろん発達があり，パーテン (M. Parten) は幼児の社会的行動の様式として，遊びを次の6つに分けている。(3)

(1) なにもしない行動（ぼんやりしている）
(2) ひとりあそび
(3) 傍観的行動
(4) 平行あそび
(5) 連合あそび
(6) 協同あそび

平行あそびの段階以前は自己の領域にとどまっているが，それ以後になると子ども同士の相互交渉が活発になってくる。幼稚園でいうと（2年保育の場合）4歳児のはじめは，保育者と個々の子どもとの結びつきだけしかなかったものが，夏休みの前後から，子ども同士の結びつきができはじめる。(4) ハーロックによれば，以下のようである。

　年少児は，典型的に，自己中心的である。ほしい物を要求し，拒否されると，泣いたり，かんしゃくの爆発で怒りをぶちまけて，抗議する。他の子どもとあそぶようになってはじめて，自分の利害を集団の利害に対して譲ることを学ぶのである。利己主義は，通常，4歳から6歳にかけてピークに達する。それ以後は，利己主義が社会的に受け入れられないことを知るにつれて少なくなる。児童期の終わりまでには，社会的適応が悪い子どもでは，利己主義が通常の行動として持続されるが，社会的適応のよい子どもでは，ほとんど完全に，消失している。(5)

自分の利害を友だち（父親）の利害に対して譲るという「思いやり」をもってすれば，決して自分と対立する存在でないことを学習する。これがあって子どもはこだわりなく他の子どもとあそべるようになる。父親は友人の代表者であり，社会と子どもとを結びつける仲介者であったのである。

子どもは集団の中で状況を理解でき，主観的立場を離れて客観性を身につ

第2章 胎外期

けることができる。自分の感情におぼれず，他人の感情状態に動かされ，仲間意識を発達させる能力が現われる。社会的洞察力も発達して，リーダーとしての資質が発達する。(6)集団性・協調性など，あるいは友情，そして友情を正当に評価する能力と民主的な指導者としての資質を獲得する。さらに，「批判力も高まり，権威に対しても怖れることなく，否認したり抵抗したりすることを義務と感じるようになる」(7)。

かくて，自己中心的立場を離れ，自己を含めた全体的，客観的立場に立って考えることができ，感情におぼれず，冷静な判断が可能で，前段階と比べて視野の広さで顕著である。ハーロックは，ここを次のようにまとめている。

　集団内の地位が確実だと感じるほど，社会的洞察力はよくなる。安定感があると，地位を失う恐れもなく，また不安が自分の反応をゆがめることもなく，判断することができる。リーダーは，追従者よりも，社会的洞察力がすぐれている。リーダーは，指導力を発揮するためには，メンバーの希望や，興味を理解しなければならない。また社会的洞察力は，子どものパーソナリティによって変わる。よく適応しているほど，他人に対して多くの関心をもつ。(8)

そして「社会的洞察力が発達すると，状況を理解し，他人の感情に動かされ，そして『仲間意識』を発達させる能力が現れる」(9)。

繰り返して述べるが，父親との同一性を完成した子どもは，独立心が強く，スムーズに集団性を身につけているし，また，たとえ，しばらくの間であれ，父親との対象形成を経験した子どもは，最初はいくらかの抵抗はあろうが，容易に集団のもつ社会性を身につける。

社会的洞察力の発達が悪い子どもは，いくらか無精で，粗暴な行動をする。そういう子どもは，他人を助けたいと思ったり，他人の情緒的経験を理解し，共有しようとするのではなく，からかったり，弱い者いじめをしたり，他人を怒らせ，おどかし，びくつかせて楽しむ。同情心の発達の遅れは，社会的適応を悪くする。自分の社会的受容を改善したいと思う子どもは，自分の社会的洞察力を向上させ，他人への思いやりを増進させねばならない。(10)

しかし家族という社会集団から仲間への移行は，その移行が完全に進行しはじめるのは正式には学校に通いはじめたころである。J.ボウルビーは子どもにとっては環境のこの大変革の特徴を次のように列挙している。

(1) （学校での）楽しさと魅力がふえて，（家の近くの）馴じみの場所や物が置去りにされる。〔（　）内は筆者注〕
(2) 新世界の人数は家族のそれよりもはるかに大きく，したがって自由は縮小される必要がある。
(3) 新しい権威（教師）との接触が行なわれる。この権威は親の地位を奪うばかりであり，一層非人格的である。[11]

　自分だけが「食べさせてもらう」という自己中心的な，ものぐさな世界から一挙に皆も同じように「食べさせてもらう」から自分の自由も規制されるという世界に入る。しかし，長い間の自己中心的世界での保育の結果，あるいは家族内の特殊な行動様式，あるいは特殊な生活習慣が形成された結果，急激な適応ができない。したがってそこでは——最初の間は——最高の徳は支配であり，最も重要な特性は自己中心的，権力的リーダーシップである。[12]

　しかし，やがてその集団の成員相互の自由は規制されてくる。あるケースで，7歳の男子が矯正できないあばれ者である，という学校からの報告によって，その子は相談所で観察を受けていた。臨床家の見出したところによると，父親が母親をいじめ，母親が子どもをいじめ，そして子どもは自分より幼く弱いものを誰でもいじめていた。その子どもの仲間集団は彼の行動と彼とを嫌ったが，その子どもにとっては，彼のやっていることはふつうの人のふるまい方にすぎなかった。[13]こうした特殊な行動様式生活習慣も仲間集団との経験に基づいて，子どもの中には絶えず反応の選択と評価が行なわれ，あるものは存続し，他のあるものは変容されたり排除されたりしているわけである。[14]

　さて学校生活での最大の発達課題は，学業の成就であることはいうまでもない。子どもが卒業後，結婚し子どもを養い育てるに十分な収入が得られるような職業を子どもの能力と個性に合わせて選択させられるような基礎的知識と訓練を与えることが求められるべきである。そしてまた，知識を与えるだけにとどまらず，個人のパーソナリティの陶冶という目的をも併わせもつべきである。[15]なぜならば，実際，学校は父親の代理，あるいは父親の延長であるはずであり，そして父親は母親期に続く段階での教育の主たる責任者[16]（オーガナイザー）であるからである。母親期には一日中，あるいは幼稚園に通いはじめてからも，十数時間は母親がその責任を負って看視をしていた。

第2章 胎外期

しかし，就学してからは一日の相当時間を学校内で過してしまうのである。

なお，ボウルビーは，男の子に集団生活をさせるものは，母親との同一視であるとしている[17]。しかし，上述したように，母親との同一視は自己中心性を発達させるものにすぎず，次の父親が仲介になって，社会と合体させることから，集団生活が開始されることはもうすでに理解していただいているだろう。もちろん，エリクソンのいうように[18]，その前段階での母親との同一視が完遂されていなくては，父親との交互作用も不十分であるという意味で，ボウルビーがそう論ずるのであるならば，話しはまた別であるが。

注
1. 大西誠一郎, op. cit., pp. 36—37.
2. スピッツ, op. cit., p. 8.
3. Parten, M. B., Social Participation among Preschool Children, *Journal of abnormal sociological psychology*, 1932—1933, 27, pp. 243—269.
4. 三木安正編『年間保育計画』フレーベル館, 1959.
5. ハーロック, op. cit., p. 464.
6. Ausubell, op. cit., p. 384.
7. ミーチャリヒ, op. cit., p. 311.
8. ハーロック, op. cit., p. 480.
9. ibid., p. 480.
10. ibid., p. 481.
11. ボウルビー, op. cit., p. 480.
12. ibid., p. 483.
13. 現実社会は階層化され，それゆえに家庭内にも夫と妻との間にも支配―服従関係が容易に発生する。こういった家庭は，結局は子どもの社会化に制動をかけるものである。「……実際，多くの証拠の示すところでは，親が子どもとの関係で支配的であればあるほど，また親が子どもに服従的であるように望めば望むほど，子どもが他の子どもとの関係で一層自己主張的であることを親は望むものである」とボウルビーはいう。
14. ボウルビー, op. cit., pp. 482—483.
15. 山根常男, op. cit., p. 559.
16. ミーチャリヒ, op. cit., p. 152.
17. ボウルビー, op. cit., p. 79.
18. エヴァンズ, op. cit., p. 41.

7. 職 業 教 育

　理念的にいえば，自分を含めて妻とふたりが飢えることなく生活するだけの糧が保障されていればそれで事足りるというのだが，これだけでは母親期の子ども（幼児）に対する理念にすぎない。父親期で子どもに求められるのは家族全員のみならず友人，地域の市民たちのために糧が用意できるように協力し合って労働し，それを生産することが求められるのである。狩猟民族・農耕民族ではこれが基本に種族の生活が維持されてきたし，今もそうである地域も多数存在する。そして自分と家族の食糧は全体から平等に分割された中から家へもって帰ればよいのである。獲物・収穫が多ければ分け前もそれだけ多くなるだろうし，飢饉の年には各家族は同様の苦しみをともに味わうのである。父親は子どもに習慣的に成人式を行なわせる準備を教えれば上出来のようで多数の部族では村全体で子どもを早くもおとなにして食糧獲得に連れ出すので，父親に求められる父親本来の仕事・役割りはなに一つないのかもしれない。しかし，本質的には父親は自分の息子に全体の中の位置づけ（役割同一性）を悟らせるべきであろうし，また息子は地域社会のために労働すれば報酬は与えられる，しかしより多くの貢献をするためには，技術を高めなければならないし，父親はそれに協力を惜しまないだろうということを具体的に悟らせなければなるまいし，また実際に協力的であらねばならない。

　さて，実際家内制手工業の時代であるとか，現代でも農家であるとすれば，子どもは父親の仕事場に積極的に降りて，実物教育としての，父親の仕事ぶりを観察し，父親から基本的な作業の手順について指導を受けたり，見よう見まねで仕事のいくらかを学んだりするであろうし，たとえ積極的でなくても，父親の現場で労働する姿を見，その幼い脳に印象づけることになる。再び山根常男氏の文から引用させてもらおう。

> キブツでは幼稚園の子供を自然に近づかせ，農場での労働を理解し，農村生活に慣れるように努力をしている。種々の農場部門の見学を兼ねての散歩，幼稚園の遊び場にあるスクラップのトラクター，小さな菜園や家畜小屋の世話は，この目的をはたすものであって，幼稚園の子供はこれらの実物教育を通じて自然の観察をまなび，キブ

ツの自然的環境や，農場の各部門の種々な部門を熟知するようになる。[1]

　また，たとえば父親が会社員であれば，彼は会社では何をしているのか，製品はいったい何であるのかを父親に質問することになる。父親としては，これを機会に収入を得るためには特に技術教育を受けなければならないことを悟らせて，自律的生活へと方向づけをしなければならない。[2]

　この職業を得るための技術教育は，現代社会にあっては，父親が自身では主体となって行なうことはない。父親は自己が市民として属する地域共同体にこの教育を委託する。地域内の住民の代表者の決議機関である議会はこの要請をうけ入れ，教育行政制度によって教育を実施する。分業が細分化され発達した現代では，その技術教育は単に生産手段としての技術ばかりか，流通機構，金融関係，政治，文化などの具体的処理技術ばかりか，情報処理の技術をも含めて教育するものである。したがって学校教育は，歴史的には父親が子どもに対して負っていた技術教育を父親の意志を尊重して代行しなくてはならないのである。

注
1. ibid., p. 570.
2. 　母親期での子どもの訓練は，もっぱら社会生活に適応するための基礎的習慣の学習（主としてしつけ訓練）を目指して行なわれる。父親期になって，職業選択のための，あるいは就職のための教科学習を教育と呼んでいる。現今，一般社会の教育水準が高くなったがために，基礎的習慣形成なるものが以前と同じでありとするには，いささか困難が伴うようである。エリクソンは子どもの青年期での学習のために延長された特権期間を「モラトリアム＝心理社会的猶予期間」と，その著『アイデンティティ』(pp. 213—216) の中で述べている。

8. 教師と子どものグループ

　「社会生活には種々のルールが存する。子供はこれらのルールを学び，その為に存する様々な拘束をままらなければならない。またみずからの欲求を充足し，衝動を軽減するためには，社会生活にのっとった現実的なテクニックをおぼえなければならない。こうした社会生活のルールをおぼえさせ，種種な拘束を課し，欲求充足のための現実的なテクニックを教えることは幼稚

園教師の責任である」と山根はキブツの幼稚園教育について述べている。(筆者は，キブツの生活の中に，現代文化の中には見られない，理念的な生活様式の反映がすくなからず観察されると思い，このようにキブツについての報告を尊重するのである。)

　学校内では，教師は父親の代理であって社会の規範・社会の要求する基礎知識・技術の伝達者として重要な役割を果たす。しかし教師はこの役割を子どものグループと分担するのである。彼はグループの自主性とそれに基づいた発言を尊重し，これを上からの圧力で作り上げたり，ある方向に強制するべきではない。そして，子どもが成長するにつれて，しだいにグループの力に比重がかかっていき，最終的には，教師はグループ活動の助言者として，あるいはまた子どもの個人的問題についての助言者として，わかい世代に対する精神的権威者の役割を演ずることになる。そして，やはりこの精神的権威も強制的あるいは抑圧的なものであってはならない。それは子どもの教師に対する尊敬でもある。それも「すぐれた人」に対するそれではなく，友情に基づいた尊敬でなくてはならない。極端であるかもしれないが，学習理論によると個人が教師に対して親密感をいだき，教師に対して自己を同一化し，教師（あるいは教師の一部を）自己の中に取り入れる（introjection）までは，技術を習得したとはいえないという。

　いっさいの形式的権威は排除されるべきである。すなわち，教師は学校においての父親としての役割，そして友人としての役割を負うことが求められる。家庭における父親も子どもにとっては友人でなくてはならないと述べたが，教師は父親の学校における代行者なのである。

　学校内にあって，教師の子どものグループ作り指導によって，個人の社会的洞察力が発達し，したがって状況を理解し，他人の感情に動かされ，グループ意識が発達する。社会的洞察力の発達が悪い子どもは，いくらか無精で粗暴な行動をする。そういう子どもは，他人を助けたいと思ったり，他人の情緒的経験を理解し，共有しようとするのではなく，からかったり，弱い者いじめをしたり，他人を怒らせ，おどかし，びくつかせて楽しむ。同情心の発達の遅れは，社会的適応を悪くする。自分の社会的受容を改善したいと思う子どもは，自分の社会的洞察力を向上させ，他人への思いやりを増進させねばならない。

このように，個人が本来の行動から逸脱した場合，および作業であろうと学科であろうと義務を怠った場合，ただちにグループ全員の注目を受ける。キブツの生活では教師の指導の下に，またしばしば教師が不在でも，たいてい毎日行なわれるグループ集会で，反則者はおそらく仕事をするように仕向けられる。グループは秩序と責任を個人に求める。グループに対する責任を熟知することによって，逸脱行為は強く引きとめられる。(7) グループ自身が厳格な超自我的態度をもち，問題行動者にふかい罪と恥の感情を生じさせることで，これを矯正することになるのである。(8)

そして，彼らのあいだに「我々」意識とともに，「すべてのものは我々のもの」という観念がうまれるが，ここで「たがいに分ちあうこと」の必要性が強調されるようになる。つまり友愛の目覚めである。そうしてグループのすべてのものは，自己の所有ではないが，最初にそれを占有したものに優先権があり，したがって，あるものを享受するためには順番をまたねばならないというルールが発展する。(9)

学業については，教師は成績という刺激によることをしないで，子どもが学業に励むように期待することである。しかし徒手傍観するのでなしに，子ども自身の内的権威および研究グループ内の世論の圧力によって，子どもの学科目標に対する興味と，学業に対する責任感とを刺激しようと努める。宿題を課すること，グループによる研究の課題を与えること，しばしば研究の成果を公表する展示会をもよおすこと，あるいは年長の子どものグループの場合には子ども自身に講義をさせること等々。前述したグループ作りが円滑にいっているならばこうした「無競争原理」の適用を比較的容易ならしめる重要な要因である。(10) そして子どもたちが一見無統制に活動しているかに見られるが，彼らは与えられた課題をし，命ぜられた仕事をすることで真剣である。教室が喧噪になるかもしれないが，外的規制は好ましいものではない。それよりも子ども自身の内的規制に期待し，それを信頼しなければならないのである。(11)

子どもの主体性によって学科目標を進めることも，適当な目標が，地域・子どもの能力に従って決められて，はじめて可能であることはいうまでもない。

教師は子どもにとっては父親の延長として存在し，したがって，友愛をも

155

って接し，助力者として交わることが求められる。また，社会との合体後の分化的発達がスムーズに行なわれるように，グループ作り，技術の習得促進を通じて，同情心，社会的洞察力を学習させなければならない。無競争原理の適用が理想であることなどが論ぜられた。

注
1. 山根常男, op. cit., pp. 596—598.
2. ボウルビー, op. cit., p. 50.
3. 山根常男, op. cit., p. 597.
4. ミーチャリヒ, op. cit., p. 152.
5. Murphy, L. V., *Personality in Young children*, Basic Books, Inc. Publishers, New York, 1957.
6. Turner, W. D., Altruism and its measurement in children, *J. abnorm. soc. psychol.*, 1948, 43, pp. 502—516.
7. ラビン, op. cit., p. 28.
8. 山根常男, op. cit., p. 603.
9. ibid., p. 602.
10. ibid., p. 557.
11. ibid., p. 597.

9. より高次の価値体系

卵管は卵巣という安定した対象と子宮というこれまた安定した対象の間の懸橋である。また吸飲期は子宮期での安定した長期にわたる生活期と，母親の保育による咬合期との過渡的期間である。過渡期であるということは，主体は常に変化生成の中にありつつも，より高次の対象を目指しているということになる。第2期では卵管は子宮を示唆するし，第4期では乳房も母親にその優位を譲り，個体はそれに方向を定めて移行する。そしてなお大切なことは卵管は次の段階である個体の保護対象つまり子宮に確実に結び合わされているし，同様に乳房は母親の胸部に密着されているということである。もしその結合がなかったならば，第2段階で受精卵は子宮内部に到着することはまれになるであろうし，第4段階では，よく研究されているように乳児の後半の死亡率の高さに関係してくるのである。

第6期の父親の場合もこれに同型点を見出すことができるが，というより

第2章 胎外期

も，上に述べてきた父親の役割がすべて胎内の発達の高次での発達的諸特徴としてとらえられている以上，方向づけについて，この場合を除外するわけにはいくまい。父親もまた，子どもとの接触期間は短期であることを認めるとともに，母親という安定した対象から子どもをより高次の安定した保護対象——より高次の価値体系——に向けて方向づけしなければならないことを認識することが必要である。それにもまして，父親自身がその対象に確実に結合され，大きな安定を得ていなければならないことを悟るべきである。もし，父親がより高次の保護対象に結びつけられていなければ，子どもは精神的子宮外妊娠現象に至る確率は非常に高くなることは自明のことである。そうした高次の価値体系に結び合っていない父親がいれば，それは父親としてもふさわしくないし，子どもも奇形児となって，その生存すら危ぶまれよう。なぜならば，第2段階で卵管が子宮と結び合わされていないかぎり，絶えず子宮外妊娠となり，果ては母体自体の生命の危険すら生じてくるからである。高次の価値体系に結ばれていない父親がもし子どもを育てるとすれば，またその社会の生命すら奪う直接的あるいは間接的原因となるのである。

　ひどく抽象的になってしまったが，結局は父親はまた彼自身が精神的支柱となる対象，カントの概念を借用すれば最高叡知者を自我の系内同一性の維持のために生活化していることが理念として求められる。父親は子どもにとってはその世界の合体の相手であり，他者の介入し得る余地はそこにはないのである。たとえ彼がいかに社会的に地位が低かろうとも，たとえ彼が子どもに薄情であったとしても，彼は合体の相手である。もし父親が，社会的役割同一性でなく精神的な自我同一性を維持しているならば，彼のもつ劣等と考えられる資質すべては逆に最も価値あるものと息子は大切な時期に考えるに違いないのである。そしてたとえ父親が社会的に成功していても，もし最高叡知者との系内同一性を維持していないのならば一切は無益なのである。

　さて父親は子どもの誕生を迎えてからは最高叡知者に子どもを捧げることが求められる。もちろん妻もまた夫とともに子どもを捧げる姿勢を生活の中に浸透させているべきである。そして子どもの一生は最高叡知者の計画の中にあって親はそれの計画に参加しつつ，子どもを最高叡知者の意に添うべく育てることが定言化されているのである。いうなれば暫定的に子どもの養育

157

を委託されているのである。
　ここでハヴィガーストのこの期での発達課題の前半を記してまとめとしよう。
　(1)　両性の同年輩の仲間と新しい，より成熟した関係をもつ。
　(2)　男性的ないし女性的な社会的役割を達成すること。
　(3)　自分の体格を受入れ，身体を効率的に使用すること。
　(4)　両親やその他のおとなから感情的独立を達成すること。
　(5)　経済的独立の自信を達成すること。
　(6)　職業を選択し，準備すること。
　(7)　公民的資質として必要な知的技術と概念とを発達させること。
　(8)　社会的に責任ある行動を望み，それができるようになること。
　(9)　行動を導くものとして価値観および論理体系を獲得すること[1]。
　ここで私たちは特に(9)に眼を止めるべきであろう。そしてこの価値体系すなわち最高叡知者とは何かを次の段階で述べることになる。

注
1.　ハヴィガースト，R. J.，荘司雅子訳『人間の発達と教育』牧書店，1958，p. 85.

第6期　父親期……児童期　Ⅲ

　次に父親と母親の子どもの養育の場への心的距離感からどのような影響が現われるのかをさぐってみたい。

1.　母親存在，父親欠損

　父親が要求される資質に欠けているか，あるいは父親が死亡したり，別居したり，また他の事情のために家を顧みるいとまがない場合である。子どもの性格傾向はかなり歪曲される。
　母親の干渉を逃れて独立へと歩みはじめた子どもは，必然的に次には同一視（相対的同一化）の対象を追い求める。しかし，その視野の中には父親の姿

第2章 胎 外 期

はない。子どもは自律的に歩みはじめたもののその依存すべきものが認識されないゆえに，また母親の許に駆けもどる。しかし，すぐにその干渉に耐えきれず，再びその手を離れて，おぼつかない足取りで歩みはじめる。その結果は，前段階と同じで，母親の手許に舞いもどることになる。こうした繰り返しのうちに，子どものもつ自己中心性は，社会性へと止揚されることもなく，そのまま固着化される。

すなわちフェンケル (O. Fenchel) は，もし父親が不在であると子どもは母親に同一化したままになり，潜在的あるいはより可視的ホモセックスの傾向と女性らしい態度を発達させる(1)し，また，父親が死亡した場合，普通，子どもの道徳性は低下するという(2)。あの集団教育のより進んでいると考えられるキブツですら「子供にとって親はすぐれた自我理想像であり，かれらの自我同一化のもっとも重要な源泉である。……親のない子供は，親のある子供にくらべて行動障害をおこしやすい傾向がある(3)」のである。

一時的に父親が不在であっても多くの障害が生じる。出生時，あるいは，幼少期に，父親が家庭にいなかった戦争っ子の研究によると，彼らは両親がそろった家庭で育った子どもと比べ，行動問題が多く，近い血縁者との接触は多いが，他の子どもとの接触が少なく，家庭外での社会的適応もよくなく，成人に一層依存的であり，不安感情をいだきやすいといわれる(4)。

生活の必要上，長期にわたり家を留守にするノルウェーの漁師の子どもに関する研究によれば，母親に依存しやすく，過保護を受け，母親を理想化する傾向があることがわかっている。男の子には，男性同一視の対象が欠け，そのために幾分か女性的になる。さらに実生活で父親が子どもの理想に達しないと，父子間に軋轢が生ずる。母親と息子の間に強いきずなができていると，男の子は父親の帰還を快く思わず，父親に対し敵対的になり，怒るようになることもあり得る(5)。

成長すれば，不満が多く，競争心が強く短気となるし，自己中心性は一層強化される(6)。他から規制されることを好まず，気ままに生きようとする。思うように物事が運ばないときには腕力でもって，これを解決しようとしたり，逆に相手にこびたりする傾向が強くなる。

歴史的な例ではあるが，父親を亡くしたテムジンの母親は，何とかして彼を一人前に育てあげようと努力し，過去の偉大な英雄物語から発する誇りと

159

自信をもって，全力をあげて子どもたちを鼓吹した。その結果，長じたテムジンは，次のように考え宣言した。「人生における男子最高の仕事は，敵を破砕し，彼らを目の前にひきすえ，その所有のすべてを奪い，彼らをいつくしんだひとびとの泣き声をきき，彼らの馬にまたがって，その最も欲しい女を腕に抱きしめることだ。」(7)

子どもはやがて，父性愛が理解できず，母親への同一視を行ない，さらに母親との一体化へと退行現象を生ずる。次の例はそうして育った女子青年の手記である。

> わたしは幼い時に父親を失いましたが，母はとてもしっかりした人でしたし，母を心から尊敬していましたので，寂しくはありませんでした。また父のいる時のことを少しも覚えていませんので，家庭とはこんなものだと思っていたにすぎません。第三者から見たらあるいは父なし子だとわかったかもしれませんけれど，肩身のせまい思いをしたことは，わたし自身はありませんでした。(8)

極端な場合には，後遺症として，夜尿症，自閉性症候群を示すこともある。(9)
次は筆者が直接指導した臨床例である。

Y. K.（2歳3ヵ月）はひとりっ子である。父親は会社員で3月初旬に，2,3年京都へ赴任することになった。G市から高速道を通れば1時間半もの距離にあり，母親もまだ通学の身分ということもあり，父親が週末には帰宅するということで，単身で赴任することにした。始業式の4月14日まで母親と Y. K. は父親と共に京都にいた。自分の家へ帰った時，Y夫は，不思議そうに「パパ，どこへ行ったの？」と尋ねるのだが，その度に「パパはお仕事できょうは帰って来ないのよ」と説明すると，納得したようだった。5月の連休に再び京都へ出掛け，帰ってくるや，子供は乱暴になった。T.V. の怪獣映画に異常な興味をもち，母親に取組み合いの相手をせよと何度もねだるようになった。しかし，母親は女のこととてとても怪獣の真似をして子供の相手もできない。そこで子供は祖母にも同じように相手をせよとおねだりしたが，祖母ももちろんだめであった。遺尿や，おもらしが頻発するようになり，我儘もひどくなった。いつも家にいて，カンシャクを起こしたり，むずかったりした。祖母の言うことは素直に従うのであるが，母親に物をぶっつけたり，当りちらしたりする。しかし「それはいけないことよ」と言いきかせると，自分のいけないことは自覚しているようであった。一人あそびが好きで，特に砂あそびに夢中である。なお Y. K. に対する母親の排泄訓練は5ヵ月より開始して，1年3ヵ月で自律的に行なえるようになったし，ことばは1歳の後半に発語しはじめた。歩行は1歳3ヵ月頃に可能になったという。しかし，その他の身体的機能が停滞してしまったようでもある。

母親は筆者の勤務する教員養成機関の学生で，講義中筆者が父保育におけ

る父親の重要性を説いた後に，Y夫の指導法について相談にきたのである。父親が子どもに知らせずに家を離れて行ってしまった。最初は，母親のいうように社用で「二，三日」は帰らないのだろうと思っていた。しかし，再び京都へ行ってみると，その社用は「二，三日」というだけの短期出張でなくて，長期にわたるもので，そのために父親は京都に居を構えているのであることを幼いながらに悟った。それと共に，母親が，自分を今まであざむいていたのであると思い込み，それまで仲間（母親）のために抑圧していたエネルギーを，裏切り者の母親のために抑圧する必要はないと，一挙に噴き出させたのである。

そのために彼は乱暴になり，神経症を惹き起こすことになった。母親を相手に父親の代わりを勤めさせようとしても，相手が母親では仕方がない。その行動はますますエスカレートしはじめたのである。

筆者は彼女に，毎食事に陰膳をすえて，パパの家庭での地位を明確にし父親・母親の役割りを混乱させないこと，会話の中に「パパだったら，どうするでしょうね」といって尋ねてみたり，自分でもそれを考えて，子どもに語ってきかせること等を指示した。

その結果，彼女は忠実にそれを実行し，さらに，自分の創意から，夫に電話する際，あるいは夫から電話があったときには，「意味が通じなくても，パパと話し合いをさせました」ということである。しばらくして，たまたま母親が多忙であったか，失念したりして，陰膳をすえないことがあった。すると，Y夫は「あっ，パパのゴハンがない」といって，母親にそれを催促したのである。ことばがやっと相手に通じるようになったのは，治療開始1ヵ月後（つまり2年5ヵ月）になってからである。しかし，それと共に，以前の発達の遅れは一挙に取もどしたのであって，母親がそばについていなくても，友だちと遊べるようになったし，おもらしの数も非常に稀になった。排泄は，「ママ，抱っこして」といって赤ちゃん時代のポーズで排泄するのであるが，客があったり，週末，父親が在宅しているとひとりでできる。行動は以前のような粗暴さはなくなり，家でじっとひとりで遊ぶということもまったくなくなった。そして一日中，友だちと遊びまわって，夕飯までは帰ってこないことが多くなったのである。

もう一つ注目しなければならないのは両親が不和の場合である。

注
1. Fenchel, O., *The psychoanalytic theory of neurosis*, Nortion, New York, 1945, quoted by P. H. Mussen; op. cit., p. 39.
2. ibid., p. 293.
3. 山根常男, op. cit., p. 486.
4. Stolz, L. M., et al., *Father relations with war-born children*, Standford University press, Standford, California, 1954.
5. Wylie, H. L., and Delgado, R. A., A pattern of mother-son relationship involving the absence of the father, *Amer. J. Orthopsychiat.*, 1959, 29, pp.644—649.
6. Mussen, op. cit., p. 39.
7. ラスウェル, H. D., 永井陽之介訳『権力と人間』(10th ed.) 東京創元社, 1954, p. 54.
8. 大西誠一郎, op. cit., p. 229.
9. 米国においては1940年代, わが国においては'50年代になって自閉性症候群が発見されているが, これは両国において高度成長への気運が高まり, 産業界が生産に血道を上げはじめたときと同時であるのは興味深い。

2. 両親不和（意見不一致）

両親の意見が一致せず, 愛情関係が思わしくない場合にも子どもは適当な時期に, 父親への内部連関を見出せない。したがって同一化の対象を欠くまま, 自己中心性から社会性への止揚も行なわれず成長することになる。「夫婦間に葛藤があると意見が対立して, 子どもに対するしつけにも不一致が生じて, 一貫しないしつけが行なわれやすいと思われる。しつけの一貫性のなさは, 子どもの自己概念をあいまいにさせるものと考えられる。自己概念は, まわりの有意味な他者がその人をどのように扱うかに依存する面が大きいからである」という。
(1)(2)

まず, 父親が親たることを意識的に拒否すれば, 娘は, 自我を統合することが困難である。また父親と別離した場合, 女の子は, 男性的になり, おてんば娘になる傾向がある。父親の代わりになって母親を助けなくてはならないという無自覚の機制が作用するのであろう。もし, 子どもが母親に過度に愛着して, 父親に対して敵対的態度に出るならば, その結果は後になって性格的な欠陥として現われるか, あるいはさらに進んで神経症的状態に陥ることになるかもしれない。
(3)
(4)
(5)

第2章 胎外期

　このように，子どもと両親の間に密接な相互作用があり，一体感があるか否か，換言すれば，両者間に愛情の認知があり，信頼感の認知があるか否かが問題になるのである。両者間の愛情の認知が最大であり，信頼感の認知が最大であるとき，子どもは，母親の世界から父親の世界へ，自己中心性から社会性へと止揚され，自己愛を利他愛へと変貌させていくことが容易となり，さらに，将来のより高次の自我同一性の確立へと励まされるのである。

　後に述べる（186頁）ように，支配―服従という権力関係は，母親期での特質である。母親の支配体制から「力強さ」「か弱さ」，そして「男らしさ」「女らしさ」が生じる。しかし，これも家庭内に母親のみ存在していては，多くの研究が示すように，「か弱さ」「女らしさ」が育てられるのみで，「力強さ」「男らしさ」は育つことは困難である。父親が母親の背後にいて，そのモデルとなり，母親の権力構造をますます強固にするとき，この「力強さ」と「男らしさ」は育てられるのである。すなわち，父親が男性的，暴力的，権力的に振舞い，子どもを取り扱うときに，子どもはますます，自己中心的に，そして母性的に成長するのである。

　子どもは以前にも増して，自己中心性を育ぐくませ，それを内に秘めつつ，社会化されないままに成長しよう。成人後は父親と同じく，権力をエゴイスティックに渇仰し，事大主義的，あるいは権力的性格傾向を形成する。

　しかし，母親と父親という対象間の内部連関を認知し，後者による統一が行なわれた後での両親の不和は，それ以前の葛藤に比較して，否定的な要素となることは少ないであろう。

注

1. Mead, G. H., *Mind, self, and society*, Univer. of Chicago Press, Chicago, 1934.
2. Ring, K., Lipinski, C. E. and Braginsky, D., The relationship of birth order to selfevaluation, anxiety reduction, and susceptibility to emotional contagion, *Psychol. Monogr.*, 1969, 79 (10).
3. Kohut, Heinz, *The Analysis of the Self*, International Universities Press,Inc., New York, 1971, p.289.
　　コフートはウィーン生まれで，シカゴ大学にて精神分析の訓練を受けた。かつて（1964―1965）アメリカ精神分析学会長をつとめ，現在は国際精神分析学会副会長。
4. Mussen, op. cit., p.194.
5. スピッツ, op. cit., pp.x―xi.

3. 母親存在,（権力的）父親存在

　父親が権力的，専制的な立場にある場合が問題となろう。権力的，専制的父親は父性性喪失の自己中心的な教育を受けて成長した場合が多く，彼の結婚後形成した家庭もまた，母親（妻）を自分の支配下に置いて，自己が生活してきた歴史を己れの家庭内に繰り返えすことになる。だから家庭内に自己主張がきわめて強い階層社会を形成していることになる。つまり，母性制の家庭であって，父親を頂点とする権力構造の重圧が，母親の養育効果を，自己中心的な面で倍加させる。（本論文では権力構造自体は母性特有である自己中心的な性格の持ち主によって支えられるという意味で，それを母性制とよんでいる。）

　母親の世話が干渉に感じられ，独立の意欲が高まっても，その干渉は父親の権力によって強権化され，遂にはその抑圧に屈服してしまう。ときには母親の干渉を逃れることがあっても，彼の面前には父親の権力が立ち塞がり，彼を捉え，萎縮させてしまい，彼の独立を助け，人格を認めてくれる対象がないために，再び母親の下に帰らざるを得ない。

　つまり強者に対してはへつらい，あるいは卑屈になり，弱者には，このときとばかり抑圧されていた自己主張欲動を解消せんとして，不遜で傲慢な態度をとる。友人といっても真の意味の友人はなく，仲間づくりや，集団の参加にも批判的で，協調性に欠け，ときに参加することがあっても，民主的態度はとれず，ともすれば，その場を得る機会があっても，制度を権力機構化しやすい。話し合いも冷静に理論的に行なうことはなく，感情的，主観的でしばしば飛躍したり，詭弁を弄することが多く，また誇大性を帯びやすい。

　父親が権力者として子どもに臨むとき，子どもの統一された服従欲は満たされるが，自己中心性は逆に抑圧される。そして父親の腕力・知力その他の能力が子どものそれより勝っている間は，また家父長的権威維持への周囲の要求が強力である間はこの地位は保持される。しかし，子どもが成長して，父親の弱点や欠点を知ったとき，臨界点にきていた自己中心性（自己主張欲動）が一度に噴出しはじめ，抑圧に対抗しはじめる。また服従欲の対象を見失って精神的情緒の安定を失う。自我同一性の危機に陥るともいえよう。こ

れら両者が相乗的に作用して、他が予測したり規制しがたいほど、子どもの行動は突発的で異常傾向を示す。

　急進的な学生集団に加入する青年たちのほとんどは、厳格な家庭に育ったといわれる。彼らは、抑圧的な父親のもとで、諦観と義務感からのみ父親の権威に服従し、一見、模範生となる。そして、たまたま、父親との対話から、彼の弱さを知って唖然とする。それまで偶像化し、理想化してきた父親のイメージがその瞬間に消失する。それまでのコミュニケーション（対話）の断絶は父親の伝統的な権威性による父親側からの無関心か、あるいは一種の拒否にすぎなかったものが、以降は、父親は自分を愛してはくれない（理解していてくれない）のだという諦念とともに、軽蔑心から、子どもの側からの意識的な拒否へと転換する。こうして父親による規制はまったく無力化する（同一性喪失）と同時に、父親以外の服従の対象を求めてさまよい出る。

　かくて、いとも容易に彼らは、より強力な権力的集団に加入してしまう。しかし、社会性の未熟なゆえに——父親との対話が欠けているために社会性は育っていない——、したがって平等な仲間関係を形成することができず、再び脱退したり、別グループを形成し、分裂を繰り返すことになる。

　つまり、権力的な家庭に育った子どもは前述した民主主義制度下では適応できず、たまたま適応してもこれを歪曲し、権力機構化して、社会全体を前段階（母性制社会）へ退行させる傾向が強いものとなる。だから、主に権力機構下では従順で、忠誠心のある成員として成功する素質をもつものともいえ、現在、マスコミを賑わせる教育ママという豊かな母性性をそなえた女性が出現する主な素地を作っているともいえよう。

注
1. 社会の発達も同形論的見地より、人間の個体発達とまったく相等しいと考えられる。つまり(1)無性的でどちらとも決め難いような社会型態（＝乳児期的社会型態）、ついで(2)母性制社会（＝乳児期的社会型態）、そして、(3)父性制社会型態（＝児童期・青年前期的社会型態)、(4)最後に性を超越した宗教制社会型態である。(2)の母性制社会とは母親期の特徴である支配—服従関係、つまり権力構造をもつ社会型態全般を指している。だから奴隷制社会、封建社会、あるいは資本を基礎とした構造社会である資本主義社会はこのカテゴリーに入るだろう。(3)の父性制社会とは父親と子どもとの間に見られるような相互の人格が対等であり、社会の行政その他が民主的な合議制によってなされるべきであるとのテーゼを基調とする社会、そしてそこでは富が一部

のグループにかたよることのないように平等に配分される社会,いわゆる社会主義,あるいは共産主義社会である。たとえば一時期のソヴィエト社会主義共和国連邦,あるいは中華人民共和国などがある。(4)の宗教性社会とは,宗教的超自然的存在者を頂点とする構造社会である。その例としては,ローマ帝国,ヒットラーのナチズム体制下のドイツ第三帝国,あるいは天皇制下の大日本帝国などがあげられる。

したがって,バッハオーフェン(J. J. Bachofen),モーガン (L. H. Morgan),あるいはマリノウスキー (B. Malinowski) などの家族型態発達史研究家たちの分類上のカテゴリーである母(父)制社会,あるいは家父長社会とは相異している。たとえば今日,しばしば使用される「男性中心社会」というのは,モーガンの「家父長社会」と同意であるが,筆者の分類では,それは権力による構造社会であることから,母性制社会ととらえるのである。

2. 大西誠一郎, op. cit., p.77.

4. 母親欠損,父親存在

成長のある期間,母親欠損状態が続いた場合,子どもは自分の同一化対象を見失って,精神身体症,言語障害,神経質的習癖,あるいは精神遅滞を示すことは前に述べた。しかし,父親がその代替としての機能を果たすことは可能なようである。さらに姉,あるいは祖母といった女性の手がもっと好ましいものであることはいうまでもない。

イスラエルのラスカー精神衛生児童相談所では,一般社会の子どもたちに比較すると,キブツの集団保育で成長した子どもたちは「少なくともある期間までは,質的に(成長は)高度なものであるが,なんらかの点で不安定の兆候がある」と考えている。しかし,同時に,同センターの人たちはキブツの高い士気や親密な集団生活が,年長児や青年には非常に有益であって,乳幼児期での不安定さを十分に補うものだと考えている(1)。

こうして,どうにか自己中心性を獲得していれば,この段階での父親を同一化の対象とすることもはじめて期待できよう。前に記した各障害は,全復するとまではいかなくても,非常に軽減されることになる。

注
1. ボウルビー, op. cit., p.37.

5. 母親・父親欠損

　母親も父親も存在しない場合，それらの症候は一層悪化するだろうし，またこの段階は，前期と比較して，長期にわたるので，悪化したまま固着してしまう。悪化した場合は，精神障害に陥り治癒さえも不可能な状態となる。もちろん，母性愛，父性愛などの愛情が理解もできず，それらを信ずることもまれである。

　以上，両親の状況を分類してみたが，現実社会ではどのように両親の立場は考えられているのだろうか。これについてはさいわい母親の場合のみ膨大な資料が見られるが，父親については散見するにすぎない。その数少ない中から父親について考えてみたい。
　民主主義国家といわれるアメリカでの理想的父親像を，ハーロックの『児童の発達心理学』より拾ってみよう。

　　外国生まれの男性や親が，外国生まれの男性は発達的な概念の受入れがむずかしいことに気付いている。父親は子どもに対する態度において伝統的に権威主義的であるとされているので，息子をかわいがる父親は，〝優しくて男性的でない〟と考えられやすい。したがって，社会的な理想に同調するために，父親は息子を厳しい態度で扱うようになる。その結果，息子をいわゆるがき大将——弱いものいじめ——にしてしまいがちである。
　　多くの男性は，父親として，特に，しつけや子どもとの親しい交わりや性格指導の点では不適切であると感じている。早期のいわゆる形成期に，比較的長い間子どもと離れていた父親は，上述の点で，特に不適格だという気持ちを抱くものである。
　　大抵の子どもは，〝父親〟についてのかなり明瞭な概念を持っている。父親は，母親よりも家にいないことが多く，母親よりも厳しい罰を与える人である，収入を得て自分の所有物も多く，家庭の長つまり〝ボス〟であることから，母親よりも知識が豊富であり，一般に，より重要な人物である，とされている。他の役割と比べ，家庭での父親の役割には一層力があるという捕え方は，子どもの年齢と共に強まる。
　　父親は一層力のある親として捕えられているので，恐れられる場合も多く，他の人よりも支配的であるが，子どもの身の廻りの細かい世話はあまりしないものと考えられている年少児は，父親は外に出て積極的に仕事をする人として，また母親は家にいて養育の仕事に携わる人として考えている。男の子も女の子も，父親は母親より

"強く，大きく，無口で，清潔でなく，固苦しくて，危険な存在"であると考えている。(筆者注：・・・は父親として好ましくない傾向，――は父親として好ましい傾向を示す。)

アメリカという民主国家においてすら概念的には，父親は権力者で，収入をもたらし，子どもの教育には無関心であると考えられている。したがって，現実は好ましい父親の在り方から，はるかに隔った存在でしかないこと，いかに，子どもの精神的発達が歪められているかが明確になるのである。A.ミーチャリヒも，こうした父権的な秩序形態は，あらゆる社会の議論の余地のない構造原理であるという偏見によって，父親たちと息子たちとの間の疎隔過程は軽視されがちであると慨嘆するのである。

したがって，ここに見られるのは，理想的父親像の資質である「友人，助言者」ではなく，子どもが必要とされる性格を形成しない父親であって，ミーチャリヒのいう「父親なき社会」が，父親の現実の存在にもかかわらず云々されるのもやむを得ないことである。彼の述べているところを引用しよう。「専門化の発達によって第1級の父親喪失・父親の具体的な姿が見えなくなったこと，偏しないで簡潔にいうならば，最初の対象関係一般の弱化がもたらされた。きまりきった技術的な仕事がすでにもっとも早期の母親―子ども関係を傷つけており，その与える影響は父親と子どもとの間の手と手をとりあった行為の消失と同じくらい重大である。第2級の父親喪失は権力関係における人格的関係一般を弱める。すなわち，たとえ権力をもつ人物が強く意識されるにしても思い描くべき彼らの像はない。」権力をもつ人物が思い描かれたにしても，それは父親の相貌と重なり合った母親にしかすぎないのである。

子どもの養育は母親のみに任せられ，子どもはかなり後まで母性性すなわち自己中心性を増すのみで，社会化されることなく成長させられるのである。結局社会は「エゴ社会」(egocentric-society)を形成するほかはないのである。

西平直喜氏の述べるように「"結局，人間はみんな自分がかわいいのだ""正直者は馬鹿をみる""人の足を引張ってでも一点でも余計にとって人を追い抜く"という競争の自由を原理とする資本主義社会の人間像は，いやおうなしに，他人に対して眼を閉じた自己中心的傾向を根強く発達させている」

のも，結局は，母親にのみ教育の仕事を委託してしまって，子どもは社会化されていないがためと考えられる。

ある事情のため，たとえば，夫の外泊が毎晩のこととなって自分を全く顧慮してくれないとか，夫があまりに暴力的であるとかといったことで，依存すべき夫との関係が円満にいかない場合，妻はしばしば，その子どもを過保護にする。あるいは，母親の精神発達が未熟なために子どもを甘やかす。子どもが家庭の同一性維持のスケープゴート(6)(7)となる。そのため，子どもは学校恐怖症になったり，弱虫，ひっこみじあんなどの行動が目立つ。中にはその家庭が厳しすぎるという例もあるが，逆に表面は口やかましく厳しそうであっても，実は幼児的な取り扱いであり，やはり過保護であり，もっといえば「甘やかし」である。さらに，西平氏は述べている。

> モヤシッコ大学生がふえてきた——といっても，背だけがやたらにのびた大学生のことではない。戦後の特産物〝教育ママ〟が神経をすりへらして育てあげた都会っ子たち。年うつり，いまや大学生となったのだが，さすがに〝有名校中の有名校〟の東大では，ことに目だつという。入試の時には，むろん〝付き添い〟がつき，入学式・卒業式の同伴も珍しくない。
> 　ひどいのになると「おかあさんが作ったもの以外は食べてはいけません」と大学に弁当を持参させるし，酒は特にご法度。大学仲間と安酒をくみかわして気炎をあげるコンパはもってのほか。入学後しばらくは夜おそくなると「ウチの子はどうしていますか」という問い合わせが大学の事務長宅にしばしばかかってくるという。
> 　ママに〝飼育〟されている当の学生は成績もよく，公務員試験や司法試験もスイスイと通過する秀才ぞろいである。(8)

以上述べたように，父親は子どもにとっては友人，助言者でなければならないにもかかわらず，権威主義的で母親のみが教育の責任者になっている。したがって，子どもはいつまでも精神的離乳（心理的誕生）を行なわず，社会化されず，社会の自己中心性をますます増長させる要因となっていることが理解されたであろう。

しかし，ここに問題が一つ提起されよう。それは，母親期のしつけは父親が強権者として，背後に控えていたからこそ可能であったが，もし，父親が権力者でなく友だちになってしまったら，しつけができなくなるのではないかということである。なるほど，現代の社会生活では，青年たちのしつけのなさが嘆かれるようになってすでに久しい。そして，その原因が，戦後，父

親の権威が，天皇の人間化とともに地に落ち，子どもの民主的な教育の方向が見出されないことにあると，喧伝されてきているので，こうした反問は当然のことであろう。けれどこれは次のように考えられよう。

　まず，(1)しつけが最も効果的に為されるのは幼児期，すなわち，本論では母親期であり，母親は子どものボスとして君臨している期間であって，父親の容喙すべきことではない。この時期には父親はむしろ，子どもの母親の仕事を従の立場から助けるべきである。したがって，しつけには原理的，理念的には必要ではないといえる。しかし，現実はそうした理念とは相当，隔っているのである。つい母親は「おとうさんに言いつけますよ」というのが一般的なようである。父親は虎の威を借る狐の虎の位置に押し上げられ，とうてい子どもの友だちとしては存在し得ないほどなのである。しかし虎はいつまでも虎で居続けることはできず，いつかその場を追放されなければならない。

　とすれば，(2)やはり理念的な正統な存在を父親はとらなくてはならない。父親は子どもの友人として最初から平等の立場にあって，対話によって家庭の中にきまりを作り，家族全体がこのきまりに従って行動しなければならない。もし行動がきまりに沿っていなければ，民主的にこれが解決されなければならない。幼児期に未完成だった基本的なしつけもこの段階でほとんど完成され，さらに，民主的態度も養われるのである。家庭内に「恐い人」，つまり具体的な権力者があってはならないが，しつけの完成は必要である。そのために，家庭全体が，民主的な母体となって，そこでの対話ときまりが「恐い人」となるべきである。つまり先 (136-137頁) に述べたような「家族会議」が権威と権力をもって各成員に臨むべきである。しかしこれも，先に引用した例から理解されるように，アメリカにおいてすら，父親は「所有物も多く，母親よりも厳しい罰を与える人であり，家庭のボスとして家族を支配している」のであり，現実は非常に悲観的であるのである。

　最終的に次のことが考えられる。(3)父親が自己の同一化の対象を意図的，無意図的に子どもに示し，しつけと，一般道徳の倫理性を理解させることである。これは非常に補助的でありながらも，極めて容易である。なぜならば父親とても人間であり，人間ならばそうした倫理性のある人生観をもっているはずであるからである――もしそうでないとすれば，彼は停滞しているの

第2章 胎 外 期

かあるいは，すでに退行していて，人間としての理念的な道程にいるとはいえまい。この父親のもつ同一化の対象は先（157頁）に述べたように，「民族的指導者＝最高叡知者」という概念として詳細に述べることになるが，これに依存する以外に方法は考えられない。

　さて一般的に，この期での精神的発達の特徴とはまず，(1)青年期は抽象的思考力・合理的思考力さらに論理的思考力の発達が著しい。この時期での統一原理での理念的な行動は手と腕による獲物の獲得である。身体の発達に伴って，父親・友・家族のため農作物の収穫量を増大させ，獲物の数量も増大させなくてはならない。そのために獣の通る道を発見しその頭数を計算して，獲物に気づかれないように餌を偽装してわなを仕掛けたり，また獲物への至近距離を測定し，その上風速・風向を念頭に入れ，さらに自分の身体のコンディションを計算して，弓を引きしぼらなければなるまい。農作物の場合も同様の各種条件を正確に予定し計算して実施しなければならない。こうした作業のうちに抽象的思考力・合理的思考力が発達するのである。すなわち，子どもが社会的な要請によって技術を向上させるために研さんを続けるとき，必然的にそれらの思考力が養成されるのである。これらも手と腕とによる獲物獲得のための多様化されたものにすぎず，これは児童期での普遍的な発達課題といってよい。

　次の特徴としては，(2)子どもは社会性において著しく発達することである。しかしこれは，前述したようにこの期での理念的特徴の(2)相互性の展開型態の中に組み入れられるべき特質で普遍的出来事とみられる。

　しかし，現代の青年の自我同一性の喪失についてはいずれの国でも共通の問題点として指摘されている。これは技術（手と腕）と産業の振興によって，それとは対立的な精神性が社会全般から退潮しているために，彼らの次への自我同一化の対象が発見されないのである。もし社会一般が精神性を残しているならば，青年たちも自我同一性をスムーズに保持しているであろうと考えられる。この問題点は社会全般が統一原理に従って発達していないためと考えられる。したがって，これは特殊な問題であるといえる。なお後半については問題を感じる読者もあると思うが，ここでは一応そのように結論づけておく。

　以上，本段階では特殊な発達的特徴は何ら認められない。ただし，アニミ

ズムと興味性の発達についてはこの段階での研究課題として残る。かくて子どものための父親期は確立される。

注
1. ハーロック, op. cit.
2. ミーチャリヒ, op. cit., p. 153.
3. ibid., p. 294.
4. Mussen, op. cit., p. 39.
5. 西平直喜『現代青年の意識と行動——拒絶と社会参加』大日本図書株式会社, 1970, p. 98.
6. Spiegel, J. P., The resolution of roleconflict within the family, *Psychiat.*, 1957, 20, pp. 1—16.
7. Vogel, E. F. and Bell, N. W., The emotionally disturbed child as the family scapegoat, In Bell, N. W. and Vogel, E. F. (Eds.), *A modern introduction to the family*, Glencoe, Ill : Free press, 1960, pp. 382—397.
8. 毎日新聞, 1965年10月27日夕刊(西平直喜, 前掲書に引用)。

第6期 父親期……青年期 I

1. 自我同一性 (ego-identity)

ここで一応,同一性という語について整理しなおし,発達的に,そして理念的に考察してみたい。

第2期において卵は受精をし分割を開始する。卵管の形成作用によって,卵は正常な分割が促進される。しかし卵管内での生活中はその見かけの大きさは同一である。この形成は発生学的に現在でもその詳細なメカニズムはなお不明であるが,それでも概括的にそれを次のように把えることはできる。

受精が行なわれると,その情報はただちに卵管壁から卵胞に伝達される。だから次の卵胞の成長は抑制され,黄体の形成が促進される。それとともに卵胞よりエストロゲンの分泌が増し,これにより卵管の筋肉組織と上皮組織が増殖して,卵管のリズム的収縮がさかんになる。つまり卵管と卵巣の間に一つの系が形成されているのである。この系内部には常に平衡を保とうとす

第2章 胎外期

る相互作用が行なわれていること，それにより卵の分割の状況は絶えず卵巣へフィード・バックされていて，それによって情報が卵巣から卵管へ伝えられ，卵管壁は卵の分割を正常に保つのである。

一方，卵は，微小な変化は認められるにしてもほぼ平衡を保って卵巣より放出される。内部では内部圧，成分比は常に同一に保とうとする作用が働いている——これをホメオ・スタシス (home-o-stasis) という。つまりここにも一つの系が形成されていて，外部のオーガナイザーである卵管壁の刺激に対して，卵の内部平衡の同一を保とうとしている。そして特に受精が行なわれる際には，各種の系が成立して，それらは相互に作用し合うのである（＝同一性の成立）。また分割が進行する際，内部からの必然的な変化と，卵管壁という外部からの刺激に対する変動とにより，受精卵内の各種の系の相互作用が行なわれ，それぞれの同一性が維持されるのである。エンゲルスも細胞の生理学的同一性を次のように述べている。

> 植物，動物，それに各細胞は，その生存の各瞬間ごとに，自己自身と同一でありながら，しかも自己を自己自身から区別しつつある。すなわちそれらは諸物質の摂取と排出，呼吸により，細胞の形成と細胞の死とにより，たえずおこなわれている循環過程により，要するにたえまない分子的変化の総和によって，自己同一でありながら自己を自己自身と区別しつつあるのであって，それらの分子的変化そのものが生命をなし，それらの総計された結果が生活相——胎児期，幼年，性的成熟，生殖過程，老年，死——にはっきりと現われてくるのである。(1)

以上を理念として次にそれを演繹しよう。

静寂な胎内の闇の中に深く沈んでいる胎児には，ほんの一片の意識すらもなく，彼にとっての世界は，内在的感覚の形でしか存在しなかった。そして，この乳児期で，はじめて，乳房を対象に吸いついていき，乳房を眺め，乳房をいじりまわす。このときはもうすでに乳房との同一性は維持されている。乳の出方が強いときはゆっくり吸啜すればよいし，乳の出方が弱いときには口唇を早く強く動かせば乳も十分に出てきて，栄養は各体内組織が要求するだけ供給される。水とか他の飲料水でもたまたま自分が飲んでいれば，腹もそれほどすくことはないだろうし，その間乳房は必要でない。母親も乳が溜れば同一性を保つためにその乳児に吸わせたり，しぼり出して体内の安定性を保つ。各系の平衡（同一性）は乳児を中心に保たれる。この同一性を維持

する間に母親は大きな愛情をもって乳児を看るのであるが，この愛情が乳児の「生欲動」に刺激を与え，さらに発達をうながす（これについては，後述の「生の意義」を参照されたい）。この促進によって乳児は歯牙期での自由な生活の中で乳房を対象にして，乳児自身とは異なった実体の存在との相対性感をいだく。これを筆者は最も原初的な社会性と考え，前社会性（pre-sociality）と名づけたい。そしてたまたま乳房を強く噛んだときには自分には何ら影響がないが，親指でも噛むと痛いといった感覚的体験から，ここにおぼろげながらも乳房とは異った自己——前自我（pre-ego）——を漠然と感ずる。この前自我はスピッツが「全身感覚的受容性 coenesthetic receptivity」と呼んだものである。マーラーは乳房こそラポートを母子間に確立するためのものとして，次のように述べるのである。

　新生児と若い幼児の間では，初期の自我は母親の保育の情緒的ラポートによって補われるべきである。[2]

　さらに，乳児はこのようにして

　分離（個性）化は自我感の原因，真の目的関係の原因，および外界での現実性の目覚めの原因と一致する自我と他者との分離に次第に目覚めてゆく。[3]

のである。ホッファー（W. Hoffer）は母親による乳児の身体のリビドー化の重要性とともに，境界形成過程での「触れる」ことの重要性を強調する。[4] そして子どもの身体的発達が，急速に増大しても哺乳量もそれに伴って増大するために，同一性をしばらくの間は維持することができる（この意味で著者はマーラーとホッファーを高く評価する）。しかしついには乳の供給量が需用を下回わるころになると，ともかく彼は母親（乳房）にそのことを意志表示する。母親（乳房）は子どもの空腹を満たす(同一性を維持する)ために，人工栄養を作って与える。子どもの満腹した様子に母親（乳房）は安堵する。この乳房と子どもとの相互交渉によって子どもも，そして母親（乳房）もまた同一性を得ることができるのである。この相互交渉は離乳期に至って，一層，頻繁にそして複雑に行なわれる。著者は乳児のこの同一性を前自我同一性と呼ぶ。

　次の段階の咬合期の依存と服従の生活の中に突入すると，母親との同一感が発生する。それと同時にこうした前自我も，深層の機能と化して，子ども

第2章 胎外期

の表面的な現象としては一応消滅する。子どもは再び保護者の養育関係の中に被包され，それと連続してしまう。しかし前自我が消滅してしまうといってもそれは乳房期との比較においては，相互作用はそれほど活発には行なわれていないということで，同一性維持のために子どもは母親——この段階ではもう乳房は対象ではない——との絶えざる，しかし緩慢な相互作用を行なっているのである。この過程の期間，静かに子どもは同一性を保ちつつ成熟的な成長を続け，その結果，母親のもつ自己中心的傾向は，子どものもつ性格的傾向ともなる。子どもはあるいは権力的(＝自己中心的＝自己主張的)，服従的（＝自己否定的）な傾向を強調するようになる。この期の相互作用の主なるものは自己中心性が基礎になる。それは母親の一方的なしつけによって，後ほどの社会生活に適応できるように慣らされる。食事のマナーを教えられ，排泄訓練も行なわれる。これは後の子どもを取り囲むであろう社会との間に遅滞なく同一性が維持できる能力を訓練することにあろう。

　母親は時間的にも空間的にも子どもを支配し，環境を提供し，ある衝動には制約を加える。母親は子どもの自我であり，超自我である。子どもは次第にこの技術を習得するし，親はその役割を子どもの能力に応じて徐々に譲り渡す。これは時間と技術を必要とする連続的過程である。すなわち，歩き始めたり，ひとりで食事ができたりする頃から成熟するまでつづけられる。
　自我と超自我の発達は幼児の初期の人間関係と密接に関連している。これらの初歩的な人間関係が継続的で満足な状態であってこそ自我と超自我は発達する。(6)

　ここに至れば，ボウルビーも意識していたに違いないが上述の引用文の「人間関係」とはつまり「母親との同一性的関係」であると限定してしまうことも可能となるのである。つまりは系内同一性成立関係ともいえる。

　母親とは分離されているとはいえ，子どもには彼女の身体的，精神的不安あるいは危機は自己に対するものと見なす。そして，母親との別離は，子どもに強い不安を無意識的にでも与えることになる。したがって，母親に面したときはやはり自己自身に面したことになり，いわゆる心の休憩所，あるいは故郷としての安心とやすらぎを与えられるものである。この場合，前段階の前自我とこの自己中心性とは統一されたものとして把えられるのである。つまり，ここで新しい同一性の対象が定位されたのである。この同一性の維持はおよそ6歳ころにクライマックスに達する。

さて，このころから，子どもの目前に父親が姿を現わす。子どもには自己主張的あるいは自己中心的傾向が育てられているために，父親の出現は子どもには大きな葛藤の原因となる。しかも，しだいに母親の養育も，身体的成熟の結果，獲得した独立への欲求・他人との同一視の問題・意志の自由な表現・自主性への要求・対話の要求・就学と進学といった問題とは相容れなくなる。それどころか，それは母親の抑圧および干渉，あるいは無意味な圧力と考えられはじめる。一方，父親は子どもにとっては，まったく異質の他者を意識させるものでしかない。子どもがその誕生以降，最初に出遭う他者は乳房・母親についで父親である。父親は生活の糧を獲得するという立場からも，家庭の中では最も社会化された人物であり，社会と家庭を結びつける役割をもつものである。父親の背景には地域共同体という集団があり，社会があり，母親の世界とは全く異質の世界が広がるのである。

　母親によってつちかわれた自己中心的傾向は，子どもが父親との同一性を成立させてから，その外層を社会・歴史といった父性的なものによって覆われて，社会集団に適応するべく変革される。つまりは社会性と自己中心性の統一が行なわれることになる。これについては，シュプランガーも「子どもにとって意味ある世界に全く一元的に融けこんでいるのではない。子どもも，早くからある種の対立を体験する。すなわち，彼の事物に魂を素朴に賦与する本能的な態度と，いわゆる『現実』の事象，および彼の世界へさまざまな関係で介入してくる大人の世界の要求との対立である」と述べる。さらに，彼はつけ加えて，「子どもはこの第2の世界（筆者注：父親の社会）を決して単に苦痛をもって拒否的に体験するのではなく，それに入りこもうとし，ますます強くそれに向かって努力する」のであるとする。「第2の世界」とは，「父親の社会」を意味し，「それに向って努力する」こととは，とりもなおさず同一性維持へのメカニズムであり，同一性維持への自然作用であると理解し得る。

　こうして，自己中心性と社会性の統一が行なわれたとき，彼はそこに今や，きわめて，鮮明に，自己が母親――という，かつては自己そのものであった母親――と対峙していることをさとる（相対性の自覚）。自己の意識はかつては母親のそれに包摂され，ゆえに自己を自己と悟ることのない，いわば無意識化されていたのである。しかし今や，相対性，つまり新たな自我感

情が優越する。すなわち自分と母親をはじめ，その他の対象物との間に深い裂け目ができたという意識，すべての事物ばかりでなく，すべての人間が無限に遠く無限によそよそしいものであるという意識，自分は最も深いところにおいてはひとりであるという意識が生まれる。この意識が生まれるとともに，かえって子どもの心はいよいよ独立へと志向する。それゆえ子どもは両親の指導と承認を求め依存することに抵抗し，母親が子どもに課する制限にも反抗する。こうして古きものとしての母親と，新しきものとしての父親との同一性関係が確立される。そして父親のもっている，以前とは異なった形態をとる諸価値を吸収しはじめる。それは，あの第2期での卵が新しい環境としての卵管の中を新奇を求めて探索行動をすること，そして第4期での乳児が手にするものを何でも口に取り込もうとすることなどと同じ現象――しかしそれはより高次の現象――なのである。そしてその生活は無数に広がった各種の系の同一性を求めての錯綜した変化に富む，いわば流動性を著しく帯びたものとなる。

　かくして子どもは，父親を他者とみるとともに，そこで再び活発な相互作用を開始する。つまり先に述べたように子どもは己れの相互的存在であることを知りはじめる。父親が子どもを対等な存在として扱う。そこで子どもは自分も他人も平等であることを教えられる。自分と他人のために，手と腕でもって「きまり」に従って動かせば，それは労働になり，生産になるという相互作用である。この相互作用はまた，子どもに汝としての父親を対象とした我，また我を対象とした汝としての父親という関係を通してはじめて自我に気づかせる。父親が気分がよくて常に子どもに満足を与える仕方で反応するときの自我，さらに父親が仕事に失敗して，子どもに対する刺激が子どもの意に沿わないが，それに対してじっと耐えている自我，あるいは父親との対話で教えられている自我に気づき，子どもはいずれの場合でもその同一性を維持しようとする。精神分析学的には自我とは「無意識が意識化されたもの」であるし，オーズベルは「発達の過程で各種の評価可能の態度，価値，動機，刺激および義務は自己概念と連合してくる。その結果として生じる内的に連関した自己態度，自己動機および自己価値の統合された組織」を自我としている。また，ボウルビーのことばを借りれば，自我とは「いろいろな矛盾した要求をうまく調和し，現実世界における満足を追求するような心的

機構」である。上に述べてきたこと（＝同一性の維持）の概念を最も適切に表現しているのは，いうまでもなく，ボウルビーの定義であろう。

さてもちろん，子どもはそれまで，自我体験が全くなかったと解すべきではない。子どもも「我」（エゴ）をもっている。母親のそばには父親もいる。その間に子どももいるのである。ただ子ども自身の精神的な視野が，未成熟のゆえに限定されていて，常時，父親を視野の中におさめておくことはできなかったというだけなのである。母親という古いものの拒否と，父親という新しいものの肯定と，その両者の統一は，たとえば四季の変遷のごとく，急激にはなされない，その発達の進展と退行を繰り返えしつつ，気づいてみるとすでに統一は完了しているのである。こういう理由で，子どもに（爽やかな）無反省なエゴイズムがあることが知られる，のである。ともかくも母親によってつちかわれた自己主張性（と自己否定性）はここに至って自我意識に変貌する。

こうした場合，子どもと父親との系の内外には多くの系が連鎖していて，両者間の同一性成立の是非はそれらの系の同一性関係にも微妙な，しかし大きな影響を与える。子どもには兄弟・姉妹との系，近隣の友人との系，あるいは学校の友だち・教師との系，さらに心理的には社会観・人間観・信頼感・友情・自己承認欲などといった系，父親の周囲には上記の系以外に種々な，より広範な系の成立が存在する。

子どもはまず，母親―父親―自己という生活関係（系）の中での，自分の位置とその秩序を認知する。そしてこれが後続する他の系の成立の基礎となる。次いで教師―仲間―自己，あるいは，友だち―家族―自己などといった各種の系の中の自我を認知し，自我の同一性をえる。さらにそれぞれの系を構成する自己以外の関係者も，子ども自身の枠外におのおの諸種の系を構成し，いずれもが同一性を保っている。

もし，その子どもに弟や妹が生まれたり，家族内から一員が結婚したり死亡したり，あるいは事業に成功したり，失敗でもすると，それを含む系の中の子どもの内的平衡も変動するが，次には新しく変動した系の中で，自我もその同一性を保つ。つまり自分は自分であろうとするメカニズムが機能する。

父親との自我同一性を確立したとき，他の諸種のほとんどすべての系も大

第2章 胎外期

きく変動した後は，平衡を保っていることになる。子どもは変動する各種の系の中にても同一性を維持するのである。そして，これは各系内部にての諸要素の対立と内的連関の成立と両者の統一とも言い換えられる。しかしまた，各系は瞬時も停滞することなく，内的相互作用や外的相互作用で，変動したり，新しい系が発生したり，消失して他の系に転化したりする。

このように青年の周囲のすべての系が，そして体内の内分泌腺を中心とするすべての系が，青年の発達という変化に沿っている限り必然的に変動するのであって，それぞれの系のもつ自己否定的なものである——とはいいながら過去の自我は統一され，秩序の中に組入れられるのであるが。

したがって系の変動の中で自我同一性が得られたにしても，それはもはや単に古い自我そのままの同一性ではなくて，新しくなった系の連鎖の中心にある自我の同一性を保っていることになる。昨日の自我と今日の自我は意識の同一性はあっても，すでに新しい同一性を保っている自我と変化しているのである。エリクソンが西部のカウボーイのバーで見つけた格言を彼は引用している。

　　オレという存在は，そうあるべきオレでもないし，これからなろうとしているオレでもない。ましてや，過去のオレではけっしてない。[13]

このように，青年はその環境との相互作用のもとで，外的に攪乱されることで，自我同一性を喪失，あるいは保持するのである。

また，父親との交流の中から父親に批判されたり，また自己中心的行動のゆえに仲間グループから報復されたり，批判されるという体験から，母親によって養われた自己否定性（服従心）は超自我にその質を高めはじめる。だからこのとき，もし精神的分化発達が好ましく行なわれないならば——つまり合理的思考性の欠如とか，論理的思考性の欠如などによる社会的不適応行動によって現われるだろう——，父親はこれを修正することが必要である。これは母親と父親および青年という一つの生活関係（系）の相互作用によって行なわれる。どの系も孤立的でありえず，閉鎖的でもありえない。青年を取り囲むすべての生活関係の相互作用によって行なわれるからである。

子どもは自分を対等に取り扱い独立心を奮い起こさせ，適当なときに適当な助言を与えてくれる父親に信頼感と尊敬をいだく，かくてそれが友愛をは

179

ぐくむ。第5期の母親とは，その相互の信頼から，情愛（自己愛＝ナルチシズム）をはぐくんだのであるが，ここで初めて利他愛が自己愛をその中に位置づけて，両者を統一するのである。すなわち父親との好ましい関係が同一性の成立を容易ならしめる。精神分析学的には，友好とは幼児の（父親へのカイン・コンプレックス）嫉妬心の放棄を意味することになる。つまり程度の差こそあれ,自己中心性の放棄であるといえる。エリクソンによれば，「人間は乳幼児期においておとなとの相互作用を通して，基本的な信頼感・自律性感・自発性感を獲得する。信頼感などは，周囲の人々の態度を投入することにより獲得するわけであるが，児童期における勤勉感などは主として同一化の機制により獲得される。思春期から青年期にかけては，これらを統合し，現実的な自我がしだいに形成されていく。この統合過程が同一性の形成過程である(15)」という。

ちなみに，ディルタイは同一性なる用語を使用こそしなかったがすでに『世界観の研究』には「自我の自同性を他の人々や外的対象に結びつけている諸々の関係の間の確固たる体系も，これらの生活経験に属している。自我や他の人々や諸々の周囲の事物の実在性，並びにそれらの間に存する規則的な諸関係，これらが生活経験と生活経験に於て作られる経験的意識との足場を作る」と述べているのである。文中の「自我の自同性」こそエリクソンのときわめて類似した用語であると考えられよう。エリクソン自身に従えば，「自我同一性」同一性とは，以下のことである。

 一方で自己意識の連続性（continuity）と不変性（sameness）を意味し，他方では自己が一定の集団とメンバーとの間に共有する共通の連帯感，価値観，目標追求，思想などを意味する。各個人は，出生以来父母をはじめとする対人関係の中で社会化されていくが，この対人交流を通して自己意識が発達する。その発達は，同時にその自己と家族成員との間の同一性の形成であり（家族同一性 family identity），さらに学校集団その他の社会集団への適応過程を通して，それらの各集団との同一性を共有した自己意識が成立していく。これらの同一性を統合し，自己としての主体性を貫くのは自我の機能であるが，このような統合された同一性を自己意識について自己同一性（self-identity），自我の統合機能について自我同一性（ego identity）と呼んで区別する。ときによってエリクソンは，この両者を区別なしに自我同一性として用いる場合もある。自我発達の面から見ると，真の自己同一性が成立するのは，思春期を通過してからである。それまでは，各集団の同一性に自己を同一化させる試みが繰り返されるが，この同一化（identification）は，まだ可逆的で実験的，遊戯的な面をもって

いる。ところが思春期以後では，その同一化は，より現実的なものとなり，自己定義（self-defication）の意味をもつようになって，真の自己同一性が確立する。これらの自己同一性が確立するためには，単なる心理的同一化が各集団の同一性に対して起こるだけでは不十分で，その集団と個人を媒介する社会的役割の現実的な達成が必要である。この意味で自我同一性の概念は，精神分析的な自我と適応の概念（ハルトマン）と社会学的な役割理論の統合を意味しているということができる。(17)

　以上，エリクソンの自我同一性を中心にしつつ，カテゴリーとしての胎内期間の系内同一性を演繹してみた。その結果，彼の説く自我同一性は，「前自我同一性」という語ではあるが乳児と乳房との間に成立し，それが離乳期まで維持されると考えるのが妥当ではないかということ，そしてまた，青年期の自我意識は依然としては同一であり主体性が保たれているようであっても，時間とともに質的に全く異なったものとなっていること，すなわち，エリクソンのように「主体性」を強調することは不自然であるという2点が特殊であると結論された。

注
1. エンゲルス, op. cit., p.291.
2. マーラー, op. cit., p.45.
3. ibid., p.48.
4. Hoffer, W., Mouth, Hand and Ego-Integration, in *the Psychoanalitic study of Child*, Vol. 3/4, International Univer. Press, New York, 1946, pp.49—56.
5. ボルノウ, O.F., 森昭・岡田渥美訳『教育を支えるもの』黎明書房, 1955, p.48.
   　ボルノウは実存哲学の限界を指摘し，それを超えて人間的生を「支えるもの」を求め，「被包感」（やすらぎ）と希望の哲学を説いている。彼は，子どもの健全な人間的発達にとって，子どもにこの世界の中で被包感をいだかせる雰囲気が不可欠であることを強調する。ただし，子どもは，最初，広大な世界の中で彼を直接に取り巻く家族，わけても母親という特定な人間から与えられる保護と愛の中で，母親への絶対的な信頼によって，被包感をいだくようになるのである。幼いときに被包感をもちえなかった人間は，不幸や絶望の彼方に「至福の世界」を希求することはありえないのであるという。
6. ボウルビー, op. cit., p.47.
7. シュプランガー, op. cit., pp.27—28.
8. ibid., pp.33—34.
9. 大槻憲二編「自我」『精神分析学辞典』青文社, 1972, p.131.
10. Ausubel, op. cit., pp.273—274.
11. ボウルビー, op. cit., p.46.

12. シュプランガー, op. cit., p.32.
13. in M.J.E. Senn (ed.), *Symposium on the Healthy Personality*, Josiah Macy, Jr. Foundation, New York, 1950, p.139.
14. Suttie, op. cit., pp.143—144.
15. エリクソン, E. H., 岩瀬庸理訳「青年と危機」『アイデンティティ』鎌倉文庫, 1973, pp.113—188.
16. ディルタイ, W., 山本英一訳『世界観の研究』岩波書店, 1935, p.16.
17. 牛島義友編「自我同一性」『教育心理学辞典』金子書房, 1969, pp.338—339.

2. 就職（役割同一性）

　父親期での子どもの課題は豊富であるが，そのうち就職は大きな意義をもつのである。父親を通じて，手と腕・足の操作方法が，それは母親期でのしつけとは異なった，あくまで子どもの自主性が尊重されつつ教えられる。基本的な技術から高級な技術まで，おそらく子どもが多くの困難に出遭ってもそれを技術的に解決して食糧生産が容易にできる方法が教えられる。それから一般社会にてその技術をたずさえて就職する。
　理念的には，最初の段階は自分の身ひとりを養うことがまず先決である。母親期でしつけられた歯牙の操作法によって，山野を巡って，そこに自生する果物・穀物を採集しそれらを口まで運べば事は足りよう。現代ではその時期は，モラトリアム（猶予期間：エリクソン）を経ている。だから原始時代より遥かに遅らされていて，それがつまり現在は就職時の年齢以降に相当することになる。それからやがて，父親期へと移行する。子どもは成人し，成長し結婚までする と，自分ひとりの口だけを養っているわけにはいかなくなる。また父・母も老いてくれば，それだけ口数も多くなる。つまり彼はこの口数が増加した時点からはじめて，社会人として収入を増大させる権利と義務をもつのである。彼の従来のしつけだけによる歯牙の咬合だけでなく，合理的，論理的に（＝科学的に）手・腕を操作し技術を磨いて食糧を生産しなければならない。現代ならば食糧ばかりではなく食糧と交換価値のある商品，つまりあらゆる種類の物資生産の一部門にたずさわること，あるいはその生産流通機構・あるいはそれらを含む社会管理機構にたずさわることを意味する。さらに彼は年とともに，家族ばかりでなく，隣りの友人の危急の場

合にも備えて食糧を生産することが要請される。つまり社会的な貢献をも求められる。このころから，自己愛から友愛，つまり，「自分だけ食べる」から「友と頒ち合う」理念が果たされるわけである。

さて現代社会での職場は競争によりその地位も収入も左右されるという仕組みの中に，その魅力のすべては語り尽くされているといえよう。極言すればそこには自己愛が優先され友愛は否定されなければ，その職場に在ることは可能ではないのである。つまりこれが競争社会の宿命であり，これがハイアラーキー（階層社会）を形成するのである。ハイアラーキーは母性的支配―服従関係機構である。ここでは自己中心欲動 (S. A. T.)，自己否定欲動 (S. N. T.) の両者の欲動，そして収入を得て自己の食欲を満たしたいという満腹欲動 (H. I.) が解消される。また医療保険制度の整備による治療欲動 (R. T.)，忘年会，社内運動会，家族慰安会，新年宴会，あるいは商取引の成立祝いなどによる儀式欲動（＝自己否定欲動＋自己中心欲動）なども十分解消されるものと思われる。そこで個人は無意識的にこのハイアラーキーを系内同一性の対象としてしまう（＝役割同一性：エリクソン）。

そしてこれに忠誠を誓うことによって一般的には収入は増加し，総合的にはその組織の VIP であることが認められ，その地位と身分は保証される。「生」欲動はますますその活動をさかんにする。一時的退行現象である。

こうして中学校・高校・大学を卒業して就職した職場は競争的であり，階層化されているし，またまだ母親期的な段階にある。だから，青年の自然の発達の傾向とは相容れないものである。ここで青年は社会を凝視して逡巡し，葛藤をいだくのである。「人間はどのように生きたらよいか」「私の生きがいとは何だろうか」という内向的疑問から，「社会は間違いだ」「おとなの世界って矛盾ばかりで汚い」のだといった積極的な批判までが彼の心中に累積する。

子どもは学生時代にもこのような矛盾を感じ，反発を感じ，仲間の運動にも参加したのである――学生運動は自己主張欲動と生欲動・儀式欲動・社会化欲動を解消する最も集約できる活動である。しかし今，就職したときはじめてこれが社会的に受け入れられるものとなる。

この葛藤に対して青年は種々の反応を示すことになる。たとえばある青年の父親が多忙で家にいることがあまりない。だから彼は母親の手によっての

183

み育てられたため、非常に自己主張的（自己中心的）、自己否定的（服従的）であり、社会性も発達していない。彼は大学ではいつも孤独をかこっていた。やがて卒業するとある会社に就職した。そこでも彼は孤独的であった。この葛藤場面にあって彼は困惑するのであるが、すぐに自我防衛機制が作用して、せっかく父親期に入っていたにもかかわらず、母親期へと退行してしまった。しかし階層社会のもつ諸特質を自己自身のものとすれば、問題はすべて解決する。彼は早々に現実に妥協することになったのである(1)。ここで彼は服従的であり、自己主張が強く、自由競争の精神（それがどんなに汚れていても）に徹していたため、職場では早期の出世グループのひとりと認められた――息子を職場で出世させたく思うなら父親は教育を妻にのみ任せておけばよい。しかしそうすれば将来、息子夫婦は力弱った両親に対してさえも強く自己主張をして、両親に不利になるような結果にならないとは決していいきれないのである。

　次は息子が父親の助力で社会化されて育った場合である。彼は就職当初は非常に大きな衝撃を受けた。彼はあるときは社の経営方針に対して憤り、悩み、あるときは仲間の汚い処世術を知って唖然としたり、また年老いた出世できなかった同輩に同情する。当然、青年は一方では「人間味のあるいい奴だ」といわれる。しかし、彼は他方では人間は要するに対等であると思っているので、それが彼の態度やことばに現われて、上司からは生意気で慢な男に思われる。また組合に入って友愛心が活動すれば自他平等欲動は自己主張欲動とともに解消されるが、職場の上司や、経営者からは煙たがられ、うとんじられる。いずれにせよ彼の出世は遅くなる。もちろん他の面で、たとえば技術、才能、企画アイデアあるいは上司との姻戚関係でこの「欠陥」を補うことができるし一般的であろう。そして出世が遅くなれば、当然自己主張欲動・自己否定欲動の解消がされなくて、彼はこれを賭けごと、ゴルフといった競争で解消することになる（同一性の危機）。そうこうするうちに、彼は「いつまで純粋でいてもだめだ、おとなにならなくては」とか「現実と理想は違っているのが普通だ」とか考え、自己と社会とのギャップを合理化――つまり歪曲し、妥協してしまう。そうしないでは、ハイアラーキー――ひいては体制の中では収入を手にすることはできないのである（『世界観の形成』参照）。ましてや、あくまで純粋さに固執すれば、精神障害を起こすこと

は必定である。体制が個人の人格をも変えてしまう魔力がここで具体的に窺い知られるのである。青年はこうして無意図的に，母親期の権力構造的な発想にとらえられ，母親期へと退行する。そして，再び彼はそこで自我同一性を得る。もし時期を失していないならば，彼は出世コースに入って確固とした役割同一性を得るだろうし，もし，そのチャンスを失っていれば，万年平社員として，ささやかな役割同一性に支えられて，生存することになる。

こうした機制によって，青年の発達はその初期に幾多の同一性の危機を経験し，それを克服する前提条件を，身体的成長，精神的成熟，社会的責任感などの点で発達させていくものである。しかしこのようなある程度の環境的悪条件にもかかわらず，第7段階での系内同一性の確立に成功する者もいるのである。つまり退行しないで，矛盾と葛藤の中で向上をさらに願い努力する青年は，やがて，高い次元での統一化に成功する場合もある。その場合，その統一は新しい自我同一性の確立に大いに寄与するのであるが，決して，社会制度的役割が青年の自我同一性を確立する主要な方法ではなくなる。

したがって，エリクソンの説く役割同一性も単に，社会（体制）への妥協の完了からのみ生ずるとはいいきれないのである。そしてまた体制への妥協は青年に真の集団化欲動（友愛・平等・自主性を含む自他平等肯定欲動のこと）を解消させるものでもない。だから役割同一性は青年を退行させて，彼の社会化（自他平等肯定）欲動を無視し，歪曲化しているといえる。したがってエリクソンのいう，役割同一性の確立が，その是否は問わず必要であるとするならば話は別であるが，青年の精神的発達をうながすためとすれば，それのみでは万全ではないことが理解されよう。

以上，青年の就職に際しての現実と自然の精神発達との差から生ずる葛藤と，就職以降の青年の精神的変化（歪曲）が論じられたのである。またそれに関連して「役割同一性」の限界性も述べられた。

注
1. エヴァンズ., op. cit., p.41.
2. したがって現代の心理学界，特に青年心理学では，青年のこの純粋さを未熟である証左と片づけようとしていることは問題であろう。それはおとなのエゴ（自己中心性）からそうきめつけているだけにすぎないのではないか。そうした発想こそ，母親期の

無意識的段階に根ざすものであり，個人個人の正しい精神的発達に水を差すものでしかない。現代科学に倫理性が欠けるのはこうした真実を素直に受容せず，現象界のアヤに惑わされるところに原因があるといわれても仕方があるまい。青年の父親期での矛盾に積極的に反応し，これを次なる精神的，発達的段階へ導いてやらなければならないのである。
3. エリクソン, op. cit., p.113.

3. 母 性 性

この段階で胎内期には観察されなかった問題が提起される。それは性とそれぞれの性差である。これを「男らしさ」（父性性）「女らしさ」（母性性）として論じよう。これをそれぞれ単に「父性」，「母性」とするもよい。

母親は口歯期の中心的養育者（保育者）として子どもに対し，常に優者の立場にあり，子どもをしつけ，子どもを保護し，食物を料理する。子どもは彼女に依存し，彼女の計画したしつけのプランに従うことを条件に，養育される。このとき，彼女が養育者として家庭内で認められ，子どものしつけのために発動される強権が，その子どもの性格傾向の形成に大きな影響を与える。母親は愛情——常に怠ることなき注意と関心——とともに子どもをきびしく，月並みな表現であるが愛のむちを使って育てる。彼女は子どもがしつけを守らなかったり，不出来のゆえに，不満をもらし，非難し，ときには罰という名の攻撃を加える。子どもにとっては，しつけそれ自体の設定，それに伴う母親による訓練は，母親の一方的なあるいは自己中心的な計画であるとしか映らない。母親の押しつけるしつけと訓練は結局は，子どもの将来の社会への適応のため，あるいは幸福な人生のためになるという彼女の信念と愛情から発しているのであっても，子どもにはそれを理解できる能力はまだ完成してはいない。というよりは，それが子どもに幸福感を与えるのである。

かくして，子どもは，母親の自己中心性を恨みつつも，失敗を避け，失敗はすまいと警戒を怠らない。失敗して罰を与えられても無力ゆえに泣き寝入りをしなければならない。こうした体験を通じて，子どもには卑屈さがそだてられる。子どもは母親の顔色を窺いながら，ときには彼女のご機嫌をとってみたり，打ちしおれてみたり，失敗を問責されたときには真赤になった

り，モジモジとあわれみを求める態度をとったり，疾病にかかって逃避してみたり，とにかく，自分のプライドを傷つけることで依存関係を維持し，はてはそれを強めすらしてきた。つまり，表情を窺うことから育てられる。完全性，成熟感志向性などは排泄訓練からはぐくまれる。失敗したという感情も，母親の厳しい顔付から生まれてこようし，さらにそれに引き続いて，もう失敗はすまいという警戒心にと発展する。

依存していれば，保護者からは食事という快感が得られること，あるいは自己を主張せず従順であれば，ほめられる（快感）ということを体得する。このようにして自己否定的な性格傾向の基礎が青年につちかわれることになる。

一方，母親は父親（その夫）に対しては，弱者の立場にある。夫は職場の階層性のゆえに日々生ずる不満を家庭にもって帰り，妻（子どもには母親）に対して，それを怒りという形で表現する。母親は，夫に対しては唯々諾々と従順な態度をとる。ときには暴力を振う夫に対して，自分（子ども）の母親は，やはり黙して，あえて抗しない姿を見る。そして，この父親と母親の関係が，感情的であればあるほど，子どもの心には，両親のそうした状況が，具体的イメージとして印象づけられる。

かくして，子どもには，強者にはおもね，弱者に対しては，より横暴な態度をとるといった二面的な性格傾向が形成されはじめる。彼は，力弱い仲間，追従してくれる者に対して，母親が自分に対するような態度，また父親が母親に対するような態度をとる。つまり不満・非難を浴びせ，攻撃するといった態度をとる。さらにそれが発展してその関係を自己の利益のために利用しはじめる。その弱い者に対して彼は自己を主張することができ，望むものを所有することができる。かくして，子どもの自己中心性がはぐくまれていく。

これより以降は社会制度によって，男の子と女の子との発達の方向が規制されてくる。もし社会が階層的（権力構造的）であるならば，上に述べた母親による盲従性と自己中心性はさらに強調され，必然的に権力志向性へと高められる。男の子は，自己中心的で権力的な父親をモデルとして，社会的にはより権力的，より自己中心的，より保身的，より競争的，より闘争的になり，弱者を蔑視するようになる。また家庭にあっては，男は「主人」であ

り,「支配者」・「殿方」であるべきと感じ,これを理想としはじめる。

　また女の子は,周囲から「女の子らしくするのですよ」という規制をうけて女の子らしくなりたいと願う。そして母親の理想像とする女の像をうけついで,自己の理想像としていく。依存的で可憐に,恥ずかしがり屋でもろく,美しく,甘えん坊であり柳の如く従順で,口答えも抵抗もせず,下ばかりを見て決して主人の顔をまともに凝視するような「不作法」はしない——あたかも奴隷あるいは「服従者」のような——態度,性格傾向を形成する。なお,女性の特質として,レヴィン（K. Levin）は,「内気で攻撃的で,まじめでロマンチック,恥ずかしがりで感傷的」を挙げている。そして,興味あることは,こういった諸特質は,盲人・ネグロ・ユダヤ人といった,社会の中で特殊な地位——特権が少ない地位——にある小集団に共通するものと述べていることである。(1) 女性は階層社会の中にあってはその非凝集性のゆえに,(2) 男性のような大集団を形成しえず,小集団に甘んじなければならないことを考えても,そこに一貫するものがあるのである。そして繰り返すがこれが女らしさの基準となる。

　最近のわが国では,女の子に対して,昔ほどは「女らしさ」が強調されなくなっているので,女の子も,男の子と同様に自己中心性と服従心（自己否定性）を等質的に育てられているとみていい。男の子についても同じことがいえるだろう。ただし,それにしても10歳前後までで,しだいに性差のあるしつけがきびしくなっている。

　さて,男の子の場合も,女の子の場合も,その男らしさ,女らしさは,いずれも,母親の女としての自己中心的性格・支配—服従的関係志向性格が社会体制によって,その両極端へと強調されたのにすぎないものであると結論されよう。「男らしさ」も「女らしさ」も,だから「母性的」なものにすぎないし,また強さ・弱さも母性的なものであると結論される。

注
1. レヴィン,K., E. H. エリクソン『アイデンティティ』pp.435—436 にて引用。
2. これについて I. E. アイベスフェルト は次のように述べている。「男たちは情緒的にみて,とくにそのような団結の才があるように見える。最近タイガーはこのことを研究した。男たちは自分と似た者と一緒に何かやろうとし,その際,女を排除しようとする明白な傾向を示す。おそらく,この男の友情の能力は,共同の狩や共同の闘い

という，女がその生理的，精神的特性のゆえにあまり適していない活動の必要性から発達したものである。」(I. アイブル＝アイベスフェルト，日高敏隆・久保和彦訳『愛と憎しみ』みすず書房，1974, p.237, また Tiger, L., *Men in Groups*, Random House, 1969, New York. を参照されたい。

4. 父 性 性

　父性性とは父性的なもののことであり，前述した「父親期」での父親としての条件，特質の総称である。したがってまた父親によって象徴される「友情」を意味するのである。

　父性性とは友のためには積極的，かつ自主的に奉仕をなし，友の生命維持，友の成長のために己れの利をはからないことを意味する。「母親期」に自己中心性が十分に発達せしめられず，そのためにこの父性性への脱却が十分に行なわれない場合は容易に父性性のある行動は発動されない。そして母性性へと退行し，友情は成立しない。しかし，逆に父性性への飛躍がなされていれば，迷うことなく友のために己れの犠牲は容易に行なわれる。もっともこの場合，友情が成立していればそのとき，友情の中に自己もまた生きることになるのである。さらに，父親は息子の成功を心から賞賛しともに喜ぶことができ，息子の不成功，失敗をともに嘆くのである。父親は息子に狩猟の方法を教え，稲の多収穫の要領を密かに教えるのである。そして父親は思いやり（同情心）に富んでいる。家族の中心的存在で，妻との家庭での役割分担を決め，民主的に家庭を運営している。自分の収入でもって家族を養い，恩きせがましいことはいわない。母親（妻）を常に尊敬し，子どもの前で決して彼女を恥ずかしめないで，かえって彼女を盛り立てようとする。もちろん，家庭内では権威者的にならないし，権力者ぶらないし，威張ることもせず，そして常に教育者として，家族全員を，より高次の価値体系に近づけ，それを拠りどころとして生きることを教える。それも強制はせず示すのである。また父親自身が市民社会での正当な役割を認識しており，その責任を十分に果たしていて，社会もそれを承認していなくてはならない。以上は理念的な父親の在り方であり，父性性の内容である。そこで現実の父性性の在り方を探ってみたい。次はミードのサモアの社会での人々の生活描写である

が，そこでは，父性性の特質である非抑圧性が基本となっているのが窺われよう。

> そこ（サモア）では，男も女も意味のない，公平でないやり方で扱われることは決してない。サモアでは赤ん坊は，一家の家長を，男だからでなくて，それが「マタイ」だからという理由で尊敬することを習う。……男の子も，女の子もせかされたり，強要されたりすることはない。だからサモアには，青春の男性発情への過度の圧力から逃れようと思うような少年はほとんどない。女の子で野心的で，おせっかいなものには，男と同様に，組織立った忙しい女の集団で十分エネルギーを発散できる。自分の性の安定感，育児と訓練と授乳のあいだに区別のあること，恥ずべき性関係をおおいかくすために排泄を強調することなどがない。そして，男と女がともに自分の役割に満足している。こうしたことがみな結合して，サモア人を気らくで，バランスのとれた人間に成長することを可能にさせていて，そのバランスは非常に安定しているので，サモアから何年も不在にしていても，その基本的な対称性を見失ってしまうことがない。(1)

さらに，

> 彼らの暮し方は形式を重んじ，威厳を持っている。酋長も，雄弁家も，部落の王子も王女も，型にはまった青年や老人の群れも，一緒にまじって植え，刈り，釣りをし，建築し，宴会を催し，踊っている。(2)

という。

社会が階層（権力構造）的でない場合を仮定しよう。養育者・訓練者としての母親のきびしさに比較して，父親は，十分に自己の社会での位置を認識し，また平等に労働することができるので，職場にあって，不満をいだいたり，怒りを燃え上がらせることもないわけである。だから非常に友交的であり，温情（思いやり）があり，また，知的であり，社会的である。

注
1. ミード, M., 田中寿美子他訳『男性と女性』現代社会科学叢書,東京創元社, 1961, 上, pp.122—123.
2. ibid., pp.93—94.

5. 性差の発達

子どもは——男の子も女の子も——両親を，権力的従属関係として把握す

ることはなく、社会性と自己中心性との対立、あるいは、独立と依存という対立として理解し、また、（手と足の）操作と（歯牙の）咬合との対立として把える。成長とともに母親の自己中心性も、また強さも弱さも結局は、社会性・思いやりの心をもつ父親がすべてを理解し、覆い、やさしく包み込んでいるのを知って、父親の真の父性性に眼を見開かされる。そして、母性的なるものを否定して、父性的なもの——社会性・自由・独立性・技術（労働）・友好（連帯感）・思いやり（共感）——へと志向しはじめる。

　階層社会ならば、男の子は男性としての凝集性のゆえに生じるギャング・エイジを迎える。ギャング集団は非常に高い凝集性と閉鎖性をもち、そして独自の遊びを通じてかなり分化した階層社会を発達させるとともに、外部に対して、容易に対立的、秘密的態度をとる。父性的なものへの志向性をもちつつも、母親的なものを脱却できず、集団に属し、ボスに依存して、精神的安定を得ようとする。しかしそれも、後になると父親との相対的、友好的な雰囲気のある生活、あるいは対等関係により強い魅力を感ずる。しかし、父親も、強さを男らしいと考え、権力的でないのを女々しいという考えをもつ父親に満足できず、他にその対象を求めはじめる。

　女の子は、そのまま結婚するまで母性教育を受けることになり、父性的なものとの接触はそれまで延期される。しかし、家庭の中で母性的なもの（母性性）と父性的なもの（父性性）との弁別は至難というよりは、両者は混然と一体になっているので不可能である。したがって、母性的なものに固着することが「女らしくなさい」「女のくせに」ということばで奨励されることになる。

　したがって、ある精神分析学者のいうように、女性はペニスをもつ男性の優位および自分にペニスのない劣等感（エレクトラ・コンプレックス）をうけ入れるので、その結果、女性は男性より自己中心的でないし、したがって地位を追求しないと結論づけることはできない。地位を追求しないのは他の理由による。

　フロイトはエディパス状況を解決するのに、女の子は難題をかかえており、生涯、基本的に未成熟なままに運命づけられると考えていたが、以上述べたことから、女性も父性性に触れて、社会性を育て（と合体す）ることができよう。もしそうでないならば、凝集性（集団性）も発達せず、「弱さ」

と「自己中心性」に加えて，「孤立」して生きることを運命づけられる。

　非階層社会において，男の子は，父性的なもの——社会性・独立性・労働・友情・民主性・対等性——によって，男らしさ，女らしさという性差強調を否定して，前者によって後者を秩序づけた人間として生きはじめる。ギャング・エイジにても，階層社会におけるものほど強固でもなく，やがて，短期にその期間を脱却する。女の子はその非凝集性のゆえに，精神発達を目指してかえって集団への参加が要請され，社会性・友情・独立・労働の学習が促される。女らしさの教育は全く否定され，父性的なものによって，一個人として，自由に，独立的に，そして友情をもって生きることをすすめられる。

　なお，女性が政治に参加することになった過程をあくまでも女性の側からの要求であるとも考えられるが，男女同権を主張した女性参政権論者達は，決して政府の一つの新しい概念を創造したのではなくて，唯男性支配の政治哲学に受け継がれている民主主義の理想を生み出したに過ぎないのである。しかし，これすらも，すでに述べたように，思いやりと社会性をもつ，男性の自覚がなかったならば，譲歩されることもなかったであろうと分析的に判断される。

　さて，思いやり・同情・共感は，もちろん男女の性差を否定し去るものでなくて，その内部に男らしさ・女らしさを秩序づけているのである。先に述べた，権力性・従属性といった母性的なるものを「女らしさ」とすれば，この思いやり，同情，共感，連帯感といった父性的なものは「人間らしさ」とすることができよう。しかし，非階層社会での性差を強調することは無意味であるがゆえに，「父性」的な人格が理想とされるのが好ましい。しかし，だから，男女差は否定してしまわねばならないというのでなく，生理的な秩序として，それぞれの性は，相互に尊重されなければならない。E. H. フロムが現代ヨーロッパ社会はあまりに非個性化された平等を主張しすぎるといって，男女の性差の平等化の例を挙げて次のようにこれを否定している。

　　すなわち婦人たちはもはや異っているところがないから等しいのである。かつての啓蒙哲学の主張精神は性を持たず［l'ame ná pas de sexe］は一般的な習慣となった。性という両極性にもとづくエロチックの愛も消失する。男と女は同じであり，ただ反対の極として等しくないのである。[3]

これを具体的に述べているのが，M．ミード（M. Mead）で，その調査は次のようである。「ニューギニア山地に住むムンドグモ族には，われわれの男性と女性に見出されるような，一方は強く主導的で，他方は弱く従順・依存的であるというような男女の性差は見出されない。男性・女性ともに強靱で，戦闘的・行動的である」という。この社会では，男性は闘争や首狩りに，女性は生活のためのあらゆる生産に従事し，育児は最小限になされるだけで，これが母親の主な仕事であるという。「このような知見は，男女の身体的・生物学的差異が明確に決まっているのと同時に，心理的差異も明確に決まったものとして存在するという常識的な考えに矛盾する事実である。子どもを産み授乳する機能を具えた女性は，愛情深くやさしく，家事や育児に適した能力や気質をもつもの，他方，よりたくましく強い身体をもつ男性は，活動的で強い意志をもつものというふうに男女の身体的・生物学的差異に対応するような方向に，心理的差異があると固定的に考えるべきではないことを示している(4)。」

非階層社会では女の子には，階層社会における女らしさは要求されることはない。ただその身体的な性差からくる役割，つまり分娩と授乳の機能と，乳児の合体の対象（これは父親でも条件さえととのえば構わない）となることが求められなければならない。母親は幼児に対しては主導的，自己中心的（＝社会生活中心的）に行動し，さらにそれが子どもに自己主張性をはぐくんで，自我内容の形成に資さなければならない。だから，強さ・弱さを強調するのが母親としての性格傾向であろう。また性差による肉体的，心理的なものを内に秘めた「思いやり」が，性差を超越したところでの人間らしさの内容ということができよう。エリクソンは，R.I.エヴァンズとの対話で男女平等について，女らしさが残るのかどうかという質問に対し，その女らしさとして「女性は身体の点で基本的に大変男性と違いますし，女性の自我は，身体・役割・個性を統合するように努めるという特別な課題をもっています。……女性はより繊細な接触，よりきめの細かい感覚，音に対する鋭い弁別，最も直接的な経験に対するすぐれた記憶，直接的に情緒的に共感するすぐれた能力をもつのに対し，男性は，これらすべてに低く評価されるかもしれません(5)」と述べている。

女性は分娩・授乳という機能が本質であるところから考えると，これは一

概には否定できないのである。

そしてここで，男の子に，真の男らしさ（＝父性性）を教え，女の子に母性的環境を否定させ，父性的なものによって秩序だてさせるべく，男の子の集団に参加させる父親の役割が強調されるだろう。女の子のみならずもし男の子が母親だけに育てられるとすれば，彼はあくまで女らしさの世界にとどまることになるとフィンケル（O.Fenchel）が述べている。(6)(7) それは，男の子には性の同一性を喪失させることになるし，女の子は社会性（思いやり）を全く育てさせないで成長することになる。

かくて，父親による対話と教育を基調として，男児も女児もただ思いやり（友情）を価値基準とする社会生活に生きがいを見つけて成長するのが正常であると結論できる。

階層社会にあって，子どもは母親の厳しいしつけの中で育てられ，彼女の専制的，自己中心的傾向をそのまま受けつぐ。男の子は母親から父親へと弁証法的に移行し(8)，女の子ならば，父親の秩序下にある母親を自我同一性の対象として成長する。実際このことは，反フロイト派のサティも見抜いて，次のように述べている。「フロイトの教説の側からみて，父親を好むべき少女の側ですら，母親に対する強くて情熱的な愛着心が先行していることが明らかになった。さらに母親に対するこの愛着の期間は父親を非常に低く評価していた。それは，いまや，5歳にまで続き，ときには生涯ずっと連続して残るものであることが判明したのである(9)。」

しかし，人間の発達もあくまで自律と依存のリズムに添うべきである。非階層的平等の社会にあっても男児は母親のもつ『強さ』をその一部とする思いやりに，女の子もまた，自己中心性をその一部とする思いやりの人格を，民主的な市民である父親を同一性の対象としつつ発達させる。男の子も女の子も父親を対象とすれば，父親にわずかに残存する「男らしさ」によって，男児は，攻撃的，積極的に，女の子はそれを自己に欠乏する性格傾向を補うものとして成長する。

注
1. 八木冕, op. cit., p.207.
2. エヴァンズ, op. cit., p.66.
3. フロム, E.H., 懸田克躬訳『愛するということ』紀伊国屋書店, 1959, p.21.

4. ミード, op. cit., pp.77—139.
5. エヴァンズ, op. cit., p.63.
6. Mussen, op. cit., p.39.
7. マッセン, 今田恵訳『現代心理学入門(1)』岩波書店, 1972, p.96.
8. ハーロック, op. cit., p.923.
9. Suttie, op. cit., p.208.

6. 性 の 平 等

　しかしなにはともあれ、伝統的な意味における性の同一性のあいまいさ、および文化と社会体制での性差の消失によってもたらされるものは、同性愛好者の増加傾向である。父親期の特徴として強調される対話が、正常ならざる社会の発達をチェックするように、民主的対話による規則の制定、つまり法律によるチェックによって、正常でない性の在り方を否定していかねばなるまい。
　性差は階層社会での究極的な差別で、階層差があればあるほど性差もいちじるしいが、逆に、性の強調は階層化の促進剤の働きをする。したがって、性の平等化は社会の平等化を促進する。また、性の平等化が進むにつれて、男女の服装にも歩み寄りが行なわれる。男女同型のユニフォーム、また中国人のユニフォームである人民服の統一などいい例であろう。服装のみならず、髪型にもそれが現われていると見られよう。もちろん、資本主義社会での若者の長髪については別の心理面からの分析もなされるだろう。しかし父親なき社会で性の同一性の対象を喪失した彼らが、女性化して長髪にせざるをえなかったとも理解されようし、また、資本主義社会の一部に部分的崩壊が生じて、平等化が進んだとも考えられる。女性がスカートからズボン、ジーパンをはいて、男性的であるのも、資本主義が以前の権力社会にはなかった男女平等の思想という面で、女性が社会性、民主性、独立心という父性的性格傾向を身につけたことからくる影響であるとも考えられる。したがって服飾史を性差の面から読みなおすとき、時代の権力構造の力学の一端をうかがい知ることができるのである。
　なお若い男の長髪による女性化は、第6段階「父親期」から第5段階への退行を意味する。社会も人も「生の目的」を目指して進展しているとすれ

ば，この退行現象は否定・拒否されるのが理念的である。性の平等は女性が男性的なものに近づくとき，健全化を示すのである。

社会での性の平等は，経済的，職務的，文化的，公的，政治的生活のあらゆる面において行なわれなければならない（ソヴィエト憲法122条）[2]と考えるのが一般的になってきている。もちろん養育負担の平等化についてもいくらかの考慮が必要であろう。養育者としての母親の役割りについて，エリス（H. Ellis）は「女性は母親としてすばらしい機能を発揮したのであるが，彼女の活動が家庭にのみ拘束さるべきだという観念はもはや現在では消滅したと考え得る」[3]といい，フリードリヒ・ノーマンも，さらに「女性も世の中に出て，彼女の天職を施行してこそ，はじめて母親として，子どもの養育者としての機能を十分に発揮できるようになるのである」と述べている。またエリクソンも同じことを主張し[4]，さらに『第二の性』の著者，ボーヴォワールは「もっとも豊富な個人的生活をもっている女こそ子どもにもっとも多くを与え，子どもからはもっとも少く要求する。努力のうち，闘争のうちに真の人間的価値を獲得する女こそもっともよき教育者になれる」と主張する[5]。

しかし，われわれはここで，こうした意見を単に革新的であるからというだけで受入れるわけにはいかないのである。なぜなら，そこにある種の不自然な発想の一片があるのを認めるからである。それを次に2点にしぼって考察してみたい。

まず第一に，子どもは胎内期より，依存と自律という生理学的リズムによって成長・発達してきているということである。このリズムは，発達段階の他の特質，たとえば分化的発達と成熟的発達と同じように，強化されるべきところで弱められたり，弱めるべき期間に強化されたりしてはならない。そしてその連続する相反する性質の区別がぼかされるということはあってはならないのである。つまり，子どもは，乳房期では自律的生活を過し，続いて，母親期では依存的に生活しなければならないと考えられる。また，次の父親期には自律的に生活し，それによって，思考，世界観での分化的発達も行なわれなければならないのである。また卵と精子の合体が行なわれ両者が相即不離の関係になったように，乳児も誕生後，ひとりの養育者と精神的合体（他のことばでは刻印づけ）が行なわれなくてはならない。また，乳房期から母親期へ，また母親期から父親期への移行には，それぞれの対象，つま

り，乳房，母親，父親の間には内的な連関が確立されていなければならない（このことから，刻印づけの対象と乳房，そして乳房と養育者は同一人物であるのが好ましいことが理解できよう）。子どもは母親の世界，あるいは父親の世界と合体し，授乳され，しつけを教えられ，さらに父親と対話を交わす必要がある。子どもは母親から自己愛を教えられ，父親によってそれを友愛に高められなくてはならない。子どもは母親によって自己中心性を養われ，父親によって社会性へと止揚されなくてはならない。さらに母親によって食事の作法を教えられてから，父親には収入のための教育を受けなくてはならない。したがって，人間が父親と母親の相違をなくする方向へ進化する方向を見出して，子どもを養育するという主張には，こうした人間の自然性を無視するものではないかと考えられるのである。

　その二は次のことである。精子と卵，母親と新生児，子どもと父親というようなそれぞれの合体後には，分割，分化という現象が生じ，それによって生命が継続されて，次の成長過程に至る。しかし，その分化という重大な契機を与える合体には必ず主役と脇役があることが判明するだろう。卵に対して精子，乳児に対して母親，子どもに対して父親が脇役となっている。そして，それぞれ後者は主役の発達のための単なる刺激としての役割しか負っていないことが判明する。

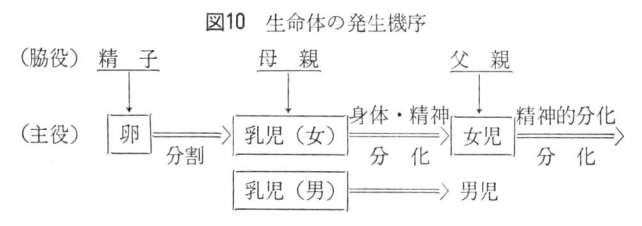

図10　生命体の発生機序

（脇役）　精　子　　　　母　親　　　　父　親

（主役）　卵 ⇒ 乳児（女） ⇒ 女児 ⇒
　　　　　分割　　身体・精神　　精神的分化
　　　　　　　　　　分　化　　　　分　化
　　　　　　　　乳児（男） ⇒ 男児

注：主役に対して，脇役は発達への刺激となる。

　もちろん，精子も卵に，母親イメージも乳児に，そして男も女に，物質的，精神的に組み合わされてしまう。つまりそれぞれは主役に従属するものとなってしまう。精子自体の分割はあり得ないので卵に刺激を与えて卵自体の分割に，そしてまた母親自体の身体的，精神的分化という成長は不可能であるので，乳児と合体することで成長を子どもに委託してしまい，男は分娩

ができないがゆえに，女性にそれの委託を余儀なくさせられる。つまり母親は自己の生命を存続させるためにその子どもを生んで，目的を達成し，男性は自分の生命を存続させ得ないので，妻にそれを委託するともいいかえられる。人間は生命を維持し続けたいという衝動的，生物学的，無意識的な願望をもつ。そしてその願望を自分の子どもによって果たすことになる。だから，子どもを生めない夫婦というのは晩年孤独でなくてはならないといった，単なる感傷的な問題ではなくて，個人の無意識的願望が成就できなくなるという人間の根原的な悲劇の主人公となる。そしてそれは一つの種族，あるいはある民族の興亡とその一点を接するような大事なのである。

　上述したように，母親も，父親も合体時には，それぞれ単なる刺激にしかすぎないが，これは単に生物学的な考察にすぎない。母親も，父親も人間であり，人間である以上は，人間は社会的であるという特質をもつものである。つまり母親は子どもに授乳し，食事を作り，しつけを行なうといった養育という義務がある，一方父親は，子どもと母親の傍にいて，心理的な安定を与えることが必要である。それとともに，人間として，その生命の存続を託した妻と子どもの生活のために，収入を得なくてはならない。だからそのために職場があり，社会があり，そして国家が形成され，政府がある。いわば社会も，男性も皆，等しくその願望を女性に託しているといえる。

　だから，母親は外に出労働することは必ずしも必要とされるのではない。母親の育児のために国家があり，男性の職場があるのである。女性が働いて男性と同じ収入を得なければならないという主張は，女性のそうした民族的な重役が認識されていず，軽視されているがために生じたのであり，それが決して正常な社会状勢を反映しているのだとはいえない。

　未開社会においても，ある特殊な種族を除き，女性の労働は男性に委託され，可能な限り，育児に専念できるようになっている。ミードの文献をさぐれば，その観察は容易に発見されるだろう。たとえば「ほとんどすべての社会においては，女は食物を採集したり，栽培する役目を持っている。しかし，ほとんどが完全に肉や魚に依存して生存する諸民族では，女性の役目は皮の処理・料理・獲物の貯蔵に限られている(6)」というのである。少なくとも現代社会においては女性の完全保護は無理であるにしても，父親は，子どもの養育に対してよりよい感情的環境を機能化する役割を果たしてもよいだろうと

第2章　胎　外　期

考えられる。⁽⁷⁾

　地域社会のみならず，国家もまた，女性に対して，種族・民族・人類存続の望みと責任を負わせているのであるが，それに相応する待遇を与えるべきであるが，しかし，一方母親自身，その発達理念から考えて，女性性の段階での停滞は許されない。先に述べたように「脱性差」をも併わせもつべきである。独立心（自律性）・社会性・連帯感・友愛をもって，夫のよき友とし，職場に労働し，経済的，政治的に活動することが認められなければなるまい。しかも，彼女の働く条件が完備されていて，職業と子どもの養育が両立できやすくなっていなければならないのである。

　以上，子どもの発達には，(1)母性性の段階と父性性の段階の連続過程が必要であること，そして，(2)女性に対しては種族・人類的観点から完全保護が望ましいこと，さらに，(3)女性自身も発達的に男性性の特質をもつのがこのましいことが論じられた。これを総合して，冒頭に述べたF.ノーマンのように「女性も世の中に出て，彼女の天賦を施行してこそ，はじめて養育者として」，そして妻としての機能を無理なく，十分に発揮できるということも，ここではじめて明確になったのである。すなわち子どもが母親に依存する間は母親は自己中心性を養うべく，きわめて女性的に子どもに接しなくてはならず，家を離れて職場にあっては社会的であり，また，脱性差的であるべきであり，二重的人格性を求められているともいえよう。

注

1. Mussen, op. cit., p.39.
2. 京都大学憲法研究会編『世界各国の憲法典』有信堂, 1965, p.385.
　　第122条，「ソヴィエト・ロシアでは女性は経済的・職務的・文化的・公的・政治的生活のあらゆる面において男性と同権である。」なお，同法は1977年10月，全面改正された。
3. Ellis, Henry Havelock, *Studies in the Psychology of Sex*, F. A. Davis & Co., Philadelphia, 1920.
4. Naumann, Friedlich, 上掲書 *Studies in the Psychology of Sex*, に引用。
5. ボーヴォワール, op. cit., pp.206—207.
6. ミード, op. cit., pp.242—243.
7. Richards, op. cit., p.15.

7. 愛　　情

　子どもは幼児期（つまり母親期）には母親の養育により，本質的に自己中心性を学びとる。彼女は彼のために食事を作り，衣服を取り換え，いくらか権力的にではあるがしつけの世話をする。寒さ暑さから子どもを保護し，ときにはなぐさめ，抱きかかえ，手を引いたり，身体を支えて倒れないように保護する。病気ともなれば徹夜をして看護をしたり，また食糧が不足したときでも自分は食べないでも子どもには食べさせ，災害があれば，自己を犠牲にしてまでも子どもを守ろうとする。こうした母親の子どもへの一体感は彼に「自己愛」をはぐくませるとともに，母親への信頼感と愛情をそだてることになる。

　子どもは「人見知り期」の母親を通じて「女性」という性の一般的な概念を得る。子どもの最初に接する女性は母親であり，その印象は乳児期での人見知り現象で示されるように誕生後数ヵ月（スピッツでは8ヵ月）に形成されるようである。筆者はこの時期が，子どもが母親の世界と合体し終わったときであると考えるのである。そしてその印象に基づいて，女性を考え，女性を概念化する。母親への愛情と態度はそのまま，他の女性にも転化（汎化）される。

　だから母親に対しては子どもは愛情をいだき母親から愛情を受け取っているように，女性に対しては子どもは愛情をいだき女性から愛情を受けとる。つまり女性は愛情交換の対象といえるのである。この母親の世界との合体が行なわれなかった場合，乳児は成長後，女の子も，男の子も愛情生活に支障をきたすことになろう。

　胎内期的カテゴリーから愛情を分析しなおしてみよう。愛情とは母親期に，子ども（男児，女児を問わず）と母親との間に育てられるある種の信頼関係で，自分が食べるという，いわば「自己愛」あるいは「自己中心性」を基底とするものである。愛情は一方を育てしつける者の側におき，他方を規制される者の側におくという「母―子関係」である。両者は肉体的には分離されているが，強い一体感で結び合わされている。したがって母親といえば子ども自身のことであり，子どもといえば母親自身の代名詞である。母親が

子どもに食べさせるとは，つまり，自分が自分に食べさせることである。ここに，愛情とは「食べさせてやり，食べさせてもらう関係」とも規定できよう。愛情とは母親との合体から生まれた自己中心的世界の産物であり，主観的，一方的である。そして以心伝心的であって，非合理的である。極言すれば愛情とは他者の立場，考えにほとんど思いやることなく，善意を一方的に押しつけることであり，他方，その善意を無批判的に受容することである。したがって愛情とは，母と子の関係を相互に認め合うことである。とはいえ，愛情とは一方が世話をし，他方が世話されることを相互に認め合うことであるともいえる。もし母性的な個人が2人寄れば，両者がそれぞれもつ自己中心欲動のゆえに互いに反発し合い凝集性はほとんど認められない。今ここで，母親期の研究から導き出された「（母親期では）自分のために栄養を受容せんと歯牙を依存的に咬合させ，その結果，摂食行動（＝愛情行動）が成立する」という理念を想起すべきである。他者は自己の意識の世界には存在しないのである。

8. 友　　情

　自己中心性がほとんど形成されたとき，父親の姿が子どもの生活空間の中に入ってくる。父親は子どもに対して対等な立場に自分を降し，子どもを相互的な存在とし，人間として取り扱ってくれる。父親に対しては母親とは異なった自由と解放感があり，それでいて，傍にあってやさしいまなざしで見まもってくれている。また，彼は，自分に質問し反応を期待してくれる。子どもが質問すると彼は説明してくれる。非常にやさしく，思いやりがあり，民主的である。子どもが拒否することは要求せず，求めることに対して最大限に応じてくれる。この父親の態度は干渉的すぎ，しばしば過保護になりがちな母親のそれとは全く相違している。これを父性愛ともいい，あるいは友情ともいえる。子どもにはこれが印象的であって，相手の立場を尊重して行動する，いわゆる思いやりが必要なことを学習する。子どもは父親を通じて「男性」という性を概念化する。子どもの最初に接する男性は父親であり，その遭遇は，幼児期初期に，「父親の世界」との合体という形態で行なわれる。父親に対する思いやりの態度はそのまま他の男性に対しても汎化され

る。前段階で形成された愛情がそのまま止揚されて他への思いやりに変化したのである。この変化は，子どもの「あそび」を観察する際に典型的に示されよう。子どもは，その初期には他の子どもにお構いなく「ひとりあそび」で満足している。しかし，やがてそれは他の子どもの傍で，同じように，しかし無関係にあそぶ「平行あそび」の時期になる。この2段階はいずれも自己中心的な世界に子どもがいることを示すものである。やがて，子どもは，他の子どもがもっている玩具に目を止め，それを勝手に横取りをする。取られた子どもは，相手に噛みついてそれを取り返そうとする。一方が泣きはじめて戦いは終了する。しかし，勝った方も敗れた方もそれでは決して楽しいものではなく，2人であそんだ方が楽しいこと，それには自分のもっている玩具を他の子どもに貸してあげ，その代償として，一緒にあそぶことの楽しさを知りはじめる。つまり奪い合うよりも，頒ち合うよろこびを知るともいえよう。自己愛は，友情のもとに秩序づけられるのである。

　この際，子どもは父親を通じて，他者を感じとり，父親を通じて友情の雛型を知り，これが他の男性に汎化されるのである。だから，子どもは父性性を通じて友情を確立するのであるともいえる。

　ここで友情を理念的に考えよう。友情は父親と子ども（男児・女児にかかわらず）との間に父親からの積極的働きかけによって生じるある種の信頼感である。「友に食べさせる」ことを基底とするものである。いわば「利他愛」であって，相互の人格・立場を相互に平等であると認める欲動——自他平等肯定欲動——によって生じる。一方が父性性が強いならば他方は，父性性の強い方からの働きで，同じように父性性をもちうるのである。友情は理性的で，知性的である。成人の場合では，男から男に，女から男に対して成立する。なお女でもその性格が父性的，男性的であるならば，男としての側に立つことも可能である。それは相互的であり，自律的であり，父性的である。だから，それは，思いやりであり，対話が基礎となる。友情は平等な立場にあり，相互の尊敬を基盤にする。友情は権威的でなく，服従的でもないから，友好的である。友情とは客観的である。友情は合理的，労働的である。友情は，自己犠牲的というよりは，自己愛を基礎にしたものであり，両者の統一的なものである。しばしば自己愛と友情（利他主義）が対立的に比較され，前者をとれば後者を，後者をとれば前者を犠牲にしなくてはならないこ

とが問題として挙げられる。これも，もし母親との系内同一性確立と全き自己中心性の養成が子どもに対してなされ，その後で，必然的に父親との対象における対立と自己中心性の父性性による統一が完成されているならば，その子どもにとっては，この対立は過去の問題，解決済みの問題である。つまり，彼はちゅうちょなく利他主義を選んで，全く抵抗感，違和感はもたないはずである。したがって，このことが問題になるのは，父性性を発見せず，母性性との対立と統一を体験する以前の幼児か，あるいは，この対立期間を経ずして成人化したおとなたちであるにちがいない。(1) ここでは「(父親期では) 友のために栄養を獲得せんと手腕を自主的に労働させ，その結果，生産行動(＝友情)が成立する」を想起すべきである。友情は愛情が止揚された結果の感情の交流形式である。

したがって，友情と愛情は男と女との間にあっては，生物学的には次のように図式化して考えられる。男は男を相手にして友情を成立させ，女に対しては愛情を形成する。女は男を対象にして友情を成立させ，女に対しては愛情を形成する。男と男との間の愛情関係は不自然であり，女と女との間の愛情は自然であるが友情関係は不自然である。また，男は同性との間に平等関係を基礎とする凝集性が必然であるのに反し，女は同性との間には支配―服従関係が基調となるために，互いにその立場を誇示し合うこと，つまり離反性が必然である。生物学的には以上のようであるが，人間は生物学的に知的であるため，同性間の愛情関係をタブーとして禁止し，女と女との間の心的交流を友情に止揚すべく教育することが可能である。また，男が女に対した際には，愛情ばかりでは，社会を崩壊させることになるために，やはり，女を対象にしても友情を成立させ，あるいは師弟愛を成立させることが奨励されよう。しかし，このことは，エリクソンもいうように非常に困難なのである。(2) 男は欲望を感じるときは，女性を対等に見たり，相手にもそれを要求するのではなく，まさに性欲を喚起させたいと思う。そして欲望を感じないときには，女性との感情的交流をもつのは困難であることに気づく。とりわけ，相手を対等に見ようとして，自分の中に女性を，女性の中に自分と同じ男性を見なければならず，それが女性という輪郭をぼかしてしまうのではないかと恐れる結果，相手が女性であることの喜びを殺し，また同じ人間であろうとする気持を減殺しがちである場合，真の感情の交流をもつことは難し

いのである。

注
1. マズロウ,上田吉一訳『完全な人間』誠信書房, 1964, p.170.
2. エリクソン『アイデンティティ』p.375.

9. 結 婚

　卵が卵管の膨大部にてしばらく移動を中止し,時期を待つ。やがて子宮腔から遡上してきた精子と合体する。この合体現象については,すでに何回も述べてきたことであるが,この際,詳細に検討してみるべきであろう。
　その一は合体が容易に行なわれるために,精子も卵子もそれぞれキャパシテイションの洗礼を受けていなければならない。精子は元来はその頭部は受精を困難にする物質で形成されているが,卵管を通過するうちにある酵素の作用でそれが融解されて,受精しやすいようになる。卵子に至っては,キャパシテイションの現象は確認されていない。しかし,試験管ベビーが成功しないのは,卵管の機能が無視されているのではないかと考えられる。
　その二は,受精し終わり分割が開始されればこれは以前の状態にもどすことができない。すなわち,非可逆的である。
　第3に,受精には臨界期がある。
　第4に,受精卵が再度,受精することはない,つまり,受精は一回性である。
　第5は,受精後は分化が行なわれる。
　第6は,受精し分割が行なわれるとは,精子と卵子のそれぞれがもてる染色体が相互に絡み合い,新しい構造を形成することである。
　第7に,単性生殖が実験的にも確認されていることから,精子は卵の分割生起の触発刺激と考えることもできる。
　第8に,もし受精しなかったならば,分解すべき両者が,特に卵は,生命を与えられて生存を続ける。
　第9には,受精後は卵は自律的な生活を行なうようになる。
　以上が生物学的な卵の受精についての観察事実である。つぎにこれをカテゴリーとしての結婚生活を考察してみたい。もちろん,これへの形態論の適

第2章 胎外期

用にはいくらかの抵抗があることは理解しているつもりである。なお番号はカテゴリー部の番号と一致させてある。

その第1は，男も女もともに結婚の準備をする。男は職業教育をうけ女もそれなり用意する。

第2は，結婚したならば別居・離婚は許されない。

第3は，結婚には適齢期がある。

第4は，重婚や浮気は禁止さるべきである。

第5は，結婚後は子どもの分娩が行なわれる。

第6は，夫婦は精神的な結合がおこなう。そして両者とも結婚以前の発想が全く異質となる。

第7は，第2世を生むために夫は夫の役割を果たす。

第8は，特になし。

第9は，結婚後は両者は家庭をもち，それぞれの親からは独立して居を構える。

この理念は仮説として，演繹する必要もなさそうである。

まず，結婚の意義について発達心理学的にはジョアン・バスフィールド (Joan Busfield) が次のように述べている。

(1) 結婚はある種の地位に利益を公的に与える。……さらに働かない妻は（働くことが経済圧迫を意味するとき）その地位を維持する重要な要素である。

(2) 結婚によって男と女との間に役割の分担が組織化され，両パートナーに利益がもたらされる。

(3) 結婚は両性に安全な基地の上に，友愛と親密さを用意して，容易に情緒的，性的な満足と友愛を見つけられるようにする。[(1)]

ある現象——制度化された結婚——の意義というのは体制によって変化するものである。しかし，ここで，バスフィールドの述べた意義は，(1)を除いて少なくとも胎内学的であり，本質的であると考えられる。(2)は第2段階での精子が分裂生起の触発刺激であり，卵は分裂するものという役割，あるいは第4段階で，母親は刻印づけをするものであり，子どもはそれに従う者という役割とは次元を異にするにしても等価である。また(3)は第2段階で卵と精子の染色体の結合であり，第4段階での母—子の精神的結合によって裏付

205

けされているからである。

　しかし、バスフィールドは結婚の中心機能としては「多くの社会では、子どもを育て、所有物を伝達するという活動である」としている。しかし、これは誤解を招く表現といえよう。第2段階では卵と精子との合体によって、「生命」を新たに得て分割を開始し、形態は変わるが生命を次代に続ける。第4段階では少なくとも、子どもは母親との合体によって生命を得、分化をはじめる。分化現象によって母親の生命は次代へと蘇生するのである。所有物を遺産として残すということは、卵が卵丘細胞とともに放出されて、それが卵の生命維持の栄養となることと等しい性質であり、副次的な機能である。したがって、結婚の中心的機能を誤解を生じないように述べるとすれば、「子どもを産んでこれを育て、相互の生命を子どもの世代に託す諸活動である」としなければなるまい。副次的機能は次元が異なれば発現されないこともあり、本質的、生物学的ではない。

　結婚の定義については、諸種の説があるが、文化人類学的には「結婚とは女に生まれてくる子どもたちが両親にとって法的の子孫であるように一人の男と一人の女の間のある合同(union)である」と説明されているが、いくらか発達生理心理学的な解説が必要であろう。[2]

　子どもは父親を仲介にして社会という抽象的な対象と精神的な合体を行ない、その後は諸種の面での発達の多様化が生じる。男の子は母親期に養なわれた自己中心性と自己否定性のうち、社会的要請によって自己中心的、攻撃的、支配的な面を、「男らしさ」として強調して発達させられる。しかし、父親期にはそれらの諸性質と、父親との同一性確立の間に発達させられる「同情心、思いやり」といった社会性との対立が生じ、やがて、後者が前者と交替して、両者は統一される。青年はそれ以降はますます友情を、仲間との交際を拡大し、深めることで発達させる。女の子は母親期に育てられた自己中心性と自己否定性の両者がさらに発達させられつつ、徐々に父親によって、社会性との合体を推進される。やはり社会的な要求により、少女は自己否定性の発達をうながされるが、反面、父親との同一性の確立は中途でとどめられる。自己中心性の発達はしたがって、社会性によって対立を生むこともなく、不完全なまま成長することになる——すなわち、少女はある程度いつまでも幼児期にとどめおかれる。

女性と男性は結婚した際には，完全な市民として社会に迎え入れられるという意味で結婚は必要であるが，発達心理学的には，より内的な発達がそれによって促進させられるということで意義がある。男性は，本質的には自己中心性を残しつつ育てられ，情愛の対象として結婚した女性を，友情の対象として——情愛はもちろん友情と統一されたものとなっている——受け入れることができるかどうかという，自己の知的発達，あるいは客観的に情勢を処理できる一人前の市民であることの証を立てることで意義がある。そしてまた，シュプランガーのいうように「女性の心との対極的な触れ合いによって，初めて完成」へと導びかれるのである。一方，女性にとって結婚は非常に意義が深い。彼女は結婚して男性と相まみえる際には，父親によっては完成されなかった自己中心性と友情との統一への進展が急速に行なわれ，次の段階へと前進させられる。エリクソンのいうように，「多くの若者たちは他人のなかに，また他人をとおして，自分の同一性を見つけるために結婚」するのである。

バスフィールドは「女性たち……の役割とアイデンティティ(同一性)は，原則的には結婚し，母親となることである」とし，さらに「そうして結婚しない婦人たちは必ずしも適当に女性化されているように見られないし，ある面では不適当にちがいないと仮定される」として，女性が未婚であることには否定的な立場をとっている。そして，彼は女性にとって結婚の意義を次のように結論している，「女にとって結婚とは彼女自身の権利において社会的機能性に到達するほとんど唯一の途である」と。したがって，結婚は男性にとって必要である以上に，女性には特に必要な出来事でなければならない。しかし，今述べたように，男性にとって，それは欲望の充足というよりも，相手を対等の友人として，友愛の交流の相手として，相手を受入れることを前提としてのことであるにすぎない。男性には，そうした知性の訓練の場としては，社会が男性中心的である以上，無数に存在する。仕事，ギャンブル，あそび，奉仕活動……等々。すなわち，男性には結婚は必然的な責任行為であるときめつけることはできないであろう。エリクソンは「結婚というのは自分の何かを失いつつあるのではないかという恐れなしに，自分の同一性とほかのだれかの同一性とを融合する能力のことをいうのです。この親密さの発達が選ばれた結合として，結婚を可能にするのです。これが発達していな

ければ結婚は無意味です(6)」という。とすれば無意味な結婚が大勢を占めているといえようか。

　先に，結婚の定義を「女に生まれてくる子どもたちが両親にとって法的の子孫であるように一人の男と一人の女のある合同である(7)」としたが，これは制度的に無難な表現である。しかし胎内学的に説明するならば，「結婚とは，生まれてくる子どもたちが両親にとっては，彼らは生きる希望を託せる子孫であると法制化されるように行なわれる一人の男と一人の女との間のある合体である」となる。

　以上，結婚の特徴はとりもなおさず，受精現象での特徴と全く同じであるのである。すなわち，個人は母親と社会と合体して無限に発達しながら，その観念性は現実の生活の中で結婚をし家庭を営むということで具象化されている。そして社会的発達を具体的家庭生活の中で確認し合っているといえるのである。このことから，社会は青年（自己）を中心にして主観的に発達し（動き），それは同時に種族保存という機能によって，新たな客観界（世界）を出現せしめているともいえるのである。

　注
1. エヴァンズ, op. cit., pp.22—23.
2. Richards, op. cit., p.14, quoting from *Notes and Queries*, Royal Anthropological Institutes, 1951, p.15.
3. シュプランガー, op. cit., p.167.
4. エヴァンズ, op. cit., pp.65—66.
5. Richards, op. cit., pp.23—25.
6. エヴァンズ, R.I., op. cit., p. 65.
7. ibid., p.15.

10. 夫　婦　愛

　結婚とは個人の生活に秩序と統一を与える生物的な枠組である。結婚によって個人は乳房期・母親期・父親期・精神期を具体的に現出させ，それが社会全体を向上へと推進させるものである。

　結婚を成立させるものは男と女であり，これが家庭を形成する。男は生きるために食べなければならない（乳房期）が，そのために世話をしてくれる

第2章　胎　外　期

（母親期）女を求める。男は女を対象にして愛情を容易に成立させること，つまり退行することができる。一方，女は男に対しては，生物的には友情を容易に成立させることができる。だから，特に結婚に際しては，彼女の幼児期，ある瞬間母親の干渉がましい世話に対して否定的になったとき，幼ない彼女を軽々と抱き上げたり，あやしてくれたり，教えてくれた，自分より遥かに身体の大きな，力強い腕をもった父親の姿が脳裏に学習され，このときのイメージに合う男を選ぶことになる。もちろん，この意見は精神分析学派によって提唱され，否定もされはしているが。

　女が男を選ぶ際には，現今では，学歴があり，男らしく，やさしく背が高い，そして収入が高くて安定していることなどという条件を様々にもうける。しかしこれらはいずれも，よい子どもを作ろうという本能的，潜在的な意識から現われるので，より生物的であって，自然的である。

　子どもはこうした男に「あこがれ」をいだき，それはやがて友情成立へと導く。しかし幼児期に父親の印象をもてなかった女性，つまり「父親の世界」との合体のできなかった女性は男に対してある種の違和感をもち，この違和感はよほどのことがない限り解消するものでなく，結婚不適応に導くことが少なくないのである。

　乳房期から母親期へ転換する離乳期には，母親は，アイブル＝アイベスフェルトによれば，食物を噛みくだき，咀嚼し，乳液状にして，口移しによって子どもに与える。母と子の一体性と子の母への依存性は，この行為によって開始されるという。女と男との関係においても女の男への友情は，接吻（口移し）によって愛情へと転換される。女はこれによって男との一体化の生活に入る。すなわち，この時点から女は母親となり，男は子どもの地位にと退行を余儀なくされ，男は女にその生活の世話を任かせて（依存して）しまう。つまり一方が他方を規制し，世話をし，他方が規制され，世話されるという関係が発生することによって，家庭における夫婦の愛情生活が続けられるのであって，両者にとっては，これは母親期の生活の繰り返しが開始されることを意味する。ただ両者にとって相違するのは，女は子どもの立場から一足飛びに母親の立場に転換されたのであるし，男にとっては，社会生活という父親期から，愛情生活という母親期へ退行させられた，あるいは退行して憩を得たということである。そして家庭にあって，男は常に女の愛情の

対象となるのに甘んじるのみならず,相互の愛情を友情にまで高揚し,維持するように,イニシャチブをとり,知性的,理性的に行動すべきであろう。相互に信頼と尊敬をもって話し合い,互いに啓発すべきである。それゆえに「愛情がなくなったから別れよう」というのはこの努力,つまり愛情を友情に高めようとする努力がなされていなかったということであり,イニシャチブをとるべき男の責任ある言い方ではないのである。

この愛情から高められた友情の中での夫婦間での生活感情がとりもなおさず夫婦愛の本質たるものであろう。そして両者はさらに高次の「第7段階」へと家庭全体を止揚すべきで,この意欲が,たとえ子どもが生まれなくとも,家庭生活を常に新鮮に保つのである。

第6期　父親期……青年期　Ⅱ

1. 第3次分離不安

各発達段階は,先に述べたようにそれぞれ顕著な特徴をもっているが,ある段階から次の段階への移行は急激に行なわれるのでなく漸次になされる。各発達段階はそれぞれに同一性を保って極めて安定しているのであるが,この移行期は非常に不安定である。特に発達の特徴となっている依存—自律の連鎖中,自律期から依存期に入る際にはこの不安定な期間が長いように考察されるのである。たとえば,卵管期の終末に近づくと,それまで胚葉の成長と分割を促進してきた卵のもつ自律性・相対性・栄養受給そして分化的発達などという特性は,逆にそれぞれ不安定性・混乱性・栄養不足性・頻発的発達などの分割卵の成長にとっては障害となるようないわゆる機能低下を引き起こす。そしてその機能低下とともに依存性・一方性・栄養供給そして成熟的発達への要求が高じ,それに対応する機能として栄養膜細胞層と保護体としての子宮が出現する。そこで卵細胞（胚）の内部においては両極性のゆえにそれらは対立し,しばらくは平衡（同一性）を喪うという移行期が続く。

卵管期の生活7—8日間に対して,子宮内で浮遊するのは14—15日間であ

る（ちなみに乳児期に実際乳房によって育てられるのは歯生までの約6―7ヵ月，それに対して母親期はすでに13ヵ月には開始されるから移行期は6―7ヵ月となる）。

したがって父親期での理念的移行状況は――形態説をそのまま採用することになるが――次のように考えなくてはならないだろう。まず父親の子どもに対する友愛精神によって，子どもには自由に他人と接触し行動する能力が発達し，その間父親は広義では保護者ではあるが，実は助言者として子どもを導く。子どもは多様な問題を父親とともに，親友とともに，協議し合い，あるいはもっと多くの集団の中で集団討議という形で解決し，しだいに生活体験を累積して成長する。

しかし，ほどなくして子どもは父親の助言・指導に（考え方に）価値を見失い，父親のもつあらゆる限界性にしだいに気づき(1)，彼をうとましく思う。そしてその反面，父親がこれほどまでに自分の自律性を尊重してくれていたのも，彼が結局は子どもを愛していたのではなく，実は放任していたのではないかという不安をもちはじめる。つまり，子どもは認識能力の発達とともに親の態度と人格的欠点を批判的，客観的に見るようになる。かくして親は偶像の地位から批判の対象へと転落する。大西氏は「『わたしがそうなりたい人』という題で生徒・学生に作文を書かせた場合，理想的人物として両親が登場する割合は，児童期から青年期にかけてしだいに減少する」という(2)。さらにこのころには友人・仲間集団との親和性が高まる。かくして両親や，仲間のそれぞれ異なった諸価値や圧力のため矛盾し，不安定になり，不安を感ずるようになる(3)。そして父親に代わる同一視の対象を求めはじめる(4)。母親の世話を干渉と感じて，父親の自分の独立を認めてくれる姿勢に魅力を見出し，父親に従うものとなった子どもが，今，ここに，父親の無干渉を放任と考え，愛情がないと感じはじめるのである。

ところでこの時期の同一視の対象は，したがって，第5期「母親期」の特質を高次の形で保持しているべきである。すなわち，子どもが権威者として仰ぐことができ，依存に価する対象，一方的，定言的に自分に語りかけてくれる対象である。それはまた自分に生きるための栄養となるべきなにものかを与えてくれる対象であるべきである。子どもはやがてこの対象を発見するに至るが，ここで，子どもは父親に対する思慕の念，育ててくれた者に対す

る愛惜の念をいだく。それと逆に，新しい権威者のもつ魅力との対立と葛藤に苦しみ，情緒的不安定は一層高まる。

　実際，子どもは諸種の方法を用いて，この葛藤を解決しようと努力するのである。もちろん父親のそうした限界を補うものとして学校の教師が登場する。この場合も，やはり父親と教師との選択をする際に，上に述べたような葛藤を経験するのはいうまでもない。父親の自由・放任的態度に不安を感じたのであるから，もし教師が権威的であり，博識であり，腕力にすぐれていると，子どもはやはり保護者として教師を依存の対象とする。(しかし父親は基本的には全く否定されてしまうわけではなく，第7段階に発達した際に整然と秩序づけられる。) 教師は父親代理となる。だから教師は子どもとの人間的な対等性を意識し，子どもの自由と人格を尊重すべきである。子どもはやがて教師のこの像に不安を感じ，保護と依存の対象を他に求めはじめる。父親に代わって子どもの心の中に登場するのはスポーツ選手，歌手あるいは映画スターなのである。シュプランガーも次のように述べているが傾聴に価する。「青年は彼を理解し，彼の個性を受け入れてくれる一箇の人物を求めるようになる。この人物の基準は確固とした理論的性質の原則であることもあり，内的本質の美的調和であることもあり，広い愛であることもあり，エネルギッシュな自己統制の自由であることもある。統一への途は多様であり，それぞれの個人にとって，先天的に途が他のよりも進みやすい。」[5]
つまりこのころから子どもは対象と相互作用を続けつつ，自我同一性を維持していることになる。しかし思考と世界観の分化的発達の速度もやがて低下してきて，より強固な依存させてくれるものを求めはじめる。[6] 子ども(あるいは青年)たちは次から次へと対象の限界性を知って対象を変えていくのであるが，私はこれを母親期と父親期の中間の第2次分離不安と同じ移行期現象と考える。つまり胞芽が着床すべき場所を求めてさまようあの子宮腔内での浮遊期に比すべき現象と同じでもあり，第3次分離不安ともいえる。

　しかし基本的には父親期では父親の助言によってパーソナリティその他が形成されるのであって，この時期は他者との同一視よりも父親による社会性の形成が意味があるのである。

　以上父親の限界を認知し，もはや父親を生活の中心対象とすることの不安定さを感じとって，子どもは次の(第7段階での)同一性の対象を求めはじ

第2章　胎　外　期

め，これに失敗する。

以下，青年期における理念的な変化の過程を追ってみよう。

注
1. Youth, *Fidelity and diversity*, Daedalus, 1972, 19(1), pp. 5—27.
2. 大西誠一郎, op. cit., p.77.
3. Bandura, A., The Story Decade: Fact or fiction?, in D. Rogers (ed.), *Issues in adolescent psychology*, 1969, pp.187—197.
4. 大西誠一郎, op. cit., p. 44.
5. シュプランガー, op. cit., pp.164—166.
6. 八木晃, op. cit., p.218.

2. 欲動の解消

　第3次分離不安に基づく同一視は，子どもが自分にはないそして父親には得られない特質を自分と両親以外の人物に見出したときに行なわれるのであるが，その方法は多くはテレビ・新聞のスポーツ欄や芸能欄・雑誌・書物などのマス・コミにより行なわれる。

　前節で述べたようにスポーツ選手・歌手・映画スターなどがその前哨的なものである。ついで後に述べるように第1次最高叡知者としての一般的に英雄と呼ばれる人たちが同一視の対象として求められる。男の子ならば科学者・医学者・芸術家・学者・女の子ならば医学者・芸術家・文学者，そして共通するものとしては宗教的人格者などがそれらであろう。そしてそれらの英雄を同一視の対象としてある期間は熱狂的あるいは集中的に，その情報を集め，その考え方・行動に自己を同一化させ，その言動を模倣する。しかしそれも長期にわたるものでなく，まもなく他の対象を求めはじめる。

　さてここで同一視について欲動論的に考えてみよう。第1段階「卵巣期」では卵は卵胞の内部に埋れてすべての生命維持の要素を，卵胞を通じて供給され調節されていた。また第3段階「子宮腔期」では胎児の生命は胎盤を通じて栄養分が供給されることで維持され，子宮全体によって周囲のすべての障害から隔絶されて保護されていた。同様，第5段階での母親は子どもの全生活を支え保護し成長を促していた。特に第5段階では第4段階の満腹機能と治癒機能の発生に引きつづいて，自己主張と自己否定の両欲動および，生

と死の欲動が育成され，それぞれの欲動は保護体によって，あたかもすべての新陳代謝作用が行なわれるように，解消される。

そして第6段階の「父親期」に至った場合，社会性，抽象性，論理性といった相対性ははぐくまれるが，以前に母親期に発達した各種欲動に付け加えて，自他対等欲動をそれぞれ自主的に解消させなければならない。第6段階の当初にはそれは順調に行なわれるけれど，分化的発達，つまり質的発達はやがて，これらの解消を困難にしていく。やがてこの困難は第3次分離不安として現われ，対象を求めて試行錯誤する。このとき自我同一性も混乱する。

しかし，同一視の対象が発見されたとしても子どもが未熟であるがゆえに，やはり，その在り方は幼稚であることは否めない。つまり，すべての欲動がそれぞれ相応する対象によってすべて解消されてしまうというわけにはいかないのである。たとえば，歌手や野球選手を同一視の対象としたとき，彼らは，収入が自分の父親よりはるかに多いことで満腹機能を解消させよう。また自分にはない才能をもっているということで自己主張欲動と自己否定欲動を解消させることができて，彼らは幸福感を味わうだろう。しかし彼らに，たとえ，収入と才能があっても，他の生・死の両欲動や，治癒機能などの解消は行なわれないのである。しかし，ほどなく子どもがいくらか成長して，そのことに気づくときに，他の対象を求めはじめる。たとえばその人物がヒットラーであればユダヤ人虐殺の記事による自己主張欲動，自然に忠誠を誓う彼の姿から自己否定欲動を，あるいは，式典での彼の大仰な仕草・態度から儀式性と忠誠心（自己否定欲動）を，それぞれ己れのものとして解消させることができるのである。子どもはさらに高次の対象を選ぶだろう。たとえば，子どもが第2次最高叡知者段階のアルバート・シュバイツァー博士を同一視の対象とするならば，彼の密林での成功を知って自己主張欲動，博愛心・人類愛といったものから自己犠牲あるいは自己否定欲動と友情を解消させるだろう。また密林の中でのあのたくましい生命力（生欲動），近代医学による病気の治癒力，そして彼の信仰がもたらす彼の心の安定さといったものが，子どものそれらと同じ欲動をやわらげよう。緒論で述べたスピンクスは，子どもは「青年期になると自分を勇気づけてくれるものを，もっと広範囲に求めるようになる。やがて，あらゆる感情の中で最高のものである尊

厳の念を身につけさせるような，あの英雄崇拝的な要素を心の中に呼びさましてくれる人が，年長者で宗教心のある人ならば，その結果は青年にとって非常に有益なのである」と述べている。(3)宗教心のない人がその対象となった場合，次の理由で十分に解消されるというわけではない。

その第1は，次の段階での対象を選ぶための内容となる欲動すべてを覆うものではない。その第2として，たとえばヒットラーが祭司的であったにしても，あるいは，ある歌手の人望が父親のそれを遥かに上回わるほどに高かったにしても，現実では，自分には無関係の事象にしかすぎない。第3として，子どもの自己主張欲動と自己否定欲動は現実のめまぐるしい競争社会の中で，他の面にて抑圧されてしまう。したがって，あるひとりの英雄を同一視の対象とするにしても，魅力は半減してしまっている。

かくて，子どもは，すべての欲動を解消させられる対象（高次の体系・価値基準）を求めはじめる。一つ求めては，それが不十分であることを知って失望するが，また新たに，次の対象を目指す。これは，次の段階の対象に行きつくまで，幾度も繰り返され継続される。そしてその確立が行なわれないならば，青年の精神的な崩壊と，それに続く退行を招くことになる。

注
1. シュプランガー, op. cit., pp.164—165.
2. 八木晃, op. cit., p.220.
3. スピンクス, S., 久保田圭伍訳『人間心理と宗教』大明堂, 1976, pp.120—121.

3. 攻撃性と儀式

最近，取りざたされている問題は攻撃性である。前述したように攻撃性は自己中心性の極まった際の欲動である（こんな自明なことが従来，明確でなく，全く別ものと考えられていたのである）。日常生活ではこれがしばしば個体を危険状況に追い込むものであるので，この攻撃性について論じてみたい。

しばしば，例にもち出すのはローレンツである。彼の例はすべて動物行動であって，そのままこれを人間の行動に適用するにはいささか危険が伴うこ

とは覚悟しなければならない。しかし，やはりローレンツ自身のいうように動物の社会的行動様式が人間のそれと，少なくとも眼と同様に多くの点で似た特徴があるという事実から，やはり彼の調査を引き合いに出さねばならないのである。彼は「大多数の種において，攻撃性をより危険でないものにしようという手段が工夫されてきた。それらは，種特異的な攻撃型にうまく適合していて，攻撃がほとんど常に回避されることになる防禦運動から成り立っているかもしれない」と述べて，ライオン，硬骨魚類，鳥類たちが，その方法として儀式を生み出す様子を観察し報告している。

攻撃を避ける機制は，不安を避ける機制と考えれば，これはもう単なる生活の一面だけのことでなくて，すべての高等動物のあらゆる部分にこうした儀式化がなされているともいいうる。まして人間についてもこのことは適用されるのである。ローレンツは人間の「伝統的に受け継がれる儀式というものが，その文化のごく初期に形成されはじめたものである」と付け加えている。それを，次のように論じている。「それは文化的人間のうちにすらまだ生きている。わたしたちの大多数は，面目をつぶすような小さな魔法をやらずにはいない。ガヤガヤ騒ぎや『やじ』のもつ悪い作用を防ぐ魔法として『木づちで机をトントンたたく』といったこと，あるいは塩を三つまみ左肩へ振るとか，似たようなのがまだ他にいくつもある。」日本の伝統的な魔法的習慣もそれを示す。国技スポーツの角力の試合で塩を土俵に振り撒くことがある。そのほか，あらゆる種類の祭礼の乱痴気さわぎのような状態である。これらには，ときには麻酔剤の助けにまつこともあるが，自動的に導入されるトランスの形式をとることもある。原始的な民族に見る多くの儀式は，この型の解決のいきいきとした姿を示している。そうした機会を与えるのはたとえば性的経験である。性的なオルガズムが，トランスのときに生じる状態，あるいは，ある種の薬剤の効果に似た状態を作り出すことである。またアルコール中毒と麻酔の嗜癖とは祭儀をもたぬ文化において，個人が選ぶところの形なのである。

また野球のグランドや劇場のステージで演ぜられ，語られる会話や儀式の壮厳さと，その内容はどうであれ，陶酔感あるいは，法悦の世界に臨むよろこびを与えてくれるものである。特に野球やフットボールではこの儀式がルールに則って取り行なわれる。さらに自分の好みのチームの苦境がひとりの

第2章 胎外期

スターによって逆転する際には,未開社会において祭司を中心に儀式が挙行され,彼の呪術的仕草やことばによって,激しく雨が降りはじめて,自分たちの飢を防ぐことが確実になったときの興奮に似たものがあろう。また逆に,そのスターの不調でついにチームが惨敗を喫したときのファンの悲嘆と,スターへの容赦のない非難攻撃さらには暴力沙汰は,雨乞いに失敗した祭司を祭壇から引きずりおろして殺したり,族長の地位から追放したりする出来事を再現するものである。

かくして人間社会には,相互の交流の中から各種の不安と恐れが生じるのであるが,その結果,発露する攻撃性は,儀式を日常生活の中に組み入れることで,抑圧あるいは解消されているのだともいえよう。儀式はこの文化的,現代的生活の中にあっても,人間のもつ欲動的な機制の一つに組み入れて考えられる。

つまり,ローレンツによれば,儀式は攻撃性を解消させるためのものであるというのである。ところが,儀式にはまだ彼の気づかない一面がある。

人間のもつ自己否定欲動はもちろん,母親期に母と子の間のあの絶対支配―服従関係の中で発達せしめられて,日常生活では自己中心欲動とは絶えずうらはらの関係で動いていると考えられるのである。子どもが学校でなにかの賞をとってクラスでの栄誉とされ,顕賞され,有頂点になった後に感じるわびしさとして残ったり,喧嘩で勝って相手が逃げ帰って行ったときにも,必ずそこに不安がつきまとっていたはずである。遊びに夢中になってハッと我に気づいたときの不安とむなしさを想起しない人はないはずである。つまり,自己中心欲動と自己否定欲動は両輪のように動いていて,解消すべき際には両者をともに解消させない限り,この勝利の後の,あるいはこの悦楽の後のわびしさ,むなしさは解消するものではないのである。

ところが儀式では必ず,大権の持ち主が中心になり,儀式に参加する者をすべて支配―被支配(=服従)の関係に組入れてしまう。つまり服従することにおいてその人間のもつ自己否定欲動は解消されるのである。だからその儀式が行なわれる祭壇はできるだけ威圧感を与えるほどに壮大で華美であり,神秘的であるのが望ましい。ここに現われる祭司もまたそれにふさわしい,なにやら意味あり気な服装を身につけなければならないのである。儀式はだから,ローレンツのいうように攻撃性を解消させるとともに,自己否定

217

欲動をも打ち消して，参与する個人を純粋な満足に至らせる意味で，日常生活には欠くべからざるものである。各種の欲動の解消は子どもの精神発達には忘れられてはならないが，特に恐怖の対象が現代生活では模糊としているだけに，自己否定欲動の解消には意が用いられるべきである。ユングは儀式のもつ意味を次のように述べる。少し長いが演繹のために引用して要約としよう。

　患者が現に教会にも通っているカトリックである場合，私は必ず懺悔と聖餐拝受をすすめ，これによって，放置すればすぐにもその患者の過重負担となりかねない直接体験から身を守るようにさせます。患者がプロテスタントの場合には，それほど簡単にはゆかないのが普通です。何故なら，プロテスタントにとっては，ドグマや儀式は色あせたものになり果て，その効力も大部分は既に失われてしまっているのですから。普通は懺悔すらも行われなくなっています。そのうえ牧師たちも，一般の人々と同じく心理学の問題を敬遠しており，不幸なことには，これまた一般人と同じく，人間の心理についても無知でもあります。その点カトリックの坊さんの方が人間心理の機微に通じていることが多く，洞察においても勝っているようです。加うるに，プロテスタントの牧師が大学の神学科で受けてきた学問的訓練というものが批判精神のゆえに素朴な信仰心の基礎を揺がすのに反し，カトリックの僧職教育にみなぎっている圧倒的な歴史的伝統は，教会の持つ権威をますます培うような方向に働くのが常なのです。(6)

以上，攻撃欲動の解消について述べたが，攻撃欲動のみならず，すべての欲動の解消は何らかの形においてなされるべきで，これに失敗すると各種の神経症状を呈するようになる。(7) つまりこれも自我の同一性を維持するための不可欠条件であることが理解されるのである。

注
1. カーシ，J. D. et al., 香原志勢訳『攻撃性の自然史』みすず科学ライブラリー，みすず書房，1971, p.303.
2. ibid., p.79.
3. ローレンツ，op. cit., p.118.
4. ibid., p.112.
5. フロム，op. cit., pp.13—16.
6. ユング，C.G., 浜川祥枝訳『人間心理と宗教』ユング著作集4，日本教文社，1970, p.85.
7. エリクソン『アイデンティティ』p.232.

4. しつけ・約束・教訓

　幼児期のしつけは続く諸段階ではどのように展開されるか論じてみよう。
　胎内期では個体は抑圧された存在であった。まず卵巣内にあっては濾胞（卵胞）内液の液圧下にあり，卵管でも卵管壁に限界を設けられて移動し，そして子宮腔内では子宮脱落膜と胎盤に抑圧されている。いずれも卵は抑圧下にあり，卵管内での自律性というのは，前・後の段階との比較において，いわば相対的な表現にしかすぎない。しかしすべて個体の発達にとっては，その抑圧の強弱を通じてそれぞれ発達の正常な形成に参与する。つまりキャパシテイションという作用に大きな意義をもつものであり，決して拒否的，否定的意味をもつものではない。同様に子どもが誕生してからも広義の「しつけ」という名による抑圧が継続することになるが，いずれの段階においても子どもの成長を助けるという理念的な意義をもつものである。
　第4期「乳房期」にあって，子どもは乳房から自由に，自主的に吸飲し，また自律的に排泄をすることが許されている。しかし，これも母親が常時，乳児の傍にて乳児の様子を観察してその要求を素早く看てとり，添乳するという前提においてであることは当然である。
　そして第4期も終末に近づくと母親は規則的に授乳しはじめる。これは抑圧である。しかしこの抑圧によって乳児の体調は成人の食生活に適応させられてゆく。これが乳児がこの世に生まれて最初の抑圧である。まして排泄訓練でも開始されればこれこそ強大な抑圧が乳児をしばりつけ，さらに苦痛を伴うものとなる。この授乳，排泄訓練がしつけの基本であり，このときにつちかわれた耐性が人生の幾多の苦難に耐えさせるものとなる。
　第5期「母親期」に母親はしつけを通して一方的に子どもを保育することが要求される。母親は自己の属する社会・文化の代表者として，そこでの共通な約束をしつけという形で乳児に教え込む。それはまた，口移しという同一化への行動からも明らかなように，それらのしつけは，それを通してのみ，母親と幼児との交流があるという，いわば交流の手段を確立するということで行なわれるともいえるし，また同一化した「わが子」を自分と同じ社会人

にしたて上げて，母親としての体面を保つために行なわれるともいえる。しつけは基本的には食事・排泄・衣服の着脱・清潔・睡眠である。これらのしつけはいずれも幼児自身の快適さとなって本人にも返されてくる。こうして自己愛の発達をもうながすのである。やがて，しつけの種類は増加して社会化の傾向が強くなる。たとえば簡単な挨拶や，感謝のことば，それとともに頭を下げるとか握手をするといった身振りを強調させられる。しつけには諸種の差が都市部と農村部，ブルーカラー族とホワイトカラー族，もちろん男と女といったものの間に認められる。とにかく母親は自分の属する集団・階級に基づいたしつけを根気よく習慣化させていかなければならない。これが習慣化されていないと，成人後「田舎者」だとか「野人」などとか「礼儀知らず」とか「恥しらず」などと差別されることになる。国が異なればもちろんしつけもちがう。人種が異なっていれば彼我のしつけの相違点を差別の道具に利用するなどは一般的なことである。母親は子どもに対してとにかく一方的に各種の方法を通じてしつけを行なわねばならない。本読み・昔話・叱責あるいは賞賛・慰め，あるいは話してきかせるなど年齢に応じた働きかけを要求される。しかしまた母親自身は認めなくてはならないのは，それらは結局は命令に服させるという形が基本的であって，この「命令→服従」関係の確立いかんが青年期の分離不安期にも微妙な差となって結果するのである。この「支配―服従」関係が子どもに抵抗なく受け入れられるのは6歳までであって，それ以降は抵抗が子どもの反応として現われてくる。

　第6期「父親期」になると，仲間で作ったきまり，ギャング集団のおきて，友との約束を守ることが美徳とされて，父親・教師あるいは仲間集団を通して教えられ，それらは子どもの意識下に潜在し内面化されてしまう。約束事は守られなくてはならないことが教えられるのは特に集団の競技・ゲームなどの最も効果的な場所であることはいうまでもない。それはもし約束事を守らない場合には，「いやな奴だ」，「男らしくない奴だ」などとうとんじられ，仲間集団から拒否されてしまうからである。この段階では第5期の効果的であった「支配―服従」関係は最も愚劣な教育手段となり，逆に第4段階での特質，つまり相対性が効果的手段となる。父親は乳房と同様に子どもが必要とすべきときに傍にいて助言者，あるいは友人としてともに語らい，議論をなしつつ，他人との約束事を守るべきことを理解させる必要があるのであ

る。この段階の基本的「しつけ」(=教育)の効果的な場所は，父と子の「対話」を置いて他にはない。その副次的効果として，子どもは父親に理解されたいという欲求から，論理的，合理的，あるいは抽象的能力を高めるし，またこの高められた諸特質は集団の場にあって，息子の地位を高めることになる。つまり民主的リーダーシップを増大させるのである。そして，この論理的，合理的あるいは抽象的な能力が発達するにつれて，子どもはやがて第3次分離期にさしかかる。この時期になると子どもは，それまでにはぐくんできた「約束は守ること」という命令を内面化させこれを無意識的に，道徳化してしまっている。友人が友情にそむく行為，あるいは社会慣習にそむく行為を行なうときは，「道徳心のない奴だな」などと蔑視したりするようになる。しかし，一方彼の心の中は他のことで占められるようになる。それは「人生とは何だろう」という疑問，「幸福とは，愛とは，生・死とは何か，神とはなにか」という永遠の謎への問いかけである(1)。それとともに，過去に，多くの問題を解決してきた唯一の手段，つまり「対話」の効果を想起する。対話によって約束事を作り，多くの問題を解決したのであると。しかし，どうしてもそれらの人生問題は理解できない。そこで機会を捕えて父親の意見を聞いてみる。すると父親は「人間は最高叡知者のために生きるのだよ」と一言いうだけで話にはならない。息子は「彼はもう思考停止に陥っているということだ。親爺は齢をとって話しになりゃしない」と判断してしまう。学校時代に可愛がられた恩師をある日訪問し，たまたま話は人生論へと移って行く。「先生，人間は何のために生きなくてはならないのですか」とたずねると，恩師はいう。「それは一人ひとり違っていて，各自が自身の目的を追求せねばならないのです。もっとも私自身は最高叡知者のために生きてますが。」息子はここでも非常に落胆するのである。「なんだ，解答を逃げているのではないのか」と。次に再度仲間と語り合ってみる。しかし，この仲間との討議によっても高次の合理的な得心のいく指針はえられないことなどがいよいよ明らかになってくる。つまり合理性・論理性の限界を認識しはじめる。対話のもつ自己矛盾，あるいは内部矛盾である。こうして対話自体は内部にこうした矛盾をはらみつつ，社会性の発達とともに頻繁に行なわれるようになり，さらにそれによって，対話はそれ自体の論理性と合理性の限界をみずから露呈するのである(2)。

かくて，青年は対話のもつ論理と合理の可能性に絶望し，定言的な教訓，道徳律，人生論さらに宗教教典といったものに眼を開かせはじめる。つまり母親期に確立していたあの「支配―服従関係」が，もっと強烈によみがえってきたと考えてよいだろう。緒論で触れた英国の宗教心理学者，スピンクスはこうした青年の心情を「万物の神秘に対する半透明な説明ではなくて，生命をかけて立ち向うことができ，また同時に，やむにやまれずひきつけられてゆくような，絶対的に強力な対象なのである(3)」と説き，さらに，青年は「自分の直接の家族の世界よりも大きい世界を意識するようになると，彼らに，何かの生き甲斐をあたえてくれるような何らかの目的が必要だということに気づくようになる(4)」と述べている。

　かくして青年は相互の対話と，論理的，合理的対話によっては人生の意義は解明されないことを自覚するのである。

　こうした体験を繰り返すことで，母親期でのしつけ・きまりの遵守の習慣は子どもの内面に，自己否定欲動（服従心）を復活させ再び発達させることになる。そして，強制やすすめなしに，教訓・道徳律・教典といったもの，あるいは文学作品などに走りはじめる。これを従来の内面化という概念からいえば，超自我の発達がうながされるともいえよう。

　要約すると青年は第5期の母親期での一方的，命令的な支配―服従関係によるしつけの強要を否定して，第6期の父親期に入る。ここでもっぱら「対話」によって規則を作り，問題を解決するのだが，程なく対話のもつ限界性も露呈するであろう。すなわち，前段階での形態(対話)を古いものとして，次の段階での形態（教訓・道徳律・教典）を新しいものとして対立させ，しかもなお，発達が促進されつつ，青年は不安定な状況に追い込まれるのである。

　注
1.　ディルタイ, op. cit., p.18.
2.　ここで，話を具体的にするために再び同型論を適用させてみる。33頁に述べたように卵巣において，成熟卵が放出されるまでの過程を観察しよう。「まず濾胞（卵胞）刺激ホルモン（F.S.H.）が脳下垂体より分泌されて卵胞の成長を促進する。ある程度の成長がなされるとエストラジオールが卵胞から分泌されて下垂体を刺激し，黄体形成ホルモン（L.H.）を分泌させる。これによって卵胞刺激ホルモン（F.S.H.）の保持作用とは逆の作用である卵を卵胞から放出させようと作用する。これは卵胞刺激ホ

ルモン (F.S.H.) のもつ自己矛盾というものである。」この中で, F. S. H.＝対話, 脳下垂体＝大脳, 卵胞＝論理的, 合理的, 抽象的能力, L. H.＝人生論, 卵＝青年として代入して, 括弧内の文章を再録してみると,「対話は大脳より分泌されて論理的, 合理的, 抽象的能力の成長をうながす。ある程度の成長が行なわれると (エストラジオール) が論理的, 合理的, 抽象的能力から分泌されて大脳を刺激し, 人生論を分泌させる。これによって対話の保持作用とは逆の作用である青年を論理的, 合理的, 抽象的能力から脱脚させようとする。これは対話のもつ自己矛盾というものである。」
3. スピンクス, op. cit., p.124.
4. loc. cit.

5. 世界観の成立

受精卵は分割を行ない桑実胚を経て胚葉を形成するにいたる。胚葉形成の過程は分割の概念で特徴的である。分割を行ない多くの細胞がそれぞれの生活を開始するのであるが, しかし, 決してそれらは分散することなく, 凝集しつつ一箇の球体を形成し, 生命体として移動し活動している。ひとつひとつの細胞はバラバラであるようにみられるが, それぞれは所定の位置が与えられ, それに応じた成熟と分割を行なって, 全体としては統一ある機構を形成している。やがて, この分割卵は胚葉となり, 外胚葉, 中胚葉, 内胚葉の3部は, それぞれの決定された方向に, さらに分化を繰り返し, 人間としての組織・器官を形成していく。

さて, 子どもは母親と一体となった世界, ピアジェに従えば, 自己中心的であり, 実念論的な世界から, しだいに自己の分離を, 母親への反抗という形で試みる。この反抗は彼を父親へと接近させ, 父親への同一化を待って彼はしばしの安定を得る。しかし, 父親は職場を含める広大な社会の代表者である。同一化を通して彼は父親の世界と合体する。合体するとすぐに, 彼の世界は分裂しはじめる。隣家の友だちとその家族たち, 幼稚園, 学校での先生や友だちを通じて, あるいは, 多くのマスコミ文化を通じて, さらに, 両親との対話や, 体験を通じて, 子どもはその世界を分化させる。分化に次ぐ分化によって, 彼の心は, (自我同一性が回復される間もない) いわゆる疾風怒涛の生活を経ることになる。無限の分化のようにみられるが, やがて, 分化した部分, あるいは多くの経験によって作られた印象と記憶は, 全体と

して極く少数の群体を形成し，それぞれが，ひとつのまとまりを見せはじめる。小規模世界観が複数箇，子どもの心に同居する。これを複合世界観，あるいは多元的世界観と名づける。

　彼はある事象を疑いこれを解明する。次の他の事象の解明を，最初の事象解明の原理を適用して，解明できればそれで事足りるが，もし，解明できなければ他の解明原理（＝世界観）を利用して，これを解明する。あらゆる事象の解明原理が相違していてもはばかることはない。つまり，一つの世界観の他面には，その他のいくつかの世界観が雑居していて，単一の世界観，それ自体でありえない。単一の世界観で解明できない場合には，他の世界観をもち込んで理解して，不安を解消させているといえる。また，複数の世界観をもって，自我の同一性をはかろうとしているともいえるのである。社会学的には，コントのいう多神論の段階であり，ディルタイの「自由観念論」の立場といえよう。やがて，また，ひとつひとつ事象を論理的に解明し，合理化し，一般化を試みる，いわゆる「認識論的方法論」の立場をとりはじめる。あるときは，退行して，「自然主義」的な観念，すなわち母親の，アニミスティックで，感情的，主観の世界にいたる。つまり，子どもは自然主義的観念論・自由観念論・認識論的方法論的立場といった観念を自分の思想の中に同居させ，それぞれを独立して発達させる。
(2)

　ヤスパースは『世界観の心理学』で，世界観が，構え（主観の側）・世界像（客観の側）・精神生活（両側の統一）の三つを含んでいるといい，第3の精神生活が価値秩序をしだいに発展させ，「殻または器」となり，この「殻」が生活体験の中で矛盾分裂を起こし，ついに崩壊して限界状況を生みいう。この限界状況に対する反応として，人々はそれぞれ自己に適する虚無主義・自由主義・権威主義を信奉し，または，これらにあきたらず，新しい世界観を形づくるという。これは，先に述べた，細胞の分裂の過程の同形論的な説明であるともいえよう。子どもの，外界との接触によって惹起される世界観の分割のひとつひとつはやはり，弁証法的な発展過程を通り，より複雑（高次）な世界観に到達するのである。
(3)

　さて，父親の立場について考察したい。父親自身が，自分の系内同一性を確立していないならば，すべては悲惨である。まず，父親と子どもとの間に成立すべき系の同一性も維持されない。父親の精神的発達が低次段階に混乱

第2章 胎外期

したまま固着しているならば，子どもと父親との系内での同一性は歪曲され，破壊される。その結果，子どもの世界観の形成のための経験を通じての刺激は限定され，複合された世界観はより低次の分化も不十分なものに終わり，次への健全な世界観の形成は阻害される。

　以上の経過を，具体例をもって考察してみたい。子どもは実にまことしやかな嘘つきの名人である。「ぼくの家，マンションなの」というので訪問してみると，傾きかけの古い家に住んでいたり，知事さんの次にえらいおとうさんが警備員であったりする。これらは子どもの願望が現実のものと思いこむという未分化的心性（実念論など）のゆえで，相手をだまそうという意図にもとづいた嘘ではないと説明されている。いくらか後になって子どもは教会では天地創造を教えられ，学校では進化論の授業を受けるようになる。子どもはこの二つの世界観をしつこく，どちらかに統合しようという意欲はなく，両者が共存している。もちろん矛盾も対立もないのである。

　一般的にも，学校での子どもの態度と家庭での子どもの態度が相違する場合が多い。家庭では非常に活動的で散々母親をわずらわせる内弁慶も学校では借りてきた猫の子のようにおとなしくなってしまう。あるいは，その逆もある。これが成人しても固着した場合には内づらと外づらの相違した人格を形成してしまう。病的になれば「ジキル氏とハイド氏」のような二重人格症を呈しよう。

　青年中期になると，それまで，単に並列的に共存していた複数の世界観を，彼は統一ある体系の中に包含しようとしはじめる。もっとも，それは単に，それらの世界観相互の関連性を見出そうとするものにすぎないのであるが。それは，より大きな世界観への彼の志向性として顕われる。たとえば，それは史的唯物論であり，東洋的な禅の思想である。史的唯物論の中には原始共産主義思想あり，自由主義思想あり，民主主義思想ありで，それらは横列型に美しく配列されている。東洋思想の禅の中に，善もあり悪もあり，動と静とが混然と融合して，それら一つとして，決して単一で，孤立していることは許されない。これもまた複合世界観というゆえんである。

　後期になると人間の存在・能力を超越した対象を求め，その道徳律に服従しようとするが，もし失敗したり，その対象が存在しないならば，ここに退行現象が生じる。他人の行動を理想主義だといって片付け，「現実はもっと

厳しいのさ」と軽蔑顔をする。また「もっとオトナにならなくては」とか，「純粋論もいいがいつまでもそれじゃ，だめだよ。まだ，固いね」と相手を幼稚であると揶揄したりする。つまり，「ホンネとタテマエ」という二大世界観で一切を処理しようとする。理想主義と現実主義をうまく調和させ，その結果，発達の契機となる矛盾も対立の相克も雲散霧消させてしまう。カテゴリー的にいえば，自律性を獲得した受精卵が母体の腹腔内をさまよい，あげくのはてに子宮外妊娠をして，母子ともども危険に晒されるように，自由と進歩をはきちがえた青年が過激的な手段で社会を混乱させるよりは，「ホンネとタテマエ」主義で，青年の精神的発達を阻害している方が罪は軽いかもしれない。

　「ホンネとタテマエ」は，まだ二大世界観の一部で，他の思考様式が見られる。現代日本青年のほとんどが教育制度完備で実証主義的精神をもっているはずであるが，なかなか，それが生活化しない。結婚式はキリスト教で，お葬式は仏式で行ない，その心の中にはいささかの矛盾も感じない。子どもが生まれるころ，夫婦そろって神社に詣で，その帰り，姓名判断をしてもらう。その子どもが進学する年には願をかけて，その託宣に一喜一憂したりする。車の運転席に，交通安全の札をヒラヒラさせて，事故は発生しないと安心しているドライバーも非常に多い。健康なときに遺言することを嫌い，生命保険にかかることに反発するが，すべて「縁起でもないこと」だからである。そのくせ，問われれば「私は無神論者です」と答えてはばかるところがない。

　要約すれば次のようになろう。アニミズムの世界は，子どもが父親の世界と融合するにおよんで，分化しはじめ，それは外部の刺激によって促進されて，多くの世界観の群体を形成する。外部環境の発達が彼の発達に伴わないときには，彼の精神発達を阻害し，成長を止めてしまう。

注
1. ピアジェ, op. cit., pp.38—39.
2. ディルタイ, op. cit., pp.77—79.
3. ヤスパース, K., 上村忠雄・前田利男訳『世界観の心理学』ヤスパース選集，理想社, 1969, 上, pp.135—461.

第 2 章 胎 外 期

6. 最高叡知者の発見と葛藤

　父親との対話によっても教師との話し合いによっても，あるいは友人との語らいによっても何ら人生論についての合理的で論理的な解答が得られない。そればかりか青年は，父親は自分を愛して自由にしていたのでなくて，愛していなかったがゆえに放任していたのではないかと思い，不安な気持ちに襲われる。そして決定的に自己の生き方を指し示してくれる定言的な人生訓・教訓・道徳律・教典といったものに魅力を感じはじめる。それと平行して，自己中心欲動と自己否定欲動とが発達し，それぞれは儀式という形での解消を求めはじめる。また，各種の人生観の遍歴の後，自由観念論(224頁)にも矛盾を見出すが，ちょうどこうした時期は，たとえば，青年も企業に就職していて，技術の向上を目指して研究するのであるが，そのたびに合理性の限界を知るとともに，また，自分は企業に奉仕するために生まれてきただけではないかと，生きる目的は何かを考えはじめる。そうこうするうちに，母親期に育てられた「命令には従いたい」という支配―服従関係への郷愁も現出する。これについてのオールポートの観察文を論評してみよう。つまり「青年期においてすら，自分の行為を外なる権威によって規制することを好む若人がいる。彼は指導者・権威を欲する。背骨を内化することは難しい。この明らかな学習依存，そして成熟した良心が形成されることの遅さが，良心が生れつき与えられたものでないことを確める」(1)というのである。オールポートの説は私の理念の演繹化と考えるが，さらに，彼は「……外なる権威によって規制することを好む若人がいる」とまるで，そういった若人は特殊であるかのように述べているが，実はこれは特殊ではなくて本来的であることが，判明するのである。したがって，彼は現象から本質を見失っていたと容易に批評できよう。

　さて，以上の結果，青年の心中には大きな葛藤が渦巻くのである。つまり「友のために栄養を獲得せんものと，きまりに従い手腕を自律的に労働させて生産行動を成立させる」ことへの疑問をもつ。そして単に合理性と論理性のみの追求態度に対する疑問，そして，高揚されてくる自己否定欲動の解消へのもだしがたい傾向（儀式への参加欲動），および権威的対象への止みが

たい依存欲求をいだく。そしてこのころには教訓に心酔したり，文学書を渉猟し，教典に接したりして，その葛藤を解消させようと必死の探索が続く。そして，あるとき，友人にさそわれてシナゴーグの礼拝に出席したとき，自分の求めていた定言的道徳律を発見する。そしてシナゴーグでの壮厳さに打ちのめされる。それは思いがけず，自分の父親や教師がかつて示したことのある「最高叡知者」であったのである。その叡知者は息子にこう語りかけるのである。「我に依れ，我が命令に服さば生くる目的・意義を汝に教えん」，さらにことばは続く，「我汝に示さん。民族のために栄養を受け取ろうと，汝は我に依って頭脳を我が命令どおり思考させるならば，その結果，汝は我により創造行動を成立せしめん」と。息子はこの叡知者の言を考え，その権威性，そのいかんともしがたい絶対性と依存性を認めた。その最高叡知者は父親のようでなくて信頼がおけるようであり，教師のように論理的でもなく，科学や技術によって合理的に説明できるものでもない。それはいわば実在ではないし，むしろ非論理，非自然的存在である。そして，しかもなお，最高叡知者は新たな贈りものを示してくれた。「手腕だけに頼らないで頭脳に依存せよ，友のために生くるのでなく民族の発展のために生き，そのために思考せよ」という。そうすれば息子は技術を超越して創造的な活動ができるのだという贈りものなのである。息子は父親を顧みた。「父親は不安気に見えたし，実際，自分も相当父親に助言を仰いできてもいる。教師にしてもそうである。たしかに彼らふたりは自分にとってよき友人であったのだ。自由に討論もしたし，ともにたべ，酒をくみ交わしたこともあった。自分の身体・精神の発達も父親・教師そして友人たちの力添えがなかったならば，到底ここまでになるとは考えられもしないのだ。」息子にはこの新しい権威者に素直に依存したいが，過去の父親・恩師・社会といった権威者をも忘れたくもないのである。一方をとれば他方を捨てなくてはならない。たとえば，論理をとれば非論理は捨てなくてはならないし，合理をとれば非合理を捨てなくてはならない。道徳律をとればきまりを捨て，あるいは民族のために生きんとすれば友人を捨てなくてはならないであろう。息子はこのジレンマに陥っているのに気づくが何とも自力では当分抜け出せそうにない。しかし，第6段階での論理性，合理性，対話，約束（きまり），友といったものにはすでに絶望を感じ，経験してきているのである。実証主義にはもう堪えられ

ない。そして今遭遇したのは新しい権威者である。彼はその権威者の前にただひとり存在しているのを知る。いわゆる，キェルケゴールの「神の前にある自己」，すなわち単独者としての人間存在であることをさとる。[3] 彼によれば「信仰」とは，神のうちに「透明に基礎づけられた」自己となるために「分別を失うこと＝非合理化，非論理化，主観化すること」である。それは神と人間との無限の質的差異の深淵をつきやぶる逆説，「質の弁証法」である。人間に必要なのは「あえてそれを信ずるだけの謙虚な勇気」である。彼は今，単独者たる存在として絶望するか信仰へ飛躍するかという「あれか，これか」の決断の前に立たされている。実証主義をとるべきか，実存主義をとるべきかという岐路に直面しているともいえるのである。彼の心の中には葛藤がうず巻くのである。

注
1. オールポート, A. G., 原谷達夫訳『個人と宗教』岩波書店, 1953, p.98.
2. ibid., p.77.
3. キェルケゴール, S., 斉藤信治訳『死に至る病』岩波文庫, 岩波書店, 1939, pp. 121—213.

7. 要 約

　欲動の解消について誕生後は諸種の欲動が発達したが健全な精神発達のためには，それぞれ生活の場で解消される必要がある。たとえば自己中心欲動および自己否定欲動といったものを，文学作品の主人公，あるいは歴史上の人物といった英雄と同一視することによって，解消することができる。子どもの同一視の心理的な裏付けは欲動の解消機構の現われである。しかし，同一視だけでは不十分な解消であるために，充足を求めて同一視現象は絶えず続けられる。儀式は一般にいわれるように攻撃性の解消ばかりでなく自己否定欲動解消をも行なうのであるから，青年の日常生活には何らかの形での儀式が必要なのである。さらに母親期のしつけのあり方から，父親期での在り方に考察を行ない，次の段階での対象設定には定言的道徳律との関連性が示唆されたのである。またアニミズムの世界観と母親との関係，さらに消化器官との関連も論ぜられ，精神分析学に対して新たな提言がなされて，さらに，

そこから子どものもつ母親の世界への拒否反応が子どもの世界観を形成し，そのかたわら，父親との系内同一性が完了し，子どもは新しい発達を遂げるが，しかしやはり，ここでも父親のもつ能力の限界を認知し，再び父親の世界からの脱出を計り，これが子どもを不安定な状況に陥らせていく。青年はここで多神論的な考え方から，必然的に一神論的な世界に入って行くことについての葛藤をいだく。ここでコントがしばしば引用され，彼のいわゆる，神学時代，形而上学時代，実証主義時代という区分の仕方にいくらか疑念があることが提示されたのである。

さて以上での論述で確定されたのは「父親期では友のために栄養（または食糧）を獲得せんとして，規則にしたがい手腕を自律的に労働させることによって生産行動が成立する」であり，次にこれを表として掲げておく。

表5　第6段階特質構成律

(1)	(2)	(3)	(4)	(5)	(6)	(7)	(8)
段階	目的(1)	目的(2)	手順	器官	行動類型	行動	結果
～では	(人)の～ため	栄養を{獲得/受容}せんと	～に従い	～を	{自律的に/依存的に}	～させ	その結果～が成立する

ここで今まで，この表について論証しきたったのであるが，統辞論的に，それぞれの位置にはいくらか今後変更を余儀なくされるかもしれないが，その構成要素については変化はないものと思われる。ただし段階を経るにしたがって増加しつつあることはいうまでもない。しかし文尾の「結果」の要素になった概念についてはさらに論じておきたい。第4段階では「授乳行動」，第5段階「摂食行動」，第6段階「生産行動」であり，それぞれ前段階の概念の否定概念として，後者は前者を統一していることが判明しよう。これらは，前文を受け，その結果の行動を結論づけていて，いうなれば前文は，それぞれの行動の定義ともいえる。そこで次に，操作を加えてみたい。各段階，つまり第4段階の「授乳行動」，第5段階の「摂食行動」，第6段階の「生産行動」をそれぞれ，「食欲」，「愛情」，「友情」と置き換えると，それは統辞論的にはやはり成立するのである。たとえば，第5段階では，「自分のために栄養を受容せんとして，歯牙をしつけにしたがって依存的に咬合させて，その結果，愛情が成立する」。つまり，授乳行動と食欲，摂食行動

と愛情，生産行動（活動）と友情はそれぞれ等価であるといえるのである。第6段階についてはさらにこう敷衍できよう。「働かざるもの，友（市民）として食うべからず」。ともかく，生産活動は市民社会を維持するのに必要欠くべからざる市民に課せられた活動であるという結語が理念として導き出されるのである。

第3章

精　神　期

　青年期後半（20―24歳）およびそれ以降の期間を指す。精神期をさらに「第1次最高叡知者期」と「第2次最高叡知者期」の二つにわけ，純粋理性に従ってその精神期の解明を試みた。

第7期　第1次最高叡知者期（頭脳・思考期）

1．第1次最高叡知者期の成立

　第6期「父親期」の終末時，青年は各種の父親その他による生活体験から，人は友のために生きるべきであるとして，生産性を高めるためのあらゆる技術の向上を目指し努力したが，結局，技術の向上にも限度があることに挫折感をいだいた。そして，たまたま最高叡知者の存在に気づき，従来の生き方と，新しい生き方の対立に葛藤を感じた。その対立とは友情と民族愛，合理と非合理，論理と非論理，規則と道徳律，父親と最高叡知者，実証主義と実存主義，社会人と単独者，多神教と一神教といったものである。そして容赦なく二者択一を迫る自己否定欲動と生欲動のうずきがその深層に横たわるのである。
　葛藤の中のある日，しかし，問題は一挙に解決するのである。父親が毎日ことごとに最高叡知者に祈りを捧げていたこと，しつけにあたって必ず道徳律をその最高叡知者を根拠にもちきたって息子に話していたことを，そして父親は最高叡知者の前ではまことに真摯な態度で恐れつつしんでいつつも，

常に晴れやかな満ち足りた表情であったこと，さらに恩師もまた最高叡知者を常に生きるよすがにしているといっていたが，その教師とそうでない教師との職業に賭ける日常生活態度が前者が格段に勝っていたことを，たとえば己れにきびしく他に寛容だったことなどを想い出したのである。そして息子は，たとえ自分が父親を捨てて最高叡知者に従ったところで父親はそのことをうらみに思って悲しむどころか，返って至上の喜びをもってそのことを歓迎してくれるのだ。そして恩師もきっとそのことを賞賛こそすれ，決して非難はしないのだ。そうして父と教師とともに最高叡知者に仕え，師事するものとしてともに祈りを捧げ，ともに最高叡知者の栄光と大権と道徳律を語り合えば，決して父をも教師をも捨てることにはならない，それどころかそれが最も好ましい秩序に従うのだという悟りを得る。つまり内的連関の成立がここで行なわれ，古いものは新しいもので統一され，問題はすべて解決に至る。友情は民族愛に，合理は非合理に，論理もまた非論理に，規則は道徳律に，実証主義は実存主義に，そして社会性は単独者（自己中心性）に，また多神教は一神教によって統一されてしまうのである。そして，はしなくも以前の悩み，すべての対立は誤りであることが理解されるのである。

　かくして，最高叡知者の贈物，「民族のために食糧を受容せんものと，道徳律に従い頭脳を依存的に思考させ，その結果，創造が完了する」ことが青年の生活信条となる。

　なおここで問題になるのは，創造性に至ってはじめて頭脳を思考の具としていることであろう。一般的には合理的思考力，あるいは論理的思考力とは合理的に頭脳で思考する能力，あるいは論理的に頭脳で思考する能力といわれて，専ら頭脳が合理性・論理性の中枢とされている。どの教科書にも，だから，「論理的思考力」「合理的思考力」なる語が使用されているわけであるが，理念的に考察すると，論理性・合理性は単に手腕の行動のさせ方，あるいは行動自体の状態を表わす名称にすぎないのである。これを「操作」とピアジェは呼んでいる。生産性を高めるために――頭脳を働かせるのでなく――手と足が無駄のないように動作することが必要である。たとえば無理のない姿勢で，最も適した道具を使って，最も適正な材料に加工することを，手と足が行なうのである。手と足は――道具を使って――材料に触れてみて感覚的に適正な材料かどうかを見分ける。これは経験の働きであり，直観力

であろう。遠くにある材料を一つずつ,取りに行っては仕事場にもち帰ってから加工するというのでなく,利手に最も近い場所に準備しておいて一つ加工すれば,瞬時の間を置くことなく次の材料に利手を伸ばし,次の瞬間にはその材料に道具が動いている。……以上の行程はだから頭脳による思考の結果であると容易に断定できるのかどうか,これは単に経験によって多種な道具の中から最も加工に適した道具が選ばれ——陶冶され——,各種の材料の中から最も加工しやすく,仕上りが美しくなるものが経験によって選別され,そうでないものは適当ならずとして,仕事場にはもち込まれなくなった——つまり経験による結果で,頭脳の思考作用はほとんど無視してもよいと考えるわけには行かないのか——日本の伝統的文化財として一芸に秀出た人たちを形容するのに,「頭脳的」という語より「熟練した」という語が,あるオートメ化した工場の機械の配列を評するのに「頭脳的,創造的な配列」というより「合理的,論理的な配列」という語が,より修飾語としては適当であると考えられないだろうか。ちなみに大脳生理学的にいうと人間の脳はその5％ほど使用されているだけであるということは何を意味するのだろうか。つまり合理的思考力,論理的思考力という語は適当でなく,それぞれ合理的能力（＝合理性）,論理的能力（＝論理性）としたほうが納得できるのである。したがって,大脳が十分（100％）に活動するのは第7段階の創造性が能力として作動するときで,この時点ではじめて,頭脳による思考が行なわれると考えた方がよいだろうと思う。今後の課題として提起したい問題である。

2. ヘブライズムと創造性

　日本の学校教育は知識偏重の詰め込み教育にすぎないといわれ,これが創造活動の発達を阻害しているのだと非難されている。ゆえにそうした弊害のある教育から脱出が企だてられ,制度の改革が提案されたり,創造性の研究がなされたりしている。その中で湯川秀樹氏も「創造活動にはやはり記憶力が秀れていて知識を蓄えておくことがまず必要である」と述べて知育に賛意を表わしている。これは正しい態度なのだろうか。[1]
　さて,まず創造性の開発のためには民族は伝統的,民族的な諺・金言・教

訓・教典を遵守すべきであるという命題を提出しよう。そのために，またどのような諺・金言・教訓・教典・民族が適当であるのかを問題としよう。創造性の動因となるものが金言・戒律・教義とすれば，各種の源流文化のうちでそうした金言・教訓・戒律が特徴となっている文化を探し求め，これを研究すればよい。そこでアーノルド J. トインビーのいうようにシュメール・アッカード文明，エジプト文明およびシリア文明といった古代文明を継承し，ギリシァ・ローマ文明と融合してキリスト教文明を形成したヘブライズムそしてその中核をなすユダヤ教をその対象とするべきであると考えられるのである。⁽²⁾

トーランス (E. P. Torrance, 1962) はその著 "Guiding Creative talent" の中で，創造とは，ある種の不足を感知し，それに関する考えまたは仮説を検証し，その結果を人に伝達する過程を経て，なにか新しい独創的なものを産出することだという。本書でもこの定義を受入れたい。

マッキノン (D. W. Mackinnon, 1962) はアメリカで最も創造的だとされている建築家40名を対象にしてその資質を調査・分析してそれを次のように報告している。「創造的建築家の両親について，最も多く特徴となっているように思われること」について，二，三述べた後「家族の内部には行為や観念の正邪に関して明白な基準があったこと」が明らかであったとしている。宗教上の慣行については「創造的な建築家の家庭はかなり広い多様性を示していたが，最も広く強調されていた点は，形式的な宗教慣行ではなくて，むしろ個人的な道徳律であった。3分の1の家庭では，形式的な宗教が両親の片方または両方によって重んじられていたが，残りの3分の2ではどうでもよいか，でなければ申し訳けに行なわれていたにすぎなかった」という。申し訳程度に行なわれていたにせよ，宗教的慣行は無視されてはいなかったのである。自分自身の道徳を発見させることに重きがおかれている家庭で，尊重している価値は「誠実(たとえば率直・正直・他人の尊敬)，品性(たとえば自尊心・勤勉・仕事の喜び・才能の発達)，知的文化的努力，成功と抱負，人に尊ばれ，正しいことを行なうこと，などに関係していることが最も多かった」⁽³⁾ということである。つまり，そうした家庭ではほとんど，価値規準，あるいは道徳律が尊重されていたのである。

日本にも教訓・人生訓・諺なるものは在来および伝来を問わず多数存在

第3章 精 神 期

し，そのうちには江戸時代に藩訓および家訓といった形で体系化された道徳律もあり——特に仙台藩主伊達政宗によるものは透逸である——，またベンダサンもあの独特の論法で日本にも古来の宗教があり，「それは人間を基準とする宗教で」,「人間とはかくあるべき者だ」という「一つの基本的宗規」をもっているというのである(4)。しかしながら，これらは次の理由で真の意味では道徳律たることはできない。前者は同形論を採用すれば，ちょうど第5期の母親の子どもに対するしつけと同じ種類のものであるにすぎない。家臣及び一般民衆は絶対権力のもとで藩訓を遵守させられていて，あたかもユダヤ教での民族の道徳律の遵守を思わせるのだが，その相違点は，一方は行政庁がそれを発布し，他方は祭司が民族に示したということである。つまり，民族共通の伝承された「神話」に結びつくとき，それは絶対視されるであろうし，反面，そうでないと相対視は免れ得ないのである。相対視されたとき，その藩訓のみならず，教訓・諺・金言などは，人々の生活のある面までは指針とはなっても，生活を厳しく規制するものではない。しかし，それらが宗教化され，神格的存在と結び合わせられたとき，はじめてそれは，人々の生活を，内面的な部分までも支配することが可能となるのであろう。すると，結論的には，教典，教義，戒律そのものといった宗教的なものが，人々に生活の基準を示し，罪意識をいだかせるのであるといえる。だから，宗教的権威への畏れと無関係に教訓・諺・金言それ自体が人々に罪意識と救助心をいだかせるとすればそれはまれなケースであるといえよう。

　また，宗規が存在していたということについては，さらに日本人独自の思考態度，つまり「理想と現実とは違うのさ」とか,「立て前と本音は違って当然」ということばによって示される教訓への追求態度は，非常に甘いものであったと考えないわけにはいかない。しかし，実はこの意味における道徳律が一時期を画して一般的に遵守されていたのである。それは，民主主義社会といわれる現在では封建的であるといわれている，かの「教育勅語」である。天皇という神話の世界の人格神によって発布され，これを遵守しなければ，国賊扱いされ，国が勝利をおさめるためには，国民はこれを絶対的，先験的な道徳律として遵守しなければならなかった。このときには，立て前と本音の区別などというものはもとより認められる余地はなく，実に教育勅語の「戒律」は冷厳に国民に臨んだのである。これと同様にユダヤ人の律法へ

237

の追求には全民族の興亡が賭けられていたのであり,その不運な歴史を通じての悲願にもなっていることはあまりにも有名である。

イザヤ・ベンダサンは,ユダヤ人は異教の神ヤハウェを自分の神とした。つまり,ヤハウェの養子となったことから,ある種の契約関係がはじまったのであると述べ,次のように説明している。

> ……もしそれを破れば「きょう限り父(養父母)でもなければ子(養子)でもない」ことになる。従って,人間の方で契約に違反すれば,その瞬間に,子としての権利は失われる。権利がないのに権利を主張するなら,それは主張する方が正しくない。従ってこの契約はあくまでも守らねばならない。そして契約を守るとは,神の定めた律法を一点一画まで正確に守り抜くことである,というのがイスラエル3千年の歴史を貫く根本的な考え方であった。[5]

ヤハウェ神は実際,モーセの祖先であるアブラハムおよびイサクの崇める神であり,モーセを含む子孫の祝福を誓約したのである。モーセのシナイ山の契約以来,モーセの崇める神はモーセのみならず,全国民共通の神となったのである。そしてこのときに交わした契約は厳格であったのである。たとえば,旧約聖書のホセア書では「そのところでわたし(=神)は彼女(イスラエル人)にそのぶどう畑を与え,アコルの谷を望みの門として与える。そのところで彼女は若かった日のように,エジプトの国からのぼって来たときのように,答えるであろう(2:15)」。

しかし「彼らの母は淫行をなし,彼らをはらんだ彼女は恥ずべきことを行った。彼女は言った,『わたしはわが恋人たちについて行こう。彼らはパンと水と羊の毛と麻と油と飲み物とを,わたしに与える者である』(2:5)」と。ところが「彼女に穀物と酒と油とを与えた者,またバアル神(=偶像)のために用いた銀と金とを多く彼女に与えた者は,わたしであったことを彼女は知らなかった(2:8)」。ところが「地のもろもろのやからのうちで,わたし(=神)はただ,あなたがただけ(=イスラエル人たち)を知った。それゆえ,わたしはあなたがたのもろもろの罪のため,あなたがたを罰する(アモス,3:2)」。それゆえ,「わたしは穀物をその時になって奪い,ぶどう酒をその季節になって奪い,また彼女の裸をおおうために用いる羊の毛と麻とを奪い取る(ホセア,2:9)」。「イスラエルの子らは多くの日の間,王なく,君なく,犠牲なく,柱なく,エポテおよびテラピムもなく過ごす(ホセ

ア，3：4）。」つまりイスラエル人の父である神は，少しの甘えも許すことなく，きびしい罰でもってその国民に臨んだのである。その結果，イスラエル人は世界のジプシーとして，家も，所有物も国家も，自分たちを守ってくれる軍隊も政府をも失ってしまったのである。

ふたたび，日本人にも律法があったとするベンダサンの意見にもどろう。彼はその律法を「人間相互の信頼関係の回復」，つまり「人間教あるいは経済教」ということばで表わされる宗教の律法であるとしている。そして日本人は価値規準をまず，生業（経済）を第1とし，次に娯楽，第3に神仏信仰（宗教）を置いていると述べているのである。(6)けれど精神発達的には経済は青年が父親を同一性の対象としたころの，あるいはさらに遡って母親期での自己中心性形成の特質的な考え方であったことを考えると，ベンダサンの観察が正しければ，日本人の精神発達段階はまだユダヤ人のそれまでには至っていないと結論されるのである。そう考えると，幼児が人生訓を聞かされて，「そうはいっても，まだ，ぼくにそれができるわけないよ。だって何も知らないし，まだ子どもだから」などと「甘え」ている様子と，日本人のいう「立てまえと本音」論が奇妙にも一致するのである。ベンダサンは，日本人もユダヤ人と同じ精神発達をしているとして，対等の位置に日本人を置いているが，それは彼の買いかぶりか，意識的な社交辞令なのであろう。（たぶん，私は後者だと思う）。(7)

横道へそれたようであるが，ユダヤ教の思想はタルムード（モーセの五書を中心とするB.C.500年よりA.D.500年に編まれたといわれる日常生活を律する教訓集＝律法）にあり，その中枢となるのはモーセの十戒である。(8)

先に述べたように（234-235頁）第6段階では知識獲得（科学）は中枢的な特徴であり，他方第7段階では創造性はこの戒律によって生み出されるものである。とすれば，創造性とは非常に宗教的であることになる。したがって「知識と創造性との対立はだから科学と宗教との対立とでもいいかえられる」(9)とガストン・ブートゥールが述べるのもまことに当を得ているのである。(10)現代の学校教育の目的は単に知識の授受と集団性の高揚ばかりでなくて，最終的には創造性の開発にありとしている。そうであるならば（もちろん，筆者はこれには賛成しない），民族神話にもとづいた教訓と戒律を教える必要がある。だからガストン・ブートゥールの「教育の目的は神話を教えることにあ

(11)
る」という主張は正しい。イスラエル社会では，その生活の隅々にまでもこのような戒律，つまり律法が行きわたっている。ベンダサンおよび M. トケイヤーがユダヤ人がなぜ創造的であるのかを分析し，その理由を説明しているが，特にベンダサンは次のように述べている。

　ユダヤ人にとっては，明日がどうなるかは絶対だれにもわからないので，明日の生き方は，全く新しく発明しなければならないのである。生き方を発明するのも機械機具を発明するのも原則は同じで，可能な案をまずたてねばならない。
(12)

　律法を遵守しなかったがゆえに亡国の民となり，亡国の民であるがゆえに明日の生き方が判らない。そこで律法が規準となり，建国への希望を賭けて，律法を遵守しようとする。そこに創造性がつちかわれるというのであろう。ちなみに現代の全生活および学問領域に，律法によって育てられたユダヤ人の果たす業績はまことに目ざましいものがある。マルクス，フロイトおよびアインシュタインらをはじめとするユダヤ人は，その頭脳には創造性回路が形成され，彼らが技術，科学を是とする世界に君臨するのである。

　そしてまた，ある民族が共通の戒律や道徳律（それらはすべて神話に基づかなければならないが）を厳しく遵守しようと努力するとき，相互に親近感が出て，それはさらに部族愛・民族愛へと育つ。ときにはそれが極限にいたれば選民意識へと発達するだろうことは容易に推測されるのである。すこし突飛な例だが，浪曲師，広沢虎造の「森の石松」はその名調子で名高い。「江戸っ子だってねえ。すし食いねえ，飲みねえ」という台詞がその浪曲をもり上げている。次郎長親分の子分である石松が自分の評判はいいだろうと期待しつつ，同船した旅人に，自分の名を伏せて，すしを食べさせ，酒をすすめながら，それを聞き出していく物語りが構成されている。これについては多くの解釈が成り立つが，これも自分の親分の崇拝者に対する親近感から思わず口にした合言葉ともとれる。厳しい江戸幕府体制の枠外にいるアウト・ローはそれなりに，体制の厳しさに対応する緊張感を内にもっている。「江戸っ子」および「次郎長親分の崇拝者」という二つの共通点が二人を近づけたのであろう。「飲みねえ，食いねえ」というのは，「同国人だね。仲良くしようよ」という，一種の民族愛とでもいえるのである。

　ともかく彼らは選民意識と民族愛をこのように育て，それがまた，創造性

第3章　精　神　期

を発達させる動機になっているともいえるのである。

　このことはちょうどあの母親（幼児）期に母親は社会から要請されている規準を先験的，定言的なしつけとして子どもを訓練するのに似ている。つまり子どもがその歯を使用するのに多くの作法が教えられる。その作法に従って歯を動かせば効率よく栄養が吸収され，身体的にも精神的にも健全でいられるのである。この先験的に与えられる社会規準は，母親によって十分にしつけられれば，子どもはいかに幼児期であろうとも，早くから「礼儀正しい子ども」といわれるのである。また父親期にても，子どもは「歯」の発達形態である「腕」あるいは「手」の使用に際しても対話と経験と教育によって定められた「きまり」に従って動作させる。そのときそれは「生産活動」と呼ばれた。この「きまり」は，もちろん先験的なものではない。しかし生産量増加の要求度に応じて必要ならばその社会での最高度のきまりが，技術の名で教えられる。そしてこの第1次最高叡知者期にては，先験的な規準が戒律として，あるいは教典として与えられ，手と腕の発達型態としての頭脳の働かせ方を教えられる。この戒律，あるいは教典はきびしければきびしいほど，そして，それらを遵守しようとする意図が強ければ強いほど「考える」作法，方法は頭脳の中に強烈に訓練され定着されるのである。

　さて十戒の中心は「汝，我のほかに何物をも神となすべからず，汝，何の偶像をも拝むべからず，汝の神エホバの名をみだりに口にすべからず，安息日を憶えてこれを聖くなすべし」の四項である。その特徴は，偶像崇拝の禁止である。つまり一神のすすめ，唯一神への崇拝がもたらすものは，視覚を通して物質的像への崇拝禁止である。このことから，創造のメカニズムが明らかにされよう。偶像を拝むことはつまり，意識のみならず無意識までも物質に集中させてしまうことである。純金の像，流線美を誇る像，その柔和さ，恐怖心，無気味さを感じさせる像に，精神を集中させるとき，個人の発想回路はその型態と質と量とに固定されてしまう。だから彼の思念は，限定された固体空間にとらえられてしまい，その域を出ることはない。その偶像は他の誰かが作ったものである限り，思念はその像を作った人間の発想回路を超えることはないのである。ユダヤ教のラビであるイジドー・エプスタインは偶像禁止について，次のように述べている。

自然崇拝とその相関物である「刻まれた像」の制作の禁止は，イスラエルの一神教に独特な性格を与えている。……すべての他の民族の神々は，自然と同一のものと考えられ，有限の自然に似せて形を与えることができた。ところがイスラエルの神は，あらゆる現象から超越しており，神を造形的または絵画的に表わすことは，偽りや罪のもとにすぎないのである。(13)（筆者傍点）。

　この引用文中，「有限の自然に似せて形を与えることができた」というのは「……与えることだけできた」ので，そこからは新しいものは生まれなかったのであるとも理解できよう。

　つまり，偶像化とは不可視的，精神的対象物を可視的にし，人間化し，さらに物質化すること，いわゆる，退行化を意味する。これは，丁度，幼児期における，幼児と母親との「支配―服従」関係の再現でしかない。ここに，偶像を拝み，これに仕える青年は，合理的，論理的操作段階（思考段階）を通過して，一挙にアニミズムの世界へと転落を余儀なくさせられる。もちろん，人間の神格化も同じパターンに入るのである。このように偶像を精神生活の中心としている限り，長期間には，頭脳の思考回路は誰か他の人間と等しくなってしまうのである。アニミズム的な精神主義・神秘主義的な発想が頭をもたげ，そうした世界に，彼の観念が融合し一体化してしまう。

　一方，個人は偶像でないもの，木に彫らず，金に刻むことをせず，つまり視覚化されず，映像でないものを唯一，精神生活の目標とし，生きがいとして，それに集中する。そのとき，青年は，アニミズムの発展形態である一種の神秘主義にとらえられる。これを超合理性・超論理性と名づける。これは，論理性・合理性といった科学・知識学習に必要な道具を統一するため，彼の思念は見えざる空間を映像のない対象を求めて自由に活動する。それは無限に広がり，流動的であり，あらゆる現象と時空を超越したものである。現象と時空を超越したものである限りそれは他人の思考回路を通ったものでなく，たとえそうだったとしてもその確率は無視できるほどに低い数値であろう。さらにまた，「みだりに神の名を唱えてならない」ということからイスラエル人は神（YHWH）の4文字がでてくるとこれを「主」adhonai と読むように訓練されているが，このこと自体，神への概念の固定化を防止する役目を果たしていると考えられる。だから，それが人間によって映像化されるとき，それはかつて誰しも考えも及ばなかった新しい実体となって現象化され

第3章 精神期

る。無から有が生じたのであり、このときはじめて、創造が行なわれたといえるのである。このように偶像崇拝の禁止が創造性を高めてきたのであって、習得された知識は、創造されたものを飾り、肉付けするのに役立つしかないものなのである。道徳律の中心なるものが創造性の主である、つまり、「天地の創造主である神」また「万物の創り主」なる神が、人間の創造能力をも賦与し給うというのは、あまりに話がうますぎるというのだろうか。(14)

　だから、創造性教育が遅れた原因はなにも詰込み教育ばかりにあるとはいえないのである。詰め込み教育も大いに結構なのである。

　これに反し、いわゆるヘブライズムによって征服された他の文化圏の民族の状況は、その看るべき姿をなくしている。たとえば日本には東洋の伝統ある文化が独得の発展形式をとって華やかに存在していた。特に元禄時代の町人文化は実に華美なものであろう。しかし明治維新を契機にしてヘブライズムが西洋文明として流入し、日本独自の文化を相当駆逐してしまったのである。種々の分野で西欧化はすすんだのであるが、感情面の西欧化もはなはだしいものがある。映画で首狩族の首切りのドキュメンタルな光景を目にしたり、あるいは不時着したヒマラヤ山中で仲間の屍体の肉を食べて飢を免れて救われたという記事を新聞で読むことがある。人々は何と惨酷なことよといい、非人間的な人たちよと顔をしかめて非難する。しかし、元禄時代の生活感情では当時の戦争では、首狩りも、腹切りも当然なできごとであったし、あるいは死者のすねの肉を食べて、その霊の継承を願うという習慣も、ある地方には比較的遅くまで残っていたという。また仇討ちという名での暗殺・私刑（テロとリンチ）は美徳とされていたのである。だから未開社会での彼らの最も生活的な、あるいは道徳的な習慣を映画で観たときに、共感を感じて喜ぶというのならまだしも、これを惨酷よばわりするということは、少なくとも「汝、人を殺すなかれ」というタルムードの律法がこうした面にまで浸透していることを示している。

　ある文化がヘブライズムによって征服されたならば、その民族はユダヤ人と全く同じ立場に立ち、同じ能力をもつようになってしかるべきであろう。しかし、残念ながら現実はそうではない。なぜかといえば、たとえば、日本にはこの征服文化と被征服文化の断絶が認められるが、これを示す語句として日本の伝統的な精神とヨーロッパ文明の統一を意味する「和魂洋才」とい

うのがある。これは日本民族の一つの誇りとなっているが、これほど皮肉なことはないのである。なぜなら、ヘブライズムが世界を征服したが、その教訓、十戒を生活信条とできるのはあくまでもユダヤ人のみに限定されていることを想起すべきである。だからこのことは、他民族にはイスラエル文化的創造活動は許されていないことを意味する。それでは——ほとんど絶望的ではあるが——よしや日本文化がヘブライズムを追い払い、日本独自の文化圏を充実することにでもなれば、日本民族の中からその創造活動の価値が認められる人たちが輩出するだろうかという推測がでる。しかし残念ながらそれすら否定されねばならない。日本人には創造的な才能が欠如しているのである。その原因として元来詰込み教育による短所のみが論じられているが、必ずしも原因はそればかりでない（むしろ、知識の獲得は発達過程で強調さるべき特徴の一つであって善と認めるべきであり、悪の張本人扱いすべきことではないのである）。その原因は、上に述べたように日本文化が被征服文化であるということ以外に、神話に基づいた道徳律が教えられていないという事実によるものである。

　しかし、もし幸いにして、ヘブライ文化圏以外の国でその国独特の民族的神話と道徳律が教えられるならば、また話は別である。たとえば東洋文化圏の神話と結びついた冥想法として日本では禅が一部になお根強い勢力を保っている。禅は創造性の解明ということでは非常に利用価値が高いようである。創造性についての研究家である恩田彰氏によると、仏教での知慧が創造性にあたるという。そして三学という知慧に至るための3段階の修業法があって、それは戒学の戒で身心を調節すること、定学の定で精神を統一すること、最後に慧学の慧は悟りの知慧を得ることで、悟りを得る修行順は、慧→戒→定→慧である。そのうち、自分の意志で自己を統制する定としては仏教では禅定が積極的な方法として用いられている。これを創造過程にあてはめてみると、戒は準備に、定はあたために、慧は解明に相当するようである。また慧において、知慧の自覚を解明の段階にあてはめてみると、知慧の実現は創造過程の最後の段階の検証であろう。しかし創造過程ではあたための段階は、自分の意志で自己を統制するというよりは、休息、思考の停止・睡眠とか、やや消極的な行動を示している。(15)

　したがって、仏教ではユダヤ教よりも創造性の涵養のためには「あたため」

という面でより深い考察にまで達しているといえる。しかし，繰り返すようであるが，ユダヤ教の道徳律（戒）の追求あるいは遵守については，一部の仏教修行者を除いては比較すべくもなく広範で厳しいものがあろう。もし東洋文化圏の平均人が戒律へひたむきに——それは国家・民族の命運を賭けて——精進するとき，現在，沈滞し，まさに消えなんとする東洋文化を再び活性化し，蘇生させるにちがいないのである。

しかし，いまだヘブライズムによって征服されない文化——それは単に極小の種族にすぎなかろうと——があれば，文化戒律から，一般倫理を取り去ってみればよい。そこに残ったものが純粋の道徳律であり，この道徳律が頭脳の思考に対して創造的な発想への回路を形成するものであるか否かを分析すればよい。もちろん，その結果，まさに創造性が道徳律によって，育てられるのだというルートが発見されたならば，その種族・民族の道徳律はその人たちによって遵守されるのが好ましい。純粋な道徳律はなにも偶像崇拝の禁止ばかりではないだろう。それはおそらく，その種族・民族の意識をも特徴づけてきた本質，そのものであるはずである。そしてこれはなにも社交的辞令として論じているのではなく，種族・民族の青年の真実の発達こそ，彼を人間として十全な精神生活を送らしめ，同時にその種族・民族全体の未来の発展にも必然的に大きく関与するからである。

要約すると，知識を獲得し，文化特有の道徳律のもつ発想形成を通して創造がなされる。つまり知識の詰め込みと創造性の発達は矛盾し，対立の関係にまで至る。しかし，唯一神による道徳律を通して，両者は統一される。また創造性の基準は文化圏によって異なるもので，だから教育の最終目的は，固有文化の教訓・教義あるいは神話に基づいた道徳律を教えることにあるといえる。そして，第7段階に達しない個人も，全く異なった発達をたどる個人も次の段階で創造性を育てることができるのである。

注
1. 湯川秀樹，講演，日本教育心理学会，第15回全国大会全体シンポジウムにて。
2. トインビー，A. J.，深瀬基寛訳『試練に立つ文明（上，下）』現代教養文庫，社会思想社，1960, p. 122, 123.
3. マッキノン，D. W.「創造的才能の性質とその育成」1962（D. ウルフル編，橋爪貞

雄，高木正太郎訳『才能・創造・環境』黎明書房，1972,所収論文)。
 4. イザヤ・ベンダサン『日本人とユダヤ人』山本書店, 1971, p.84.
 5. ibid., pp.116―117.
 6. ibid., p.73.
 7. ibid., p.108.
 8. 岸本英夫『世界の宗教』大明堂, 1965.
 9. ブートゥール, G., op. cit., p.90.
10. したがって，現代心理学が科学的操作によって，創造性の解明を試みようとしていることは，本質的には宗教性を科学的分析の対象とすることにも似ている。創造性とは直観的なものであり，あるいは「ひらめき」でもあるし，インスピレーション（＝「霊なる感覚」）でもある。
11. ibid., p.85.
12. ベンダサン, op. cit., p.24.
13. エプスタイン, I., 安積鋭二・小泉仰訳『ユダヤ思想の発展と系譜』紀伊国屋書店, 1975, p.23.
14. ibid., p.20.
15. 恩田彰「仏教と創造性」『日本心理学会第40回大会発表論文集』1976, pp.19―20.

3. 教 育 作 用

　一般的に，教育とは人間形成であるといわれる。これを私は次のように意味づけをしたい。つまり，「子どもを，ある発達段階に停滞させたり，退行したりするのを防止し，救済への希望をいだかせつつ，次の段階に押し進める作用である」と。まず胎内期での卵の生活の説明を試みる。
　卵巣からの卵の放出が順調でないとき，黄体ホルモンの投与によってこれは是正されなければならない。もしそうしないとき，母体は好ましくない影響をうける。予定の懐胎期間が過ぎても胎児が出産しない場合には医師が適当な処置をして，出産をうながす。最悪の場合には帝王切開をして，誕生させなくてはならない。ちなみに，帝王切開手術でとり出された子どもは，統計的に普通産児より，身体的，精神的発達面で秀れているという。しかし，発達には当然，たどらなければならない順序がある。未熟な卵がそのまま卵管に移されても受精能力はなく解体してしまう。受精卵であっても，分割が進んでいなければ子宮に移動させても育たないし，着床すらもしないだろう。発達段階はそれぞれでの卵の成熟をまって，順序にしたがい，たどられ

第3章 精神期

なければならない。

　母親は子どもに適当な時期に離乳させないと，その後の子どもの発達は，精神的にも身体的にも悪影響をうけることを知っている。また，一般的に，母ひとり子ひとりの家庭では，子どもは独立心を欠如し，社会性の発達が阻害されていることが理解されている。これは母親期での発達停滞である。各段階での停滞は許されない。したがって，その停滞の原因を排除し，発達を促進させることは個体にとって，好結果をもたらす。

　また，各段階でのそれぞれの保護者は，子どもの発達をうながす主体であるゆえに，子どもの発達の正常さを維持するのに，決定的な影響をもつものである。教育には，まず指導者が行ないを正す必要があり，己れの人格向上をまず目指すべきである。

　母親期では，母親という保護者によって一方的になされる「しつけ」と「語りかけ」によって基礎的な教育活動がなされる。

　子どもが就学してからは，父親と，父親代理である教師と，子ども自身の仲間を通じて行なわれる身体的，精神的発達，そして人間形成作用を学校教育とよぶ。子どもは技術を学び，知識を集積する。その全生活を通じて，対話・協力・自主性などの発達をみ，それとともに，合理的，論理的操作能力が育てられる。また他者に対する思いやりの心も発達し，グループの中では協調心となって発露されるようになる。科学的な操作能力の発達もさることながら，方法論の科学化も段階を追って高度化されて教えられる。たとえばユダヤの学校ではこれが非常に具体化されている。

　　ユダヤの学校では学生がひとり立ちして，ものを学びとることを可能にする「方法論」を教えることにある。たとえば，タルムードの研究を自分自身で行なうためには，どのような方法論が駆使される必要があるか，ということが教えられるのである。その方法論が確立してしまえば，彼はもはや一人立ちした学者として存続してゆくことができるのである。重要な点は，自分自身で捜すこと，どこに行ったらその求められる資料が入手できるかということを知ること，なのである。その問題についてはだれと話し合ったらいいか——このような点について，教師は学生たちに指導することができる，という立場をユダヤの教育では常にとるのである。[1]

　このように科学的な研究のための方法論が教えられるが，彼らの学校教育はそればかりではない。子どもは神話を教えられるのである。[2]

この神話が教育効果を高めるものとなるので，単に知識と方法論の習得で事足れりとするのではない。神話はもちろん合理と論理の世界を超越したものである。この合理と論理，非合理と非論理の矛盾と対立が学校教育の場で意図的に計画されているのである。技術と科学のみの伝達だけが習得されても，そこには進歩はない。矛盾と対立のみが子どもを次の段階へと発達させる契機となるのである。

　またその神話が父親と教師自体を高次の段階に保持させるものである。父親と教師はその段階での価値体系（道徳律）を自己自身のオーガナイザーとして位置づけている。彼らはそのように自分自身の生活の中に道徳律を実践し，子どもの教育活動に道徳律を遵守させるのである。それについて，オールポートは，「ラマダンの断食・祈祷書の祈り・食事における感謝・クエーカ教徒の静止の集い——児童は目的を説明するところの神話を学ぶ前にこれらの儀式に参加することをおぼえることが普通である。そして神話が学ばれるときも儀礼の場合と同様の理由で最初は問題なく受け入れられる」(3)という。

　十数年の教育活動を通じて，次のことが青年に伝えられる。技術と職業もそれ自身のためにあるのではなくて，高次の価値体系と，知識・技術とが矛盾・対立した位置関係におかれていて，技術・知識は高次の価値体系によって統合的な意味づけが行なわれていること。「学ぶことは祈ることである」とある賢人はいった。教育作用のうちの「祈り」（雨乞いに通じる）によって，学んだ技術と習得した知識が真に発達するものとなる。祈りにおいて技術と知識がそれによって息を吹きかけられたように蘇るのである。

　第6段階での対話と，それの発展型態である集団討議は極限にいたれば，発達のない低次元での繰り返しになって，個人を何ら向上させるものではない。それどころか子どもを元の段階へと容易に退行させるものである。しかし教育作用により論理性・合理性の能力が発達させられる。そして，その教育作用によって対話・集団討議もそれより高次への発達は道徳律に従うことを知り，そこに集約された長期の人間の生活の知恵が光り，生きることの目的と意義を学ぶことができる。第5期のアニミズムは否定されてしまうのでなく，この段階に到って神秘性・宗教性といった超論理・超合理的能力として，その装（よそおい）を新たにしてその精神構造中に位置づけられる。つまり単に技術を教え，職業につかせるだけで子どもの教育は事終わりぬとするのでな

248

第3章 精 神 期

い。さらにそれらはより高次の価値体系の秩序のもとに，祈りによって位置づけがなされ，道徳律によって正常の発達を促されるものであることが教えられなければならない。(4)

したがって，もし教育がたんに技術だけの習得であり，よりよい職業を得るためのものであると考え，これを，より高次の価値体系を精神構造の中に組入れていない教師（父親）によって教育がなされているとすれば，実に愁うべきことである。これはまさに子宮に結合していない卵管であり，形成作用であるといえるものである。卵は母体の腹腔内に着床し異常妊娠になってしまう。医師はこれを防止するべく万全の定期的検診が必要であることはいうまでもない。また，異常妊娠ならば適当な処置が必要とされるのである。

青年の異常発達を救うものは，だから，より高次の価値体系（最高叡知者）に結びつけられ，対話による教育，集団内での教育を尊重し，自らは道徳律と祈り，儀式と宗教性を信条とし，自分と同じ価値体系を子どもに示唆できる父親，あるいは教師である。精神医学的にいえば，忠誠にたいする能力の発達をうながす父親，あるいは教師のみであることはいうまでもないのである——忠誠に対する能力の発達がなければ，個人はいわば弱い自我をもつか，あるいは従属しうる逸脱集団を探すかいずれかである。(5) そして忠誠に対する能力が発達していれば不安の最大の原因である死をも克服するのであるが，「もしその両親が死を恐れないほどに完全性をもっているならば，健康な子どもたちは人生を恐れはしない」(6) 強い自我をもった個人に成長する。

ちなみにキブツでは教育の目的は，国家的ならびに社会的視野をもった人間をつくることであるという。キブツの教育の基調は，教育がパーソナリティをふくむ包括的な訓練の過程であるという。そして当然のことかもしれないが，学校教育のみをもって教育とはみなさず，いわゆる学齢前の子どものしつけ，集団生活への条件づけを等しく重視するのである。また，たんに子どもに知識を与えることだけに存るというのでなく，また個人のパーソナリティの陶冶という問題をも含んでいるというのである。(7)

キブツがこの目的を是とし教育を進めているのは疑い得ないことである。公教育を大きな総合的観点から眺めた場合，その個人への影響は少なからぬものであることは当然である。しかしだからといって，イスラエル以外の他の国がこのままキブツ教育を移入すれば，やはりキブツのごとくある程度の

249

成功が望まれるのかというとそれはおよそおぼつかないことであろう。すでに今まで述べてきたように，ユダヤ社会を底辺から支えているのは，5000年にわたるユダヤ教であって，ユダヤ教的雰囲気が他の社会と厳然と区別されることは毫も忘れられてはならないのである。

　第7段階になって，つまり，第1次最高叡知者が子どもの同一視の対象として定位されると，神話と科学の対立は神話によって統一される。合理性・論理性は超合理性・超論理性によって統一される。知識も技術も集積し，熟練して，生産活動がますます盛んになる。学校時代にこうした変革がなされることはまれであるが，それは早期であるにこしたことはない。さて生産活動が旺盛になるといってもそこにおのずと限界がある。その限界を感じるとき，青年は民族のために働く（生きる）ことを学ぶ。父親・家族のために働くばかりでなく，民族のために働くことを知る。つまり，超合理性・超論理性が合理性・論理性を統合し，秩序づける。青年は超合理的，超論理的思考力を活動させて，創造的な思考を開始する。学校と家庭生活で教えられた祈りがさらにこの創造性を発達させて，青年をより民族・部族のために活躍させるものとして生かしめるのである。学校・家庭での知識と技術の教育は単に両親を養い，家族の生計の資を得るためのものである。しかし，そこで，民族固有の神話が青年に教えられるとき，知識と技術の習得は，父親や家族を目的とするだけでなく民族・部族の存続に役立つものとなるということを認識する。教育は希望を与えるものとすれば，学校教育が民族・部族のためになることを神話を通して行なわれるときでなければならない。日本を例にとれば，学校教育を通じて，神話が教えられ，民族の中の「自我同一性」が確立されることである。また，神話に組み込まれうる祈り，つまり，「君が代」という国歌がそれに伴うとき，その教育効果は一段と高められるのである。もちろん，この場合，伊勢神宮（靖国神社・明治神宮もともに）そのもつ権威性が高揚されればされるほど民族愛と創造性とは高められるのである。

　以上をまとめると，次のようになる。教育作用によって，子どもの発達は進められなければならない。そのためには指導者・保護者はより高次の価値体系を生存の支えとすべきである。学校にあっては知識・技術といった合理的，論理的操作能力以外にも超合理的，超論理的である神話も教えられるべ

きである。神話は実践的には祈りの形をとるだろう。教育の場面にあって,合理と超合理,論理と超論理とは矛盾し対立するものである。しかし,こうした矛盾と対立が子どもの精神を次の段階に進ませるエネルギーを与えるものである。こうした教育作用がなされないと,青年は退行現象として,自分のみか他人と環境をも破滅へと導きかねないことになるということも論じられたのである。また,第1次最高叡知者を同一性の対象として定位したとき,超合理性と超論理性とが合理性と論理性を統一し,秩序づける。つまり青年は,超合理的,超論理的世界に生き,民族のために思考するものとなる。

注
1. トケイヤー, op. cit., pp. 122—123.
2. ブートゥール, ガストン, 寿里茂訳『文化と心理』白水社, 1959, p. 85.
3. オールポート, op. cit., p. 24.
4. クズネツォフ, B. G., 益子正教他訳『アインシュタイン(上)』合同出版 KK, 1971, p. 15.
5. エヴァンズ, op. cit., p. 43.
6. Erikson, E. H., *Childhood and Society* (3rd ed.), Pelican Book, Penguin Books, 1965, p. 233.
7. 山根常男, op. cit., p. 559.

4. 第 1 次 回 心

　前章で述べたように第6期での諸特質は新しい特質へと統一され,青年は第7期「精神期」を迎える。
　組織の中で同僚と競争し昇進に浮身をやつす中で組織のもつ限界――同一視の対象にはならないこと,食糧増産もまたその原因は組織自体にあるのではなくて他の要因にあること,またいかなる英雄も依存の対象とはなりえないことなど,知的,感情的なものの限界を知る。そして,同一性の対象となり,依存の対象となる情操的なものを求めはじめる。また,第5期での特質――自己中心性・主観性・自己否定性・権威性――が,青年の心の中に,再びよみがえり,それらの満足(解消)を求めはじめる。
　さらに同僚との対話(=討議)を通じて,人生,生きがい,目的などの「存在」の意義は求めても求められず,たとえ,それがえられたにしても,それ

は次元が低く,そしてまた自分を向上させるものではないことを悟る。それとともにこのころになると儀式および伝承された民族特有の教訓を求める欲動(自己否定欲動)が著しく発達する。しかし,それも一度にそのように変化するのでなくて徐々に行なわれる。最初は論理的,合理的な操作が高次であり,教養人ならばそれをもって是とさるべきだと感じている周囲の眼,および青年自身の合理性信仰が,転換して神秘的,超合理的金言・諺といった実際的,教訓的,そして伝統的な道徳律に服従させようとする。しかし,それらは決して儀式を必要とはせず,生産と収入もそれによっては必ずしももたらされるものではないことを悟る。また心的にも,儀式への欲動(自己否定欲動)が満足されないことから,不安を感じ,再び矛盾と葛藤をいだき,新らしい同一性の対象を求めはじめる。しかしそれも,やがて青年に道徳律,教典,教義へと志向させる。すなわちそれらのもつ定言性が,青年をそれまでの同僚との対話からは得られなかった高次の説明を与え,自分の日常生活の指針となり,それがまた精神的にも安心感を与える力をもっていることを認める。

　このとき,非合理性をたてまえとする宗教が人生の意義を説きあかす体系として迷える青年の関心をひきつける。そして,心的にも,それは,儀式への欲動(自己否定欲動)・雨乞(食糧の生産性・満腹欲動)・依存性(自己否定欲動)などが教典を学び,信じることで解消されるのを感じる。すなわち,諺・金言・教訓といったものと,宗教のもつ道徳律・教義——たとえば仏典・旧約聖書・コーランといったもの——との対立を経て,いずれも両者は人生の意義を説くものという内部連関の成立により,前者と後者の統一が行なわれる。金言・諺・教訓では得られなかったより満足できる要素を宗教の中に発見する。これを「回心」と呼ぶ。そして「宗教は信じられたら信じた方がよい」とか,「宗教を信じたいが今はその気にはならない」ということばの裏には,教義主義的な面もあるが,実はすでにこの回心を経験している。これを第1次回心といい,次に続く回心を第2次回心として,対比させる。スターバック(E. D. Starbuck)の呼んでいる「意志的な型」は前者であり,「自己放棄による型」は後者である。意志的な型においては,変化は,普通,漸次的であって,道徳的および精神的習性の新しい組織が少しずつ組み立てられてくるのである。卵管の自由な生活を終えて子宮内に入った胚が

第3章 精 神 期

21日の間,着床の場所を求めて浮遊しそれでいて,いつのまにか着床を完了し終えているといった状況が回心の場面に再現されるのである。しかし,この場合にも急激的に行なわれるように観察される場合もある。スターバックの例を引用しよう。「競技者というものは,………あるとき突然に競技の妙味を理解して,その競技をほんとうに楽しめるようになることがある。ちょうど,回心者が宗教の真価を突然に感得するにいたるのと同じである。」

この時点で彼は科学万能主義者でも,自己過信者でもなく,宗教的,超自然的な存在を見凝めている。ジェイムズ (W. James, 1842—1910) が,回心した個人の心的状況を次のように説明している。「ある人間が回心したということは,それまでその人間の意識の周辺にあった宗教的観念がいまや中心的な場所を占めるにいたるということ,宗教的な目的がその人間のエネルギーの習慣的な中心をなすにいたるということを意味するのである。」

回心の動機はいろいろ観察されるが,心的には特にある種の欲動の解消が行なわれたときで,現象的には「願望」がかなえられたときが多いようである。すなわち疾病が「神仏」の力によって癒されたとき,仕事で大きな利益があったとき,強制されたときなど種々な場面が青年を宗教へと導くのである。しかし家庭が非常に宗教的な場合——たとえば,父親が僧職や牧師職にある場合,熱心な仏教徒であるとか,父親がクリスチャンといった場合——もまた,格別な理由・動機はなくても,この段階の宗教へは入信することができる。一方,依存性・儀式性(神秘性)・自己中心性・主観性・自己否定性・権威性・情操性・民族性・定言性といった諸特質をすべて備えてはいなくても,青年が第7期の自己同一の対象として他の対象を選ぶこともある。それが213頁で述べた英雄崇拝の場合にあたる。

以上,青年が自然的な発達現象として第1次最高叡知者を同一化の対象として定位すること,すなわち第1次回心を迎えることが論じられた。

注
1. オールポート, op. cit., p.77.
2. ジェイムズ, W., 桝田啓三郎訳『宗教的経験の諸相』上巻,岩波文庫,岩波書店, 1974, pp.311—312.
3. ibid., p.312.
4. ibid., p.298.

5. 最高叡知者

　精神期での青年の同一化の対象として，述べてきたのが最高叡知者である。そこで，この節では，一般的，発達学的に，第7期以降，つまり精神期での最高叡知者の役割ないし特質を論じてみたい。それとともに，最高叡知者を受け入れたときの青年の心的な特徴を考察する。

　第1期から第7期に連綿と続いてきた発達もついに精神期へ転化されたのである。第1期より第3期までの3段階は母体との文字通り身体と身体との合一による生活関係であったし，第3期から第5期までは，子宮・乳房・母親という，母親を対象とする3段階であった。また第5期から第7期までは社会的家族関係の中の3段階であった。通覧してみると質的に肉体から精神面へと順次高次へと発展している。そしてこの発達の方法はきわめて純合理的であり，直観のみによる理論の展開は瞬時も許されてはいなかったと思うのである。精神性とは全面的に宗教への帰依いかんを問うものではない。宗教は科学の対象にはなり得ないというのは一面の真理ではある。つまり神学が語られるときそれは前提——科学的実証性のない前提——にドグマをもってきている。神学が一般学問と対等に科学性を——それがもし学問たらんとするならば——打ち出す際にはそのドグマがまず問題にならなければならないのである。しかし他面，神学があくまで純理性的立場からのみ考察される限りでは学問であると称してよいのである。私は宗教という概念のもつひびきから，むしろ精神期として曖昧に解釈されるのを避けたまでである。

　そこでこの時期に対象となる最高叡知者について考察しなければならない。それについては積極的に何であるかをいうことのできない消極的概念である。父親が自己の同一化と同一性の対象として心中に設定している超自然的全能者である。

　第5期（母親期）が，本段階で繰り返されているのであるから，母親期を再確認しよう。母親は子どもに対して絶対的支配者の立場にあり，保護者である。母親は子どもの全存在に関して全責任を負う。四季の変化に応じて衣服をととのえ，食事をその栄養面から考えて準備して，食べさせる。社会から要請されるしつけを完成しなければならない。しつけのためには，ときに

第3章 精 神 期

は賞めることも罰することも必要である。しつけは，常に「～しなさい」という命令形で子どもに与えられる。さらに子どもには言語が教えられる。それはまた常に，一方的になされる。子守り歌・お話し・絵本での説明・童話・昔話し・民話などを通じて，将来の言語活動の基本を教えられる。

　第7期の最高叡知者期は，この母親期の繰り返されたものであるから，母親のイメージが昇華されて，最高叡知者となったと考えられる。つまり，最高叡知者は人格である。最高叡知者は絶対的支配者の立場にあり，民族の指導者である。彼は民族の運命に関して全責任を負う。外敵の侵入に対して抵抗力を与え，農作物・畜産物その他の食糧を確保させる。彼は民族に対して先験的に律法を与え，これを遵守することを要求する。遵守しなければこれを罰することが必要であり，遵守されればこれを賞揚する。律法は常に「～すべし」という定言的，命令的な形式で民族に与えられる。さらに民族には，祈祷への準備がなされる。それは常に民族の神話と歴史が教典の形で与えられ，口伝されたり，記録されて，子孫に伝えられる。したがって最高叡知者は実体ではないが，しばしば，宗教的指導者という形でその全体の姿をうかがうことのできる存在であるといえる。彼は民族の統合者であり，救済者であり，そして最高の叡知をそなえた存在であるべきである。最高叡知者は命令として行為が幸福をもたらすかどうかというような行為の結果を全く顧慮することなく，絶対的にその遵法を人に要求することのできる存在である。その定言的命令を道徳律とよぶ。そして，この道徳律についてはカントの説明にゆだねよう。すなわち，道徳律は「単に人間のみならず，理性と意志を有するすべての有限者にも関係し，いな，さらに最高の叡知としての無限的存在者をも包括する。しかし前者（人間をも含めた有限的存在者）の場合にはその法則は命令の形をとる……」（『実践理性批判』）のである。以下はカントとはいくらか異なる点であろう。この叡知者の概念はある民族に特定のものであり，従って道徳律もまたその民族固有のものである。そしてその道徳律はその民族にとっては伝統的なものでありそして，その民族はその叡知者と道徳律は普遍的であると信じている。その民族こそ現象界の中では中心的存在であるという信念をもっている。また客観的にもその叡知者は道徳律を民族に課すことによって，民族愛を高揚させる。それとともに民族を創造的に質の高いものにしているのである。そしてその理念として個人は「民

族のために食糧を受容せんものとして，道徳律に従い頭脳を依存的に思考さ せ，その結果，創造活動が行なわれる」を信条としていなければならない。

さて一般的にはそうした道徳律を遵守することを要求している最高叡知者をもっている宗教としては，ユダヤ教が，直ちに念頭にうかぶ。回教についてはいまだ資料僅少で紹介申し上げるまでには至っていないが，一方，ユダヤ教については数多くの文献もみられる。そこで，そのほとんどがユダヤ教信者と考えられるユダヤ人について二，三考察してみたい。

ユダヤ教については，それは唯一神教であり，その戒律は厳しく，国家の存亡を賭しての道徳律の遵守が歴史的にも要求せられてきている。たとえば常に収入の10％をシナゴーグに献金しなければならないし，また清潔な生活が要求される。その道徳律つまり戒律は旧約聖書中のモーセが神の民族としての契約のしるしである十戒を中心にしたトーラーが存在する。この十戒の精神はヨーロッパ文化圏での伝統的法制の中心とされているほど卓越した内容をもつものである。モーセは民族の指導者，つまり最高叡知者としてあがめられている。ユダヤ人については，彼らは創造的な人種であるといったことや，民族愛的（ナショナリスティク）であるといったこと，またシェークスピアの「ヴェニスの商人」で概念化されているように，吝嗇家であるなどというレッテルが貼られているようである。いまこの3種のユダヤ人の特質を分析してみよう。まず「創造性」については，この段階では頭脳によって思考するということが理念である。脳内では，サイバネティクス用語を使えば，その作動のさせ方，回路の組入れ方が重要であることはいうまでもない。したがって頭脳の作動にはそれに最も適した回路が，最も妥当に組込まれなければならない。元来ユダヤ人は自国の興亡を賭けて律法の遵守を是としてきている。このために彼らの頭脳は最も理想的に整序されていてなにごとに対しても彼らは創造性を発揮することになるのである。つまり脳力を専心的に律法遵守に用いたために創造的であり得るわけで，本段階では最も当然の特徴であるといえる。これについてさらに次節で詳説しよう。

「吝嗇家」という評価もまた普遍的と見られる生活律法の中に収入にしたがってその10％の献金が定められていて，これを守らなくてはならない。収入の10分の1というのはそれほど豊かな暮しをしていない者にとっては非常にきびしい戒律となる。唯一神と民族のために，一個人は必然的に生活費を

切りつめなくてはならない。これが吝嗇家と呼ばれる主な原因である。[2]

「民族愛」については，この期での理念あるいは命題「民族のために食糧を受容せんものとして，道徳律にしたがい，頭脳を依存的に思考させ，その結果，創造が成立する」を考察すればよい。これが十分な説明となるのである。前段階では，自己のみならず，友̇人̇のために生産するために手腕をあるきまりにしたがって青年が動かすのに習熟する（技術）のを観察した。本段階では，創造性を発揮してまで生産を高めなければならないのは，友人のためのみならず民族のために，頭脳をあるきまり（民族に共通する道徳律あるいは戒律）に従って思考する必要がある。つまり創造性は道徳律・思考という理念的概念とともに普遍的である。

以上，最高叡知者とは神話と結びついて定言的戒律を青年を含めた民族に課すものであり，青年はこれを遵守するとき，創造性が高められ，民族愛に富むことになる，さらに経済生活においても，いわゆる吝嗇家といわれるほど，浪費はしない，などと論じられた。また最高叡知者は民族によって異なるだろう。アラビア人にはマホメット，中国人には孔子・毛沢東，ロシヤ人にはレーニン，ドイツ人にはヒットラーあるいは日本人には近藤勇・西郷隆盛などといった国民的英雄であることも理解できるのである。

注
1. カント『実践理性批判』pp. 52—53.
2. トケイヤー，M., 箱崎総一訳『日本人は死んだ』日新報道出版部, 1975, pp. 22—23.

6. 宗 教 感 情

第7，以降の精神期は発達的には前段階と連続したものであり，その発達は偶然でなく必然的に行なわれていることを見てきた。神話と結びついた最高叡知者の存在は発達的には父親の存在が望ましいと同じほど必要な存在であることが理解された。しかし最高叡知者は現存するとはかぎらない。ただ神という超自然的存在が人間に与えたであろう——つまり先験的（ア・プリオリ）な戒律とその民族独自の歴史書によって学びうる。それによって，その存在を対象として青年は成長することが理解された。神話性をもつ指導者とすれば，そこに自ずと宗教感情が芽生えざるをえない。フロイトは，多くの無意識的な緊張関係をカイン・コンプレックス，エレクトラ・コンプレッ

クス等々の術語を使って説明した。そして彼は最終的に宗教心については全く的をはずれた論文を発表している。「父親とは神の原型であって、いいかえれば後世における神のモデルなのであった」といい、「宗教というものは人類一般の強迫性神経症である(1)」と徹底して厳しい批評を行なっている。今まで述べてきたことから考えれば、神と父親とは質的には全く相反する特徴をもったもの（女神の場合もある）で父親は神のモデルでは有り得ない。さらに宗教性は望ましい発達段階での高次の特徴であったのである。そしてむしろ、いつまでも単に合理性・論理性のみの世界にいることこそ発達心理学的には停滞を意味する。停滞から青年を脱却させるためにはそれだけの指導・助言あるいはある程度の強制すらも必要なのである。フロイトは子どもが宗教教義に対する興味もなければ、またその意義を理解する能力もない時期に、宗教教義を注入してしまう危険をうれうるのであるが、結局そのことなくしては青年期以降の発達は望めないのである。フロイトの理論は、あたかも梯子段の途中の一段あるいは二段を取りはずしておいて、上へのぼることを子どもに指示するのに似ている。子どもがそこでとまどっているのを、下から、なぜのぼれないのか大騒ぎをしているおとなを想起させる。宗教性を育てることは必要欠くべからざることなのである。マズロウは「価値の体系をもたない状態は精神病の原因となる」とし、さらに「人類はちょうど日光・カルシウム・愛を必要とするように、人生の哲学を、宗教を、価値の体系を必要とする」と考えているのである。(2)

さて、フロイトは宗教及び宗教性を否定しているが、他の人たちは支持をしている。たとえばオールポートによればデンマークの哲学者、H. ヘフディング (H. Höffding, 1843—1931) は一般的見地から人間の思想の総括を試みて「宗教とは価値の永続性に対する信仰である(3)」としている。ウエスタ・マルクによれば、宗教とは「人が従属していると思い敬虔の中に訴えるところの、超自然的存在への敬意をこめた態度」であると見ている。(4) さらにホワイトヘッド (A. N. Whitehead) の定義も、宗教とは「人の内面生活が自分自身と事象の本質における永遠なるものとに依存する限り、その内面生活の技術と理説」であるとし、神という概念を必要としないとしているのはウエスタ・マルクと同様である。(5) エリッヒ・フロムになると非常に客観化される、「宗教とは、一つの集団に共有され、そして各個人に構えの体制と献身の対象と

第3章 精神期

を与えるような思考と行動の組織一切を意味する」という。私はこれに対し⁽⁶⁾て次の概念を付加しよう。すなわち、神とは戒律（「偶像を拝んではならない」）を与えたものでなければならない、そして「天地創造の主」でなければならないのだと。宗教についての定義もまた、神の概念が決定されていないので、当分、ホワイト・ヘッド、ウエスタ・マルクおよび、エリッヒ・フロムの定義を借用すれば十分であろう。オールポートは性格心理学者マクデュガルの分析結果を引用しているが、マクデュガルは単一な宗教的傾性が基本的に存在するという証左を発見できなかった。「むしろ彼は尊崇という情緒はまことに複雑であると考えた。その中には『恐怖』と『尊敬』との混合であるところの畏怖が入る。尊敬はさらに『消極的な自我感情』と『驚嘆』とのとけ合ったものである。加えて尊崇は『柔和な情緒』と『消極的な自我感情』との複合体であるところの『感謝』を含んでいるという。この情緒的複合の下に少くとも次の四つのマクデュガル式傾性が働いているように考えられる。好奇心・卑下・逃走・親の本能である」という。ところが理念的には[7]自己否定欲動は前に述べたように「失敗感」であり「警戒心」である。失敗感も警戒心もともに強力な、あるいは絶大な敵あるいは対象を前提にして育つ感情であれば、そこに恐怖もあり、消極的自我感情もあろう。またそこに卑下も逃走心も必然的な感情であろう。また強大な権力者には尊敬と驚嘆を表現することを強制もされる。感謝のことばをも口に出さなければ殺されても止むを得ないのである。カトルファージュ（Quatrefages）は彼の人類に関する有名な研究の中で、人を動物と区別させるものは宗教感情であると強調している。それはおそらく、善および悪の判断に該当するものであろう。実際人間社会は、たとえ原始的な社会といえども、必ず行為に対する裁判・審判を備えもっているものである。この裁判は、必ずしも正しいとはいえないが、人間は至上の正当性を有する権力を考え、これに従わなければならないとする。しかしときにこれにそむくことがあり、そしてそのとき宗教感情が発生する。つまり私の理念としての自己否定欲動が宗教感情を発動させるの[8]である。サティー（Ian Suttie）は「われわれはエディパス・コンプレックスをもっているがゆえに人間であり、……その阻害影響からわれわれ自身を守る必要があるがゆえに宗教的である」とする。人間を宗教的にするものはエ[9]ディパス・コンプレックスばかりに規定するのはいくらか見方が浅いようで

259

ある——つまり他の人の物・食糧をむさぼろうとする欲動を抑制する必要があるゆえに，あるいは衝動的に反社会的行動へのいざないから自分自身を守る必要があるゆえに，あるいは，あるものに熱中し偶像化したいという誘惑から身を守らなくてはならないゆえに……等々のゆえに宗教的であるからである。また，精神分析者たちの説くところによれば，宗教とは目的禁止をうけた性衝動の薄く覆われた昇華であるとするが，これは相当根拠としては理念的に薄くなる。しかし，いずれも宗教的感情の湧出には少なからぬ人々が認めていることはたしかであろう。そういう人たちは，こういった場合，神が存在するからというドグマをもって説明しようというのではなくて，無意識のレベルからそれの湧出を観察するのである。たとえば，ユングは『人間の心理と宗教』という彼の著書の中に「このばあい問題になっている『救い主』は天上から降りて来たものではなくて，地下の奥深いところから，即ち意識の下に横たわっているものから出るのです(11)」といい，さらにまた「ドグマこそは人類が考えたのではなく，人類はみずからの精神機能にそれと気付いたにすぎないのです(12)」とする。つまり神の存在証明を直接にでなくて間接的に，そして演繹的にでなく帰納的に行なおうとするものである。ここで興味あることはユングが『人間の心理と宗教』の中でたまたま引用したある患者の夢の回想記録がある。夢の中で何者かが患者に語りかけてきた次のことばこそ，私の説ききたったすべてをいいつくしている，すなわち演繹化したものと考えてもよいだろう。

　宗教は代償ではなく，最後に附加せられてたましいのいま一つの活動を完全なものに仕上げるものなのだ。お前はお前の宗教を生命の充実のなかから生み出さねばならぬ。そうすることによってのみ，お前は浄福たり得るであろう。(13)

　純粋理性からは宗教という現象は，いわば「物自体」の反映と見るのである。第1次および第2次最高叡知者は先験的でありつつ，人間がそれを意識するときには無意識の底から湧出し生み出されるかのように把握されるのであろう。あるいはそれらは人間の無意識に直接働きかけるのかもしれない。それは純粋理性のアンタッチャブルな領域である。しかし，そうはいってもその無意識の一部には例の自己否定欲動が活動を開始していて，個体に依存行動の対象を求めさせているのである。(14) しかし発達が不完全であって，いわ

第3章　精　神　期

ゆる実践理性よりも純粋理性が強力な場合，青年は，常に同一性の危機に曝されつつ，依存できる相手が発見できず，信じる対象が存在しない，といったり，真の利他愛をもち得ないというだろう。そんなときに私は青年に問うだろう。「なんらかの方向をめざしてわれわれの情熱が高揚するたびごとに，われわれを合一へとうながす抗いがたい本能が心情の中に感じられるが，その本能はいったいなにを意味するのか？」と。「宇宙に対する感覚，全体にたいする感覚，自然に相対したとき，美をまえにしたとき，音楽にきき惚れているとき，われわれをとらえる郷愁――偉大なるものの現前に対する期待と感情はいったいなにを意味するのだろうか？」と。

　精神的発達が未完熟の場合（第6期以前の場合）青年は無神論をふりかざしてはばからない。社会体制が彼の無神論（＝非神話性）を擁護し，かえって精神的問題を無知な者の問題事として無視する。これは社会体制自体の発達の未熟さのゆえである。マジョリティはマイノリティを無視する。また青年は愛すること（利他的行動）ができない。世界とか，さらには人類とかいった――集団的，非人間的で――さまざまな観点から怪物じみた現実をどうしても愛することができない。藤永保氏によれば，「信仰をもつものでは悩み，苦しむときの心の整理の仕方を，信仰をもつ大学生は『神をまず思い出し，神に祈る』としたのに対し，信仰をとくにもたない大学生では，たとえば『母の顔や姿を思い出し，母だったらどうするか，自分がだめになったら母がどんなに悲しむかを思い考える』」という。日本では第5期「母親期」まで退行してしまうのであろう。恐るべきこの幼稚さ，日本の社会体制もそして青年の大部分も。

　人間研究の究極的目的が一面では人間それ自体のすべての生活と精神の向上にあるとするならば，その研究の中枢的位置にある心理学はこのような根源的な問題を，なぜこれほどまでに無視してきたのであるのか。現代の心理学体系から，その解決が出てこない理由はなんだろうか。その答はきわめて容易である。心理学は歪曲されているゆえ精神発達（本論文の宗教的，心的発達の意味で）の項を削除していて，前段階（第6段階）までをもって全人格の発達とみなしていたからである。宗教感情，そして自己否定欲動これこそ，実は人間の魂が救助を今や遅しと待ちかまえ，そのために用意した唯一の救助具なのではないだろうか。こういう言い方も許されよう。「宗教情操

261

は全存在の中心的事象を扱わないでは決して満足されることはないと思う。主義は人を夢中にするかもしれない。しかしそれは成熟した個人の地平線の全部を含みきることはまれである。残基があり，宗教（＝神話）のみがこれを吸収し得るのである」と。[18]

要するに人間を動物と区別するものは自己否定欲動に根源をもつ宗教感情であり，この宗教感情の正当な発達をみるとき，青年の精神発達は正常にな

表6 発 達 の 階 層 と

発達段階			I 卵体期	II 胎芽期	III 胎児期	IV 乳児期	V 幼児期
対 象			卵 巣	卵 管	子 宮	乳 房	母 親
個体の発達段階における諸特質	交互に繰り返される諸特質	個体の諸特質	依 存 性 成　　熟	自 律 性 分　　化 獲　　得	依 存 性 成　　熟 供　　給	自 律 性 分　　化 獲　　得	依 存 性 成　　熟 供　　給 主 観 性 自己中心性
		対存在様式の			一 方 性	相 互 性 平　　等	一 方 性 権　　力 命　　令
	発展的諸特質	分化を促す出来事部位	― 接 合 部	受　精 卵(細胞)膜	― 臍　　帯	刻印づけ 口　　唇	― 歯　　牙
		その機能	拡　　散	吸　　収	導　　入	吸　飲 消 化(力)	咬　合 咀 嚼(力)
		社会的関係				添　　乳	しつけ 自　己　愛
		世界観の特質				（取り入れ）	混同心性 人 工 論 アニミズム 実 念 論

262

第3章 精神期

され，人間の人格をもつものとして完成へと向う生活が期待される。しかし，従来のようにこれが無視される際には，青年は無神論のままに停滞して，真の自己に到り得ず，人間集団，人類といったものがよそよそしく感じられ，――「疎外」ということばでも必要ならば意味は通じよう――だからそれを愛するまでは決して発達，向上はしない。悪くすると前々段階にまでも退行して，萎縮し固定化された精神的な奇形児（者？）が増加するままで

その特質

Ⅵ	Ⅶ	Ⅷ
児童期 青年前期	青年後期	成人期
父　親	超越者	
自　律　性	依　存　性	自　律　性
分　　　化 獲　　　得 客　観　性 社　会　性	成　　　熟 供　　　給 主　観　性 自己中心性	分　　　化 獲　　　得 客　観　性 社　会　性
相　互　性 平　　　等 対　　　話	一　方　性 権　　　力 命　　　令	相　互　性 平　　　等 対　　　話
	―	
手・足	頭　脳	
操　作 生　産　性	思　考 創　造　性	
き　ま　り 友　　　愛	道　徳　律 民　族　愛 神　　　話	
合　理　性 論　理　性 科　学　性 （知識習得） 多　元　性	超合理性 超論理性 神　秘　性 一　元　性	唯　一　性

注
1. 空白部は未決定である。
2. 個体の発達をすすめるものは高次段階の対象である。
3. 対象との不断の接触が停滞と退行を防止する。
4. 成熟とは基本的に形態が変化しないで，量的に増大することである。分化とは質的増大を意味する。
5. 第8段階は故意に空白にしてあるが，加筆は自由である。

ある。心理学が青年の宗教感情，あるいは向上へと志向せんとする自己否定欲動を研究対象としてそれを取り扱うことは決して非科学的ではないのである。

注
1. Freud, S., *Totem and Taboo*, Moffat, Yard and Company (translated by A. A. Brill), New York, 1918, p.224.
2. マズロウ, O., *Toward a Psychology of being*, Van Nostrand, New York, 1962, (上田吉一訳『完全なる人間』誠信書房, 1964, pp.269—271).
3. オールポート, op. cit., p.16.
4. オールポート, op. cit., p.65 に引用。
5. オールポート, op. cit., p.77.
6. フロム, E. H., 谷口隆之介・早坂泰次郎訳『精神分析と宗教』東京創元社, 1953, p.30.
7. オールポート, op. cit., p.6.
8. アンリ・バリュック, 豊田純三・栗原雅直訳『実験精神病理学』クセジュ文庫427, 白水社, 1968, p.117.
9. Suttie, I., op. cit., p.136.
10. Schroeder, Theodore, The erotogenesis of religion, *The Alienist and Neurologist*, 1913, 34, pp.3—25.
11. ユング, op. cit., p.186, p.194.
12. ibid., p.89.
13. ibid., p.68.
14. 八木晃, op. cit., p.218.
15. シャルダン, T., 山崎庸一郎訳『愛について』みすず書房, 1974, pp.131—132.
16. ibid., pp.41—45.
17. 八木晃, op. cit., p.219.
18. オールポート, op. cit., p.77.

7. 宗教分析因子

ここで個体のもつ各種欲動を解消する要素を宗教因子として論じてみたい。

高次の機能は低次での欠点，不足分を補う。乳児期に子どもは食べるにも，着るにも，あるいは動くにも不自由である。意志も十分に伝えられず，危険がせまってもこれを避けることができない。また衛生観念もなかったの

第3章 精神期

で，不本意に病気にならなければならないし，運動神経が未熟なため負傷することも頻繁であった。そのために，不満足のままに要求をひっこめたり，単に泣きわめくのみであったり，また忍耐を強いられたこともあった。しかし，子どもが青年期にでも入ると，それらの問題はすべて容易に解決しているのである——乳児・幼児期での不自由さは，青年は過去の記憶の中にも明確に残ってはいないほどに自由と満足を享楽するのである。

これらの問題は第4・5期での満腹欲動・自己主張欲動 (S.A.I.)，自他平等欲動 (S.E.I.)，あるいは生欲動 (L.I.) と死の欲動 (D.I.)，そして治癒欲

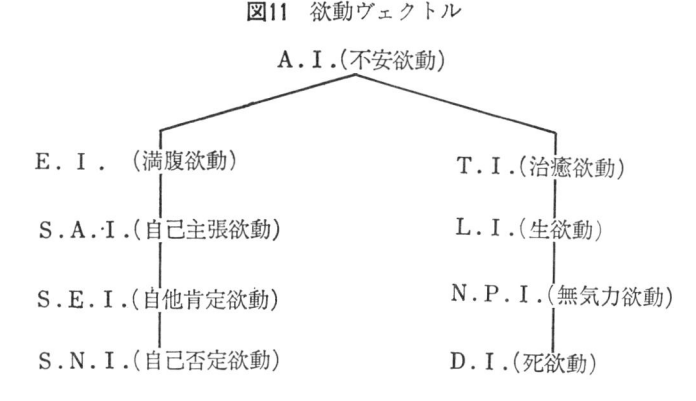

図11 欲動ヴェクトル

```
              A.I.(不安欲動)
         ┌─────────┴─────────┐
E.I.(満腹欲動)              T.I.(治癒欲動)

S.A.I.(自己主張欲動)         L.I.(生欲動)

S.E.I.(自他肯定欲動)         N.P.I.(無気力欲動)

S.N.I.(自己否定欲動)         D.I.(死欲動)
```

動 (T.I.) などが，そして無気力欲動 (N.P.I.) が相拮抗するところに生じるものである。しかし，先に述べたように，発達段階において，古い欲動は新しい欲動との矛盾と対立を経，古い欲動は否定され，新しい欲動によって統一され，先のすべての矛盾は解決する。つまり弁証法的な機序に沿うものである。

青年期での多くの問題も，実は上述した8箇の欲動ともう一つの欲動（不安衝動＝A.I.）の計9箇の欲動が，やはり相拮抗して発生するといえる。もちろん社会問題もまた，社会の発達学的な段階と個人の発達段階の相違から生じるものであるが，これまた上述した欲動に関わる問題であるといえる。社会問題はさておくとして，青年は父親期から精神期へと転身すればかなりの問題は容易に克服されるだろうことは論を待つまでもない。

各種欲動は S.N.I. とともに次のような感情をもたらす。[1]

265

図12 各種欲動と自己否定欲動の協応
N. P. I.+S. N. I.=自己否定心, 服従心
E. I.（食欲・物欲）+S. N. I.=満服感
S. A. I.+S. N. I.=確信, 自信
S. E. I.+S. N. I.=思いやり, 同情, 利他心
L. I.　　+S. N. I.=倫理感, 救助心
D. I.　　+S. N. I.=畏怖心
T. I.　　+S. N. I.=健康心（爽快感）
A. I.　　+S. N. I.=安心感

　すべての欲動がS. N. I.によって中和され, 和らげられているといえる。外部からの刺激は, 体内, 特に脳生理の活動水準を引き上げる。しかし生体の平衡にもどろうとするメカニズムによって, その情動は平衡でないがゆえの不安の位差を示している。したがって生体に感じられる情動はほとんどが不快感を生じさせるものとなっている。しかし, S. N. I.とともに情動が惹起されるとき, すでにそれらは平衡状態にもどされてしまっている。そればかりか, 生体は不快感どころか, むしろ快感を呼びさまされているのである。これを宗教感情ともいえようし, 法悦ともいえよう。いずれの宗教にあっても, まず上述した情動を満足させていることが第1条件である。

　第2条件は儀式（自己否定欲動=S. N. I.)をその中心としているか否かであろう。つまり, 個人の生体には「生」に向かって無限に発達するべきメカニズムが, 自我同一性の作用を通して絶えず作用している（生目的論）。障害に遭遇するときに, それは退行現象を生じやすい。いかなる発達段階にあっても常に過去の段階へと逃避する傾向をもつ。したがって, 第7, 第8段階に至ってもこの危険はやはり内在しているわけである。エリクソンもこの傾向に気付いて, 宗教は成熟したおとなにおいては信仰と現実主義との結合にいたるような信頼感を, 儀式を通して定期的かつ集合的に, 人間に回復させる必要があると, 儀式の意義を新しく認めている。(2)そして, 図12に示すようにその宗教は, (1)戒律あるいは教訓をもつか, (2)さらに青年たち信者がその宗教に帰依（入信）していることで, 日常の職業, 仕事に創造的であるか, (3)またその教義の中に神秘性があり, それとともに超自然的存在への尊崇心をもつことが必要であるか, (4)そして, その宗団の信者が属する種族・民族・国家を讃えるものであることも重要な要素である（最後の種族・民族・国

家ということには反対論もあろうが，最後までお読みいただければ，これも理解いただけよう）。

　最後の条件は，次の発達段階の各因子をその内部矛盾として，内蔵していることである。すなわち(1)頭脳の働きより，高次の段階，(2)戒律あるいは教訓を否定する価値，(3)思考と創造を凌駕して余りある機能と行動，(4)民族愛を否定するもの，(5)神秘性を打ち消す合理性，論理性の高次の型態，(6)尊崇心・祈りをも統一するような知識吸収の高次の因子といったものをその内に含むことである。人間の発達は無限であらねばならないからである。

　以上の条件は人間のもつすべての衝動の作用と機能から発生する諸種の問題を解決するだろうと思われるものに相当する条件を述べたのである。もし現今の宗教が人間のすべての問題を解決するために存在するとすれば，だから，少なくとも上述した各種条件は満たしていなければならない。筆者は，超自然的存在について論陣を張る考えもないし，その資格もない。ただ人間の発達上の一段階として，それも第7段階という高次での宗教的段階で，必要とされる宗教ならば，すなわち理念的にはそうした条件を満たす宗教でなくてはならないと考えるにすぎない。

　また，筆者は各宗教についてこれを一つ一つ分析する計画もないし，その能力もない。それは比較宗教学か比較宗教心理学での仕事であり，ここでは発達心理学によって述べられているにすぎないからである。ヘブライズムについては，例として論理の過程でとり上げられたもので，他の個々の宗教の分析については賢明なる読者にお任せする外はない。なおこの精神期にあって，今述べたすべての条件がそろうことはまれであると考えられるが，可能な限りの条件を具備する対象が青年の精神的発達にとって好ましい。特に高次の段階への発達契機を含むことが必要となろう。ジェイムズにとっては共産主義をはじめ諸種の主義は神性を仮設しないため無資格であるし，ホワイトヘッドにとっては，それら主義が「事象の本質における永遠なもの」を全然扱わないとまではいかなくとも，部分的にしか扱わないという理由のもとに，それらは宗教の資格をもたないと分析する(3)。未熟な宗教への入信は，成人にしても児童にしても，ほとんどが魔的思考（日本では呪術的思考）・自己正当化・物質的充足にかかわってしまうことになる。

　二，三の例を次に分析してこの節を終わろう。

ヒックロドによると，中国の青年は「統一された単一モデルの文化の中に生活し，成人との間に連続性があり，同じ目的を同じ方法で追求しており，役割葛藤がみられず」，したがって娯楽指向的，自己中心的，あるいは退行的「下位文化ではなく，奉仕指向型文化を形成している」という。
　中国には毛沢東語録が戒律としてその生活を規制している。それの宗教性は別として，民族は道徳律によって思考方法が規定されている。しかし無神論であるがゆえに，対象は視覚化されず，想念の流れは自由である。したがって宗教的な他の欠陥を，それが発達の主なる柱であるということから，覆ってしまい，その技術はすでに部分的に否定されて創造期に入っていると思われる。そして国家奉仕型の文化と，精神を形成していると分析されるのである。これとの類似現象は戦前の日本にも生じている。つまり，神話と結びついた天皇は祭司として教育勅語を発布して国民を律し，自らは雲上に姿を隠していた。国民は創造的思考のもとに侵略戦争を計画し，大陸に，南太平洋にと進出したのである。この際，国家への奉仕型精神構造が大きな役割を果したが，これはいうなればナショナリズムと創造性が結合したためであるといえよう。この場合，独創性という点で，大東亜共栄圏思想は賞揚されようが，問題は，教育勅語という道徳律が現人神――あらひとがみ――という偶像によって国民に与えられたことである。先に述べたように（242頁），偶像崇拝は，崇拝する者の心をアニミズム・汎神的世界に堕させしめる。幼児期の母―子関係の中にみられる権力構造が，せっかく芽生えた創造的回路を歪め，これは民族愛・祖国愛を高揚させはするが，過激化させてしまう。その民族は，選民思想にあおられて，より鋭角的な権力構造を目指すものとされてしまう。天照皇大神の偶像化，あるいは天皇の神格化があの侵略戦争をはじめさせたのである。
　ユダヤ教のヤハウェ神も，もし人間を通して偶像化されるならば，彼らも好戦的，侵略国民となるのは必然なのである。そして，その偶像化がもたらす危険を予知して，そのことは彼らの歴史書（旧約聖書）の全篇に，くまなく述べられているのである。「偶像を拝んではならないし，これを刻んではならない」という戒律は，その集約されたものと考えることができるのである。なおキリストが偶像であるか否かはここでは論じない。

第3章 精　神　期

注
1. 浜畑紀『色彩生理心理学』黎明書房，1974, pp.23—36.
2. エリクソン『アイデンティティ』p.102.
3. オールポート, op. cit., p.77.
4. Hickrod, Lucy J. H. and Hickrod, Alan, quoted by N. Nishihira in his book, 『現代青年の意識と行動』大日本図書，1974, p.74.
5. オールポート, op. cit., p.77.

8. 第4次分離不安とその影響

　頭脳に教訓が与えられて思考活動を盛んに行なって創造をなし，民族愛を高揚する。神秘な情感の中で，（超自然的なものに祈りを捧げるという生活の中に）再び肉体的な充実が行なわれる。頭脳の作用としての神秘性を打ち消すように，理解力と総合力が発達してくる。これは第4段階の抽象性・論理性・合理性の，より高次の型態であり，必然的な現象である。神秘感と総合力・理解力との矛盾がはじまる。この矛盾による平衡への復原のメカニズムが作動して，他の系にも不均衡が波及する。加えて，身体も成熟してくると，頭脳の創造作用についての意義の曖昧さが生じる。つまり，他民族より優秀な民族であるという誇りと民族愛は長期的には，他民族の誤解と反感を買い，他民族から無視されたり，かえって蔑視の的になったりする。また道徳律の厳守にしても果して人間に対する最高叡知者の要求するままになし得るのかという実践した者の深刻な疑問，そして内心ひそかに彼を苦しめる「偽善者よ」という自分自身の反省の叫び声，これらが総合的に彼の心中に劣等感を増大させはじめる。罪意識である。つまり創造行動の目的は外部から喪失させられ，道徳律の厳しさばかりが彼の全存在に大きくのしかかってくる。それにコンプレックスを感ずれば感ずるほど，罪意識が増大してみじめな気持ちの毎日が連続する。ちなみに道徳律・戒律の要求があまりに弱い場合には，現実世界との妥協が容易に行なわれてこの段階にまで発達することはまずあり得ない。やはり道徳律・戒律による抑圧は強大であればあるほど次への成長にはプラスとなる。また現代のように，特に無宗教を標榜する民族にはこうした抑圧は皆無といってよいほどであろう。あまり生活が自由に，ともすれば放縦に流されていて，特に生活の規準も，守らねばならない

道徳律もこれといって，生活の中に特に見つからないならば，青年は自分の生活をチェックする基準がない。たとえチェックするにしても相互の生活と生活態度を規準にする，すなわち議会という「対話」による法律にすぎないので，問題意識は生じない。だから発達は停滞し，その民族はほとんど未成熟な「おとな」ばかりとなる。
(1)

　しかし，青年は道徳律の厳しさを感じはじめたときにのみ，こうした絶望的な虚無的状況に襲われるのではない。病気，狂気，死，老齢，妻や子どもや愛するものの死，失職，事業上の失敗，受験の失敗などに遭遇した場合でも同様な状況が訪れよう。おとなでも今までの価値体系が急に崩壊したときは茫然自失の状態になる。わが国でも戦時中皇国思想に張り切っていたおとなたちは敗戦によって虚脱状態になったのである。また事業に成功し財産を作ったような人々は，独自の自信にあふれた人生観や信念をもっているが，自分の子どもの死などに遭遇すると足もとをすくわれるような動揺を感じ，自信を失い，生きる喜びも見失ってしまう。そうしてこうしたときほど人間の脆弱感と罪意識を増大するのである。
(3)
(4)

　こうして彼は苦しみの中から救いを求めてあがく。これは，型態論的に母体から抑圧から解放されんとしている誕生寸前の胎児と同じであろうし，また，子どもが母親から，悪戯をとがめられて，打たれ罰せられて，泣きわめき「許して！」と救いを求めている状況と同じである。

　さらに彼の成熟した身体と体力は，シナゴーグの静的な祈祷三昧の生活に慣れさせない。彼はもっと行動的であるのである。彼はエルサレムからエリコに下って行こうとしたとき，ある人が強盗に襲われて負傷しているのを見つけて，彼を背にして人里へ行って手当を受けさせたいほど気力も充実しているのである。ところがそれに対して，祭司やレビ人は彼に「無視しなさい」などという。彼は以上の深いジレンマに陥って虚無的になりさえしている。そして，こうしたあがきの中にも，やがて救済の道が予感されるのであるとカントはいう。かくして「……徳と幸福との一致を可能ならしめる全能なる神の存在を考えねばならない。神の存在を想定することはかくして道徳的に必然なのである。」と。
(5)

　注
1.　Toynbee, op. cit., p.135.

第3章 精　神　期

2. ディルタイ, op. cit., p.33.
3. 牛島義友『青年の心理と生活』同文書院, 1966, 15th ed. pp.100—101.
4. フロム, op. cit., p.28.
5. カント『実践理性批判』p.177.

9. 要　　約

「民族のために，食糧を受容せんと，道徳律にしたがい依存的に頭脳を思考させて，その結果，創造性が成立する」という理念をヘブライズムとユダヤ教を例に演繹した。

教育作用としては合目的的に成長する青年を励まし，停滞あるいは退行を防止することが必要である，学校教育としては知識ばかりでなく方法論の教授が望ましい，またその中に「神話」が科学と技術と創造性を統一するなどが述べられた。第3次分離不安期から第7段階「精神期」への転換がもし後者が宗教（＝神話）の場合には第1回心であるということから，宗教についても発達学的理念，あるいは分析原理が欲動論より述べられ，二，三の宗教への分析も実際に行なわれた。そして，こうした過程を経て，青年が厳しい民族的指導者による道徳律の余りの厳しさゆえに，再び解放へと志向しはじめる第4次分離不安について，罪意識の発生から論ぜられた。なお，冒頭の理念についての演繹から，次のように修飾語を付加したとき，第7段階での理念はより明確にされることが理解されよう。すなわち「民族のため食糧を受容せんものと，民族的指導者による道徳律にしたがい，頭脳を民族的指導者に依存させて（＝祈祷によって）思考する結果，創造行動が成立する」とするのである。そして，すべての特質は普遍とみなされるのである。

第8期　第2次最高叡知者期
（身体・行動期あるいは実践期）

1. 第2次最高叡知者期の成立

前段階にて，青年は道徳律がきわめて厳しいとき道徳のみならず，彼のもてる創造性が彼の民族愛を高めた。しかし，その反面，他民族，他国民から

反感とそねみを買うことにもなった。青年はそのことに疑問をもつばかりでなく，自己の弱さゆえに妥協してしまい，自分は偽善者ではないかと罪悪感に打ちひしがれ，絶望的，虚無的な心的状況に追い込まれる。またあるいは，各種の失敗と障害，あるいは価値体系の崩壊といったことから虚無感に打ちひしがれる。つまり「民族のために食糧を受容せんと（民族的指導者による）道徳律に従って（祈祷）によって頭脳を依存的に思考させて，創造行動が成立する」という課題が彼にはほとんど不可能と思われる。また青年期末になると身体も成人並か，それ以上に発達し体力も充実してくる。青年は活動的，行動的になり，とにかくすべての面できびきびした身のこなしとなる。青年の有機体としての中枢は頭脳であるといえるが，このように身体の機能が充実すると，ついには頭脳による思考の生活と，活動の生活との対立も開始される。すなわち祈りに明けくれ罪の許しを求めてばかりいる生活と，まず行動すること，実践することの生活との対立でもある。

しかし，こうした対立の葛藤に明けくれるある日，彼は第2次最高叡知者に遭遇する。たとえばその例としてキリスト教を挙げよう。キリストは権威ある者のように説教をしていた。彼の周囲には2千人の人々がうずくまったり立ったりして，その話に聞き入っていた。青年は打消しがたい魅力を感じてイエスの後について行く。イエスは死人を蘇生させたし，らい病患者を治療して死の床から，新しい生活へと歩ましめた。彼と遭遇するあらゆる困苦の中にいる人たちが，そのとたんに生気を得，活力を与えられるではないか。安息日，彼はやはりイエスに遭遇した。すると彼は祈祷に沈潜するのでなくて福音を伝えて活動（＝実践）している。井戸の中に牛が落ちかかったところ，青年は哀れに思いつつも安息日は働くべからずという戒を守っていると，イエスは戒めを無視して活動的にそれを助け上げようとするではないか。活動的といえば，イエスはまるで神出鬼没，山野を駆けめぐり各漁村を経めぐり歩いて伝導説教に余念がない。驚いたことに自国ばかりか外国まで行くのだ。

青年は対照的にラビの生活を想った。何と静的であり老人的なことか。彼らは割礼を受けてなければ救われないという，何という自己中心的なことか。青年は伝統的な第1次最高叡知者（モーセ）と第2次最高叡知者（キリスト）との対立を感じ，葛藤をいだいた。しかし，イエスのことば「私を見

第3章 精 神 期

たのは神を見たのである」を想い出した。そうだ。第1次と第2次最高叡知者も連続しているのだ。こう青年は翻然と悟るのである(＝内部連関の成立)。「私はイエスに従っていこう」と感謝と喜悦のうちに洗礼を受け,以前の最高叡知者のもとにあった生活から止揚させられた生活の中に入っていく。こうして彼の生活は統一されたのである。ここでは例としてキリスト教を用いたが,こうしてカントの次のことばが成就されるのである。つまり彼によると実践理性は最高善の実現を求めている。最高というのは「完全」と「最上」を意味し,最上善は道徳律を無条件に遵守する徳である。最高善は最上善のみならずそれに基づいて幸福(救済)の実現せられるということを要求するのである。こうして古いものは新しい第2次最高叡知者によって統一される。するとさらに新しい変化と解決も生まれる。つまり「民族のために食糧を受容せんと,唯一神による道徳律にしたがって,祈りによる頭脳の思考の結果,創造行動が成立する」は次のように変化するのである。すなわち,「人類のために食糧を得んと唯一神による聖愛にしたがって,身体を自律的に行動させて,その結果献身行動が成立する」のである。つまり青年は第2次回心を遂げて,第2次最高叡知者による生活期が成立し,依存的静的生活から,自由で動的な生活へと入っていくのである。

　ここで参考までに古代ユダヤ教について述べよう。当時ユダヤ教の多数派であるパリサイ派はモーセという民族的指導者の律法を厳格に守るべきことを主張していたが,宗教は表面的になり,心よりも行為が優先するようになった。さらに律法に記述されない父祖からの慣例を付加したが,しかしのちにパリサイ派は伝統と形式に固まって通俗化した。従って時の経過につれてパリサイ主義に対する非難が表面化するようになった。キリスト教はこうした長老の伝統を否定し,彼らの自己義認,偽善,律法の重要な教えに対する不注意を攻撃し,律法の真の姿は愛であると説いた。以上がキリスト教とユダヤ教との関係である。ユダヤ教とキリスト教とのこの関係に青年の精神的発達を適用して考えると次のようになろう。

　青年はユダヤ教の律法の偽善,自己義認,律法の重要な教えに対する不注意に気づく,それとともにキリスト教の愛——それは戒律を全うさせるものである——の精神・人類愛,そしてキリスト自身の十字架上の犠牲によって示した愛の事実を知る。この古いものと新しいものとの対立・葛藤をいだく。

273

しかし，ユダヤ民族指導者モーセもキリストの説く「主」も結局は同一であるという内的連関が成立していることを知る。ここで彼はキリストを信じるものとなり，彼の心中ではユダヤ教の精神は否定されるのでなく，かえってキリスト教下に統一されたのである。(5)

注
1. 『口語訳聖書』日本聖書協会，1969,「ヨハネ」14章9節b.
2. カント『実践理性批判』pp. 159—160.
3. このユダヤ教とキリスト教との関係が純弁証法的発展の法則下にあり，それが今述べた青年の第2次回心に類似していることに注意されたい。
4. 『口語訳聖書』op. cit.,「コロサイ書」3章14節その他.
5. ibid.,「ヨハネ」1，2章23節.

2. 第 2 次 回 心

　先に，青年が合理的操作段階（第6段階）から超合理的操作段階（第7段階）への転身を第1次回心と述べたが（251頁以下），さらにここで第2次回心について論じたい。
　まず，理念的にはやはり胎内生活にもどらねばなるまい。卵巣から放出された卵が分割発達後に，子宮腔へと進入しそこで依存の生活を送ることになる。胎児はその環境によってすべての機能を調節されつつ，成熟的な発達を行なう。酸素・栄養分の供給と老廃物の排泄はすべては母胎からの一方的な働きかけでなされる。この循環によって，胎児の体内には，次の段階に備えて各種の器官が形成される。そのうちで，特に意味のある器官は消化管と呼吸器官である。これらの器官は受胎後6カ月も過ぎると十分に機能化されて，既存の臍帯・胎盤の機能と相拮抗するものとなる。また胎児の体重が増加するとともに，頭部の量的発達もすすんで，母体の骨盤に押えつけられる形となって，胎児へ大きな抑圧を加えることとなる。母体に保護され依存の生活関係の中にあるだけ，環境は，胎児にとっては苦しく厳しいものとなるし，胎児自身の身体内での古い組織と新しい組織・器官との対立も顕著となる。そして，こうした対立の後，胎児は自由な抑圧の一切ない母体外へと，そして新世界へと誕生するのである。第1次回心は着床することと同形であ

第3章 精神期

るし，誕生は第2次回心と同形である。先に述べたように，第1次回心は卵が卵管から子宮腔に移動して着床するように漸進的に行なわれる。これに反し，子宮から胎外へ，そして母親から父親の世界への移行は現象的にも急激な変化を伴う。前者は「誕生」という変化であるし，後者は「第2反抗期」といわれるほどに激動的な変化がある。これを一般的にいえば，「自律」から「依存」へは漸進的変化であるのに対し，「依存」から「自律」へは急激な変化である。したがって，上述したように，第7期から第8期へもまた回心という変化が急激に行なわれ，青年の内的な変革が生じるはずである。[1]

そこで，第1次回心について詳説し，これがいかにして第2次回心に転換されるかを次に述べたい。

第1次回心とは，先に，ジェイムズの説明を引用したように，青年にとって宗教的観念が中心的な位置を占め，支配的 なものになる 意識の 過程である。また「人間には宗教が必要だ」というように宗教教義，掟という人生の意義を示してくれる価値体系に対する理解を意味する。特徴は心理的には個人に対し，それほどの障害を前提としなくても，この信仰は求めやすいものである。そして，個人のその時点での価値に対する欲求水準によって，価値体系も選ばれる。

さて，ここで，回心とは結局，ある段階から次の段階へ個体が転換することであることを考え，各段階での主特質，依存・自律の強度について論じよう。卵巣では卵は卵胞とともに卵巣に固定されているし，卵管では卵は自由運動を行ない，自律的である。子宮腔内では臍帯と羊膜によって固定され，胎盤を通じてその生活はコントロールされている。今，仮に，それぞれの段階にて，その特質が顕著でなくなったとしたら，あるいは，特質が特質でなくなったとしたら，個体の発達段階での転換はどのようになるだろうか。たとえば卵巣で卵胞の中で卵が浮動して自律的な生活を求められたにしても，卵にはその機能はない。浮動はできるにしても栄養摂取はその機能の未熟ゆえに混乱し，結局は内的同一性の維持が不可能で卵は分解せざるをえない。また，卵管壁に卵が固定されていたら正常な分割がなされるだろうか。卵管のオーガナイザーとしての機能は無視され，したがって子宮腔内の情報伝達にも異常が生じ，子宮はそれなりの準備も欠如するところがでてくるのである。子宮腔内にて，もし胎児に自律的生活が許されるとすれば，出産時に正

常位で姿を現わす子どもは，その確率は半分になってしまうだろう。またそうなれば，臍帯は胎盤に固定されていないので，栄養としては羊水が多分に入り混ったものを吸収し，老廃物は羊水中に放出するほかはないだろう。

　さらに卵巣から卵が放出される際にも，卵胞の卵におよぼす圧力が小さい場合には，放出は失敗するか，また放出されても不完全にしか行なわれない。放出されなければ発達は停滞するだろうし，また放出が不完全な場合，卵のその後の経路は保証されまい。また卵管壁に卵が固定されていれば，子宮腔に移動する場合には，卵は放出という形をとって，子宮内壁への着床に異常が生じよう。以上述べたことから，卵巣内では卵は依存的に，卵管では自律的に，さらに子宮腔内では卵は依存的に生活するのが最適であろう。そして，それも依存的なときには最も依存的で，自律的なときには自律的であるのが，次の段階への移行と転換を容易にするのである。エリクソンは「青年期の終りに，確固とした同一性が発達していなければ，次の段階には発達しない」[2]と述べているが，今述べたことを裏づけるものである。

　したがって第１次最高叡知者の掟・教訓・律法は青年を依存的にさせ，より厳しくその生活を看視するものが好ましい。たとえば山上の垂訓において「だれでも，情欲をいだいて女を見る者は，心の中ですでに姦淫をしたのである。もしあなたの右の目が罪を犯させるなら，それを抜き出して捨てなさい」という戒めは残酷なまでに青年にとって厳しい。このため，彼は強い罪意識をもち劣等感に目覚めさせられる。彼は自分がいかに弱小であるかを，掟・教訓・律法を通じ，周囲の自然，対人関係を通して学習する。この劣等感が強ければ強いほど，それだけ強力に救済を求めさせるのである。戒律が厳しいものであることに目覚めた彼の前の民族的指導者は立法者であるとともに刑の執行者でもある。青年はその前にひざまずき，己れの罪を告白し許しを乞う。ジェイムズのことば，「人間がよく発達した識閾下の自己をもち，また漏れやすい，あるいは透過しやすい縁をもっている」[3]という条件をもったのである。そして，おびえうなだれる彼の前に，その罪を引き受けた人類的指導者が，権威のない人間の子としての姿でありつつ，対等の立場に降りて出現する。そして青年に向って彼は「あなたは罪が許されたのだよ」と声をかけてくれたのである。ここにて，彼は第２次回心を迎える。

　第１次回心の場合は意識的随意的であったのに比して，第２次回心は無意

第3章 精 神 期

識的であり不随意的である。そしてそれは急激に訪れる。サーガントは回心の生理学的メカニズムを説明しているが，これは第2次回心を意味することは当然である。すなわち，「強度の不安・緊張・精神的な葛藤 などによって，大脳機能の攪乱が生じ，それによって被暗示性の亢進，一時的な判断の障害が起こる。そして，それが限界点に達したとき，急激な挫折崩壊が生じ，古い観念内容や思考形式は制止され，個体は与えられた新しい観念を自己のものとして受入れていく(4)」のである。もう少し意識的，無意識的な回心の区別について，ジェイムズのことばを借りることにしよう。

　諸君は忘れた名前を想い出そうとするときどうするかを知っておられる。普通，諸君はその言葉と関連のあった場所や人間や事物などを心のなかで考えてみることによって，その名を想い出そうとする。しかし時にはこの努力が失敗に終わる。すなわち，そういうとき諸君は，想い出そうと骨を折れば折るほど，まるでその名前が押し込められてしまって，その方向に圧せば圧すだけますます浮び出られなくするばかりであるかのように，その名前を想い出せる望みがいよいよ少なくなることを感じるであろう。そういう場合，それと反対の手段をとると，成功することがしばしばある。まず，想い出そうとする努力をまったくやめるのである。なにかまったく別のことを考えてみる。そうすると，半時間もすると，忘れていた名前が，エマソンの言葉をかりると，招かれざる客のようにぶらりぶらりと，そ知らぬ顔をして，諸君の心にあらわれてくる。諸君の努力によってある隠れた作用が諸君の心のなかで生じており，努力がやんだのちにもその作用がつづいていて，その作用が，まるでひとりでに出てきたかのようにそういう結果を招来したのである。(5)

第2次回心は第1次回心より急激的現象であるが，それ以外に個人は回心の瞬間に至福感を得る。やはり，ジェイムズのことばを引用しよう。

　この瞬間のことを，私はとうてい人間の言葉でいいあらわすことはできない。その瞬間まで，私の魂は名状しがたい陰鬱に満たされていたのに，いま，私は真昼間の太陽のかがやかしい光が私の心のなかを照らしこむのを感じた。私は自由な人間になったのを感じた。おお，安全の，自由の，イエスにおいて憩うことの，なんという尊い感じであろう！　私はキリストが，そのすべての光輝と権威とをもって，私の生命のなかへ入って来給うたことを感じた。こうして，ほんとうに古きものはすでに過ぎ去り，ものみな新しくなったのであった。(6)

スターバックは先に述べているように回心を並列的に2種類の型としているが，実はこれは並列的なものでなく，直列的，段階的なものであることが明らかになったのである。したがって，青年たちの精神的な発達程度を診断

する場合にも基準ができたわけである。たとえば,「私はクリスチャンです」と告白しても,その入信の動機が単に教養主義である場合とか,「やはり,信仰をもっているほうが気が安まっていい」といったものは,依存への欲動の解消を目指す第1次回心にすぎないだろう。一方,その生活が実践的で奉仕活動を嫌うというようなものでないし,むしろそれを探して何らこの世的な報酬を期待することなく,自主的に奉仕するという生活を送っている青年ならば,第2次の回心まで発達しているといえよう。わが国のクリスチャンといっても,どの段階かを正すならば,意外な結果が現われるに違いない。

　キリスト教国ではこの回心は必ずクリスト者青年に段階的に生じているはずである。しかし,日本においては——外国もそうであるかもしれないが——回心は第1次,第2次がほとんど同時に生じる場合があるようである。それは,前述したごとく,受験あるいは事業の失敗・失職・愛する者の死,あるいは親近者の死に遭遇したときに,まれに非常に短時間に,体験するようである。このような急激な精神発達は誠に特殊的であるからこそ,母性性の強い,そして,異教国である日本にてキリスト教の布教が他宗教に比して遅滞しているのは当然のことである。しかし,日本の社会体制がもし非常に抑圧的であるならば——国民はすでに第1次回心をしていると考えて——キリスト教への回心は比較的容易であろう。現在,つまり布教はこの二重の回心——特殊現象——に依存しないではできなくなっていると考えられる。しかし,ある宗教が第1次最高叡知者を神とし,ユダヤ教とは異なった意味で道徳律を前面にして,まったき服従・依存のみを説いて布教するならば,これはきわめて有利であろう。すなわち自由を標榜する宗教と,絶対者の主権あるいは権力を強調する宗教とは,同時に,同一社会内では成立はしない。ただし二つの相反する社会体制間のいわゆる過渡期にあってはこの限りではないとは考察されるが。先にも述べたように,第2次世界大戦後,日本のキリスト教信者(プロテスタント)の数は一時的にではあるが百万を越すという現象があったが(現在《1976年現在》は40万人に満たない)[7],それは抑圧された戦時体制の連合国軍の駐留による国民の解放感が,キリスト教への回心現象と類似していたがゆえの現象であろう。古くはローマ帝国におけるネロ,ドミティアヌス,トラヤヌスあるいはディオクレティアヌス等によってキ

第3章 精神期

リスト教信者数が増大せしめられたではないか。江戸時代の幕府によるヤソ教禁制の初期にも同じ現象が見られたようである。また現代でもインドネシアでは各宗教信者が多数を占めているが、キリスト教への改宗者はきびしい回教出身者が多いという。ユダヤ教徒からの改宗者はそれほど現象としては著しくないようである。いずれその原因については述べる予定であるが、キリスト教発生当時はユダヤ教の存亡をうれえせしめるほどの改宗者が出ている——だからこそ、ユダヤ教のラビの嫉視と敵意がキリストをえん罪に落し入れ十字架で殺したのであろう。現在はユダヤ教はキリストを誕生せしめた母体として存続してはいるが、しかし戒律を厳しく遵守しなければならないということによって、残念ながら、戒律自体を偶像化してしまったのである。だから筆者は第1次回心以前の第6期父親期に退行化の過程にあるとみるのである。

　以上、理念的に第2次最高叡知者期の成立が第1次最高叡知者期と交替し、それを秩序づけてなされる。また第2次最高叡知者期の生の理念としては、自分の罪の救済を目ざして、人類の食糧獲得のために聖愛をうけて人類的指導者に依存して身体を活動させて奉仕行動がなされるときである。と、また回心には第1次、第2次の2種の発達段階が区別され、第1次回心は意識的、随意的であり、第2次回心は無意識的、不随意的であるという説が支持された。

注
1. これに比して、「自律」から「依存」への転換はいずれの段階——卵管から子宮、乳房から母親へ、また父親から超自然的存在への転換——にても、いつ完了するのか気づかれないように、緩慢に行なわれる。したがって、普通、回心といわれる現象にも2種類——緩慢と急激——にわけて考えられる。もしそれが認められれば、それは個人の信仰の発達段階を示すものとの解釈も成立するわけである。
2. エヴァンズ、op. cit., pp.41—42。
3. ジェイムズ、W.『宗教的経験の諸相』上、岩波文庫、岩波書店、1969, p.297.
4. サーガント、W. 佐藤俊男訳『人間改造の生理』みすず書房、1961, pp.23—24.
5. ジェイムズ、op. cit., p.311.
6. ibid., p.307.
7. 『基督教年鑑』キリスト新聞社、1976年版、p.469.

3. 第2次最高叡知者の世界との合体

　厳しい道徳律，絶対唯一神，民族愛で特徴となる宗教といえば，ユダヤ教と回教である。そして，そのうちで革命的に新しい宗教が旧い宗教から生じた宗教といえば，回教かキリスト教，そして，仏教でのゴータマに対する如来(1)，あるいは小乗仏教に対する大乗仏教(2)の他はない。しかしここではキリスト教のみについて言及しよう(3)。したがって，第2次最高叡知者とはキリストを指し，第1次最高叡知者とはモーセを意味することになる。

　子どもがむち打たれ，仕置きされているとき，もう何の助けもないと感じ，絶望感に打ちひしがれているとき，たまたま，父親が外出先から帰宅してこの情景を眺めて，心を痛める。そこで彼は妻からその事情をつぶさに聞き，妻の怒りをなだめ，もうそのくらいでいいのではないかと仲裁案をもち出す。「これからはお母さんのいうことをよく聞くんだよ。私がおまえに代わって，おかあさんにあやまってあげるからな。」この際の，この父親のことばほど子どもの心には印象的でこれほど嬉しいものはない。そして，叱られて恐しかった母親も，実は自分を愛していたがゆえにむち打ったのであることを知る。彼は両親の愛情の中に，ますます生きることの喜びを得る。そして父親に対して一層の信頼感と尊敬心をもって接するようになる。彼は父親の大きな愛により許され自由にされたのである。そして，子どもはやがて「父親の世界」と合体して新しい生命力を与えられ，直ちに各種の能力の分化的発達を開始する。そのうちの主な能力は合理性・論理でありいずれもこの第6段階で重要な役割を果すことになる。さて，形態説に従って，第7期の第1次最高叡知者から第2次最高叡知者に移る際にも生ずるであろう心的機序を述べてみたい。

　　イエスはオリブ山に行かれた。朝早くまた宮にはいられると，人々が皆みもとに集まってきたので，イエスはすわって彼らを教えておられた。すると，律法学者たちやパリサイ人たちが，姦淫をしている時につかまえられた女をひっぱってきて，中に立たせた上，イエスに言った。「先生，この女は姦淫の場でつかまえられました。モーセは律法の中で，こういう女を石で打ち殺せと命じましたが，あなたはどう思いますか」。彼らがそう言ったのは，イエスをためして，訴える口実を得るためであった。

第3章 精 神 期

　しかし，イエスは身をかがめて，指で地面に何かを書いておられた。彼らが問いつづけるので，イエスは身を起して彼らに言われた，「あなたがたの中で罪のない者が，まずこの女に石を投げつけるがよい」。そしてまた身をかがめて，地面に物を書きつづけられた。これを聞くと，彼らは年寄から始めて，ひとりびとり出て行き，ついに，イエスだけになり，女は中にいたまま残された。そこでイエスは身を起して女に言われた，「女よ，みんなはどこにいるか。あなたを罰する者はなかったのか」。女は言った，「主よ，だれもございません」。イエスは言われた，「わたしもあなたを罰しない。お帰りなさい。今後はもう罪を犯さないように」。⁽⁴⁾

　かつての体験がこのような形で繰り返されるとき，何人といえども深い感動が全身を包み込む。青年も第2次回心を迎えたときも同じ感動に打ちふるえてキリストを凝視めた。そのキリストの眼には泪が光っていた。青年の心は大きな罪障感に捕われて絶望感に打ちひしがれていたのが，急激に明るく変わり活気にみちみちた。彼はキリストの泪の中に絶大な「愛」を看てとり感動に打ちふるえたのである。彼は見事に救済される。
　このとき，戒律は愛によって統一され，彼は第2次最高叡知者から愛せられているという確信を得（儀式によってその確信は維持され）るのである。彼の生活はただその第2次最高叡知者に捧げられ，彼の人生行程はひたすら服従の道へと転換する。それとともに，己れの罪の許されたことから，すべての戒律を，他人への愛のゆえに苦難と感じることもなく，むしろ喜びをもって遵守することができる。それは，自分を犠牲にし人類のために献身することを意味する。彼はキリストにならって，自らを同胞の救済のために犠牲にしようと努力を開始する。これが地上における一個の人間の魂として救いを求める唯一の道となるのである。⁽⁵⁾
　ちなみにフロムがその著書『夢の分析』の中に人間的宗教と教権的宗教との個人内での対立について述べている。すなわち，教権的宗教とは個人は基本的には服従が徳とされ，神に一切の力を与えて，人間が自らを小さく無力にする組織である。この教権的宗教は個人が戦っている型の宗教である。一方人間的宗教とは人間には，自分の力と善良さに力点が置かれ，服従ではなく，人間の力の実現が徳になっている宗教である。そして個人は人間的宗教を求めるのであるとしている。⁽⁶⁾ 彼は既存の教権的宗教に対して否定的立場をとるからには，彼は人間的宗教を提案していると考える以外はないだろう。

281

しかし，既存宗教の生い立ちをもう一度振り返ってみるとき，彼の自らの体験はすでにある宗教の中に歴史として刻みつけられていて，フロムはそれを追体験しているのにすぎない。そして，何ら，他の救いの可能性を提案していることにはならない。彼の場合その主張は己れ自身の行動の弁明にすぎないのである。

さて，話を前にもどそう。さらにこの転化の際には，ちょうど第2期での受精，第4期での刻印づけによる「母なる世界」との合体，第6期での「社会」（＝父なる世界）との合体のように，ある世界との合体現象が生じなければならない。この「ある世界」というのは「最高叡知者の世界」をおいて他にそれに相応する現象は存在すると考えられない。キリスト教では，信者は「見えざる教会」という形態で，「見える教会」という具体的な建築物（礼拝堂）とは区別する一つの共同体と連らなることが求められる。(7) イエスの世界とはつまり見えざる教会であり，イエスの統治下の世界を意味する。神の世界あるいはイエスの国は，仏教での極楽とは異なっている。イエスの国は彼岸にある国ではなく，現実の世界の中でキリスト者と関わる国である。それは子どもが母親の世界の中で育てられ，父親の世界との合体によって成長してきたように，イエスの世界の中でキリスト者は現実を生きることを教えられ，現実をイエスの意図に従って変革する生活を送ることなのである。

かくして，イエスの国との合体を契機にして，青年のイエスの世界への誕生は完了する。ここで受精における生命の賦活化，刻印づけにおける健全な発達，そして自閉期（母親期）を脱する際の社会性の発達に続いて，最も高次の合体が行なわれる。

そして前段階では一時，停止していた分化的発達が第2次最高叡知者の世界との合体によって，ふたたび開始される。つまり，抑圧から解放されて，環境内の特定因の世界との合体と分化が連綿と繰り返えされて，当段階にいたったのである。彼は自分を取り囲む現象を総合的に理解しようと努力し，そのことで彼には理解力と統合力が分化発達する。これは具体的には，教義あるいは神学の対話を通して学習する。そして第2次最高叡知者の意図およびそれの世界に属する観念について，彼の心中には多様の概念が成立し，その各々が十分に了解できるようになる。キリスト教でいえば，聖書の語句について，あるいは思想について，研究者の数ほどの諸種の意見と哲学，解釈

第3章 精 神 期

が存在し，それぞれの存在を彼が納得する。プロテスタントにはルター派，カルヴィン派があり，メソジスト教会，長老主義教会，福音主義教会がある。それにもかかわらずプロテスタントとしては共通の地盤にあり，相互がその存在を認め合っているのである。受精卵は分割をしながらも，相互は決してバラバラになってしまうのでなく，細胞膜での浸透圧による栄養摂取作用を通じて，密着している。ひとりひとりの信徒は，相互の信仰での特質の差を相互に認め合いつつ，聖餐式を通してパンと葡萄酒という栄養の摂取作用（＝儀式）により，確実に結び合わされているのである。分割卵は分裂を盛んに行ないつつ，総体としての型態とその大きさは変化しない。キリスト教信徒の聖書の研究が深まれば深まるほど，その分化は次第に精密になり，多様化する。しかし，それもキリスト教という大きな枠の中でのみの変化で，外観は決してさしたる変化は観察されない。卵は胚となり，さらに成長が促進されれば（臍帯という栄養供給）血管によって，正しく，適切に位置づけられた各器官，および組織に栄養が送り込まれる。そしていつしか，分化的発達は，成熟的発達へと移行しているのである。キリスト者つまり，彼もまた，その聖書解釈を独自に発達分化させ，自分の好みの教派に属したり，好みの教派を形成して，自己の領域をととのえる。しかも，自分に合わない教義を否定してしまうのでなく，他の教派としての存在価値を認め，これを尊重することができる。彼は自己の属する教派も他の教派もそれぞれが神の国に不可決の存在であることを認識しているのである。それらすべての教派は，伝統的な共通する聖餐式を中枢として結合されているという認識がまたそれに伴っているのである。

　以上は第2次回心とそれにともなって生じる合体，および分化発達の過程である。青年の第2次最高叡知者期での生活特質は，自律的で道徳律にとらわれず，常に対象と自己とを対等の地位に置くことができる。また偏狭だった己れの民族への関心は転化して，人類全体への愛を志向するものとなり，より客観的な観点が確立される。第2次最高叡知者についての観念は前段階での道徳律を統一する愛の具現者であるが，それについての解釈が人によって多様で，青年には異質のものと感じられるにちがいない。しかし，これも聖餐式によって統一ある発達を志向させられることなどが理解されたのである。

注
1. 玉城康四郎『仏教とキリスト教』東洋思想8，東京大学出版会，1974，pp. 121—154.
2. 中村元『インド思想史』岩波書店，1974, pp. 112—114.
3. 実際，仏教とヘブライズムをこのように比較対照すべきでなく，ことに仏教をヘブル的合理主義の立場から分析することは，独断であるとか，偏見であるとそしられても仕方がないだろう。いずれ，それらを研究対象としてみたい。
4. 「ヨハネ」，8：1—11．
5. トインビー，A. J., op. cit., p. 137.
6. フロム，E., 外林大作訳『夢の分析』創元社，1971，pp. 107—108.
7. イエスの福音とは「神の国」の実現である。そして，イエスの理解した福音の内容としての「神の国」は「神の支配」という観念，また神の意志が地上に実現されることを意味し，神の最高の美と正義と恵みとが，すべての人の心を動かし，人間世界における悪の勢力が絶滅されることによって実現する統治であった。キリスト教の団体はだから，キリスト，イエスを首とする「選ばれた個人の集会＝エクレシア」なのである。ゆえに，キリストの在るところに教会があり，キリスト教徒の集まりの中にキリストが在るのである。いかなるキリスト教徒も他に対しては権威はなくただキリストのみが教会（エクレシア）の首（かしら）であった。

4. 罪 と 救 済

　罪意識には二種類ある。その一つは，個人が自己の心理的欲求に忠実であることに失敗したための必然的，かつ正当化された真の罪意識である。そしてもう一つはフロイトが認めた唯一のものであり，他人の意見，反対を恐れる個人の傾向に関係のある神経症的な罪意識である。本項では前者の罪意識についてのみ考えたい。
　そして，この罪意識も，さらに二つに分類される。その一つは，自己の成長を阻害することに関するもの，その二は他人の成長に干渉し妨害することに関するものである。まず前者について述べよう。
　胎内での個体の発達の途次，環境あるいは個体の恒常性のメカニズムが不調の場合，その発達は阻害され，歪曲化される，たとえば受精卵が正常なルートを通過せず子宮外妊娠となったり，異常分割をして奇形児となったりする。また胎児の異常体位，あるいは後置胎盤のための死産，さては何らかの理由で卵の分割が途中で成長を停止したりする。最後の例の場合には母胎の

生理的な作用によって，卵は着床しないでそのまま排出されて，いわゆる流産となる。その他，正常な発達がなされない場合その多くは早期に流産してしまい，その後は，次の受胎に備えて機能がふたたび元にもどる。つまり，個体の死をもって母体を救い，次に続く個体の発生を助ける。しかし，異常な分割卵あるいは異常な胎児が母胎内でそのまま成長したらどうなるだろうか。卵管に着床すれば卵管破裂をおこし，母子ともに死を迎えなくてはならない。異常位で着床した胎芽がそのまま成長すれば，やはり生産児には母子ともに生命の危険にさらされる。

ここで，私は罪の問題に入ろうと思う。異常とは個体が成長せず，成長はしても個体が正常なルートを通過せずして子宮外妊娠をしたり，また異常着床をして，胎児そのもののみならず，母体をも死に臨ませることをいう。罪とは，人が発達を停止して静止状態になること，あるいは，単に成長を停滞させるのみならず，以前の段階へ後退すること（退行現象）を意味する。

ソクラテスは罪とは無知であると定義している。これをキェルケゴールは次のように論証する。「誰かが正しいことをしない場合には，彼はそれをまた理解していなかったのである。彼は理解したと思い込んでいただけであった。自分はそれを理解したという彼の断言は要するに見当違いであった——彼がもしさらに繰り返して，畜生，理解したといったら理解したんだと断言することでもあれば，それは彼が本当の理解から途方もなく遠く隔っているということなのである。さてこうしてみるとこの定義はたしかに正確である。誰かが正しいことをすれば，無論彼は罪を犯したことにはならない。彼が正しいことをしないとすれば，彼はそれを理解していなかったのである。彼が本当にそれを理解していたとすれば，それは直ちに彼を動かしてそのことを実行せしめ，彼と理解との間に一致が実現することになる——ゆえに，罪は無知である。」[1] そして彼は，この論証の難点は，あることを理解したということからそのことを行為することへの移行に関する弁証法的規定が欠けていることだとして，彼自身，その定義を「罪とは，神の啓示によって，どこに罪の存するかが人間に明らかにされた後に，人間が神の前に絶望して自己自身であろうと欲しないことないしは絶望して自己自身であろうと欲することである」[2] としている。

キェルケゴールによる罪の定義は，絶望して，そこで停滞するか退行する

285

ことであるとも解せられる。つまり，胎生的，理念的な意味をもつもので，その意味でキェルケゴールの罪についての考え方は正しい。

さて次に，他人の成長に干渉し，妨害することに関する罪意識について述べよう。

第4段階にて，「生欲動 (L.T.) は，母親の愛情ある世話と哺乳があってはじめて，目覚めさせられる。この生欲動は食欲 (A. T.) と共同することになるが，これは新たに全く異なった欲動現象を生じる。これを私は「食物関心」あるいは「栄養関心」と呼びたい。これは後には食物への嗜好および，栄養への意識的な興味と関心，献立選択にも発展する基本的な欲動である。

今この食物関心を二つの極に展開してみる。一方の極に食物への関心が全く無くなった場合，つまり無関心の状態で，この場合，普通は「断食」と呼ばれているあの宗教的とされる「行」の一つに相当するものである。そして他方の極では「飽食」と呼ばれる状態で，断食に対する概念であり，自分に用意された適当な食物の分量では物足りなく，他人の食物までも自分の胃袋に納めてしまう状態である。人間一般的には，食物への関心はこの断食と飽食とを両極とする一本の軸のいずれかの場所に位置づけられる。飽食は発達的には母親の乳房を他の兄弟（特に双生児の場合が理解が容易なのであるが）から独占することであり，己れの分では不足であり，兄弟を飢えさせてでもこれを自分の胃に収めようとむさぼることである。原始社会が共同体であることを立前とすれば，食物の独占は，共同体の存続を無視することである。したがってこれはタブーとされるべきであり，このタブーを犯すときこそ，これは原始的罪（原罪）と呼ばれるものである。結局，断食は個人の「死」を招来するし，飽食は種族の滅亡，つまり「罪」を招くといえる。だから人間の関心は食物に関しては，断食によって個人は死に至らぬように，そして飽食して罪を犯すことのないように均衡をとりつつ発達した欲動といえるのであろう。

第5段階にては母親の自己中心的な養育をうけて子どもは自己中心欲動 (S. A.) を目覚めさせる。このときに以前すでに覚醒せしめられていた L. T. と共同して「性関心」が生じることは第2章に述べたとおりである。性関心もいろいろその範囲について考えられるが性を両極端化してみると一端には「禁欲」あるいは「禁性欲」，そしてその対として「乱交」「淫乱」など各種

第3章 精 神 期

の性の状況が考えられるのである。そこで, 原始民族や古代民族についてのあらゆる資料から, 最もタブーとされた性形態は「近親相姦」あるいは「近親婚」という形態である。つまりミードによれば原始種族では姉妹と娘とを血縁集団の外に投げ出し, かの女たちに他の集団からくる夫を配することによって, 同盟関係を結ばせるので, 結局, 近親相姦の禁止によって, 人間社会が基礎づけられるという。すなわち, 近親相姦をタブーとしなければ同盟関係も成立せず, 社会（種族）の維持も困難だったのである。その例としてマックス・ヴェーバー (Max Weber) もその著『古代ユダヤ教』の中で, 十戒のなかの姦淫を禁ずる命令は, 親族のひとりをただたんに情欲的に一べつすることを含めて近親相姦の厳禁を含めると述べている。また「死者の書」, および, 呪詛の形式（性的十戒＝申命記27の15以下）にも同じことを認めている。

そこで, 他端に「近親相姦」という形態を採用して考えてみたいのである。だから男女関係は特に精神分析学的な言い方が許されるとすれば「エディパス・コンプレックス」と禁欲とを両極とする線上のいずれかに位置づけられるものである。禁性欲も断食の行と同じく宗教的な行の一つであるとされているし, また他方, エディパス・コンプレックスは種族維持のためにはタブーとされている。また逆に, もし禁欲が守られるならば, 個人はその代限りで絶えてしまうだろうし, エディパス・コンプレックスのタブーが犯されるならば, 種族は劣性遺伝のゆえに滅亡する。つまり性関心はこの個人の死と種族の滅亡（罪）との間に環境からの影響を受けつつ, そして一方, 個体には生体としての均衡を保たせつつ（同一性を維持しつつ）発達するものである。

しつけとは, まず排泄訓練が基盤になるものであることは一般の発達心理学的観察事実であるが, この時期に S. A. I. と L. I. の共同による性関心の成立と深い関連があることは見逃すことはできない。フロイト正統派の学者で現在イスラエルで教鞭を執るシュロモ・リーマー (Schlomo Riemer) によれば, 子どもの性的欲望(ラスト)は, その生殖器官が肉体的には未熟であるために, 「生殖器を通じて, ラストの圧力を肉体的に解放できない。そこで彼のペニスを通じて解放しうるものは, ただ彼の膀胱から出る尿だけである。このことは現実にはペニスにおけるラストの圧力が膀胱を刺激し, 夜尿

287

あるいはときならぬ排尿においてのみ解放を見出すことになる」という。したがって排尿のしつけはとりもなおさず，エディパス・コンプレックスのしつけをも意味するのである。(5) だから罪の意識はエディパス・コンプレックスの現実的な侵犯によってというのではなくて，ときならぬ排尿と夜尿によって惹き起こされるのであるといえるのである。

　第6段階にては父親との対話によって子どもの自己中心的な思考様式は友愛を基調とする，自他は平等であることを認知しようとする欲動（S. E.）によって覆われる。この S. E. I. と L. I. は共同して「社交」への関心，つまり「社交関心」を形成する。社交関心もまた二つの極を考えると，一方は「隠棲」であり，他方は「犯罪」であろう。隠棲は個体の属する社会無視を意味し，個体自身の否定をも意味するし，他方は，社会集団（種族）の否定である。殺人をはじめとするあらゆる種類の規則・法律をあえて犯すことで社会組織を破壊せんとするものである。つまり社交関心も，個体の死と罪（種族の滅亡）との間に位置づけられる。

　以上をまとめてみると，一端には，「断食・禁欲・隠棲」，そして他端には，「飽食・近親姦・犯罪」となり，このことから大体道徳心と呼ばれるものは，種族あるいは社会集団を滅亡に導かないように努力する意志であるらしいことが判明しよう。従来の精神分析学でのようにエディパス・コンプレックスばかりを罪の原因と主張するのでは不足するところがあるのである。

　第7段階は第5段階で目覚めさせられた自己否定欲動（S. N. I.）が道徳律に従うことで完成されたものとなる。この S. N. I. と L. T. が共同して「精神関心」を形成する。道徳律は，前段階でのタブー，つまり(1)飽食すること，(2)近親姦を行なうこと，(3)犯罪を行なうこと，の三つの道徳律以外に，各々文化形態特有の道徳律を含むもので，精神関心は，また道徳律関心とも考えられ，一方の極に精進（道徳律を遵守すること，あるいは偶像礼拝をしないこと），他方にはそれらを破ること，つまり偶像崇拝（破壊）を両極とする線分の上に位置づけられる。精進に励めば，断食・禁欲・隠棲およびその他の道徳律を守ることで個体の死へと拍車がかけられることになる。一方では偶像崇拝（破壊），つまり「罪」を犯すことが必然的な帰結となる。ここで集団の死をもたらす行為はすべて罪とされることは理解できたが，一方個人の死をもたらす行為とは一体何を意味するのかが問われなくてはなるまい。先

に述べたように，ヘブル文化圏にあってはタルムードが戒律源となる。そこでこの中のモーセの十戒を，上述した概念で発達的に分類すると次のようになる(表7)。

表7　罪　と　救　済

共同体関心 (聖愛)	奉仕 犠牲 献身 愛	専制 ←→ジェノサイド 憎悪	汝の神を愛せよ 自分を愛するように隣人を愛しなさい	人類愛
精神関心 (戒律)	戒律遵守 唯一神礼拝	破戒 偶像崇拝	安息日をおぼえて守りなさい 神の名をみだりに唱えてはならない 偶像をきざんでおがんではならない	民族愛
社交関心 (規則)	隠棲(潔白) 許しの生活 友情← 家族愛	犯罪 偽証する →殺人 父母を無視	偽証するな 人を殺すな 父母を敬え	友愛
性関心 (しつけ)	禁欲←	→近親姦 姦淫	姦淫してはならない	自己愛 (情愛)
食事関心 (栄養)	断食← (添乳)	→飽食 むさぼり	隣人をむさぼってはならない 盗むなかれ	食物愛 (食欲)
社会性の発達	個人の死 (救い)	罪 (滅び)	十戒	愛の発達

第4段階では

(8)　他人のものを盗んではいけない　　　｝……満腹欲動
(10)　隣人の家をむさぼってはならない

第5段階では

(7)　姦淫してはならない………………………性欲動

第6段階では

(9)　偽証をたててはならない　　　｝
(6)　殺してはならない　　　　　　｝………自他平等肯定欲動
(5)　父と母とをうやまえ　　　　　｝

以上は一般的な道徳，つまり公理ともいえよう。だから「十戒は……父母をうやまい，財産・生命・女性の名誉を尊重し，自分の仲間を害するかもしれないようなことばや思いを慎むように命じている。こうした命令のいくつかは，古代エジプトやバビロンの文献に対応したものがあるが，……道徳行為を義務として命じているものは，ほかにはない。また肉欲や貪欲の禁止に

対応しているものは，他のどんな法典にも見られない(6)」。さらに，第7段階になると，

(4) 安息日をおぼえてこれを守りなさい
(3) 神の名をみだりに唱えてはならない } ……自己否定欲動
(2) 偶像を拝んではならない
(1) 神の他は何物をも神としてはならない

となる。十戒は刻まれた偶像を作ることを禁じると同じく，自然を神とすることを禁じている。安息日を守ることを命じ，安息日の祝福をイスラエル（人）以外の労働奴隷にまで施し，さらに畜類の創造物にも施すことを命じている。ここで第6項目以前はそれぞれの段階での罪と定められる極への禁止だけであり，断食と禁欲と隠棲を絶対遵守すべきものとし個人に課せられているのである。つまり個人の死が求められているのである。そして残る第7段階は精進のすすめと破戒の禁止を積極的に前面に押し出しているのである。だから第7段階での特徴は個人は常に戒律を意識しているということだろう。戒律が意識されないとき，つまり，一般道徳と法律での犯罪を意識するのみでは，第6段階での停滞を意味するのである。これはちょうど他人への思いやりもなく自己中心的な発想に終始することは第5段階での発達の停止と精神的未熟を意味するのと同じである。第7段階ではひたすら戒律の遵守が要求される。そしてそれに比較して，自分の行動がいかに食欲に近くて隣人のものを盗み，それをむさぼるものであるかを知る。また，幼児は，失禁をしたり夜尿をするときに，いかに自分は罪深いものかを反省する。そして後に諸規則を犯すときに，たとえそれが顕在化しなくても罪悪感をもつ。そして，これが第7段階に至って容赦のないはげしさで個人に道徳律をもって誤った諸行為を追求してくるのである。ここで自分はいかに罪深い人間であるのかが問われるのである。

以上，罪というものは原罪として第4段階の乳児期より感ぜられ，第5段階ではエディパス的に罪意識を発生させる。第6段階で社会規範の遵守に破れを感じはじめ，第7段階の道徳律でその罪は決定的にあばき出される。もしその罪意識がないとすれば，前段階に精神的な停滞を示しているといえる。

第8段階は道徳律を乗り越えた時期であるから，タルムードの十戒以外に

第3章 精神期

付け加えるとなるとこれは一種のトートロジイ（循環論理）に陥ってしまうのである。しかし，強いてこれを付け加えるとすると，「キリストの如く，人類のために十字架にて犠牲になりなさい」という一項目であり，十戒と異なってこれは個人の救済のためには，必要な条件といえよう。つまり，十字架を負うこと，自分に罪があってその報いとして十字架を負うのでなくて，人類の幸福がそれで達成されるならばそのために十字架を負うことを意味する。それは同時に「愛」の概念規定ともなって善とされている。わが国で，台風が津軽海峡を襲った際，洞爺丸という連絡船が沈没した。このとき，日本人のひとりは，嵐の海面で外国人宣教師より，浮袋を渡されて彼は助けられたが宣教師は逆巻く海の波にもまれて溺死してしまったという。全く見も知らぬ異郷の地，そして異国にて，偶然，手に入った浮袋を躊躇しないでおぼれそうになっている異教国の人に渡してしまうという大きな愛——やはり個人の死を必然的にもたらす。一方，他の端には「憎悪」が配される。これもまた人類を殺戮（ジェノサイド），戦争という形で 滅亡 させる ものである。そして，この場合も人間は愛と悪の間を，犠牲にもならず，といって憎悪に走らない程度に平衡をとりながら生活しているのであり，戒律はこれを真向うから否定し，十字架によって愛に生き，人類のために犠牲になれとせまるのである。

　以上，(1)必要以上に食する飽食の罪，(2)近親姦，(3)社会的犯罪，(4)偶像崇拝，(5)憎悪の5種のものが罪意識を形成することが論じられた。これに伴って次に「死」について考察してみよう。上述した各段階での罪に対して，やはり，各段階ごとにも自己の死が形成されるのが理解できよう。すなわち，(1)断食による死，(2)禁欲による（自己の）死，(3)隠棲による死，(4)精進（神礼拝）による死，(5)犠牲（愛）による死などである。これら死の意味することはすべて，歴史の中で神学が美徳として一般的に進めてきたことであることは，おそらく，(5)犠牲（愛）から推察ができよう。コントは自己犠牲は計算されたものと評するが，はたして，自己犠牲には5種類が教えられ，すべてに意味が含まれ，発達段階的にも連続した系列になっていることを分析した上での批評であったのかは疑わしい。なぜならば，この5種の「死」はモーセの十戒を遵守し，最後「キリストにならって十字架を負いなさい」を網羅するものである。したがってもし，自己犠牲に計算を入れるとすれば，キリ

291

スト教に入門，改宗することも計算に入っていることになるからである。

とにかく，罪と美徳を系統的に配列してみたとき，まず罪としては，下部の方向に具体的，特殊的で上部へはより抽象性があり一般的である。下部は日常生活で頻繁に繰り返して侵犯されやすいし，逆に上部へは持続的で，侵犯も決定的である，つまりときには永久に神との断絶をもたらしかねないものになっている。美徳についてはやはり下部は繰り返して行なうことができるが最上部にいたると，神との永遠の合一であり，唯一回性のものとなっている。もし計算が入り得るとすれば下部の美徳であり，上部を疑うとすれば，その入信の動機までも疑わしきものとなる。

発達的に述べると，フロイトのいわゆる「超自我」，あるいはオールポートの「良心」は食欲に関して，ときに他人（兄弟・親）の分までも食して他をひもじくさせたり，ときには自分の分け前を兄弟に気前よくやってしまったとき，あるいは，タブーとされている家族内の異性に対して異性を感じて罪障感をもってみたり，さらに児童期から青年期にかけて，対話によって民主的に決めた「きまり＝規則」を自ら破ってしまって相手から糾弾されたりするうちに育てられる。偶像崇拝については，しばしば，これは本人を取り囲む環境自体が偶像崇拝に陥っている場合が多く，比較すべきものがないから，本人の気づかないうちに絶望的状況に落ち込んでいるものである。神に対する憎悪の中では，良心あるいは超自我は圧しつぶされてしまって回復の余地はないもののようで，いわゆる悪魔的人格を彷彿とさせる。

美徳，特に真の救いに到る途は，最終的に最高叡知者の意志のうちにあることを前提にしなければならない。一般的には次の方法が好ましいだろうと思われる。まず，定期的に一定期間の断食を奨励すること。中世のカトリック信仰の生活の中ばかりでなく，現代でも安息日は断食をするという宗派もあるようである。やはり，どの宗団も，たとえ古い習慣であっても，貪欲の罪を反省する意味で大いに顧慮されても当然である。青年に特に未婚の青年に対する禁欲——自慰も含む——を勧め守らせる。また既婚者に対しても定期的に一定期間の禁欲奨励は必要事であろう。徹底的に隠棲生活あるいは隠棲期間を定期的にもつこと，さらに短期間一度の定期的礼拝出席を厳守することなどが，望まれる途である。こうした訓練が最終段階の，見ず知らずの人のためにも自己犠牲を払い得ること，すなわち永遠の救済を確実にするこ

第3章 精神期

とができるのである。最終段階での具体的方策は，奉仕活動，伝道に専心（献身）することが考えられる。なお各段階での自己犠牲は前段階の行為を止揚した結果の行為であるが，といって，ある段階の行為は前段階の行為を全く否定するというのではない。むしろ，前段階の行為を組み入れて当該の段階の行為が成立するというのであることは忘れられてはならない。すなわち，奉仕活動のみで救済されるというのでなくて，それはキリスト礼拝に支えられており，またキリスト礼拝は隠棲期間あるいは家庭・職場での証しの生活を裏付けとしてもち，正しい性生活と禁欲期間の厳守，および定期的断食を前提としている。また，たとえば家庭と職場における信仰の証なくしてはキリスト礼拝は意味がないし，さらにキリスト礼拝のみで奉仕活動が伴わないのでは，キリストの愛に応答する生活でもないし，いわんや救済は確保されるわけではないのである。美徳はすべて均衡的，関連的になされるときはじめて，合目的的に人に作用して，希望と愛を与えるものとなるのである。

　以上，罪は大別して，(1)自己が己れ自身の発達を阻害して退行現象を生じること，(2)環境内の他者の成長を妨害すること，の2種あることが論じられた。ことに，後者にいたっては(1)飽食，(2)近親姦（エディパス・コンプレックス），(3)社会的犯罪，(4)偶像崇拝，(5)憎悪の5種から生じるものである。つまり，青年は通時的（発達的）にも，共時的（生活的）にも罪を生じる機会をもつのである。さらに，死のもつ意味も，各段階ごとに異っていることも論じられた。すなわち(1)断食，(2)禁欲，(3)隠棲，(4)精進，(5)愛等による死であり，一般に美徳とされる行為による死である。また，救いに到る途も説かれたが，これも各段階ごとに異なるものであり，それらは弁証法的に理解されるべきである。つまり，高次の美徳も低次の美徳を否定してしまうのでなく，それらを欠如しては救済には到達しないのである。

注
1. キェルケゴール, S., 斉藤信治訳『死に至る病』岩波文庫, 岩波書店, 1973, p. 144.
2. ibid., p. 155.
3. ストロース, クロード・レヴィ, 仲沢紀雄訳『今日のトーテミスム』みすず書房, 1970, p. 202.
4. ウエーバー, M., 内田芳明訳『古代ユダヤ教』I, みすず書房, pp. 129—130およ

び p.395.
5. リーマー, S., 天野洋子訳『愛と罪の心理学』岩崎学術出版, 1973, p.47.
6. エプスタイン, イジドー, op. cit., p.23.

5. 性 の 自 由

なおついでに性の自由について述べよう。エディパス・コンプレックスはフロイトの述べるように近親婚への願望に基づくものである。種族が近親婚を防止するために必死のあらゆる手段を講じてきたのは，それによって容易に遺伝学的に劣性が子孫に伝えられて，まもなくその種族は自滅するか，他民族に征圧されてしまうという無意識的な理解があったからといえよう。先に述べた（第6段階までの）罪が罪とされるのはそれらを許容するとき，これが種族を滅亡させるという必然性をもっているがゆえである。とすれば一つの行為が罪か否かを決定するためには，それが種族を滅亡させる必然性をもつかどうかが問われなくてはならない。

そこで今,「性の自由化」はこの問いかけに堪え得るかどうかを論ずればよいことになる。しかしその前にもう一度見直す必要があろう。

(1)近親婚のタブーとされる原因は，それは子孫に劣性遺伝が伝えられる恐怖であるとするならば，避妊薬の服用あるいは他の手段の採用によって，子どもを生まなければよいわけである。極言すれば近親婚は現代では罪の枠内からは，よほど伸縮ある取り扱いがされうるのである。しかし避妊は究極的には一代に生存を限定することで，子孫を作らないことになって集団の滅亡に手を貸すことになる。さて，次にいよいよ性の自由化は，社会集団を否定する要素をもつか否かが問われよう。

(2)まず乱婚の場合には，特殊な事情の下では原始民族が，行なっていた形跡がある。しかし，一般的には厳格な一夫一婦制を採用しているのは，やはりこれも意図しない「近親婚」の恐れありとみたからであろう。少女が絶えず妊娠しては，父親不明の子どもを生み育て，その子どもを結婚させるとするならば，その過程で，容易に兄弟・姉妹の縁組が成立することは，火を見るよりも明らかである。極端な場合は親子の近親婚（エディパス・コンプレックス）もありうるのである。しかし乱婚も近親姦にならないように人為的

な操作を加えれば，罪の概念に含まれなくなる。とはいえ，エディパス・コンプレックスまでもそうだとは決していわない。なぜなら，性という領域での罪は人為的には構成されなくなるが，社会秩序の否定を招来し，これが究極的には社会集団そのものを否定（＝罪）するからである。

(3)婚前交渉と同棲について考えると，これは世界いたるところで行なわれているようである。自由にお互いの合性を性交渉によって確め合うのである。もし合わなければ他の伴侶をさがすのであるが，子どもができてしまえば結婚させられる。これは，もしそうでないと乱婚の場合と同じケースになるからであろう。結婚した夫婦は，他の異性との性の交渉（姦淫）をもつことは禁止される。これが黙認されると社会は混乱し，実際，社会集団は否定されたと同じ結果に陥るのである。結局，独身の男女間の性交渉は子どもができるまでは自由であり，社会集団を否定することにはならないから，したがって罪を形成することはない。しかし，子どもができても結婚しないとすれば，これは罪を形成する。これもしかし，人為的操作が行なわれるならば，あくまで個人の問題に転換されつづけて罪は構成しない。

(4)強姦の場合は，独身者に限り，それも子どもができないという保障があれば，社会集団の否定にはならない。しかしである。相手の同意を得ないで行なうというのであるから，社会成員の人格を尊ばなければならないという規範を無視するものであり，したがって犯罪という社会集団を否定する他の罪を構成することになる。

(5)夫婦交換は乱婚に通じる。

さてここで避妊法が今述べた中では大きな意味をもつものであることはあきらかである。避妊法の完成によって，種族全体にとっての問題が，単に一個人の問題に還元されてしまうからである。しかし，いまだかつて，科学が「空間」と「時間」を征服したということは聞かないのである。絶対的な方法が発見されるまでは，あえて危険な交渉は行なうべきでないし，もしそれが発見されても，人間の力を過信するという，形こそ違え偶像崇拝禁止の戒を犯すことになるのである。いずれにしても，人為操作によって罪を罪でないものに転換させることは不可能事であることを今一度想起せねばなるまい。

以上，性の自由のための避妊法の採用は罪の構成に加担することになるの

である。そのことは，(1)近親婚，(2)乱婚，(3)婚前交渉，(4)強姦などのケースについて，それぞれ説明されたのである。

6. 対　話

　第8期は第6期（父親期）での特質を繰り返すことは繰り返し述べたが，その特質のうち，対話による第2次最高叡知者との交流，そして他者との対話による意志の疎通もまた顕著である。第6期では父親は子どもと同じ立場にまでくだり，子どもをひとりの人間として扱ったし，また，子どもも他の友人とも，民主的に問題の解決を求めた。そこには何らの支配—服従関係もなく，利己的な欲望も入ることはなかったのである。
　これと反対に第7（第1次最高叡知者）期は，子どもがひたすら道徳律（戒律）の遵守を心がけるという，支配—服従関係をもっていた。もちろん，対等に意志を交流させるなどということは許されるべきものではない。その対象は，民族的指導者であり，審判者として，青年の上に君臨しているばかりである。
　第8（第2次最高叡知者）期には，その最高叡知者は青年と対等に意志を交えるべく，人類的指導者であり超自然的存在でありつつも青年と等しい立場にまで下って，彼に話しかけ，彼の答を聞くことができる。青年はまた，彼に対してすべてを打ち明け，彼との対話から，議論から解決を見出すことができる。青年はまた，知人，友人の差別をせず，また戸籍・人種の区別もせず，対等の話し合いを，その最高叡知者の名において行なうことが求められる。そしてそのことはまた人類愛に燃え立つ彼には義務というよりは喜びとなるのである。
　そこでキリスト教にてこれを演繹してみよう。まず神は「人の子」(1)の形をとって，地上にくだり，イエス・キリストとして人間に道を説きはじめたという山上における彼の説教についていえば，古来多数の見解があるが，筆者はこれを対話的解釈とみたい。これについて，金子晴勇は「イエスとの対話的交わりを捨象すると，彼の言葉は実存的意義を失ってしまうからである。貧しい者の幸いについての言葉はルカ福音書にもあり『あなたがた貧しい人たちは，さいわいだ』（6の20）とあって，2人称の呼びかけの形式と文章が

短いところから,マタイの前段階であることがわかる。『汝ら』と語っているイエスの『私』について,イエスがどのように自己証言をしているかを見てみると,この『私』は神の約束を成就するため遣わされた者であることが述べられている(マタイ5の17以下)。それゆえはじめに『幸いである』と語られた言葉は貧しい者や苦しむ者への救い主として語っている者自身が関与していることを含んでいる。したがってかかる言葉を語っているイエスがその言葉に先行していて,イエスとの交わりから生じる共同的生活様式が後置文だけ切り離された形で述べられていることが明らかになる。このように見てくると,理性的には不可解な多くの言葉も正しい理解にもたらされる。そこには対話のなかでの真理,つまり人間の『間』の領域には生きている人格的真理が関わりの相互性のなかで顕らかになっている」と述べている。これを基本的な姿勢とするイエスの言行は新約聖書全体を覆うものである。イエスのことばを聞き,これに従う青年も基本的にはイエスを対等の立場——ガブリエル・マルセル(G. Marcel)にいわせれば,「我と汝」の関係——にいるものとして考えている。もっともイエスと神とは可視的には同じではないが,アウグスティヌス(Augustinus)はその著書『告白』の巻頭にて,次のように述べている。「汝はわれわれを汝に向けて造りたまい,われわれの心は汝のうちに休らうまでは安んじない」と。旧約時代に,イスラエルの民は,第1次最高叡知者に対して,「わが神よ」「主よ」と呼びかけたのであるが,ここに大きな立場の相違がみられよう。神が人の子の形をとったといわれるのは,もちろん対話のためであるが,その前提として,人間の訴えを聞くことが必要であったからである。対話には,神も一方的に命令するばかりでなく,自己を人間に開放し,人間を同等のものとして受容する必要があるのである。第6期の父と子の対話は,今はイエス・キリストと青年との対話へと弁証法的な発達を遂げたのである。また,この青年は他者に対しても,同等の立場に立って対話をすることが可能となる。彼は相手に向って自己を開放し,相手を受容する。彼は自分の自己主張欲動を抑制し,相手を一箇の人格と認めて,そのいうところを聞く。そして対話が開始される。第6段階での対話は単に友人関係にある人たちの間に成立したのが,この段階になると人種・国家を超越し全人類に及ぶ。第6段階では対話は単に社会問題・生活問題の解決において用いられたが,第8段階では,全人類の精神的問題の

解決を求めて対話が行なわれる。アルバート・シュバイツァーはアフリカの原生林の中で，原始民族を対象にその精神的な解放と救済を目ざして活躍していたことはわれわれの記憶に新らしい。彼は全身を彼らのために解放し，彼らに耳を傾けたのである。彼らを人格として認めて受入れて，神の福音を説いたのである。その反面現代でも人種差別をかたくなに守って，単に支配一服従関係でしか一部の後進国出身の人々を受入れようとしない人も顕著なのである。彼らは，イエス・キリストを全く知らない人たちなのであろう。そこからは，聞く態度も，対話への意欲も見られないのである。さらに具体的には近世の宗教革命以降，神学が自由に討議の対象となっていることも，現に対話が許されている証左である。(4)

次に，「自由」について考えてみたい。もちろんキリストは律法にとらわれず，愛が律法を完成させるものとして，自由な行動に終始した。神学的にもイエスの弟子であるがユダヤ教の祭司で，キリスト教に回心したパウロはその書翰の中で次のように述べている。「自由を得させるために，キリストはわたしたちを解放して下さったのである。だから，堅く立って，二度と奴隷のくびきにつながれてはならない。」(5)

また民主的な態度については，パウロは多くの弟子の中から互選によって役員を決定している。(6) これはユダヤ内部でレビ族が神に仕えるものというようにカリスマ的に決定されていたのと比較すればその差の大きいのに気づかれよう。民主的共同体意識は後になってさらに発達し，宗教改革時にはカルヴィン (J. Calvin) によって組識論として展開された。教会の役職——牧師，長老，教師，執筆——は，全教会成員によって選挙され，民衆の同意と承認とは「神のことば」とみなされる。牧師と長老が教会参事会を構成し，教会規律をつかさどるというのである。(7)

第6段階の特徴は合理的，論理的思考が発達することである。これは理念的には，第7段階では超合理性・超論理性が発達するとともにこれは潜在化する。しかし第8段階にはこれは再び発達する。つまり，論理的，合理的な思考能力が超合理性・超論理性にとって代わる。宗教教義が論理的に合理的に組織だてられ，これの学習が信者に要請される。事実，キリスト教では，歴史的に神学に重点を置いていることは周知である。たとえば，アウグスティヌス (A. D. 354—430)，スピノザ (Baruch de Spinoza, 1632—1677)，カルヴ

ィン（Jean Calvin, 1509—1564），ブルトマン（Rudolf K. Bultmann, 1884—），ブルナー（Emil Brunner, 1889—1962），バルト（Karl Barth, 1886—1968）などの神学者の名がただちに想起され，さらに彼らの業績が歴史的，文化史的に意義が深いのを知ることができる。ヴェーバー（M. Weber）は，「西洋におけるキリスト教の神学が，例えばユダヤ教で神学に当るものに較べて，夙(つと)に一層組織的に構成されている——或いはこれを目指して常に努力されている」と述べていることからもこのことは理解されるのである。

以上，本段階での対話と民主的態度，および自由と平等，そして合理性と論理性とがキリスト教を通じて演繹されたのである。

注
1. たとえばマタイ8の20, 9の6など。
2. 金子晴勇『対話的思考』創文社, 1976, pp. 19—20.
3. ボヘンスキー, J. M., 桝田啓三郎訳『現代のヨーロッパ哲学』岩波現代叢書, p. 214.
4. ユダヤ教からキリスト教が派生し，自由，平等が理念となっているべきであるが，実際歴史的には，その後もカトリックの権力構造の中で，キリスト教はその個人の信仰においては，自由，平等とはいえなくなっている。つまり，独立した各段階の中でも常に細分化された規模で弁証法的な繰り返しによる対立と統一が続けられているのである。もちろん繰り返すといってもそのままの古い段階へもどるのでなく，それは高次の型態に発展しているのである。
5. 「ガラテヤ」5：1
6. 「使徒行伝」6：1—6
7. カルバン, J., 竹森満佐一訳『キリスト教綱要抄』ヒュー・カー編, 新教出版社, 1961, p. 256.
8. ヴェーバー, M., 尾高邦雄訳『職業としての学問』岩波文庫, 岩波書店, 1963, p. 66.

7. 生 の 意 義

a. 自 我 機 制

「生の意味についての質問に答えようとすることは，宗教感情をもつということです。あなたはこういう問題になんの意味があるか，とたずねます。私はこう答えます，自分の生や同胞の生に意味をみとめない人は不幸なだけ

でなく，とても生き続けることはできそうにもない」と，アインシュタインは彼の論文集『わが世界像』の冒頭の論文にこう書き記している。まず「人生・生」について語る前に今まで論じてきた欲動を整理し直してみたい。

欲動は大別して2系列がある。第1系列では第4期（乳児期）に目覚めさせられる(1)食物獲得への欲動，そして第5期（母親期）での(2)自己主張欲動と(4)自己否定欲動，第6期（父親期）で発達する(3)自他平等肯定欲動，第7期では(4)の自己否定欲動が完成，第8期では(3)自他平等肯定欲動が完成される。一方第2系列では，第4期（乳児期）に母親との合体後，母親が傍にいるときに目覚める(5)生欲動と母親の愛情剥奪を感じた際の(6)死の欲動，(5)と(6)の中間の無気力欲動，また，疾病・傷害時の(7)治癒欲動で次のような表になる。

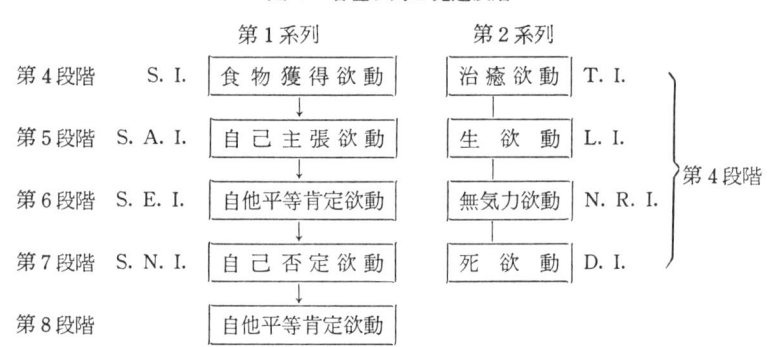

図13　各種欲動と発達段階

		第1系列	第2系列		
第4段階	S. I.	食物獲得欲動	治癒欲動	T. I.	
第5段階	S. A. I.	自己主張欲動	生　欲　動	L. I.	第4段階
第6段階	S. E. I.	自他平等肯定欲動	無気力欲動	N. R. I.	
第7段階	S. N. I.	自己否定欲動	死　欲　動	D. I.	
第8段階		自他平等肯定欲動			

＊ S. A. I. の概念は攻撃心，S. E. I. は集団帰属欲動，S. N. I. は服従心をも併せ含んでいる。そして第1系列は自我機制の内容を示し，第2系列は存在（生命）機制の要素であることが判明する。

これらの目覚めさせられた欲動は，第1系列は，自我機制を形成して，人間の内的統一の過程，つまりその人格化の過程を作り上げる。それとともに，日常生活での対人時の心的緊張の際に発動されて種々の感情を生じる。第2系列は，自我存在のエネルギーのレベルの高さを示すもので存在（あるいは生命）機制と名づけられるものである。第1系列の自我感情との相互作用によって，第2次の感情・欲動を生じる。それは次の表によって示される。

第3章 精神期

図14　欲動と各種感情

```
S. I.    + L. I.   = 期待感
         + N. R. I.= 忍耐心
         + D. I.   = 貪欲，淋しさ
S. A. I. + L. I.   = 性関心
         + N. R. I.= 嫉妬心，羨望
         + D. I.   = 母親との分離不安
S. E. I. + T. I.   = 疾病・傷害時の孤独感
         + L. I.   = 社交関心
         + N. R. I.= 思いやり
         + D. I.   = 父親との分離不安
S. N. I. + L. I.   = 精神関心
         + N. R. I.= 敗北感
         + D. I.   = 恐怖感，畏怖心
```
＊　左側は第1次欲動，右側は第2次欲動

　第1系列から順次考察し，理念的な——それでいて無意識的欲動としてはすでに実践化を行なっている理念的な——生の意義を明らかにしていきたい。
　第4段階での「満腹欲動」(S. I.) つまり食欲は乳房そのものによって育てられ，その後の子どもの人生を通じて基本的に生理的なレベルで身体組織を支える主要素の一つとなる。この時期の理念は，「乳房期では，栄養を獲得せんと歯牙を自律的に動かし，（その結果）授乳行動が成立する」であった。すなわち，今まで述べきた各段階での定言化された理念は個体のすべての特徴を総合的に表現するものという取り扱いをしてきたのだが，実はその理念は個体の段階における生の目的を語るものであったのである。第4段階では，歯牙を自由に咬合させて，口中，そして胃の中に食物を取り入れることが生の目的であり，課題であり，また，そうすること自体に意義があるのである。乳児は好きなだけ乳を飲んでいいし，嫌ならばいつでも吸飲を中止してよいのである。乳児の幸福は乳児がその自律的な乳の摂取がなされるときに感ぜられる。乳児の幸福感は，もちろん，いまだ単なる快感といいかえられるだけかもしれないが。
　この欲動は「生の欲動 (L. I.)」と拮抗して作用する際には「期待心」，すなわち乳児が空腹を覚え，泣き声その他の手段で保育者にそれが伝達できたと知ってから，乳房が口に添えられるまでの感情である。乳児の覚醒時の生

活全体がほとんど乳の吸飲のための時間になっていることで期待心は養われる。そして期待心は将来には「希望」へと転化するのであろう。この欲動はまた「無(気)力欲動（N. R. I.)」と作用して忍耐心をそだてる。養育者の都合で乳児に対する添乳が遅延した場合の乳児の情緒的不安定，あるいは不快感がしばしば繰り返されると，これが固着して将来子どもの一つの傾性を形成するであろう。忍耐心は将来の生活に必要な傾性・心情ではあるが，この段階での必要性はほとんど無用であるというのはいいすぎかもしれない。さらに保育者が乳児に添乳できない状態すなわち乳児—乳房関係に障害が生じたとき，たとえば，生別・死別・職業・乳児遺棄等――になったときには，満腹欲動は「死欲動（D. I.)」と結びついたのである。乳は分泌されず，乳児はやむなく飢餓を体験することになる。しかし乳房の能力が低下したと考えられるとき，乳児は自律的に吸乳を中止し乳房に健康の回復するのをいつまでも待つわけである。他者のために自己の生命を犠牲にするという意味に解される。しかしある臨界期内に以前の保育者が乳児の前に姿を現わすならば死に到ることはない。元の状況に復するか，悪い場合にはこの傾性は子どもに固着して，成人になってからも，物質への異常な執着あるいは異常食欲に陥るのである。以上のように「満腹欲動」はそれと相拮抗して作用する対象欲動によって子どもに期待心・忍耐心・貧欲あるいは異常食欲へと変化するものである。これらの心情に応じて添乳がなされる際に乳児は快感を得て生の意義は結実する。もちろん述べてきた一連の乳児の退嬰現象は，ハーロウ等の観察によるマターナル・デプリベーション現象と同じで，この段階の理念がハーロウ等によって演繹されたと筆者は考えたいのである。

　第5段階「母親期」での生の意義はやはり，この段階での理念「食物を受け入れようと歯牙を母親に依存的に咬合して（その結果）摂食行動が成立する」より導びかれる。つまり，母親にすべてを任せ，そのしつけに従って食事をすること（もちろん，排泄訓練をうけることをも含めるし，他の清潔の習慣づけ，衣服の着脱・睡眠の正しい習慣をも含める）に幼児の生の意義がある。子どもはしかしきびしい母親の訓練に臨むときこそ母親の真物（ほんもの）の愛情を肌にいっぱい感じるのである――きびしいしつけが必要だからといっても，子どもをおびえさせることがあってはならない。このときにこそ子どもは幸福な気持ちにつつまれ，それは母親に対する絶大な信頼と尊敬をよけい

第3章 精神期

にそだてていくのである。

さて，この段階で育てられる「自己中心欲動 (S. A. I.)」は L. I. と拮抗して作用し，子どもの内部に，子ども自身にはそれが何か意識されることはない「性欲動」が形成される。そしてこの欲動は最も近くの異性に対して発露するが，これが精神分析学者のいういわゆる「エディパス・コンプレックス」そのものである。母親の母性性がしつけの形として，あるいは系内同一性という形で正常に，子どもに伝えられているならば，エディパス・コンプレックスの発生もきわめて自然である。しかし，その子どもに弟や妹が生まれたり，あるいは母親や父親が他の兄姉に対して特に変わった扱いをしたり，また近所や親戚の子どもが母親の母性性を奪いそうになると，N. R. I. と S. A. I. の対応作用が成立して，嫉妬心・羨望といった傾性が発生し，長期にわたればこれが固着して，「ひがみっぽい」性格傾向を子どもにもたらすのは当然である。

もし母親に何らかの障害が発生し，幼児の摂食・排泄の世話あるいはしつけができない状態，あるいは子どもを脅かす場合すなわち愛情を子どもに及ぼすことができなくなった場合，あるいは母親が生別・死別あるいは旅行，あるいは母親に拒絶的に取り扱われて，S. A. I. は，D. I. と結びついて子どもは大きな情緒不安定に襲われる。このときは生の意義が見失われたときとも解してよく，子ども自体の存在の危機をも意味するのである。そしてもちろんそれは子どもの自我同一性の混乱をもたらしているので，それに対しては周囲の人たちの素早い対応策が注意深く，愛情深く行なわれなくてはならない。そうでないと，やはり子どもは，その分離不安解消をねらいとして，諸種の方法で母親との同一化を試み，その結果，死に至る場合がある。死に至ることがあれば，そしてその結果，対象が何らかの利益を得ると考えられるならば，その死は献身あるいは犠牲的死とみなさるべきだろう。

第6段階「父親期」での生きる意義，人生の在り方，その価値基準は，「友のために食物を獲得せんものとし，対話によって作ったきまり（＝約束）に従い手・足を自主的，自律的に操作させ，生産行動を成立させる」から容易に判断できるように，「友人のために自己中心性を捨てて労働すること」であろう。彼が自分の知っている友人たち，父親，母親，教師たちのためにどれほど自己犠牲を払っているかを知ったり，働きながらそれを意識化したり

するとき，子どもの生感覚は充実し，喜びは増大する。「自分は犠牲を払っている」という意識こそ，彼を活発にさせ，生きる勇気を振い立たせるのである。そしてこの勇気によって得られるのは子ども自身の自信であり，この自信がさらに子どもの好奇心を強くさせ，知識欲，学習欲を高めて子どもを知性化し，民主化し，より多くの友人に恵まれる性格傾向を形成していくのである。そして，彼の生の意義はますます彼を向上へと志向させるのである。このとき発育する欲動は「自他平等肯定欲動 (S. E. I.)」である。

この S. E. I. は L. I. と拮抗して，社交心，あるいは社会性を子どもの性格特性に与えよう。また，N. R. I. とともに作用して特別な友人，あるいは父親に対する一抹の懸念あるいは不安といった感情をいだかせよう。さらに父親の不在が別離，死去により確定したり，また，父親に強く叱責されたり，といった父親との分離不安が発生する場合には，S. E. I. は D. I. と結合する。そして，このいずれの場合にも子どもは無気力となり，長期にわたる場合には周囲の現象や出来事には無関心となり，現実から逃避しやすく，さらに母親期へと退行してしまう，いわゆる，生の意義を喪失した状況を形成するのである。最悪事態には，父親，友人のために死に至ることもある。そして，この行為は倫理的であるのである。

第7段階「第1次最高叡知者期」になると，生の意義は，「民族のために，食糧を得んものと，定言的道徳律にしたがい頭脳で依存的に思考させるとき，創造的行動が成立する」ことより発見され得よう。すなわち，日常の生活の中に第1次最高叡知者という価値体系を意識化し，民族愛に燃えて創造的活動に従事するときにはじめて青年は生の充実を感じ，生の意義を明確に認識する。彼は大きな関心をもって民族固有の道徳律を追求し，これに服従する。服従することで，自己が道徳律に律せられることに大きな励ましを受け，道徳律追従の意欲と興味をかき立てられるのである。

ただし，その道徳律は誤謬のない正しいものでなければならない。前にも引用したのであるがマズロウにいわせれば「価値の体系をもたない状態は精神病の原因となる」(2)のであり，正しい価値の体系を欠く者は衝動的で，虚無主義的で，全体として懐疑的である。換言すれば，彼の人生は意味を失っているのである。第2次大戦以前の日本やドイツには，不幸なことに偶像崇拝を禁止しない道徳律を前提に，民族愛が高揚され，絶対的権力者の権威が強

第3章 精神期

調された。そしてかつて何人もなし得なかった出来事(＝創造的行動)が推進されたためにそれらの国はすべからざる誤った戦争へと自爆の道を選んだのであるといえよう。誤った価値体系をもつ青年は，情緒的に病気であるばかりでなく，認知的にも彼らは間違っているのである。マズロウのことばによれば「神経症・精神病・成長阻害などはすべて，このような見地からは，認知の病気でもあり，知覚・学習・記憶・注意・思考を汚すものである」という。戦争が終わったとき，以前の道徳律は跡かたなく消失して，国民は生きる意義を喪失したのであるといえる。欲動は S. N. I. であって，すべて上述した条件下に，第1次最高叡知者への服従の間に育てられるのである。

　この S. N. I. は L. I. と結びつくとき，精神的関心を喚び覚まし，道徳律を志向させることになる。また，N. R. I. と結びついて敗北感と失望感を与える。また D. I. と拮抗して恐怖感と畏怖心を生じせしめる。そして，N. R. I. との結びつきは，道徳律遵守に失敗した際の敗北感を生み，さらに D. I. との結びつきは，なおも強く道徳律が青年に迫る場合にいだく恐怖感と畏怖感をも引き起こすのである。つまり第1次最高叡知者に危急な事態が及んで自己との間に心的な距離感が発生した場合には，青年はその分離不安解消のために，あらゆる努力を払って行動すべきであろう。そしてやはり最悪の事態には，民族・国家あるいは唯一神のために己れの生命を捧げるべきである。

　第8段階「第2次最高叡知者期」になると，理念は「人類のために食糧を得んと唯一神による聖愛にしたがって，身体を自律的に行動させるとき，献身行動が成立する」のである。したがって生の意義はこの理念が成熟する際にはじめて感じられ意識されるのである。単に最高叡知者の定言的命令に従い常に恐怖感と警戒心をいだいているのみでは生の意義は感じられないし，意識化はされないのである。最高の生の意義は解放者である第2次最高叡知者を指導者として人類という未知の人たちのために奉仕するときに生きている喜びがあり，意義が認められるのである。

　しかし，何かの事態が発生して，第2次最高叡知者との分離不安が感じられる場合，生のエネルギーレベルが低下して，個体はその回復のために，自己の生命を賭して行動しなければならない。そこに，個体が第2次最高叡知者を通して，人類のために自己を犠牲にしたという意義，そしてこれは最高の生の意義を発生せしめ，個体は完全な人間とみなされるのである。

以上，段階ごとに生の価値基準があり，それぞれ全く異なっているのである。次にこれを演繹しなければならない。実存哲学者のティヤールド・シャルダンが人間の人格化の過程に三つの局面を認めて，それぞれについて説明しているのである。「人間は，(1)自己に向って集中する，(2)＜他者＞に向って非集中する，(3)自己より大いなるものに向って超集中することが必要である」としているのも本段階のそれぞれ第5期，第6期，第7期に相当するものと考えられるのである。しかも彼は，人間は「安定した大いなる歓びの領域に達するためには，われわれの生存の極をわれわれより大いなるもののなかに移行させなければならない(4)」として，第7期を最高の段階とするのは興味深い。もっとも，その前後の第4・第8段階の存在には言及していないのであるが。マンハイム（K. Mannheim, 1893）のいう「ユートピア観念」とはいくらか異っている。彼によれば「ユートピアは現在的歴史的現実を反射作用を通じて自分の観念に合うように変形することができる(5)」のであるが，ここに述べてきた，第7・第8段階は理念的，先験的で，自分の観念で変形するのは許されないものである。

　死についても一言述べよう。第4・第5期の子どもの死については成人からは同情の眼をもって見られ，子どもの事故死，自殺についてはそれの防止策がやっきになってとられている。私ももちろんこれは正当であることは認識するのであるが，そこに一抹の疑念が生じるのには何とも致しかたがない。というのは，なぜ，ギリシァ伝説のメロスと友人セリヌンティウスとの間の友愛からのために死するということや，そして先に述べた，一宣教師の遭難船での犠牲的行為は賞揚されるが，他方母親を思うあまりの幼児の死はなぜ防止されなくてはならないのか。もし幼児はその発達段階では最高の死，それが子どもには最も至福の死であるとするならば，そして，それが至福の存在法であるとするならば，極端な言い方であるが賞賛されるべきであろう。

　子どもが死を選ばなければならない原因となるのは，ただ一つ，母親の子どもに対する拒絶的な扱いである。母親がそうしなければならなくなるには，いろいろな要因がある。(1)経済的な理由で子どもの傍にいることができないで労働に出なければならないといった社会的原因，(2)望まれないで出産して，家族から拒否され，母親もその抑圧に負担を感じている，あるいは子

第3章　精　神　期

どもが多すぎて，母親の身体的，精神的負担が大きい場合の拒否的な扱いという家庭的要因，さらに(3)母親自身の個人的，心情的な好みからの拒絶的な扱いなどが考えられよう。しかし，そのうち，(2)の要因を考えると，望まれない場合の出産は，子どもが異常児である恐れの場合以外は，社会制度の整備によって是正することができるだろう。(3)の要因も相当に社会面の改善によって是正されるものである。すなわち，母親が自分の子どもに愛情を十分に注ぐことができるかできないかは，つとに社会の責任とその遂行いかんに懸っているのであるといえようし，したがって，子どもの死もまた社会がそのなすべき責任を果していないがゆえのものであるということになる。社会はその責任を果たしていないことから招来する結果は隠蔽しなければならない。したがって，社会的に，子どもの不慮の死は賞揚されるどころか，道徳的でないという理由，あるいは人間的でないという理由で防止へと努力がなされるのである。

　第4期・5期での子どもの死は無意識的，無自覚的である。一方，青年・成人の友人・国家のための死は意識的であるがゆえに，あるいはそうした青年・成人の死は他人を生かさんがためのものであるゆえに賞揚されなければならないのである。とすれば，はたして4・5期の子どもの死は無意識的なのか無自覚的なのかをさらにきわめてみなくてはならないだろう。子どもは死ぬことによって，乳房の負担を軽減し，母親を忙殺的な日常生活から逃れさせ，その生命を救っている。

　生の意義は，以上を整理すると，第4段階（乳房期）は，乳児が乳を飲もうと口唇を自由に動かし，自由に排泄できることにある。第5段階（母親期―幼児期）では，幼児は食物を自分のために受入れるために歯牙を，母親のしつけに依存して，咬み合わせることに，生の意義がある。さらに第6段階（父親期―児童・青年前期）では，子どもは友人・知己のために食糧，その他の日用品を生産せんと経験と対話で作ったきまりにしたがい，自由に職業を選び労働することに生の意義がある。また第7段階（第1次最高叡知者期―青年後期）では，青年は民族のために，食糧およびその他の必需品を創造しようと，第1次最高叡知者によって与えられた道徳律にしたがって頭脳を働かせることに，生の意義がある。第8段階（第2次最高叡知者期―青年後期・成人期）では生の意義は，青年が人類のために食糧その他を得るため

に，唯一神による聖愛に，応答として，自由な意志で身体をもってつくすことである。

つまり，各段階での同一性が確立され，その段階での特質が子どもにとって，最も自然になったとき，自己実現がなされるのである。エリクソンは，完全性（integrity）について「秩序と意味を求める己れの傾向に関して自我が結果的に抱く確信である。すなわち，過去という表象運搬人に忠実であり，現在においては指導的立場に立つ用意ができており，しかもやがてはその立場を譲渡する用意ができている感情的な統合体のことである」といっている。[6] これを第6段階における定義であると考えても差支えないようである。最終的には，第2次最高叡知者の救助の愛にこたえて人類に差別なく奉仕することのできる総合体をいうのである。したがってこの項の冒頭のアインシュタインのことばもこれで完成されたといえよう。

注
1. クズネツォフ，B. G.『アインシュタイン』上，op. cit., p. 92.
2. ゴーブル，op. cit., p. 147.
3. ibid., p. 116.
4. シャルダン，op. cit., pp. 22—29.
5. マンハイム，K., 鈴木二郎訳『イデオロギーとユートピア』世界大思想全集，河出書房，1954, Vol. 24, p. 164.
6. エリクソン『アイデンティティ』, op. cit., p. 184.

b. 存 在 機 制

生・無気力・死といった欲動の系列，すなわち第2系列の「生の意味」を考察してみたい。個体の存在形式には厳密には2種しか考えられない。つまり「存在」と「非存在」であり，生と死という形式がそれである。そして存在形式はさらに「活動的存在」と「非活動的存在」，つまり「生」と「存在，あるいは無気力」の2種に区分される。この他に同章では個体の破損時に機能する修復（抗炎症）欲動を想定した。そして個体の存在形式はこれ以外に何もない。そしてこれら三種は身体に局在するか，エネルギーの水準で示されるのかは明らかではないが，すでに第2章（50頁）で論じたように欲動的な志向性もあるのである。エネルギー水準とすればこれは当然，自我機能の各要素のエネルギー水準であると考えられる。しかし「論理的におしつめて

ゆくと，われわれはフロイトの死の本能にゆきつく(1)」ものとすれば，他の「生・無気力・死・修復」機能もまた本能，つまり欲動としたいのである。ここで，フロイトの生命現象についての図式（図15）を見たい。

図15 フロイトによる本能の図式

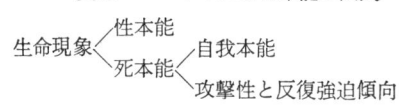

生命現象 ─┬─ 性本能
　　　　　└─ 死本能 ─┬─ 自我本能
　　　　　　　　　　　└─ 攻撃性と反復強迫傾向

＊ 生命現象は性本能と死本能の二つに分けられ，死本能はさらに自我本能と攻撃性とそれの反復強迫傾向に置きかえられる。

　攻撃性が反復強迫的に自己に向けられる傾向が多いことから，フロイトは無意識のうちに人間はリビドーとしての死の本能をもつとし，その反対の極には，やはりリビドーによる性本能を想定し，人間はこのリビドーの両極の間にあって生命現象が生ずるとしたのである。しかし，第2章で述べたように性欲動は生欲動と自己中心欲動と共同して発動される第2次的な欲動であるし，また死本能の概念の固定もこれだけの理由からでは根拠はいささか薄弱であると考えるのである。だから次に自己の死の方法について，段階的に考察し，生の意義との関連を考えたい。

(1) 飢餓に臨んで，食物を獲得しようと争い，そのために生命を失ったり，富・黄金といった物質への執着からの争いで果敢に自己の生命を賭す場合の死で，第4期に由来し，死としては最低次元である。

(2) 自己の利益あるいは母親のために死ぬこと。たとえそれが自己防衛的であろうと逃避的であろうと，これは自己を攻撃する形で表現され，発達的には，第4・第5期に由来する。フロイトの観察はこの期での死である。具体的には自殺という形をとるときもある。

(3) 友人・父親のために自ら死ぬこと。ギリシァ伝説の「メロスとセリヌンティウス」の例がまず考えられよう(2)。第6期に由来する。

(4) 民族・国家・道徳律のために自ら死を選ぶこと。殉死あるいは戦死という形が多い。第7期に由来する。

(5) 宗教的な死，つまり殉教の死を意味する。広く人類への愛のため自ら献身し犠牲になることで，第8期に由来し，各段階を通じて死という形で

は最高の価値をもつものである。

なお注意すべきはいずれの段階においても，たとえば第4期におけるマターナル・デプリベーションによるエネルギー低減現象は，「無気力」さらには「死」という結果になったように，対象との分離は情緒不安の原因となり，個体を死にいたらしめていることである。またさらに乳児期における授乳不安定による乳児の死，および幼児の母親からの愛情が得られないための事故死を含む自殺死などは尊いとも考えられる。それは友や父親のために犠牲となること，あるいは民族・国家のために献身すること，また人類のために犠牲となることと同一の線上で語られることであるとも考えられる。たしかに，第4期では，乳児は対象であり，保護者である乳房の不調さのゆえに，十分に乳を与えられないため，乳房のために殉ずることになるし，第5期は，多忙な母親のために自己を滅して母親を生かしめるのである。もし乳児の死も，幼児の死も成人の意志に関わりなく，自発的，無意識的になされているのならば，その死は尊いのであるし，乳児も，幼児も至福の境地にいることになる。

しかし，ここでさらに次のことについて読者の注意を喚起したい。子どもが胎内にいる場合のことも考察してみよう。第3期では胎児は同一性の維持を子宮（胎盤）を通して行なうのであるが，妊娠期間中，あるいは出産時，母体に異常があって難産になり，母・子のどちらかは助からないといった場合，一体，医師はどちらを救うべきであろうか。あるいはまた，未婚の女性が妊娠して，出産が好ましいと思われない環境にいる場合，現社会ではある規定を設けて中絶を許可している。この場合の中絶の可否，そしてその規定（たとえば4カ月未満ならば中絶は許されるが，それ以上は許されない等等）の是非の根拠は一体どこにあるのだろうか。結論を急ごう。母体保健のために胎児が殉ずることは尊い。したがって理念的には，難産の場合，母親のために子は犠牲になってよいだろうし，また，出産が母親の身体的，精神的発達を止めてしまうということが明らかな場合には，中絶は妊娠何カ月であっても許されるべきであろう。その方が胎児には至福であるといえるのであるから。しかし未婚での妊娠の場合のように，出産すれば母親の身体的，精神的発達を阻害するということが社会制度上明確な場合には，妊娠に至るまでの過程は厳になんらかの形で管理さるべきであろう。

以上の理念が如実に生かされている社会はユダヤ教社会である。彼らの社会では難産に際して，母・子のどちらかが犠牲にならねばならない場合，子が犠牲として選択される。すなわち，出産前の子どもは，一箇の人間としては認められていないというのである。[3] しかし，キリスト教世界では，これは，全く意表をつく意見であり，したがって一般的でないことはもちろんである。だからこの面では，ユダヤ教社会は，より理念的であり，より倫理的であるといえよう。

デュルケーム (E. Durkheim, 1858) は，自殺を，(1)利己的自殺，(2)愛他的自殺，(3)無規範的自殺の3種に分類し，(1)を集団から断ちきられたために，個人はしばしば生きる目的を見失う，このような条件のもとで生じる自殺とし，(2)は集団の統合がつよすぎると，個人はほとんど完全に集団に吸収されてしまう。そこでは，個人はそれ自体としては無用の存在であるから，集団の要求があれば，個人はとるにたらない自分の生活など，すすんですてるという自殺である。最後は，社会の統合が弱まったとき，個人は生活の目的を見失う。彼はなにを望んでよいのか，望んでいけないのかがわからなくなる。つまり無規範（アノミー）になる。欲望は無限にふくらみ満足を知らない。このとき，人の生命ははなはだ細い糸にかかっていて，事あれば自殺へと結果してしまう。デュルケームは，自殺を，個人と集団との関係から把えている。[4] しかし筆者の分類がより機能的であろう。「生」については，すでに述べたが再述しよう。ここで示されるものは，自我機制の各要素と生欲動と

図16　生欲動と各種欲動

4期　　S. I. ＋ L. I. ＝ 食物関心……断　食
5期　S. A. I. ＋ L. I. ＝ 性 関 心……禁　慾
6期　S. E. I. ＋ L. I. ＝ 社交関心……あるいは証の生活
7期　S. N. I. ＋ L. I. ＝ 精神関心……あるいは唯一神礼拝
　　　　　　　　　　　　　　（道徳律）
8期　S. N. I. ＋ L. I. ＝ 精神関心……献身あるいは奉仕
　　　　　　　　　　　　　　（愛）

の共同である。生欲動 (L. I.) と共同するときには，すべて関心に転換され，これは発達的には第4期の子どもの探索行動と独立性を基礎とするものである。[5] つまり「生きる」ことは「関心をもち，探索の行動に移ること」で，必要にして，かつ十分条件となる関係にある。そして大切なことはそれ

それの関心がきわまるとき,断食・禁欲・証の生活・唯一神礼拝および献身という一見,自己の生命を滅ぼす欲動が選ばれるときである。換言すれば個人が断食の行をし,禁欲を守り,ひとり隠棲し,偶像をおがまず,人類のために奉仕をし,必要とあれば献身する覚悟で生活することが「要求」されていると考えられるのである。

筆者が明らかにしたところでは各種欲動と死欲動 (D. I.) は情緒的には次のような現われ方をする。

図17 各種欲動と死欲動

```
4期    S. I. + D. I. = 食物との分離不安
5期    S. A. I. + D. I. = 母親(自己)との分離不安
6期    S. E. I. + D. I. = 父親(友人)との分離不安
7期    S. N. I. + D. I. = 第1次最高叡知者との分離不安
8期    S. N. I. + D. I. = 第2次最高叡知者との分離不安
```
　　＊　つまり死欲動によって示される各種欲動は個体と同一性対象
　との分離不安を意味するのである。

もし,それぞれの段階での死が,生の極致を示すということになると,図17から判明するように各段階で生じた「分離不安の解消のために行動すること」が死を意味し,生の極致を示すことになる。一方,「生欲動」と各種欲動との協調は「関心」を意味し,これが,各段階にて,分離不安解消のための死と平衡する。4期において食物関心にて,食べることに生の意義があり,食物との分離不安解消のために死することにてその意義は極致に達する。5期では性関心,つまり次代に自己を生かさんとする関心であり,そのことで生の意義があり,母親(自己)との分離不安解消のために自己を殺すことにて,生の意義は,その頂点に達する。幼児の自殺によってこそ生の意義は極まることを示すのである。6期では社会関心(=父親関心=友人関心)であり,父親との分離不安の解消のために友人のために死することにて,その意義は極点に達する。つまり,この段階では友人を求め,友人と交際をたのしみ,相互に啓発し合う,その果は,友人のために死すことにて生を完結させる。第7期では精神関心であり,最高叡知者への関心をもち,最高叡知者との分離不安解消のために民族・国家のために死すことで平衡は維持され,生は充実する。しかしさらに,第8期では,第2次最高叡知者への関心をもち,第2次最高叡知者との分離不安の解消のため,人類のために死

第3章　精　神　期

すときにその生は完結される。つまり，まったく常識的な言い方にすぎないが，生（＝関心）は死（＝犠牲）によって完結する。第2次最高叡知者のために死するとき，個人の全生涯は全宇宙（後述）に輝きわたるのである。

注
1. エリクソン『アイデンティティ』p. 184.
2. 大宰治「走れメロス」『大宰治全集』日本現代文学全集，講談社，Vol. 88, p. 164.
次にその概略を記そう。
　　「走れメロス」
　ギリシアのある猜疑心の強い王が，怪しいと思ったものを片っ端から捕えては牢に入れて処刑していた。たまたま，妹の婚礼の用意に田舎から城下町へ来ていたメロスという正義感の強い男がこの事を聞いて，大層，憤慨し，王のところへ直談判に行って，王の所行をなじった。勿論，猜疑心の強い王のこととて，彼をすぐに捕えて処刑することにした。メロスは，処刑前に「田舎で婚礼間近の妹に一目会いたい，その代りに，城下町に住む親友セリヌンティウスを牢に入れてほしい。そして自分が定刻までに帰らなかったら彼を処刑してくれ」と嘆願した。人の心など信じない王とて，最初はせせら笑って取合わなかったが，思うところがあって，その願通りにすることにした。ところがセリヌンティウスは，召し出されてメロスに会い，メロスの代りに牢へはいってほしいという彼の希望を，王の思惑に反して引受けてしまった。これは王の心をかえっていら立たせてしまった。王は三日の猶予を与えたが，「長生きをしたいと思ったなら，少し遅れてくればいい。許してやろう」と，メロスの心につきさすような言葉をあびせた。
　メロスは，一夜走りつづけ翌日正午に妹に会った後，諸事万端用意をし，その夜，故郷を出発した。ところが，大雨で川が氾濫していたため死を賭して泳ぎ渡ったり，王のさし向けた刺客三人を倒したりその他いろいろの妨害と戦いつつ，さらにまた最も大きな敵，「遅刻すれば生きられる，生きたい」というエゴイスティックな気持ち（自由）を押えつつ城下町へ息も切れ切れに，死ぬ思いでたどりついた。しかしやっと処刑に，間一髪の差で間に合って，二人は抱き合って泣いた。しばらくして，メロスはセリヌンティウスに「僕の頬をなぐってほしい。遅刻して自分が生きたいなどと思っていたから」。セリヌンティウスは，メロスの頬を思い切りなぐった。そして彼はメロスに「僕の頬もなぐってくれ，君がこないのじゃないかと疑ったから」。そこでメロスも彼の頬を思いっ切りなぐってまたふたりは抱き合ってオイオイと泣いた。
　一部始終をみていた王は，二人にいった。「わしも君たちの仲間に入れてほしい」と。もちろん，王は二人を放免しそれ以後は人の心を信じられる王になった。
3. トケイヤー, M, 加藤英明訳『ユダヤ5000年の知恵—聖典タルムード発想の秘密—』実業之日本社，1971, pp. 188—189.
4. デュルケーム, E., 鈴木宗忠・飛沢謙一訳『自殺論』宝文館, 1932.
5. Richards, M., op. cit., p. 154.

313

8. 愛

　第2次最高叡知者との分離を避け，それとの合一のために死をもいとわないときに「生」が初めて意味をもち完結することは前節で述べたのである。次に個体に生くるべくエネルギーを賦与し，そのように機能化させるものは何かが問われなければならない。本節にてはそれを＜愛＞と見定めて，それについて論じたい。愛には2種の型態があるとすでに読者は理解されているにちがいない。その一つは第4期にすでに乳児が「母親の世界」との合体いかんによって，生きることも，死ぬことも，また無気力になることもあること，そしてそれは，母親の愛情存否が問題になることを知ったはずである。ハーロウの赤毛猿を使った各種の実験がそれを証明している。同様に第6期にても——実はそれよりも早期に——父親の世界との合体，あるいは父親とのインプリンティング（刻印づけ）を行なって，やはり社会的動物としての生命を得ることも知ったのである。これもやはり，父親の父性性が子どもを社会人として成長させるのであるが，実はこの父性的対象からの積極的な働きかけが愛の具体的な形であることは理解されるにちがいない。

　卵管は卵巣・子宮・脳下垂体などとは一つの系を形成していて，常にその系列内では同一性を保っている。脳下垂体前葉から，卵胞刺激ホルモン（F.S.H.）が分泌されると，卵胞の成長が促進され，続いて黄体形成ホルモン（L.H.）が分泌されて，これによって排卵がなされ，卵胞より卵胞ホルモンであるエストロゲンが分泌される。エストロゲンは子宮内膜を形成するが，エストロゲンの分泌量が多量になりすぎると，下垂体が，逆向抑制をうけて，F.S.H.およびL.H.の分泌量が減少して正常（同一性）化する。卵が受精すると受精卵と卵管・卵巣・子宮・乳房は一つの系を形成し，卵の成長に伴って，系内部には常に同一性を維持するための物質代謝と内分泌活動が盛んに行なわれる。直接，卵に動きかけられる立場にあるのが卵管であり，卵管は卵に働きかけ，受精卵の分割に応じて，信号を必要な局部に送る。送られた信号は局部を刺激して，卵のよりよい発達のために次の段階の整序を行なう。卵管の役割りは卵を子宮に送ること，卵の分割を行なわせ正常な発達を行なわせることである。もし分割が異常に行なわれるとき卵管壁

はこれを素早く感じとり，それを正常化すべく他の器官に働きかけて修復のための内分泌を行なわせたり，あるいは手遅れの場合には流産させたりする。こうした同一性のメカニズムは父親期にも同形的に表出される。

　父親は，社会・家庭・妻などといった多くの重要な環境とともに多くの系を形成し，常にその系列内では同一性を維持しようと努めている。特にそのうちでも，両親自体が生に意義，あるいは生存の価値を賦与されてきた対象との同一性の維持が大きな意味をもつものである。すなわち最高叡知者の定める価値基準にしたがって，職場に家庭に自己の実現をめざすわけであるが，このために妻も子どももその系に参与させられる。子どもが仲間との約束を破棄しようとしているとき，これを戒めたり，母親に対して反抗しているときに，これをたしなめなければならない。父親は子どもが十分に教育を受けて独立できるように，教師も父親の代理として子どもの社会性と民主的性格をそだてなければならない。子どもが社会人として独立できるまでは，父親は自己の収入でもって，家族の一員として彼を養うことが必要であろう。これは父親の子どもに対する友情の主なものである——もちろん，娘をも友人として扱わなくてはならない。さらに父親は子どもの精神的成長をも支え，自分の同一性の対象へと子どもを導びくことが望まれるが，これは，学校の教師，教会の司祭，牧師も積極的に父親を助けることによって成功する。

　以上のように父親の世界との合体後に行なわれる父親の子どもへの行動が，彼の成長を助け，促すならば，これは友愛ともいえようし，父性との合体による愛とも呼ばれよう。同じように，乳房期での母親の世界との合体と，その後になされる母親の保育活動は情愛ともいえようし，母性との合体による愛ともいえよう。さらに，第2次最高叡知者の世界（＝神の国）との合体後の叡知者の働きかけは聖餐式によって象徴されるものでこれは聖愛と呼ばれようし，叡知者との合体による愛とも規定される。こうして子どもは母親に対しては自我同一性を，父親を対象として社会的自我同一性を，また第1次最高叡知者を対象として再び自我同一性を，次いで第二次最高叡知者を対象として宗教的自我同一性を確立することができる。

　第2の型の愛はすでに第2章（100頁）で述べたように「食べさせる」愛である。そして第1の型の愛を知ったとき，「食べさせる」愛も行なわれる。

つまり母親の愛を知って,自分を大切にして,自分に食べさせようとする自己愛が,また,父親の父性愛を知って,友人に食物を「食べさせる」愛の行為に至るのである。同様に,第2次最高叡知者の愛を知って,人類に食糧を得る愛の行為がなされる。

世には多くの愛についての定義が存在する。「愛情（love）は,外部環境の多様性に対して生じた心の動的過程,あるいは状態の意識への反映であって,対象に対する選択性と,永続的で動的な持ちつ持たれつの親密な共生関係」を示すものであるという(1)。また「愛情を『性的なもの（性愛・母性愛・恋愛など）』と『性的でないもの（父性愛・隣人愛・祖国愛・師弟愛など）』の2分類で考察する場合では,前者を生理的な欲求に根拠づけて1次的愛情とし,後者は人間関係の共存的結合の産物と説明するが,本質的には前者から派生した,すなわち1次的愛情の『学び』による結果と考える」(2)。その他,アリストテレスによれば,『ニコマス倫理学』第8巻,第1章では特に人間の愛とは友情(ピリア)であるとし,それは,友人にとっての善を,自分のためではなくその友人のためにこいねがうことが自分の喜びになるような関係のことであるとしている。そしてそれゆえ,お互いに好意を寄せ合っていると同時に,お互いが理性的に承認できる共通の価値を憧れ望み,お互いの間を規制する法律が介在する必要のない間柄のことである。それゆえ,ピリアとしての愛は善い人々同士の相互関係である,ということになろう(3)。レヴィン（K. Lewin）は愛することを自我の不足状態のために,人格中心層に他我を含めるとするし,フロイトは,性的リビドーと関連づけて考えている。つまり親密な共生関係も,共存的結合関係もあるいは善い人々同士の相互関係も,結局は食物を頒ち合う関係に還元できるのである。食物すなわち生物としての人間が最終的に必要不可欠なものを頒ち合えるということはそれ以外のものは何でも相手に与えることができるのである。フロムは「（愛とは）彼が自分の中に生きているものを与えるということである。彼の中に生きているすべてのものの表現と顕現とを相手に与えることを意味している。このように,自分の生命を与えることによって,その人は相手を富ませうるし,そこで自分が生きていることを強く感ずる……」(4)という。この意見はだからまったく正しいものとして受取ることができるのである。

母親の愛情によって,自分を大切にすることを学び,父親の愛情によって

友を愛することのうちに生を感じる。そして第1次最高叡知者の愛によって，民族・国家を愛することを学んで，そこに生きがいを感じる。第8期にはさらに聖愛を知ることによって人類を愛することの喜び，献身することの楽しさを悟り，これに生命の灯を輝かせしめる。つまり永遠の救いにあずかることができる。そして，この場合，彼は最も理想的な生き方をしているといえよう。そして大切なことは，第7期の依存期を否定して，第8期の自律期に入ったとき「第2次最高叡知者の世界」との合体をなして，生命を活性化されている。私はこの合体こそ人の生命を永遠に生かしめるものであると判断するのである。カントのいう『実践理性批判』の中での最上善とは私の分類に従えば第2次最高叡知者による道徳律，つまり愛の戒律である。そして，彼に従えば意志が道徳律と完全に一致するということでもある。カントはこの最上善は人間に実践的に必然的に要求せられ，そのために意志と道徳律の完全な一致に向かって無限に進んで行く進行が考えられるとしている。この無限の進行を可能ならしめる出来事こそ，あの卵と精子の出逢いに端を発した各種の合体，すなわち受精現象，母親との刻印づけ（母親の世界との合体），父親の世界（＝社会）との合体，第2次最高叡知者の世界との出逢いと合体である。すなわち，生命の存続と死の否定である。そして，依存と自律，対立するものの秩序づけ（統一），そして，自律の世界での他者との合体による生命の活性化等の無限の繰り返しである。一般的な語を使用すれば「生命と霊魂の不滅」とでもいえようか。「霊魂の不滅は道徳律と不可分に結合せられたものであり，実践理性の要請なのである」(5)とカントにいわしめた結論が今，再びここに蘇生するのである。ただし「無限の繰り返し」と述べたけれども，それに追従する個人（筆者も含め）の発達度が低次であればその理解度も洞察度も低次に終わってしまい，退行すればますます，完全な理解からは遠去かってしまうのであるが。

　もちろん，上述し来たったことは，一般的理念にすぎないが，読者はこれを読まれつつ，理念が理念でありつつもすでにある宗教――キリスト教――の弁証になっているのではないかということで，演繹の要なしと考えておられるかもしれないし，それはまた私にも必要なことであるとはどうしても考えられないのである。それを演繹せんとすれば，キリスト教神学の大海に飛び出すことになり，非力の私の到底及ぶところではないからである。

「食べる」愛には2種ある。「受ける愛」と「与える愛」である。そしてこの2種の愛はまた，この順位で成立する。母性的に愛せられた者こそ，他者を愛することを知っている。愛せられたことのないものは己れの子どもを愛せられない。母親またはその代理者に愛せられたことのない者は自己を破滅させることしか知らず，性行動へ導く情愛を知らないだろう。これは，ハーロウの実験からも明らかである。父親（または父親代理者）に愛せられたことのない者が他者と真の民主的な友交関係を結ぶことは至難であろう。もし，友情が成立しているとすればそれは，あくまで友情という名ばかりの，縦の関係，つまり支配─服従を意図しているか，それをうまく隠蔽しているにすぎず，自己の利益になる間だけの親交である。第2次最高叡知者に愛せられたことのない者の奉仕は，上に述べた，つまり，何らかの形で，自己の利益になる限りでの奉仕にしかすぎず偽善的ですらあるといえるのではないだろうか。しかし，これには，そうではないという反論もあり，また，その逆の成立もと考えられるがここではそれを説くスペースを持ち合わさない。
　以上を要約すると生きるメカニズムは，身体細胞の同一性（＝平衡）機能に存する。しかしこの機能は脳の下垂体にコントロールされている。しかも下垂体の機能は，各種の世界との合体後は，周囲の保護者──母親・父親・最高叡知者等──の愛によって左右されるものであること，つまり，「愛」が生きること──生存の維持──の原動力であることが明確になった。この愛については，合体による愛を，後半では合体ではなく，「食べる」ことによる愛の型の成立を説いた。ここで明らかにしなくてはならないのは，この両者の愛の区別である。つまり，合体による愛とは，「食べさせてもらう」行為を通じて母親の世界において，母親から愛せられその支配下に生活することであり，父親の世界においては父親から愛せられその支配下に生活することであるし，同様に第2次最高叡知者の世界との合体によって，彼から愛を受けその支配下に属することを意味する。「食べさせる」ことによる愛とは，それぞれの段階においての支配者，あるいは保護者から愛をうけた子どもが，自分の周囲の他者への思いやりから，食物を頒け与える行為を意味するのである。
　乳児期では乳児は乳房から十分に乳を吸飲することにそれ自身の価値があ

第3章 精 神 期

るし,母親期では,母親に愛されその結果,自己愛を育てることで真に生きたといえる。父親期では父親から愛されてこれが友情となって友人に発露される。第1次最高叡知者期には戒律・道徳律の遵守に純粋な努力を傾けるとき,民族愛を育てる。第2次最高叡知者期にその叡知者に愛されたとき,彼は生命を賦与される。そして,それが他者への奉仕活動となったとき,彼は真に生きたといえるのである。愛は自己愛・友愛そして民族愛あるいは祖国愛と止揚され,最高の愛は人類に対する愛となる。そして最高叡知者の世界（神の国）との合体後,そして人類愛が行為化されたとき,彼の全身は最高度に生きる機能を発揮させること,つまり永遠の生命を受け継ぐことになるのである。

注
1. 牛島義友編『教育心理学新辞典』金子書房, 1968, p.2.
2. ibid., p.3.
3. アリストテレス, 高田三郎訳「ニコマス倫理学」世界の大思想2, 河出書房新社, 1969, p.167.
4. フロム, E., 懸田克躬訳『愛するということ』紀伊国屋書店, 1959, p.32.
5. カント『実践理性批判』p.174.

9. 要　約

　青年の第7期から第8期への回心,第8期での「第2次最高叡知者の世界」との合体,そしてその後の分化的発達が理念として述べられた。また,罪の発生のメカニズム,そして救済への道程が発達的に分析された。つまり,罪は各段階での環境からの要求との適応不適応の繰り返しから生じるのである。また,いわゆる美徳は,5種類の罪の裏としてやはり5種に分類できるが,すべての美徳が一つの秩序の内に整序されたとき,救済への可能性が生じるのである。なお5種ずつの罪も美徳もモーセの十戒の分析より生じたものである。また生きがいについても,人間の発達に応じて発達し来たった8種の欲動体系が細胞のもつ物質代謝作用を原動力として発動され,そこに合目的性がうかがわれる。また人が自ら自己を死に導く方法には5種類があるとし,従来の未分類の「自殺」の取り扱いに一つの案を提示したのである。

生は人が人に愛せられる場合に活動する。特に第4期，第6期，第8期における合体後はそれが特徴的である。

なお，命題「第2次最高叡知者期では，食糧を人類のために獲得せんとして，聖愛に従い身体を自律的に活動させ，その結果，献身行動が完成する」は演繹され普遍化されたわけであるが，269頁で，「救いの達成のために」が必要な語であることも判明したのである。したがって命題は次のように普遍化される。「第2次最高叡知者期では，救済を求め，食糧を人類のために獲得せんとして，聖愛にしたがい身体を自律的に活動させ，その結果，献身行動が完成する」となる。そしてこれが人の生きがいの究極的目標といえるのである。

宗教については新しく要約される。前期で宗教分析因子として，その宗団に属する信者は，図12（266頁）に示すようにその対象に対して(1)服従心をもつこと，(2)利他心をもつこと，(3)自分に確信をもつこと，(4)畏怖感をもつこと(5)救助心，(6)爽快感，(7)安心感をもつことが問われる。さらに(8)戒律あるいは教訓をもつこと，(9)生活に創造的であること，(10)神秘性への祈りをもつこと，(11)最後に祖国愛をもつことが要求されていた。

しかし，第2次最高叡知者の段階になると(1)から(7)までは，統一されたまま残り，(8)戒律，(9)神秘性，(10)創造性，(11)祖国愛は，すでに述べたように，(8)聖愛，(9)教典学習，(10)奉仕，(11)人類愛と止揚される。さらに最高叡知者には2種類あり，その間には内的連関があって秩序だてられている。個人は，その世界と合体し，叡知者の統治の下に属し服し，その世界の人間として生活しなければならない。多くの要因が宗教の分析には必要であるが，この最高叡知者の存在する世界と合体することこそ不可欠のことである。このことによって彼は，真に聖愛を与えられて，生が賦与されつづける。もちろん，その具体的な形が聖餐（真の栄養の摂取）として，彼の参加が許されるものでなくてはならない，かくして，彼は母親も父親も与えることのできなかった永遠の生命を得ることができる。そこでここで既存の宗教はこれらの要素によって，今一度の検討が必要とされることは明らかであることを付け加えておく。

第4章

総論と諸問題

1. 臨床発達心理学

　子どもの精神的発達で問題になるのは，それが正常に行なわれているか否かということであろう。その発達は内的な発達と外的環境の発達の二つにわけられる。内的な発達とは欲動とそれに関連しての生理学的な発達である。臨床面の論議にはこの内的な発達を抜きにしては欠けるところがさまざまの点で現われるであろうが，筆者の能力を越えた問題である。したがって，外的環境の発達にしぼって内的なものの発達は副次的に扱った。

　現代は人びとはある種の生きる価値基準を喪失している。したがって，子弟の教育についても，理念がなく，方法も錯綜しているか，理念はあっても非常に不安定で脆く，この激動する現実に対処する力もない。そして子弟が社会問題を引き起こしたとき，はじめて，己れが誤っていたことを認識する。そうして，しばしば，その責任を社会に，あるいは体制に転化し，自分の保全を画する。結局は，そうした問題は相対的な性質のものであるという説を受け入れ，心の片隅にあった不安をいくらかでも解消しようと試みる。

　確かに，現実生活の中にはわれわれ日本人が体験してきたように，絶対的な価値は存在しないかもしれない。それをあえて求めようとすれば，やはり宗教の世界に走らざるをえないのかもしれない。しかし，絶対的な価値体系は絶対的存在でないわれわれに求められるとするのは非論理的である。相対的な存在であるわれわれに許された，より確からしい価値基準はより普遍的な価値体系であろう。

　そこで，筆者はそのより普遍的価値体系として，胎内期をカテゴリーとした発達心理学を提唱したわけである。したがって，臨床的にもやはりこのカ

テゴリーによって，発達段階での個体の生活関係を考察してみたい。

第4期「乳房期」での発達異常の一般的な現象は何といっても，母親像との精神的合体が行なわれなかった場合であり，これはマターナル・デプリベーション（母性愛剝奪）と称せられている。乳児の精神的，身体的な発達は停滞し，各種の神経症候群を示し，長期にわたると死亡率も高くなる。臨界期を過ぎればたとえ母親が傍らで看ていようとも回復はおぼつかなくなる。そして母性愛剝奪の期間が幸い短期であって健康体となっても，その体験は潜在化し，後年の神経症の原因となることが多い。

第5期「母親期」では，母親は保護者であり指導者である。彼女は子どもに信頼され，依存の対象とされなければならないし，それとともに各種の訓練を子どもに行なわなくてはならない。その最たるものはいうまでもなく，食事と排泄訓練であって，後年の社会生活のための基礎習慣の形成である。これによって排便・排尿は規制されるが，それとともに性衝動のしつけも行なわれる。これにより母性性とのエディパス・コンプレックスを残しつつも，将来の社会生活での性的なみだしなみの基礎を形成する。またこのしつけから母親に対しての信頼感と自己愛の形成を待って愛情がはぐくまれる。コミュニケーションは母親からの一方的作用として行なわれることになる。

もし母親がこの時期にたとえばパートタイマーとして家にいることが少なかったり，家事のために世話ができなかったり，また死去しているということになると，多くの問題が生ずる。自己中心性の欠如から「前自我」——将来は自我に成長——が形成されなくなり，自己愛も信頼感も生じない。このため，性衝動のしつけを通して女の子にはぐくまれるべき母性性も育たず，将来の母性愛に欠けることになる。男の子もまた性的障害を発生させることになる。

もう一つ，母親は夫とは信頼し合い，尊敬し合い，また夫を家の長として立てていることが求められるが，もしこの関係が欠けている場合には，いつまでも母親との接触が断ち切れないで，依存心が強く自主性のない子どもが育つことになる。特に男の子は，男らしさに欠けることが多くなるし，一般的に自己中心性を社会性へと止揚できないため，自閉的性格を形成しやすい。

第6期「父親期」では社会との合体が行なわれ，これを契機にして分化的

発達が開始する。知性ばかりでなく論理的操作能力，合理的操作能力あるいは抽象的操作能力も発達する。各種の人生観・世界観が発達し確立される。実体的，具体的行動として，この段階に結婚がなされる。父親は次なる超自然的存在と連続しているべきであり，そのことで，子どもの成長の次なる段階へと導かなくてはならない。

　もしこの時期，父親が子どもの母親からの精神的離乳を助けない場合，子どもの社会化が遅れ，最悪の場合には自由的な性格が生涯残存する場合もある。さらに，父親が超自然的存在と結びつかないで無神論的な思想をもち，そうした態度をとり続ける限り，子どもの正常な発達が阻害されるし，それはまた停滞したまま，社会の進歩をも遅らせることにもなる。彼は道徳律を知らず，虚無的になり，彼の父親への不信感がそのまま社会の他の人々にも反映されて，多くの社会的問題の原因となる。そうした父親はまた，子どもが男の子の場合成長の過程での阻害問題に対しても適切な助言指導に欠けることが多く，子どもは第5期の母親期の自己中心性の時期へ退行し，したがって，性の問題に，成人ならば女性問題をひき起こすだろうし，さらに第4期の乳房期へ退行して，食への貪欲さを示すようになる。女の子の場合には，社会的な要請の結果，父親との同一視を行なうよりも，母親との同一視に拘泥するために，第5期の自己中心性をますます育てている。だから，成長過程での阻害時には，第4期の乳房期に退行して，食物への関心を著しく高めることになる。

　そして，両者の場合とも，障害が大きすぎたり，強烈であったりした場合，生きることに絶望するが，その際には，しばしば第3期以前の生活に退行する（つまり意識的，無意識的に死を選ぶ）ことになる。

　第7期では道徳律が青年に対して人生の指針となる。特に，道徳律・戒律遵守は彼に創造性を賦与することになる。つまり物質を神とせず抽象化された超自然的な対象に対して祈祷を捧げるときに，彼の脳内エネルギーは有形の対象にとらわれず自由奔放に放散したり凝集したり，その過程にエネルギーは有形化される。つまり無から有を生じる。そして蓄積された知識も，その過程にて有形化と構造化の構成要素として使用される。したがって，もし道徳律が遵守されないとすれば，青年の脳エネルギーは常に有形な対象の範囲を出ず，結局，創造的発想は生じない。さらに，青年の精神生活は第6期

「社会性」の段階へと退行し、加速現象を生じて第5期「母親期」の自己中心性にまで退行し、はては極端にエゴイズム化し、物質を至上のものとして追求することになる。汚職・なりふりかまわぬ商法などすべてこうしたことに由来するのである。戒律の遵守は、社会慣習・約束・法律などの遵守を意図せずして行なわせる。つまり、第6期のきまり・法律・戒律の統一がなされるのである。

青年が不幸にして第6期に社会的慣習の遵守を教えられないで、犯罪行為を行なっていても、戒律の遵守が可能になった時点において、彼の以前のすべての欠陥は補充され、秩序づけられて、青年は再び次への発達を開始する。

第8期では共同体意識の高揚と維持のため祈祷がなされる。さらに愛の行為としての自己の犠牲によって他者への愛の行動、つまり奉仕がなされる。そしてこれも創造活動と対立する。が、愛の行動は単に手先だけの行動(技術)に終始するのでもなく、また単なる観念的な思考の遊びで終わることでもない。頭脳ばかりでなく、頭脳を含む身体の均衡のとれた行動を生じて、愛の行動は奉仕活動として具体化されることになり、ここに創造活動と奉仕活動との統一が完成される。もしこの時期に青年が最高叡知者の愛を感じないとすれば、この場合もまた、原初状態へ余儀なく退行させられる。つまり、精神的に危機状況を迎え、やがて偶像崇拝にと退行するのであり、さらに前段階の父親期から、母親期へ[1]、青年はまたさらに乳房期に退行する。現実の障害が青年の心的耐性を超える場合には胎内期への退行、すなわち死を選んで自殺する。逆に第8期まで順調に発達していれば、その宗教は青年には滋養、安定、休息という象徴についてより大きくはたらく[2]。また第8段階にあっても、絶えざる奉仕活動がなされないと、現実の大きな(青年の処理能力を上まわる)問題に遭遇して、神経症に陥ることがある。しかし、その場合にも患者が宗教をもつときには治療者は決してそれを禁止してはならない。というのは結局は、それが治療の主要因となりやすいからである[3]。

だから、退行の契機を発生せしめないことが必要であるが、それは、対象の愛の意図を繰り返し青年に自覚させたり、意識を覚醒させたりすることが効果的である。またそのためにこそ、定期的で、不断の儀式が必要であろう[4][5]。以前の人格形成の過程にて、欠如する段階がたとえあったにしても、最高段階での奉仕活動が十分に行なわれるとき、青年は偶像を崇拝することなく、

第4章 総論と諸問題

したがって有形のものに惹かれることもない。それでいて，社会慣習を容易に遂行していることになるのである。

障害は個人の発達と環境内での対象の変化が平行していない際に発生する。個人が母親期を脱出しなければならないのに，父親欠損家庭であったり，母親が過保護的であったりしたとき，また第7期に移行しなければならないのに，父親自身が，第7期に入っていないときなどの場合である。だから治癒の基本原理は「患者の社会と文化的環境に対する調和である」(6)というサティーのことばは正しいものとして採用できるのである。エリクソンも次のように述べている。

> 父親と母親の存在の不均衡は決してよいことではなく，また子供が成長するにつれてますます悪化するからだ。つまり，そのときには，幼児期に樹立されたあの世界に対する信頼というものが，なおさら失望のたねになるかもしれないのである。都市化や産業化の進んだ状況にあっては，それはパーソナリティ解体における最も重大な要因にすらなるかもしれないのである。(7)

また，環境自体（社会も含めて）が未発達でありながら青年が，それ以上に成長するときにも，この断絶のゆえに，青年は神経症であると判断されやすい。たとえば環境が第5期であるにもかかわらず青年がすでに第6期の後半にあるなら，その断絶は親子の断絶となって現われるし，青年自体の行動は逸脱しているとして批判される。また青年が，第7期から第8期に至ると，彼の信じる宗教に対する批判とともに，神経症患者のそしりを受けることになる。前者は反社会的，反体制的行動として，また宗教的には，変人として扱われるのがオチである。しかしこの場合，青年は社会・環境の批判にもかかわらず，そこから退行することはなく，かえって，より高次の段階へ他人を引き上げるべく，ますます批判的行動を犯すことになる。

さて，一般家庭にあって，子どもにとってその環境が特殊的である場合についても考察してみたい。つまり2章（158頁）で父親・母親の欠損状況によって子どもの精神発達におよぼす場合をみたのであるが，本節では父親と第1次最高叡知者（超自然者）との関連と，それぞれの場合について子どもの発達にどれほど阻害が生じるのかを概括するのである。

親が超自然的存在者をイメージとしてもたない場合，子どもも絶対者を同一化対象として信ずることはきわめてまれである。そして，父親，母親の絶

対者への不信は，子どもの絶対者への不信につながるものといえよう。

次に母親が欠損しており，父親が最高叡知者を信ずるとき，あるいは信じないときの子どもの状況を，第2章についで，次に述べてみたい。

(1) 母親欠損，父親が最高叡知者を信じない場合

本質的に母親（適当な保育者）がない場合，子どもは育たない。また保育者の愛情のいかんによって子どもの精神発達が左右される。父親が最高叡知者と同一化していない場合子どもは，最高叡知者なる存在を素直には受容できず，理解できない。第三者が突然に最高叡知者を指示しても，かえってこれを拒否するのは，ちょうど，夫を憎み，信じない母親に育てられた子どもが，父性愛を理解し，これを信ずることが困難であるのと同じである。しかし，まれに，こうした理解，受容も行なわれるときもある。

さて，父親が最高叡知者を受入れていない場合であっても，父親の愛情が十分であるというだけで，母親欠損による障害が完全に克服されるというものではないが，しかし相当にその治療効果は期待できよう。さらに父親が最高叡知者を信じることで，自分の信じる最高叡知者に対する，自己否定欲動を十分に解消させているならば，その子どももまた，同様に最高叡知者を父に次ぐ同一化の対象とみなし，精神的障害（主に精神身体症）は治療される。

(2) 母親存在，父親が最高叡知者を信じない場合

他者依存の欲求をもちはじめるとき，最初，周囲に眼を転じ母親をみる。しかし，母親は自己中心的なものであり，古きもの，否定し去ったものとしての存在であり，すでにもてる自己中心性は，社会性へと変革された現在の自分を受入れるに足るものでない。また父親とみれば，自分にとって独立への手助けとなり，社会へ開眼させてくれた同等の友人にしかすぎない。自分の精神的成長に比べて，毎日，生活の糧を求めてひたすら働くだけの父親のその成長は，あまりに遅いというより，むしろ停滞しているか，後退しはじめている。ここで革新と保守という生活態度，考えの相違が生じていることを知り，したがって，その父親もまた己れを受入れるに足るものでないことを悟る。父親もまた，子どもが以前の子どもではないことを認識するが，この際，父親が家長的権威の喪失を恐れるあまり，友人としての立場を投捨てて，子どもを規制するとき，子どもの完成した独立心と抵触することになり，これを両親は反抗とみなすことになる。つまり，子どもは父親の保守性

と無力，弱さを知り，そうした無能にもかかわらず，権力をもってする子どもの独立心規制に対し，著しい抵抗を示しはじめる。

この間に子どもは職を得ることで社会生活を開始し，体制の中で，幹部昇進あるいは報酬獲得への執着で自己否定欲動を解消させることになる。そして一方，父親に対する不満は家族制度という儒教精神で固められた体制の中で，鬱積されたままになる。

子どもは社会一般の事象が認識されるにしたがって，しだいに，権力があり，権威があると信じてきた父親も，単にそう思わされていただけにすぎず，その能力にも限界があること，つまり，知識では学校の教師のほうがより多く，より深く知っていること，身体的な力も自分よりも弱いということ，また社会的地位も友人の父親よりも低いことなどに気づきはじめる。それに伴って，父親によって発達させられていた自己否定欲動および自己否定的性格傾向が解消の機会を見失って鬱積するようになる。そして依存でき，支配され，指導されるより強力な同一化対象を求めて父親を離れ，身近な対象に自己を投入する。それはあるイデオロギーであり，あるいはそのイデオロギーのもとに結成された反体制の権力集団であるかもしれないし，また利益追求の権力体制であるかもしれない。ともかく，自己否定欲動解消の要求が強力であり，急激であるために，対象選択は大幅に妥協し，次元を下げて行なわれるので，自己否定欲動が健全に解消されることはまずまれであると考えられる。そして，その解消は不完全に終わってしまう。

(3) 両親欠損，絶対者存在の場合

成長のある時期に両親の愛情に欠けるとき，精神障害あるいは重度の精神遅滞という結果になる。こうした子どもがはたして絶対者を信じられるかどうかはたしかでない。

(4) 両親，絶対者欠損の場合

アヴェロンの野性児，インドのアマラとカマラのごとく，擬似性の精神障害あるいは精神遅滞，白痴になるとみられる。[8]

以上，子ども・青年の発達は家庭を構成する両親――母親・父親――の存否，両者間の力関係および両者間の親和性によって，大きく影響され，それは決定的である，ことが論じられた。また両親のうち父親が，より高次の段階に達しているか否か，すなわち，父親（と母親）がより確かな道徳律を信

図18 性格的特質の発達

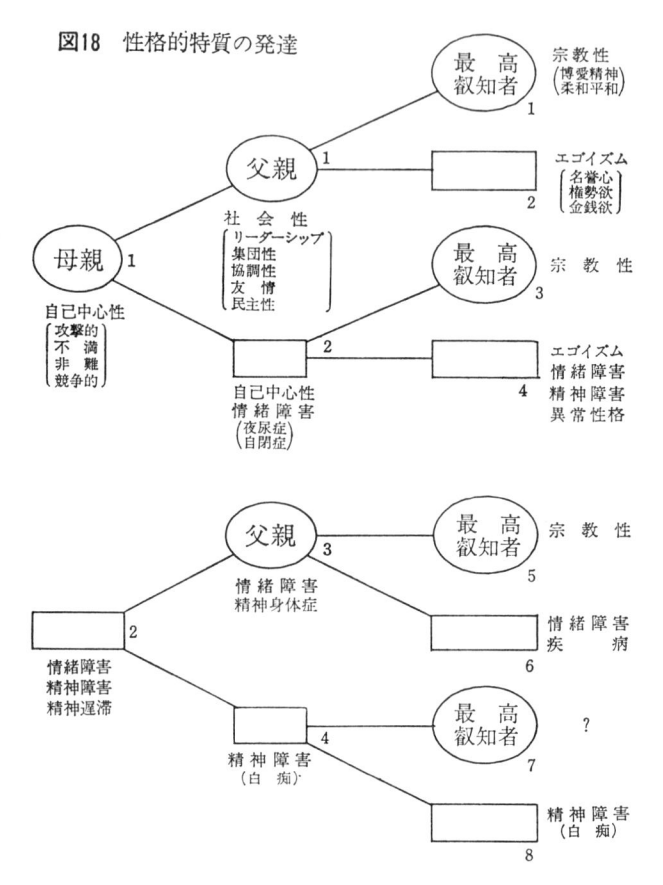

```
                                    最　高     宗教性
                                    叡知者    (博愛精神
                              ┌──   1        柔和平和)
                         父親 1
                              │              エゴイズム
                              └──  □       (名誉心
                                   2         権勢欲
            社　会　性                        金銭欲)
            (リーダーシップ)
            集団性
     母親 1   協調性
            友　情             最　高     宗　教　性
            民主性              叡知者
     自己中心性           ┌──   3
    (攻撃的                │
     不満      □ 2        │              エゴイズム
     非難                  └──  □       情緒障害
     競争的)                    4         精神障害
            自己中心性                     異常性格
            情緒障害
            (夜尿症
             自閉症)


                                    最　高     宗教性
                                    叡知者
                              ┌──   5
                         父親 3
                         情緒障害            情緒障害
                         精神身体症          疾　　病
       □ 2                   └──  □
                                   6
       情緒障害
       精神障害
       精神遅滞                    最　高     ？
                              ┌──  叡知者
                              │    7
                         □ 4
                         精神障害             精神障害
                         (白　痴)            (白　痴)
                              └──  □
                                   8
```

奉しているかどうか，さらに——望むらくは——道徳律を統一して成立した「愛」の実践的生活を過しているかどうかが，子どもの理念的な発達を左右するものであるということが論じられたのである。退行現象というのは一般的には幼児期（母親期）への退行と考えられていた。しかし実は，それに限定されず個人の絶望感，あるいは逃避の気持ちの強弱によって，母親期以前の段階，つまり乳房期（乳児期）にも，さらに子宮腔期——つまり，暗黒の死の世界，あるいはニルバーナの世界——への回帰も，自殺という現象で発生しうることが述べられた。退行現象は罪の代替名詞であることから，自殺もまた宗教的には罪とされるのであることが論じられた。

第4章 総論と諸問題

注
1. 八木　晃, op. cit., p.219.
2. オールポート, op. cit., p.7.
3. ibid., p.89.
4. エリクソン『アイデンティティ』p.102.
5. シャルダン, ティアールド, op. cit., p.28.
6. Suttie, I., op. cit., p.230.
7. エリクソン『アイデンティティ』p.445.
8. 浜畑紀「弁証法的発達心理学への試み」『中部女子短期大学紀要』Vol. 6, 1975, pp.92―94.

2. 発達心理学と方法

　乳児心理学研究が近年，発達心理学の分野では異常に注目されてきている。その理由は動物行動学の発達に触発されて，乳児期の心理的発達が大きく，個人の生涯に影響を与えていることが具体的な資料で提示されるようになったからであると思われる。確かにこのことから，発達心理学といえば，教科書では，単に身体的発達をもって，事たれりとするだけだったが，それだけでは人間の心理は十分な解明はできないという理解が暗黙のうちに成立しているようである。その結果，乳児期の子どもの心理について，膨大な資料が発表され，それらは実に多彩をきわめるものである。
　ところで，そうした多彩な研究によって同一性を保って発達する個人の生涯の発達心理は，一貫性をもって理解が可能になったのかというと，混迷は混迷を生み，統一性はますます深められているようである。心理学が科学的な地位を獲得して，すでに久しいのであるが，こうした不統一は，他の領域のように統一化へと向うことはないのであろうか。
　本書で提示してきたことは，それへの一試案であって，その方法は弁証法の適用である。弁証法といっても単なる唯物弁証法ではない。まず人間の個体の発達を唯物質の段階，生活関係の段階および精神の三段階にわけた。最初の物質の段階は生理弁証法，第2段階を生活関係弁証法，第3段階を精神弁証法，以上を総称して，発達弁証法である。
　次に，この発達弁証法を論じ，構造主義との関連をさぐってみたい。
　かつて『気質と性格』という著書の中で，アルフレッド，フゥイエ（フラ

ンスの哲学者：1838—1912）は卵子を出発点として女性の全体を，精虫を出発点として男性を，それぞれ定義しようと考えた。それによれば宇宙は小宇宙（人間のこと）の完全な反映なのであるから，卵子は小さな雌であり，女は大きな卵子であると考えるのである。雄が雌の要素のなかに侵入するには，自己の超越と活動を放棄しなければならない。つまり精虫は無気力な物体につかまえられて去勢され，その尻尾を切り取られて，呑みこまれてしまう。これはまさに，すべての受動的行為と同じく，魔術的な気味の悪い行為である。それにひきかえ，雄の生殖細胞の活動は合理的であり，それは時間と空間の単位で測りうる運動であるとする。このような錬金術時代の名残りである荒唐無稽の考え方と，彼らが行なう記述の科学的正確さとは異様な対照を見せていると批判され，無視されたことがある。しかし，現在この考え方が物理学あるいは宇宙論の中でまったく同じカテゴリーとして堂々と姿を現わしているのである。すなわち，物質の最小単位であると考えられる素粒子およびミクロ粒子の運動を考えないでは宇宙空間における超マクロ物体の運動形態およびマクロ物体の運動形態の説明ができないのである。[1]

この見地から坂田昌一氏は次のように述べている。「現代の科学は自然の中に質的に異ったいろいろな『段階』（運動形態）があることを見出している。たとえば素粒子—原子核—原子—分子—物体—天体—星雲といった『段階』である。これらは一般的な物質のいろいろの質的存在様式を制約する結節点であって，右にのべたような直線的な関係にのみあるのではない。分子—コロイド粒子—細胞—器官—個体—社会といった方向へもつながってゆく。……これらの『段階』は，けっして，互いに孤立し，独立したものではなくて，互いに関連し，依存し，たえず移行しあっている。」[2]私はこの見地に賛成である。そしてそれぞれの構造の内部で下部が上部を規定するゆえに，それぞれの上部の段階の特徴は下部へと還元するのも合理的である。とすれば，前に述べた，A. フゥイエの範疇は段階を構成しない単なる2現象の組合わせを作って，論証させたのであって，そこには何ら連続性が説かれているわけではない。彼はそこに構造かあるいは過程をまず説くべきであったろう。ここで，次に胎内期からの個体の同一視の対象と，個体と対象との同一性の変化を概括的に図示しよう。

この図が示すように階層は上方にも下方にも閉じていない。なぜならば，

第4章 総論と諸問題

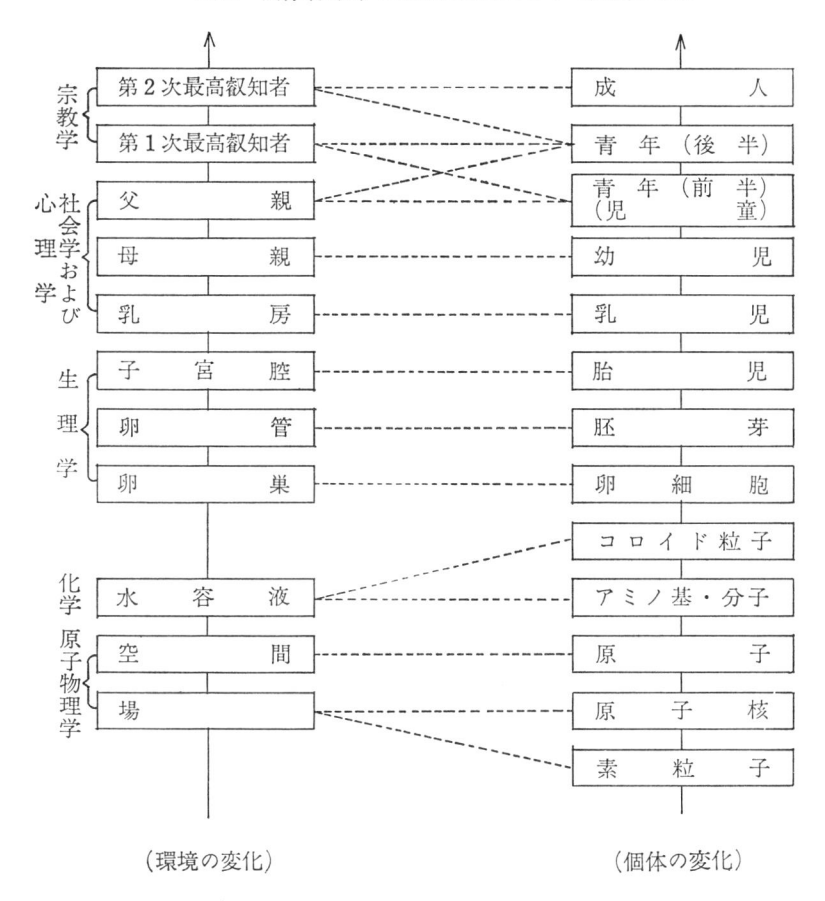

図19 個体(物質)の発達は環境によって規定される

環境		個体
宗教学 {	第2次最高叡知者	成　　　人
	第1次最高叡知者	青　年（後　半）
心理学 社会学および {	父　　　親	青　年（前　半）（児　　　童）
	母　　　親	幼　　　児
	乳　　　房	乳　　　児
生理学 {	子　宮　腔	胎　　　児
	卵　　　管	胚　　　芽
	卵　　　巣	卵　細　胞
化学 {		コロイド粒子
	水　容　液	アミノ基・分子
原子物理学 {	空　　　間	原　　　子
	場	原　子　核
		素　粒　子

（環境の変化）　　　　　　（個体の変化）

　筆者の見地では，一方の高層は超自然的存在があり，それ以上は閉鎖しているとも，開放されているとも私たちの立場からは見定めることはできず，ましてやそれでつきるという根拠はどこにもない。他方また，発達の階層は卵巣をもって底部に達したものとは考えない（図20，および注）。

　ところで，現代では，この系列中，卵巣から子宮までは生理学で取り扱い，乳房から父親までを心理学，あるいは社会心理学で考え，他方それより上層の超自然的存在については宗教学で論じられている。しかし，前章ですでに

331

述べてきたように，心理学，特に発達心理学は，乳房から父親にいたる部分だけを取り出して論じなくてはならないという理由はもはやまったくないことになる。したがって，なぜ，乳児期だけの研究がすべての問題に解決を与えないのかは明らかになるだろう。もちろん，全体を対象にして部分も解明されるのであり，一部だけを切り離してとり出すと，変化と諸形態の理解に

図20　素粒子の発達

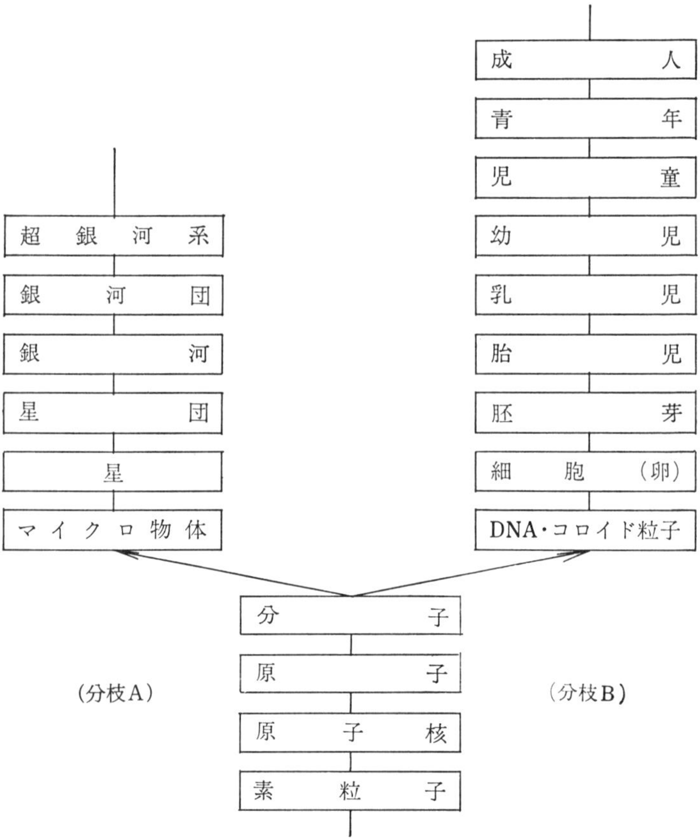

（分枝A）

超銀河系
銀河団
銀河
星団
星
マイクロ物体

（分枝B）

成人
青年
児童
幼児
乳児
胎児
胚芽
細胞（卵）
DNA・コロイド粒子

分子
原子
原子核
素粒子

※　坂田は前記書物中で，素粒子から超銀河系への段階を分枝Aのように想定している。そこで筆者の発達の系列（分枝B）は，これに結びつけるとすれば，生物の欄に，核——性細胞（卵）段階をそう入すればよいことになろう。

第4章　総論と諸問題

は相互の統一が失われ個体と変化（運動）との連関が見失われることになる。それゆえ，胎内期をはじめとする階層性の見地なく特定の段階だけを取り出し，さらに対象を考慮しないで，その発達だけを心理研究の対象とするのは誤りであり，それゆえに何らの進歩も期待できないのである。(3)

ここで，さらに新しい事実が弁証法的発達の中に見出される。その一つは自然界では，その発展は，一箇の系として存在し，他の系とは対等に相互作用を行なうのである。これに対して，発達心理学では個体は常に生活関係が付帯し，生活空間の中で特殊な対象との密接な関わりの中で，その対象に保護され，助長され形成されているのである。そしてそれらの対象は段階毎に異なってはいるが，やはり同一性を保ちつつ，先達として当個体を組織化している。

その二は，個体の型態の中に諸特質があり，そのすべての諸特質は，論理的に意味をもった内容を構成することができる。そして，その論理構成も個体の諸段階内では対象からの働きかけ（作用）を期待し，それによって内容もその働きかけに応じて構成されるようである。つまり，先達としての系との相互作用と，時には一方的な働きかけを通じてはじめて，そこに個体との間に統辞論的，有機的な連関が確立され，発達はその現象を機にしてなされるということである。

すなわち同一段階内において，明確に多様化されていつつ，親縁性があって，それは多様な特徴間にある一定の秩序，あるいは序列，あるいは法則として表わされる。この序列は43頁で述べたように社会における意志伝達手段である言語の文法と同じ構造において表現され，有機的に統一されている。その表現された意味内容の伝達の対象は不明であるが，それは各段階における発達の理念とも，発達課題とも解されるもので，いずれにしても，各段階での特殊な個体の生存の仕方・方法に対する基準を提示しているものと思われる。マルクス弁証法あるいは武谷弁証法を探ってみても，ある段階におけるこうした有機的な統一性，あるいは統辞論についての記述は見出せない。したがってこれは発達を弁証法的に把えた時に見られる特殊性であると理解するのである。

各段階はすべてその後の段階に特有なものを加え，すべて初期の段階から新しい統体をつくり上げる。それぞれの段階が連続しながら逆の特質をもつ

333

ということはそれらの段階の飛躍性を示している。しかし，それも，単なる飛躍ではなくて，相互移行・相互転化がある。このような連続性と非連続性との統一として，発達は階層的構造をもつ。そしてある段階での諸特質と統辞論的意味内容が成熟されず，つまり，自己実現されなければ，個体は次の高次の段階へと発達していくことができない。それは停滞し退行する。しかし停滞はしてもその同一段階での変化はある。低次の段階から高次の段階への発達を垂直方向の発達，つまり垂直的発達とすれば，停滞して，その同一段階での変化がありとすればそれは水平的発達といえるのである。

　武谷氏は，マルクスが弁証法をたんに人間の自然に対する働きかけのなかのみにありと規定するのに反対し，自然自体が弁証法的な構成をもっている，と主張した。そのことは，胎内からの個体（人間）の発達を観察するとき，人間も自然の一部となっていることを窺い知ることができるのである。

　ここで注意しなければならないのは，本書で使用されたいわば発達弁証法と唯物弁証法との相違である。すなわち，マルクスとエンゲルスのように，弁証法を思考および存在をつらぬく普遍的な法則と考えているのは，肯定できるが，その中の運動，発展の根源的な主体を，「物質的なもの」において見出し，思考の弁証法を存在の弁証法の意識における反映としている点である。

　人間の発達は，その極く初期においては生化学的な段階であり，胎内にあっては生理学的である。そして誕生してからは社会を含む家族（父親・母親）関係での生活をすることになる。マックス・ヴェーバーは社会を人間行為の意味連関の構造として把握しようとした。さらにその発展段階として，精神的な段階が続いている。マルクスは社会関係を物質的生産関係と規定したのである。胎内期を物質的な運動・発展段階とするのは合理的である。しかし，社会をそれとの対比で同形論的に扱いこれを物質的関係と見なしてしまうことははたして合理的であるだろうか。さらに精神的段階をそれらの反映であると簡単に片づけられるものであろうか。先に述べたように，物質界は，弁証法的な発展をなしているが，それが水平的弁証法で発展しているのか，垂直方向に発展しているのかが究められなければならない。ある段階と次の段階とはその特質は全く，逆であるはずである。誕生前の生活様式から誕生後の生活様式への移行は飛躍である。飛躍であるゆえに，人はこの飛躍

ができなくて，古いものの中で変化を求めて動きまわる危険に陥りやすい。つまり，唯物弁証法は，単に次の段階に飛躍できなかった一つの思惟形態とみるのである。

　誕生後は，社会・家族という生活空間の中で，成長する，子どもは家庭の中で乳を吸い，食事を与えられるという生活があるし，青年・成人は社会に出て労働し，生産にたずさわるという生活がある。さらに成熟した人間は，精神的な生活，つまり，友人・人種にこだわらず，全人類のために無報酬で働く（奉仕）生活空間の中に生存する。従来の弁証法，特に唯物弁証法は，ちょうど，こうした成長のある段階の特質を捉えて，それを全体に敷衍しようとするものにすぎないのである。

　さてソシュール（F. D. Saussure）は，人間の言語活動を，ラングとパロールの二つのレベルにわけた。パロールは個人的，したがって，生理学的なものであるとし，これに対して，ラングは言語記号によってになわれるとした。そして，言語記号は音声という概念化する作用である「意味するもの」と，それによってひきだされ，概念化される意味像としての「意味されたもの」との二つの要素の恣意的結合によってなりたつとしている。

　これにしたがえば上に記した各段階の卵胎児の生活自体は「意味されたもの」であり，各特質とその間の親縁関係こそ「意味するもの」でなくてはなるまい。

　チョムスキーは主体の中に深くかくされている構造を「深層構造」と名づけ，現実に対象化された文の構造を「表層構造」と名づけた。そして，各国語による「表層構造」の多様性や異質性にもかかわらず，「深層構造」は人類にとっては普遍的である，と主張した。したがって，チョムスキーの理論を発達的，胎内期的に取り扱えば，胎内での生活は人類に普遍であるから，一応，深層構造となるだろう。そして，各文化の中で独特の生活関係をもちつつ発達する生活を表層構造と名づけられるのである[5]。

　さて，胎内での生活は人類普遍であるということは，単に，卵・胎児が母体に宿るという現象で規定されたものであるが，実は表2で示された文もまた，実は人類普遍的であるのである。すなわち，表2において，最も不必要な要素を捨象してみよう。(1)「〜では」は読者の理解を深めるために便宜的に付加したものである。本質的には段階の明示は問題がある共時的段階で取

り扱われている際には蛇足である。次に(1)「〜が成立する」という結果もまた第三者の理解を助けようとしたための要素であって，行動を起こすためにはやはり蛇足である。結局，(2)行動類型，(3)器官および，(4)目的の三種の要素の全体的関連で意味は成立するとするのである。すなわち，「栄養を受容せんと依存的に臍帯を」でも，「栄養を受容せんと臍帯に依存的に」であっても，伝達される意味内容は等しいのである。この場合，統辞論は不必要であり，したがって，各言語圏での文法に支配されることもない。つまり，胎内期の生活は，統辞論以前の生理学的な意味をもつものであって，深層構造であるとともに「パロール」であることが理解されよう。そして現実に精神分析学派によって，胎内を「ニルヴァーナ」というある種の神話に結びつけられているのである。意味は，これら三種がどのような順に配置されていようと，直観的に理解されるのである。あるいはレヴィ＝ストロースのいう超合理的(メタ)思考のなかに置きかえられるともいえる。したがって，「意味するもの」（表2）としての卵，胎児の生活関係と，「意味されたもの」との結合は，この胎内期（深層構造）においては，まったく必然的なものである。この時点で，これはソシュールの説を否定するものである。必然的であり，そして直観的ですらある（これが，各言語圏での文法にしたがって，表現された時，表層，構造となることはいうまでもない）。そして誕生によって，これは弁証法的に表層構造となる。つまり，ソシュールやレヴィ＝ストロースのように，パロールの世界あるいは深層構造を人間理解の従属的な道具とみるのではない。このパロールとラングの世界の関係，あるいは深層構造と表層構造との関係は弁証法的であるといわねばならない。事実，パロールの領域の構造があきらかになれば，ラングを規定するものとして，人間の表層的発達と社会的，文化的活動の全体性・統合性を理解できるのである（この点でジャーク・ラカン Jacques Lacan を支持する）。

このことから，はしなくも次のような事実が新らしく提起できよう。つまり，パロールの生活も，あるいは深層構造もそれ自体がさらに三段階——卵巣期・卵管期・子宮腔期——に細分されて，各段階は弁証法的な発達関係にある。さらにラングの生活，あるいは表層構造は大きく二層——母親・父親期と精神期——にわけられる。その一つは三段階——乳房期・母親期・父親期——にわけられるし，他方は（現段階では）二段階——第1次最高叡知者期

・第二次最高叡知者期——にわけられ，それぞれがやはり，弁証法的な発達関係にある。つまり，筆者はリュシアン・セーヴ（Lucien Séve）の「構造論的方法に，理論的に正しく革命的に真な道でもある構造自体の『弁証法化』の道を示すことで，構造論的方法と弁証法的方法との現実の関係を解きほぐすために，もっとも大切な指示に出会っているのではないだろうか」という問いかけに対して，ある種の解答を与えているのではないかと思う。

　以上，発達心理学の研究は従来は統一もされず，単に膨大な研究資料を累積するのみであったこと，そこで胎内期を前提として人間の発達を観察し，胎内期の発達パターンを理念として，観察される現象界の人間行動に演繹するならば，あきらかに，それが発達の垂直方向のみならず，水平方向にも統一化へと導くことが理解された。そしてその統一も単にある段階に限定されず，人間の個体発生にはじまる生涯の全段階と，さらに精神的な分野の現象までも説明し，各段階の特殊を普遍化するものであることを考察した。この発達現象は構造的にも説明されるもので，そのことは構造主義の弁証法化に帰するものであることも明示されたのである。

注
1．岩崎允胤・宮原将平『現代自然科学と唯物弁証法』大月書店，1972，p.129．
2．坂田昌一『物理学と方法』岩波書店，1951，pp.14—15．
3．岩崎允胤，op. cit., p.263．
4．エヴァンズ，op. cit., pp.41—56．
5．北沢方邦『構造主義』講談社，1969，pp.44—85．
6．リュシアン・セーヴ，山崎カヲル訳「構造論的方法と弁証法的方法」『構造主義：現代のエスプリ』至文堂，1963，p.133．

3．発達の統辞と意味

a．は　じ　め　に

　個体は卵巣から放出されてから，卵管，子宮を，それぞれ，依存・自律・依存を特質とする生活を送り，誕生後も，やはり，乳房，母親を保護対象として，自律・依存を特質とする生活を繰り返す。つまり，個体が発生してより，その生活は，依存性と自律性の交互の連続であるのが理念である。しか

もこの交互の繰り返しは，次の父親を保護対象とする段階では，自律的な生活を招来し，さらに，より高次の，精神的な保護対象に依存する段階へ，さらに，それから自律の段階へと到着する。ところが，このように，いわば弁証法的に発達する生活の特徴（要素）は，依存・自律という二項のみに限定されるのではない。本論文は，この二項以外の諸対立をあらたに浮き彫りにし，それら要素間には統辞論的な関係があり，しかも胎内期・胎外期といったいわゆる歴史的変化（あるいは時間的変化）を含まない共時的な意味で，発達の構造を示していること，そしてそれが人間の生きるための普遍的理念ともなっていることを論ずる。

b. 発達の特質

まず，第1段階では卵は卵胞の内壁にその一部をもって結合され，栄養その他の必要物質は直接に，卵内部に送りこまれる。この段階での特質は
　(1)拡散性　(2)一方性　(3)依存性　(4)固定性　(5)成熟性
　(6)母体の内分泌の直接の影響　(7)接合部
である。

第2段階では卵は卵管膨大部にて待機し，やがて受精し，生命を継続される。受精卵は卵管をくだり，子宮へと向う。この間，栄養は卵膜を通じ，卵表面の卵丘細胞より自律的に，必要に応じて吸収・摂取される。卵は分割を続け，胚の形成を行なう。この分割は卵がそれ自体の生命力のみで行なうのではない。卵と卵管壁の関係は，後者の保護物であるばかりか，分割管理手でもある。卵の分割状況は常時，卵管壁から母体の中枢に信号として報告される。分割が不正常ならば，それに対応する内分泌腺が刺激され，分割を正常化する。いわば，卵の分割は卵管のフィード・バック機構に支えられているのである。この段階での生活特徴は次のようにまとめられよう。
　(1)相互性　(2)自律性　(3)可動性　(4)分割性　(5)吸入性

第3段階では胎児は子宮壁（胎盤）に，臍帯によって結合される。栄養はまず胎盤母体部に蓄えられ，胎盤胎児部がそれを受け入れて胎児に送る。したがって，栄養分の質と量は胎盤母体部に依存しなければならない。胎児は外部の刺激からは保護されている。母体と胎児は一体化している。この段階の発達は前段階のように分割といった顕著な変化のある発達ではなく，微小

な胎児の量的増大という特徴のある発達である。これを成熟と称する。この段階の特徴は次のようになろう。

(1)一方性　(2)供給性　(3)依存性　(4)固定性　(5)成熟性

　第4段階は，子どもが乳房を保護対象とするときである。口唇が生得的に活動する。添乳されると，口唇にて乳首をさぐって受けとめ，乳を吸う。生得的反射によって吸飲が行なわれる。摂取する量はほぼ乳児の欲求と好みに任せられる。授乳は，母体にとっては，誕生後の子宮壁を整えて元に回復させるということ，子どもにとっては飢えを満たすということで相互利益的である。排泄は自由であって，時間と場所に制約されることはない。ポルトマン（A. Portman）のいうように，子どもは依存的であって，非常にたよりない存在である。5種の感覚器官の他，各種の機能（直立姿勢・発語・洞察力）が分化発達しはじめる。この段階の特質は次のように要約できよう。

(1)相互性　(2)獲得性（取り入れ）　(3)可動性　(4)分化性　(5)口唇　(6)添乳　(7)自律性　(8)吸飲性　(9)依存性

　第5段階では子どもが母親を同一視の対象とするときである。離乳がおこなわれ，排泄訓練がなされる。食事に関するすべてのしつけがなされる。清潔にすることが，習慣化されるし，衣服も自分で着脱できる。睡眠は成人と同じ時間帯にするようになる。食事，衣服その他はまったく母親まかせである。母親は自分で計画を立てて，子どもの生活一切を管理しなくてはならない。歯生の完成，歩行の完成を見，言語能力はかなり発達する。実念論的世界観をもち，極度に自己中心的である。この段階の特質は次のようである。

(1)一方性　(2)供給性　(3)依存性　(4)固定性　(5)歯生　(6)しつけ　(7)自己中心性

　第6段階は父親を保護者とするときである。父親は子どもが自律できるように訓練・教育する。腕・手先が発達する。脱中心化が行なわれ，友だちを作ることができるようになる。集団性・社会性が完成する。父親と子どもとの相互的なふれ合いを通して，これらの特質が発達させられるのである。また父親との対話によって約束をし，集団の中できまりをつくり，それらを守られなければならないことを知っていく。それとともに，論理的，合理的な操作能力が顕著に発達する。後期には教育・訓練によって技術を習得し，自ら生産活動と経済活動に従事（労働）し，また世界観の分化と総合が行なわ

れる。
　この段階の特質として次の特質が挙げられよう。
　(1)手と腕　(2)きまり　(3)論理性・合理性　(4)技術　(5)生産（労働）
　(6)相互性　(7)自律性　(8)教育　(9)友情　(10)獲得
　第7段階では子ども（青年）は精神性に目覚めるときである。超人間的，超自然的存在を保護対象とするときである。民族固有の道徳律によって自己の生活を律し，人生の指針をその中に見出そうとする。依存的，服従的になる。またある種の神秘性，つまり超合理性・超論理性を発達させる。たとえば，不可知論などがそうである。民族愛が超自然的な存在を通して高められ，極端な場合には過激な民族主義に変容することがある。選民思想もその一種であろう。頭脳が発達し，単なる小手先の器用さ（技術）でなくて，創造性が高められる。
　この段階の特徴は次のように縮約できよう。
　(1)頭脳　(2)道徳律　(3)超合理・超論理性　(4)依存性　(5)民族性
　(6)思考（創造性）　(7)一方性　(8)服従性
　第8段階では，青年は同様に精神的対象を定位しつつも，それに依存しきるのではなく，対話によって人生の指針を得ていく。身体全体を活動させて，民族を統合した全人類を対象としてそれに奉仕しようとする。超自然的存在からの愛によってその生活が守護され，それへの応答という形で，他者に対しての奉仕活動が行なわれるのである。その奉仕は，青年の恣意に任せられ，彼は自律的，自由な形でこれを行なっていく。前段階の神秘性を脱脚してより合理的，論理的な思考が行なわれ，道徳律・教訓の研究に意欲的になる。
　この段階の特質を次のように要約しよう。
　(1)具体　(2)愛　(3)自律性　(4)論理性・合理性　(5)奉仕活動　(6)教訓研究
　(7)対話性　(8)人類愛
　以上，それぞれの段階は個体とその生活環境との相互交渉の中に各種の特質があることを述べた。これら特質は，各段階ごとに交互に逆の特質と入れ替わること，そして，隔段階に同じ特質が現われるか，もしそうでなければより高次の形で出現していることを理解したわけである。

第4章　総論と諸問題

c. 統辞論

　今，ここで，各段階の特質を通覧し，統辞論の適用を試み，それによる統一を論じたい。まず，第1段階により第3段階までと，第4段階以降とに区分する。ここで再度，前半の特質を書きなおしてみよう。

　第1段階：接合部・依存性・一方性・拡散性
　第2段階：卵胞膜・自律性・相互性・吸収性
　第3段階：臍帯・依存性・一方性・導入性　（注：類似要素は捨象してある。）

　そこで，われわれは発生の原初にまで遡及してみる必要がある。卵の前段階は卵母細胞である。つまり，卵もその原型は細胞の一種であって，生命の維持の根拠を，栄養の摂取と老廃物の排泄（新陳代謝作用）としていることが判明する。「栄養を取り込む」ことが原初の生活の特質であるとすれば，発生学的にも，それ以降の生活の基本特質は，やはり，「栄養を取り込む」ことに他ならない。「栄養を」・「取り込む」という2箇の記号の伝える意味内容は，この配列順がいかに異っていても，われわれにとっては有意となる。一語一語では無意味だった語も，単に集合することによって意味内容をわれわれに伝えるのである。ここに，はしなくもウイトゲンシュタイン（L. Wittgenstein）が明示した「名詞の世界」と「動詞の世界」，そしてそれを統一する「文の世界」が現われる。日本人には日本語で表記してあれば理解され，英語国民には英語で表記してある場合に伝達される。

　ウイトゲンシュタインは，「原始記号の意味内容は解明によって明らかにすることができる。解明とは原始記号を含む文である。これらの解明は，明らかにこれら記号の意味内容がすでに知られている場合に限って理解することができる」といっている。(1) このようにして，「文のみが意味内容を持っている。語は文に対する関係においてのみ意味内容をもっている」(2)ことになるのである。

　「栄養を取り込む」の主体は，単純化のために故意に省略したが，「個体は」というのが主語（主体）であるのはいうまでもない。さて，この原初文「栄養を取り込む」を仮説として，先に要約した各段階の特質を演繹的に考察して見ると，それぞれ次のようになるだろう。

　第1段階：「接合部より拡散される。」（拡散されるは依存性，一方性のすべてを包含するものである。）

第2段階：「卵胞膜より・自律的に取り入れる（＝吸収する）。」（「相互性」の意味内容が含ませられなかったのは，現段階での卵胞の栄養摂取機構が分明でないからである。）

第3段階：「臍帯により導入される。」（臍帯というよりも，厳密には「胎盤母体部」といった方が理解しやすいかも知れない）。

同様な方法にて，後半をも意味内容の統一を試みる。

第4段階：「唇に・相互的に・添乳され・自律的に・吸飲する。」

第5段階：「自分のため・歯に・一方的に・しつけされ・(質と量を)依存して・咬合し・供給される。」

第6段階：「友のため・手腕に・技術が・習得され・自らの意志で（＝自律的に）・(個体を) 労働させて・獲得する。」

第7段階：「民族のため・頭脳を・一方的に・道徳律化し・(それに)依存して・思考させて・供給される。」

第8段階：「全民族（＝人類）のため・身体に・愛が・教えられて・自らの意志で・(個体を) 行動させて (＝奉仕させて)・獲得する。」

さらに，ここで注目しなければならない現象がある。個体が依存の生活から自律の生活に入ったときに（奇数段階から偶数段階へ入ったとき）には，環境の一部と合体して生命を継続しているのである。もし合体がない場合には個体は老衰し分解する。卵巣から卵が放出されて，卵管膨大部にて精子と合体すること（受精現象），母親の胎内から生まれてから，母親の世界と合体すること（刻印づけ），もし，母親との分離があればホスピタリズム症候群を呈すること（愛情遮断），父親の世界と合体して，自閉的世界を脱して精神的成長を行なうこと，さらに，道徳的，戒律的な世界から放出されたときに，超越者の世界と合体することの4回にわたる。

第4段階以降は，単に，名詞と動詞の世界ばかりか，目的の世界と補語の世界，さらに副詞の世界も加えられ，単文ばかりか複文へと発展していくのである。そして，ここには事実と事実に対応する文の世界が出現しているのである。「意味するもの」と「意味せられたもの」との一致，あるいはシンタックス的立場とセマンティクス（意味論）的立場の対応をみることができるのである。

ここで，もう一度，今，述べたことを整理すると，第1，第2段階は卵の

第4章　総論と諸問題

代謝作用で特徴があり，第3，第4段階のそれぞれは栄養摂取で特徴づけられよう。また，第6段階は経済活動で，第7，第8段階は奉仕活動で特質的とされるのである。次に，これらを表にしてみたい。

図21　発達の各段階における発達課題

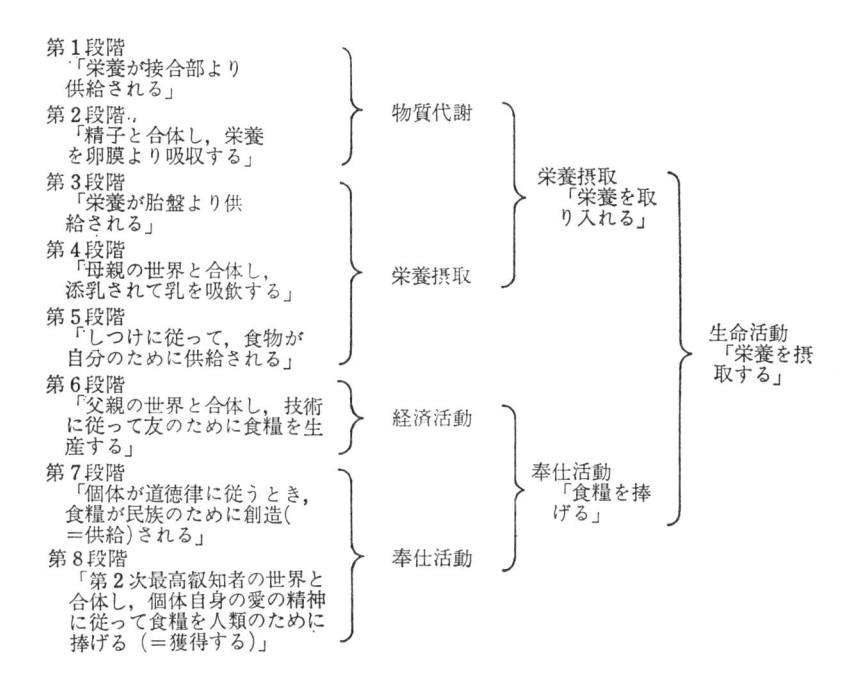

第1段階
　「栄養が接合部より供給される」
第2段階
　「精子と合体し，栄養を卵膜より吸収する」
　　　　　　　　　　　　　　　　　　物質代謝
第3段階
　「栄養が胎盤より供給される」
第4段階
　「母親の世界と合体し，添乳されて乳を吸飲する」
　　　　　　　　　　　　　　　　　　栄養摂取
第5段階
　「しつけに従って，食物が自分のために供給される」
　　　　　　　　　　　　　　　　　　　　　　　　栄養摂取
　　　　　　　　　　　　　　　　　　　　　　　　「栄養を取り入れる」
第6段階
　「父親の世界と合体し，技術に従って友のために食糧を生産する」
　　　　　　　　　　　　　　　　　　経済活動
　　　　　　　　　　　　　　　　　　　　　　　　　　　　　　　　生命活動
　　　　　　　　　　　　　　　　　　　　　　　　　　　　　　　　「栄養を摂取する」
第7段階
　「個体が道徳律に従うとき，食糧が民族のために創造(＝供給)される」
　　　　　　　　　　　　　　　　　　　　　　　　奉仕活動
　　　　　　　　　　　　　　　　　　　　　　　　「食糧を捧げる」
第8段階
　「第2次最高叡知者の世界と合体し，個体自身の愛の精神に従って食糧を人類のために捧げる（＝獲得する）」
　　　　　　　　　　　　　　　　　　奉仕活動

ここに，カントのカテゴリーを借りれば各特質のあいだには体系的統一の原理である多様性 Mannigfaltigkeit〔特殊化〕，親縁性〔同一性〕，統一性 Einheit〔連続性〕があるのが判明できよう。たとえば，「愛の精神」・「人類のため」・「捧げられる」・「獲得する」・「奉仕する」・「行動する」・「身体」・「相互性」・「論理性・合理性」・「対話性」・「教訓研究」・「自律性」など，すべて第8段階で述べてきた特質であり，これらは多様であり，それぞれは特殊である。しかし，それぞれの間には截然と区別できない親縁性があり，そして，これらは，ある文法にしたがって，文が構成されて，統一された意味を

343

表現しているのである。つまり,「栄養を取り入れる」という生命活動を公理としたとき,人生の最終段階では,その過程の特殊現象も普遍化されて,「超越者の世界と合体し,個体自身の愛の精神にしたがって食糧を人類のために捧げる」となる。

このことは,あのチョムスキー(N. Chomsky)の言語活動についての深層構造と表層構造の分類を想起させよう。われわれは,ここにその類似性を認めるわけである。人間の行動特質は決して胎内での生活現象および生活関係とは無関係ではない。それは弁証法的な対立と発達を通じて連続し,繰り返されている。成人もやはり,胎内期に形成された諸特質(検証方法は発生学に一任する以外にないが)によって,無意識という形で,意識を支配しているのである。つまり,胎内期の生活的諸特質は,現実の生活の深層構造を形成し,したがってこの両者は共時的に捉えられるのである。

だから,深層構造の世界の構造が,今まで論じてきたことから明らかにされたように,表層構造の世界を枠づけするものとなっている。その結果,上記のように各段階での諸特質の全体性が示されたのである。なお,ここで,深層構造として示された生命活動は,胎内の生活,特に,第1,第2期では,より単純化された形で,「栄養を取り入れる」に示されていることに意を払うべきであろう。そうすれば,深層構造は現実生活の個体の無意識界と,個体にとっては通時的である彼の胎内の生活とは同一である,すなわち,共時的に考えられなくはないのである。セマンティクス的立場はまったくシンタックス的立場とは異なっている。前者は「意味せられる」立場であり,後者は「意味する」立場であると見てよい。このセマンティクス的立場での諸事実がシンタックス的立場とは現実では異なっている。つまり,ここに深層構造が表層構造のチェックの基準となり,セマンティクス的世界とシンタックス的世界との一致を試みようとするのである。いわば,表層構造の奥に,シンタックスとセマンティクスとが不十分に統合された「深層構造」がかくされていて,それがひとつのフィード・バック機構の役割りをはたしていると考えられる。

つまり,セマンティクス的世界を単に人間の生活の深奥に求めるのみでなくて,胎内期の分析とそれら全体の統合を通じて,真の「意味せられたもの」としてのできごとの因果的な束をセマンティクス的構造のもとに求めなくて

第4章 総論と諸問題

はなるまい。そうして,それを基準として,現実生活の不変性を脅かす諸要素の代入や,誤った結合をつねにチェックして,未知の無限の諸要素の中から,適合するものだけを選択していくことは容易となる。

ここで,個体の発達の経過は,ひとつの構造を形成していることが明確にされたのである。しかも,同じく,それは,弁証法的な発達をなしていることも,すでに示された。(8)このことから,個体の発達はある段階から次の段階に構造として変換するとともに,それはとりもなおさず,弁証法的な統一への過程ともなっている。さらに,発達を大きく,3段階に分けて,胎内期と胎外期という二層になった構造,さらに胎外期は,生活期と精神期の二層構造となる。逆に,深層構造と表層構造は,前者は3段階に,後者は5段階に分けられる。後者はまた,3段階と2段階に区分されることになる。

とにかく,個体の生活の初期から終期にいたるまでの生活の諸特質はすべてシンタックス的な関係にあること,そして,初期の生活特質は深層構造として,存在し,その中でシンタックス的世界とセマンティクス的世界は統合され,現実生活でのそれらのずれをチェックしていることが明らかにされたのである。つまり発達もまたシンタックス的に構造化されていることが理解されよう。さてそこで,次にそれら,生活的特質のもつ価値についても考察してみたい。

注

1. Wittgenstein, Ludwig, *Tractatus Logico-Philosophicus* (with an English translation by C. K. Ogden), Routledge and Kegan Paul (1922, 1933), 3. 263. (奥雅博訳『論理哲学論考』ウイトゲンシュタイン全集Ⅰ,大修館,1976).
2. ibid., 3. 3.
3. Immanuel Kant, Kritik der Reinen Vernunft (篠田英雄訳『純粋理性批判』(中)岩波文庫,625—4,岩波書店,p.322).
4. 発話の世界を表層構造とすると,深層とは発話にあらわれる前に,すでに成立している言語的構造。Port Royal の「普遍文法」からこの概念を借りたN.チョムスキーの立場に立つ考え。
5. 共時とは通時に対して学問的優先権をもつ非歴史的発達となる。一方,通時とは,社会通達の連続として考えられるものである。ソシュール(F. de Saussure)のいう通時とは言語の歴史的発達の研究法に対して用いられた語であり,これを発達心理学的に理解すれば,個人の行動と生活の歴史的発達となる。
6. Pouillon, Jean, Problemes Du Structuralisme, Les Temps Modernes, 1966 (プ

イヨン編，北沢方邦他訳『構造主義とは何か』みすず書房，1976).
7. Wittgenstein, op. cit., 2, 147.
8. 浜畑紀, The process of Child Development,『中部女子短期大学紀要』1977, Vol. 8.

d. 生活の価値

　個体の発達の各段階での明らかにされた生活関係での特質——さらにそれから導き出される統辞論とその意味内容は，個体の生命活動（＝日常生活）とはどのような関わりをもつものであろうか。

　まずわれわれが演繹的に論じてきた各段階の統辞論は，その構成において自然的であり，不自然さはなかったのかが考えられるべきである。もちろん，その方法として，弁証法を主として用い，主要な対立項目として，依存と自律を挙げた。次に，それに付随する諸特質中，「栄養の取り込み」に関わりつつ，対立を示す特質を選択した。これらの対立的特質は段階ごとに交互に繰り返して顕現し，それぞれ次の段階では潜在化したのである。この変化のうち，交互に繰り返して顕在化する場合，それは次元こそ違え，同一の特質がやはり同形の統辞論を表わすのであることが理解された。(1)

　さて，発達心理学で，それが心理学として成立するのは，個体の発達現象を対象としている限りである。もし，個体が発達を何かの理由・原因で停止すれば，その時点から，発達心理学の対象は雲散霧消し，発達心理学も，その成立根拠を喪失するほかはない。つまり「発達」現象は発達心理学にとっては，価値ある現象と見ることができる。したがって，「発達」現象を伴わない個体は発達心理学にとっては無意味といえよう。それにもかかわらず，筆者が提唱した「発達弁証法」では，発達現象を伴わない個人をも，「発達(2)が停滞した」個体として，当然，研究対象として位置づけている。したがって，発達弁証法で説明され，体系に適合するもののみが価値ありと認められていると考えてよい。

　さて，統辞論は下部構造（深層構造）としての胎内生活にも，あるいは上部構造（表層構造）としての胎外生活にもその成立「栄養を摂取する」が認められた。しかも，その統辞論は公理として用いられ，演繹され，最終的には「（個体は）超越者の世界と合体し，個体自身の愛の精神にしたがって，食糧を人類に捧げる」という生活の法則が導かれたのである。これは最終段階

第4章　総論と諸問題

の法則であるが，同様，各段階には，やはり，それぞれの法則が見出されている。すべては，前に述べた発達弁証法を通して操作された結果の産物である。弁証法の体系に適合するものが価値ありとするのであるから，このように導き出された諸法則は，当該段階で発達しつつある個体にとっては価値があるとみなすことができる。

　もとより，社会，あるいは文化のもつ価値基準は，個体が属する集団自体の発達段階における特質であり，統一された統辞論である。そして，それらもまた，人間の胎内の生活過程に規定されているのである。そして，社会の発達は成員自身の発達の総和をそのまま反映する。つまり，主体の複数の総和は客体に変容する。そして，変容した客体は，逆に主体たる個人に対して価値基準を押しつけはじめる。マウローは「価値を決定するのは歴史を背負った社会である」と述べているのはまさにこのことではないだろうか[4]。個人と他の成員の意識が変化すれば，その集団，社会が個人に要求する価値もまた変化する。したがって，社会集団の発達が停滞すれば，その底流の価値も変化せず，恒常である。そこで，個人はそうした価値をもつ法則（価値基準）にしたがって，自分がこの世界についてもつ経験を整理しようとする[5]。この操作は意識的，無意識的に行なわれる。

　無意識的に行なわれる機構は，前節で論じたように，胎内期の生活史が深層構造として，表層構造である現実生活のシンタックス的世界とセマンティクス的世界——これは現実の社会から影響をうけて，とかく歪みがちになる——との一致を試みようとするのである。これは，むろん，両者の不一致から生じる不安感と，生物固有の向上心から行なわれる。詳細は精神分析学的アプローチを待って解明されよう。

図22　表層構造と深層構造との関係

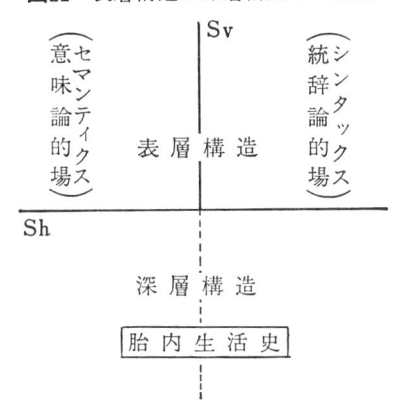

```
            Sv
 （セ）      │      （シ）
 意味論的場  │  表層構造  統辞論的場
            │
 ───────────┼───────────  Sh
            │
            │  深層構造
            │ ┌─────────┐
            │ │胎内生活史│
            │ └─────────┘
```

※　S：共時，v：垂直軸，h：水平軸
　胎内生活史は深層構造として，統辞論的場と意味論的場を含む表層構造をチェックしている。

347

意識的にはもちろん，ソクラテス以来の形而上学，倫理学，宗教思想への志向性がある。
　価値が決定されるについては，次のような矛盾も生じる。たとえ，個人が高度に発達を遂げ，彼のうちに高次への価値基準が創造されても，社会およびその集団の発達が停止したり，退行したりしているならば，彼の高次の価値基準は無視されるほかはない。集団の発達と個人の発達は，ともに胎内生活史によって規定されつつ，平行的にか，あるいは集団の発達が先行してか，行なわれるときのみ，彼の行動は価値あるものと認められる。逆に一致しないとき，特に，彼の価値基準がより先行的なものであると，それは革新的でありすぎるとか，理想的でありすぎるとかいって，無視されたり，拒絶されてしまう。歴史的には，こうして決定され，あるいは修正された価値基準が，その段階での個人，あるいは集団にとって，理念となり，倫理課題となってきたのである。
　こうした，無意識的胎内構造の意識化は，過去，多くの思想家によってなされたが，それは，余りに直観的でありすぎ，思弁的でありすぎた。そのため，修正の主体たる価値基準も単に蓋然性の域をでるものではないという難を伴っていた。しかし，生きとし生けるものは，生存を栄養摂取に依存しているということ，人間の個体の発生初期の生活史も，この事実を基盤として，相異なる段階が構成されているにすぎないということが観察されたとするならば，事実は著しく異なったものとなることは明らかである。つまり，事実としての胎内生活史を深層構造は，それを中枢にしつつ成長の過程に多様な特質を付加しつつ，表層構造へと変換する。これら諸特質はシンタックス的な関連をもちつつ，個体の成長に伴ってさらに発達する。構成された諸特徴のもつ意味内容は，それが，深層構造内の三段にわたる段階的発達に一致するときに初めて，価値あるもの，それも，確固とした事実に基準を置く価値あるものとみなされるのである。シンタックス的世界とセマンティクス的世界が重なり合うとき，はじめて意味内容が価値をもつとすれば，まさに，この時点を置いて他には考えられないのである。もしこれが一致しないとすれば，そこには矛盾と不安が生じ，発達は停滞するか，あるいは退行を余儀なくされる。ここでもし彼の生活に対して，価値ある生活のパターンが提示され，それに対して周囲が協力し，それが実践されるとき，彼のすべて

の苦脳は取り払われることになる。

　結局，価値を決定するものは胎内生活史であり，個人は自分の属する歴史を背負った社会とともに，自分の胎内史を深層構造として共有し合う。さらに胎内生活を体験している個人は，自分の現実生活の中で，自分の生活の価値を見出しつつ，これまた歴史を負った社会の変革に，それに修正を強いられつつ成長するのである。

注
1. 「同形」というのは，アイソモヒズム isomorphism のことで，ゲシュタルト心理学に由来する。実際，この場合，ソシュールのように「同一性 identity」を使うべきかもしれないが，あえて，混乱を避けて，「同形」を使用した。
2. 浜畑紀「胎内期に基づいた発達心理学」p.350.
3. 筆者は Comte, Spencer のように，社会有機体説をとり，さらに，「歴史（文化）人格論」を提唱するものである。したがって，人間の発達史は，そのまま歴史であると考える。このことは，拙著『色彩生理心理学』(1974) にも少しふれておいたが，いずれこの考えを追求してみたい。
4. Mauro, Tullio de, *Introduction alla Semantia*, Bome Gius Laterza Figli s. p. a. 1970（竹内孝次訳『意味論序説』朝日出版社，1977）.
5. 「価値基準」『哲学事典』林達夫監修，平凡社，1976, p.244.

e. 要約と結論

　人間の発達には段階があり，この段階を，順次，たどって成長する。各段階での個人の生活の特質は，次の段階には，それは逆の特質となって顕われ，さらに次の段階に元の特質が顕われた。しかし，その特質は元の特質と全く同じか，あるいは，より高次の特質となっている。つまり，ある種の弁証法的な発達をしているのである。

　各段階での個体の生活は多くの特質がみられるが，それは段階ごとに統辞論を構成している。その統辞論は初期（第1段階）は，「栄養を取り込む」であり，細胞の生活の中枢的機能である物質代謝作用に他ならない。これは，個体が段階をすすむにつれて，新しい特質が付加されて，複雑な統辞論を構成していく。付加される特殊なできごとの例として，他の個体と合体して生命を継続することがある。この体系は前期と後期に区分され，前者を深層構造とし，後者を表層構造とすると，前者は後者の世界での意味論的世界と統

辞論との統一をはかろうとする。深層構造は表層構造を常にそのためにチェックしているともいえる。

　さて，統辞論の表現には常にある意味内容が存在する。この意味内容に価値がなければ無視することもできるが，価値がありとするならば，これは個人の発達に及ぼす影響も大きいと考えなくてはならない。価値は歴史を背負った文化・社会が決定するものというのが定説であるが，実は，文化・社会の発達も，人間の深層構造に規定されているものとすれば，価値は個人の胎内期（深層構造）での諸特質の統辞論によって決定されると考えてもよい。個人はその発達段階での価値ある意味を認識し，これを生活の理念とすべきである。

　以上の記述により，人間の発生と発達は規則正しく，各種の特質の対立と統一によって行なわれつつ，幾層もの層構造をなしていること，しかも，それら対立する諸要素間には統辞論的な，そして意味論的な関係があり，それが胎生期の発達に規定されているがゆえに，個体の発達課題を構成していることが論ぜられたのである。(『中部女子短期大学紀要』Vol. 8所収論文に加筆。)

4. 要　約

　胎内での個体の生活は自律の生活と依存の生活の繰り返しであり，個体と卵巣・卵管・子宮という規定された環境との相互作用のうちに常に同一性を保持し，合体によって生命を与えられては生きつづける。この間，個体がどのような動きをしようと，特に卵管期では，すべては自律的である，また卵丘細胞からどれほど養分を吸入しようと自由であり，子宮腔のいずこに着盤しようと，それも個体の自主性に依る。環境の系列——卵巣・卵管・子宮という系列を個体は否定したり，その順序を入れ替えたりすることはほとんどその発達にとっては無意味である。無意味というよりは，それを阻害するものでしかない。すなわちこの系列は，個体の生活にはア・プリオリ的なものであり，したがって個体の運動の方向は卵管から子宮へ決定されている。もしこの決定的なルートを違えれば，それは個体の破壊でしかない。個体はいずれの段階にあっても栄養の取入れと排泄，ことに栄養の取入れのために環境と密接な相互作用を行ない常に同一性を保とうとする。その相互作用はそ

こに言語的な意味内容——統辞論的な作用として両者間に交される。同一性を保つことで，時間と共にその発達は次の段階へと運動し，成熟（量）的発達は分化（質）的発達に，あるいは分化的発達は成熟的発達に推移する。以上の個体の生活はカテゴリーとして，誕生後の生活での理念を導くものとなることは十分に理解されたのである。

　誕生後もまた，乳房・母親・父親という環境系列は必然的に個体の発達に定位されている。乳房を相互作用の対象とする世界が最初で，この時期では母親の姿・顔・声などはその世界の外にあり，ほとんどその成長に関知するところではない。次いで母親がその視野に姿を現わし，母親を対象にして同一性が維持される。母親のいわゆる愛によって，子どもは自己愛を知り，かつ自己中心性を欲動の一つとしてそだてられる。この母親の存在は決定的発達要素であり，特に前段階での母親と父親期での父親との合体がない場合は，死に追いやられる他はない。この誕生後の青年期までの最も重要事はそれぞれの段階によって異なるが，やはり食物の摂取であり，食物摂取方法が各段階での課題となる。乳房期では自律的に乳を吸啜すること，母親期ではしつけが基本となるし，父親期では，働くこと，つまり家庭内でのお手伝い，幼稚園での助け合いが基本となる。そして乳房期から父親の段階までやはり食物摂取を課題としての統辞論，発達的な，環境との相互作用が示されていることは胎内期と全く同じ現象である。

　父親期を過ぎると精神期に入る。精神期では個体の対象的環境は，その完成された道徳律の遵守のころに依存し得る第1次最高叡知者，次いで，奉仕の実践に基づく自律的な生活を許容するのが第2次最高叡知者である。個体はそれぞれの対象と相互作用を営みつつ常に同一性を保つが，この第2次最高叡知者期ではやはり合体現象がみられ新しく生命を与えられて発達を継続する。各段階にても収入という形ではあるが，食物摂取が中心課題となり，それは対象と個体との相互作用の中に統辞論的に扱われている。第1次最高叡知者期では，道徳律，ことに民族的指導者への服従が求められ，個体は精進が義務となる。第2次最高叡知者期では，人類的指導者を同一視の対象として奉仕が中心となり，その実践によって，発達の過去のすべての段階が，ある意味の中に位置づけられる。人によっては第1，第2の最高叡知者期がほとんど同時に訪れることもある。第2次最高叡知者に至って個体はいわゆ

る統一された完全な人間として完結する。

　各段階はすべて連続はしているがその前後の段階と特質は全く反対で連続的でないのが特徴的である。この胎内期から開始される系は個体の発達には必要欠くべからざるものであるが，誕生以降は比較的代替も自由に行なわれることも可能である。しかしその場合もその代替となる環境は，前段階とは全く逆の特質をそなえたものでなくてはならない。各段階での環境は個体の発達以前に（つまりア・プリオリに）整序されていなければならず，もしそうでないと，個体の発達は停滞するか，退行するか，破壊されるかいずれにしても阻害を受けることは確かである。

　発達の阻害は今述べたように，停滞，退行，破壊（＝死）という形で行なわれる。個体の成長が完全であっても，環境が整序されなかったり，個体の発達に伴わない異常な環境に変化した場合，個体は同一性を維持できないで，発達は停滞し，やがて退行をはじめる。環境の状態が回復しないならば，退行はさらに以前の段階へと，遡及的に進んでいき，無限に行なわれるようである。たとえば父親が最高叡知者との同一性関係を保持しない場合，青年は，しばらく同一性の対象を求めて苦慮する。しかし，やがて母親期の自己中心性の段階に退行する。たとえば彼は，仕事・学業といった社会性よりも，女性の愛情におぼれることを良しとするようになるだろう。彼は権威主義的性癖をもち，金銭，地位・名誉といった，エゴセントリックな生活をもって，事足れりとすることになる。眼中に他人は入っていても，容易に無視してはばからない。女子青年の場合には，特殊な場合を除き，女性的，自己中心的母親期の段階から，それ以前の段階，つまり乳房期に退行する。また青年でも，母親期の段階が長期にわたれば，やはり乳房期へと後退を余儀なくされる。青年は，淋しさを，食べること，飲むことによってまぎらわせ，それでまぎらわせなければ，さらに前段階へ，自殺という形で続く危険性を示すものである。しかし，この場合，誕生という事件があらゆる発達に比較して異質的なものであったように，死への退行も異質的で，個体にとっては大きな抵抗となることは確かなようではある。

　退行防止は，個体の属する環境と個体とが常に同一性を保つこと，そして次の段階がすでに整序されていることが必要である。そして，環境的対象（乳房・両親）がその機能を正常に発揮していない場合には，それは直ちに

第4章　総論と諸問題

修正されなければならない。また，不明の原因によって個体が次段階へ飛躍をしないで，いつまでも停滞するときには，外圧によってそれの飛躍を助けることが非常に大切であろう。愛とは同一性の関係の確立，および「食べさせる」という，すなわち刺激としての愛および，反応としての愛に分類され，この2種の愛によって個体は生きつづけることができるし，次の段階へと発達がすすむのである。

　さて観点を変えて考えよう。大きくは，発達現象は一細胞の同一性の維持のメカニズムに還元できる。そして発達には成熟する時期と分裂（分化）する時期があり，それぞれ環境と密接に関連し合い，期せずしてメイヤも結論づけているように依存と自律のリズミカルな生活となっている。環境と個体とは常に相互作用をもち，その相互作用には，個体の栄養摂取（＝食物あるいは収入）を主題とする統辞論的意味がある。産声は歓びの叫びであるし，また誕生までは個体は人間ではない。個体は自律の生活に入ったときに，他者と合体し，それと新しい生命と世界を獲得する。栄養獲得のために個体は，そのための手段と道具を発達させる，すなわち，卵胞内の卵細胞の特定部・細胞膜・臍帯・口唇・歯牙・手と腕・頭脳・身体というように，従来，乳児期と幼児期での子どもの生活環境は同一であるように取扱われてきたが，乳房のみの環境と母親のみの世界とは分離されている，乳房期では母乳を乳房から吸うということには人工栄養摂取とは異なった意義があり，自律の生活ということから，授乳に際しては欲求即応法が望ましい，乳房を噛んだり，手でいじっていることで子どもは自分と他者を区別する。

　幼児期では子どもは母親の口移しによって，同一性を与えられて，自己中心性をそだてられ，これが将来の自我の基本となるし，また第2次欲動としての性欲動を形成する。母親との同一性確立が得られない場合，つまり愛が与えられないと，子どもは無気力・無感動・無反応になるが，これは子どもの生得的な無気力欲動の発動によるものである。また，母性性とは，自己中心性であり，相手の意志に関わりなく，善意を相手に押しつけるといういわゆる支配―服従関係を意味するものである。母親と子どもの胃は，歯を仲介にして連続していて，母親の情緒的不安定は子どもの消化器に直接的な影響をもつものであることがアニミズム論から説明された。

　また，男，女間の愛情・友情も定式化されたし，女性の非凝集性も解明さ

353

れ，さらに結婚は，幼児期の「母―子関係」の再現であるとも論じられたのである。女性の男性化は理念的であるが男性の女性化は非倫理的であり退行現象である，同一性は細胞のホメオスタシスとは同形であり，自律―依存のリズムにしたがって，相対的同一性と絶対的同一性の2種が区別される，社会性は，形態論にしたがって，胎内社会性から，前社会性を通って発達するものである。また，青年のもつ純粋な発想は元来，発達の過渡的現象であるとして処理されていたが，実は，その純粋性こそ本質的であり，未来志向型であって，社会が未熟なゆえに青年の純粋性に表わされる成熟性とは相容れない。青年はだから，社会人となるころは退行していなければならないなど述べられた。なお，本書では青年期（父親期後半から精神期前半）までの極く短期間に取り扱った。しかし，一般的には青年期は，非常に長期に考えられている。それは，現実はいわゆるモラトリアムが許されていて，理念的な在り方よりも長期になっている。これは文化がその原因と考えられるので，文化と青年期との関連を深く考察すべきであったと思う。しかし，残念ながらその時間をもたなかったし，また，その必要もないと思ったのであえて展開しなかった。

　また，死もまた分類された。退行・逃避としての死，食物を求めての貪欲（という死），自己の利益を求めての死，友のための犠牲死，民族・国家のための死，人類愛からの死である。さらに重要なことはいずれも個体の意志に基づく死ばかりで，いわゆる老衰による自然死，病気・災害による病死については述べなかった。これは筆者が意図的に扱わなかったのでなくて，胎内生活史からみて何らの必然性がなかったからであると考えられる。これは身体の発達は弁証法的には精神の発達を促し，精神は無限に生命を保ちつづけ，肉体の死は意味がなくなるということを意味するのだろうか。

　また，健全な発達の結果は2種の回心を迎えることになり，それによって，罪は救済される。罪には飽食・色欲・社会的罪・偶像崇拝・憎悪の罪がある，真の宗教的宗教を見極める分析法もこれらの因子をもとに構成されたし，さらに創造性は道徳律・戒律を基本につちかわれるものであることが論じられた。そして，すべて人間を自己実現に至らせるものは愛であることが結論づけられたのである。

　序論で述べたが，本論文にて使用する道具として，弁証法，胎内生活，形

第4章　総論と諸問題

態論を挙げたが，そのうち読者もお気付きのように，単一細胞を原点にその発達をリズムと諸特質の繰り返し，つまり弁証法的に論述するとき，自然発生的に，発達論は形態論になっているのである。したがって筆者は牽強付会的に，形態論的に解決することなく，容易に体系的に形態論を採用することが可能であったことを力説したいのである。

　緒論では触れることはしなかったが，読者の中には，本書の構成がある種の形式論理を採用していることに気づかれたかと思う。つまり，(1)下部構造としての母体内の解剖学的観察可能な生活の中の特殊的な要素の中に統辞論的関係を見出す，いわば，母体内での個体の生活の普遍化を試みた。次に，(2)それぞれの特殊的要素を次の上部構造の中で連続としてとらえ，そこで，新たに統辞論的関係の成立を検証し，演繹した。さらに，(3)両段階で発見された統辞論的関係の相似性をもって論証が成立する，つまり，普遍的であるとした。いわば，縦だけ，あるいは横のみの論証のみに満足せず，縦と横というマトリックスの関係で普遍化を考察し得たと考えるのである。しかし，いささか，筆者のこの面での技術に遅れがあったことは否めず，改訂の機会が与えられるならば，その際に正していきたい。

　第1次と第2次の最高叡知者をそれぞれユダヤ教とキリスト教で代表させたが，他の宗教でも置換できるものがあれば代置させてもよいのである。これは便宜的に使用したもので他意はない。

注
1.　メイヤ，H.W.，大西誠一郎監訳『児童心理学三つの理論』黎明書房，1976, pp. 283—306.

参 考 文 献 I

1. ベンダサン, イザヤ『日本人とユダヤ人』山本書店, 1971 (29th ed.).
2. 浜畑紀『色彩生理心理学』黎明書房, 1974.
3. 波多野完治編『子どもの心』心理学入門講座, 大日本図書, 1968.
4. 服部清『躾の心理学：乳幼児教育心理』内田老鶴圃新社, 1975.
5. 林達夫他監修『哲学事典』平凡社, 1976.
6. 林雄次郎『卵はいかにして親になるか』岩波新書, 岩波書店, 1969.
7. 池田昭『ウェーバー宗教社会学の世界』勁草書房, 1975.
8. 岩崎武雄『カント』思想科学全書第4巻, 勁草書房, 1973.
9. 金子光男『対話的思考』創文社, 1976.
10. 岸本英夫『世界の宗教』大明堂, 1965.
11. 北沢方邦『構造主義』講談社, 1968.
12. 黒田正典編『教育心理学』朝倉書店, 1970 (8th ed.).
13. 黒田正典『生活心理学』未刊行, 第1巻.
14. ──『若者のこころ』産業能率短期大学出版部, 1976.
15. 宮城音弥編『岩波心理学辞典』岩波書店, 1956.
16. 溝口史郎『発生学提要』金原出版, 1976.
17. 村井潤一編『発達の理論』ミネルヴァ書房, 1977.
18. 中村元『インド思想史』岩波書店, 1974.
19. 中山栄之助『日本産婦人科全書』金原書店, 1957.
20. 日本基督教協議会文書事業部編『キリスト教大事典』教文館, 1968.
21. 日本教育心理学会編『教育心理学年報第14集』日本教育心理学会, 1974.
22. 西平直喜『青年心理学』現代心理学双書, 共立出版, 1973.
23. ──『現代青年の意識と行動──拒絶と社会参加』大日本図書, 1970.
24. 小此木啓吾『現代精神分析2』誠信書房, 1971.
25. 大西誠一郎『親子関係の心理』金子書房, 1971.
26. 大伴茂『ピアジェ幼児心理学入門』同文書院, 1971 (3rd ed.).
27. 大脇義一『心理学概論』培風館, 1947.
28. 坂元正一他『胎児医学』Fetus, 同文書院, 1974.
29. 宗教思想研究会編『日本人の生死観』大蔵出版, 1972.
30. 玉城廉四郎『仏教とキリスト教』東洋思想第8巻, 東京大学出版会, 1974.
31. 家永三郎『日本道徳思想史』岩波全書第94巻, 1954.
32. 内田直幹編『新生理学』医学書院, 1975.
33. 牛尾治代「宗教的行動とパーソナリティ特性」『教育心理学研究』教育心理学会,

第20巻, 第2号, 1972.
34. 牛島義友『青年心理と生活』同文書院, 1966 (15th ed.).
35. 坂本一郎他編『教育心理学新辞典』金子書房, 1969.
36. 八木晃監修, 藤永保『講座心理学——精神発達』東京大学出版会, 1971.
37. 山根常男『キブツ——その社会学的分析』誠信書房, 1965, 1970.
38. 山下俊郎『幼児心理学』改訂版, 朝倉書店, 1969.
39. 依田新監修『新・教育心理学事典』金子書房, 1977.

参 考 文 献 Ⅱ

1. Eibl-Eibesfeldt, *Liebe und Hass.* Zur Naturgeschichte Elementarer Verhaltensweisen, München: R. Piper & Co. Verlag, 1970.（『愛と憎しみ』日高敏隆・久保和彦訳, みすず書房, 1974.）
2. アリストテレス『アリストテレス』世界の大思想第2巻, 高田三郎訳, 河出書房新社, 1969.
3. Allport, Gordon W., *The Individual and His Religion.* New York: Macmillan & Co., 1949.（『個人と宗教』原谷達夫訳, 岩波現代双書, 1953.）
4. Ausubel, D. P., *Theory and Problems of Child Development.* New York: Grune and Stratton, 1958.
5. Bandura, A., "Story Decade," *The Fact or Fiction.* In D. Rogers (ed.), Issues in adolescent Psychology, 1969.
6. Baruk, Henri, *La Psychopathologie Experimentale.* Collection QUE SAIS-JE? ♯ 1128. Paris:Presses Universitaires de France, 1951.（『実験精神病理学』豊田純三・栗原雅直訳, 白水社, 1968.）
7. Beauvoir, Simone de, *Le Deuxiéme Sexe.* Paris : Editions Gallimard, 1949.（『第2の性』生島遼一訳, 新潮社, 1953.）
8. Bochenski, J. M., *Europänische Philosophie Der Gegenwart.* Bern:A. Francke AG Verlag, 1951.（『現代ヨーロッパ哲学』桝田啓三郎訳, 岩波現代双書, 岩波書店, 1951.）
9. Bollnow, O. Friedrich, *Die Pädagogische Atmoshphäre.* Heidelberg : Quelle & Meyer, 1964.（『教育を支えるもの——教育関係の人間的考察』森昭・岡田渥美訳, 黎明書房, 1969.）
10. ——, 浜田正秀訳『対話への教育』玉川大学出版部, 1973.
11. Bouthoul, Gaston, *Les Mentalites,* No. 545. Paris : Presses University de France, 1959.（『文化と心理』寺里茂訳, 白水社, 1959.）

12. Bowlby, John, *Maternal Care and Mental Health*. New York : World Health Organization, 1951. (『乳児期の精神衛生』黒田実郎訳, 岩崎学術出版社, 1968.)
13. Buber, Martin, *Die Schriften Über das Dialogische Prinzip*. Leipzig : Insel-Verlag, 1923, Vol. I. (『対話的原理』田口義弘訳, みすず書房, 1976.)
14. Bühler, K., *Die Geistig Entwicklung des Kindes*. 6th ed., Jena : Fisher, 1930.
15. Burgess, E. W. and H. J. Locke, *The Family*. From institution to comparisonship. New York : America Book, 1945.
16. Calvin, John, *A Compend of the Institutes of the Christian Religion*. Edited by Hugh Thomson Kerr, Jr., 1939. (『キリスト教綱要抄』ヒューカー編, 竹森満佐一訳, 新教出版社, 1958.)
17. Calder, Nigel, *The Mind of Man. An investigation into current research on the brain and human nature*. London : British Broadcasting Corporation, 1970. (『感情を持つ機械』中村嘉男訳, みすず書房, 1970.)
18. Carthy, J. D., et al. (ed.), *The Natural History of Aggression*. 1964. (『攻撃性の自然史』香原志勢他訳, みすず書房, 1971.)
19. Chardin, Pierre Teilhard de, *Sur L'amour*. Sur le Bonheur. Paris : Éditions du Seuil, 1967. (『愛について』山崎庸一郎訳, みすず書房, 1974.)
20. Comte, Augustus. *Discours sur l'esprit positif*. Classiques Garnier. Paris : Garnier Frère, 1926. (『実証的精神論』清水幾太郎監修, 中央公論社, 1970.)
21. Dilthey, Wilhelm, *Die Typen der Weltanschauung und ihre Ausbildung in den metaphysischen Systemen : Weltanschauung, Philosophie und Religion*. Berlin : Verlag Reichl, 1911. (『世界観の研究』山本英一訳, 岩波文庫, 岩波書店, 1935.)
22. Durkheim, Emile, *Le Suicide. Etude de Sociologie*. 1932. (『自殺論』鈴木宗忠, 飛沢謙一訳, 宝文館, 1932.)
23. Edward, E. Selkurt (ed.), *Physiology*. Boston : Little Brown and Company, 1963.
24. Ellenberger, H. F., *The Discovery of the Unconscious*. New York : Basic Book, Inc., Publishers, 1970.
25. Engels, F.- Karl Marx, *Werke, Band 20. Institut für Marxismus-Leninismus beim ZK der SED*. Berlin : Dietz Verlag, 1962. (『自然の弁証法』菅原仰訳, 大月書店, 1973.)
26. Epstein, Isidore, *Judaism*. Penguin Books Ltd., 1959. (『ユダヤ思想の発展と系譜』安積鋭二, 小島仰訳, 紀伊国屋書店, 1975.)
27. Erikson, Erik H., *Identity : Youth and Crisis*. New York : W. W. Norton & Co., Inc. 1967. (『アイデンティティ：青年と危機』岩瀬庸理訳, 金沢文庫, 1973.)
28. ——, *Childhood and Society*. Penguin Books, 1965.
29. Evans, Richard I., *Dialogue with Erik Erikson*. New York : Harper & Row, 1967. (『エリクソンとの対話』2nd ed., 岡堂哲雄・中園正身訳, 金沢文庫, 1975.)

30. Firestone, Shulamith, *The Dialectic of Sex : The case for feminist revolution.* New York : William Morrow & Company, Inc., 1970.（『性の弁証法』林弘子訳,評論社, 1970.）
31. Freud, Sigmund, *Totem and Taboo.* New York : Moffat, Yard and Company, (translated by A. A. Brill), 1918.
32. ――, *Das Ich und das Es* (1923), *Das Unbewusste* (1915), *Massenpshychologie und Ich-Analyse* (1921), *Jenseits des Lustprinzips* (1920).（『自我論』井村恒郎訳, 日本教文社, 1970.）
33. Fromm, Erich, *The Art of Loving.* New York : Harper & Brothers Publishers, 1956.（『愛するということ』懸田克躬訳, 紀伊国屋書店, 1958.）
34. ――, *Psychoanalisis and Religion.* New Haven : Yale University Press, 1950.（『精神分析と宗教』谷口隆之助・早坂泰次郎, 1963, 4th ed., 創元社.）
35. ――, *The Forgotten Language : An Introduction to the Understanding of Dreams, Fairy Tales and Myths,* 1972.（『夢の精神分析』外林大作訳, 東京創元社, 1971.）
36. Gesell, Arnold, *Child and Human Child.* New York : Harper and Brothers, 1967.（『狼にそだてられた子』生月雅子訳, 家政教育社, 1975.）
37. Goble, Frank G., *The Third Force : The Psychology of Abraham Maslow.* New York: Grossman Publishers, Inc. 1970.（『マズローの心理学』小口忠彦監訳, 産業能率短期大学出版部刊, 1972.）
38. Harlow, Harry F. and Harlow, M.K., "Social Deprivation in Monkeys," *Scientific American.* Scientific American Co., Ltd.（「サルの環境への適応」古浦一郎訳『不安の分析』サイエンティフィック・アメリカン日本語版, 日本経済新聞社, 1972.）
39. Havighurst, Robert J., *Human Development and Education.* New York : Longmans, Green and Co., Inc., 1953.,（『人間の発達と教育』荘司雅子訳, 牧書店, 1958.）
40. Hebb, Donal Olding, *A Textbook of Psychology.* W. B. Saunders Co., 1958.（『行動学入門』, 白井常他訳, 紀伊国屋書店, 1964.）
41. Ploss, Herman, Heinrich with Bartels, May and Pawl, et al., *Woman.* London : William Heineman, 1935.
42. Hurlock, E.B., *Child Development.* New York : McGraw-Hill Book Co., 1964.（『児童の発達心理学』小林芳郎他訳, 誠信書房, 1972.）
43. Itard, Jean Marc-Gaspard, *Le Sauvage De L'aveyron.* Paris, 1894.（『アヴェロンの野生児』古武弥正訳, 牧書店, 1971.）
44. James, William, *The Varieties of Religions Experience : A Study in Human Nature. Being The Gifford Lecture on Natural Religion Delivered at Edinburgh in 1901—1902. Thirty-Second Impression (1920).* London : Longmans, Green and Co.（『宗教経験の諸相』桝田啓三郎訳, 岩波文庫, 岩波書店, 1969.）

45. Jaspers, Karl, *Psychologie der Weltanschauungen*, Springer Verlag, 5 Aufl. 1961. (『世界観の心理学』上村忠雄・前田利男訳, 理想社, 1975.)
46. Jung, C.G., *Psychologie und Religion*. Zürich : Rascher Verlag, 1940. (『人間心理と宗教』浜川祥枝訳, ユング著作集4巻, 日本教文社, 1970.)
47. Kant, Immanuel, *Kritik der Reinen Vernunft*. 1787. (『純粋理性批判』篠田英雄訳, 岩波文庫, 岩波書店, 1974.)
48. ──, *Kritik der Praktischen Vernunft*, 1788. (『実践理性批判』波多野精一・宮本和吉訳, 岩波文庫, 岩波書店, 1976.)
49. Kierkegaard, S., *Die Krankheit zum Tode*. Ubersetzt von H. Gottsched und Chr. Schrempf. Jena: Eugen Diedrichs Verlag, 1924; Gesammelte Werke Bd. 8. (『死にいたる病』斉藤信次訳, 岩波書店, 1973.)
50. Kulages, Ludwig, *Die Grundlagen der Charakterkunde*. München : Johann Ambrosius Barth, 1951. (『性格学の基礎』千谷七郎・詫摩武俊訳, 岩波書店, 1957.)
51. Kohut, H., *The Analysis of the Self*. New York : International University Press, Inc., 1971.
52. Kuznetsov, B.G., *Einstein*, Moskva : Izdateljstvo 'Nauka', 1967. (『アインシュタイン』上・下, 益子正教他訳, 合同出版, 1971.)
53. Laing, R.D., *The Fact of Life*. London : Allen & Lane. 1977.
54. Lang, Theo, *The Difference between a Man and a Woman*. London : Michael Joseph Ltd., 1971. (『男と女のちがい』泉ひさ訳, 黎明書房, 1973.)
55. Lasswell, H. D., *Power and Personality*. New York : W. W. Norton and Company Inc., 1948. (『権力と人間』永井陽之助訳, 東京創元社, 1954, 10th ed.)
56. Lévi=Strauss, Claude., *Le Totemisme Aujourd'hui*. Paris : Presses Universitaires de France, 1965. (『今日のトーテミズム』仲沢紀雄訳, みすず書房, 1971.)
57. ──, *La Pensée Sauvage*. Paris : Librairie Plon, 1962. (『野生の思考』大橋保夫訳, みすず書房, 1976.)
58. Lorenz, Konrad, *Das Sogenannte Böse : Zur Naturgeschichte der Aggression*. Vien : Dr. G. Borotha-Schöler Verlag, 1963. (『攻撃心:悪の自然史』Ⅰ・Ⅱ, 日高敏隆・久保和彦訳, みすず科学ライブラリー15・16巻, みすず書房, 1970.)
59. Lynn, D. B., *The Fater : His Role in Child Development*. Monterey, California : Books and Cole Publishing Co., 1974.
60. McDougall, W., *An Introduction to Social Psychology*, 23rd ed. rev. London : Methuen, 1936.
61. Mahler, M. S., Fred, Pine and Anni Bergman, *The Psychological Birth of the Infant : Symbiosis and Individuation*. New York : Basic Book, Inc. Publishers, 1975.
62. Mannheim, Karl, *Ideologie und Utopie*. Bonn : Friedlich Cohn, 1929. (『イデオロギーとユートピア』鈴木二郎訳, 世界大思想全集第24巻, 河出書房, 1929.)
63. Maslow, Abraham H., *Toward a Psychology of Being*. New York : Van

参考文献 II

Nostrand, 1962.(『完全な人間：魂のめざすもの』上田吉一訳，誠信書房，1964.)
64. ──, *Motivation and personality*. New York : Harper and Row, 1954.
65. ──, *Eupsychian Management*. Illinois: Irwin-Dorsey, 1965.
66. Maier, Henry W., *Three Theories of Child Development : The Contributions of Erik H. Esikson, Jean Piaget, and Robert R. Sears, and Their Applications*. Re. ed. New York : Harper and Row, 1969.(『児童心理学三つの理論：エリクソン，ピアジェ，シアーズ』大西誠一郎監訳，黎明書房，1976.)
67. Mead, Margaret, *Male and Female : A Study of the Sexes in a Changing World*. William Morrow and Co.,1948.(『男性と女性』上巻，田中寿美子・加藤秀俊訳，現代社会科学双書，東京創元社，1961.)
68. ──, *Mind, Self, and Society*. Chicago : University of Chicago Press, 1934. Mitscherlich, Alexander, *Auf dem Weg zur Vaterlosen Gesellschft*. Piper und Co. Verlag, 1972.(『父親なき社会：社会心理学的思考』小見山実訳，新泉社，1972.)
69. Murphy, G., L. B. Murphy and T. M Newcomb, *Experimental Social Psychology*. New York : Harper, 1937.
70. Murphy, L. V., *Personality in Young Children*. New York : Basic Books, Inc., Publishers, 1957.
71. Mussen, P. H. (ed.), *Carmichael's Manual of Child Psychology*, 3rd ed. New York : John Wiley and Sons, Inc., 1970. Vol. I. & II.
72. Piaget, Jean, *Six Études de Psychologie*. Genève : Éditions Gonthier, 1964.(『思考の心理学：発達心理学の6研究』滝沢武久訳，みすず書房，1975.)
73. Portmann, Adolf, *Biologische Fragmente zu einer Lehre vom Menschen*. Basel: Verlag Benno Schwabe & Co., 1951.(『人間はどこまで動物か』高木正孝訳，岩波新書，岩波書店，1961.)
74. Rabin, A.I., *Growing Up in the Kibbutz*. 1969.(『キブツの教育』草刈吾造・奈良一三訳，大成出版，1969.)
75. Riemer, Schlomo, *The Psychology of Love and Guilt : A Voyage of Exploration into the Vast Reaches of Inner Space*, 1970.(『愛と罪の心理学』天野洋子訳，岩崎学術出版，1973.)
76. Richards, M.P.M., *Integration of a Child into a Social World*. Cambridge University Press, 1974.
77. Sartre, J. P., *L'etre et Ie Neant*. Paris : Gallimard, 24th ed .1948.(『存在と無』伊吹武彦他訳，サルトル全集第18・19・20巻，人文書院，1976.)
78. Saussure, Fernand de, *Cours de Linguistique Generale*. Charles Bally et Albert Sechehaye, 1949.(『一般言語学講義』小林英夫訳，岩波書店，1976.)
79. Schmalohr, Emil, *Frühe Mutterenthbehrung bei Mensch und Tier : Entwicklungspsychologische Studie zur Psychohygiene der frühen Kindheit*. München

: Ernst Reinhardt Verlag, 1968.（『子にとって母とは何か：サルとヒトとの比較心理学』西谷謙堂監訳，慶応通信，1975.）
80. Shirleym, M. M., *Locomotion and Visual-manual Function in the 1st two Year.* Quoted in Handbook of Child Psychology by C. Murchison, 1933.
81. Spengler, O., *Der Untergang des Abendlandes.* 1922.（『西欧の没落』林松正俊訳，五月書房，1976〔縮約版〕.）
82. Spinks, G. Stephens, *Psychology and Religion : an Introduction to Contemporary Views.* London : Methuen & Co., Ltd., 1963.（『人間心理と宗教』久保田圭伍訳，大明堂，1976.）
83. Spitz, R. A., *Die Entstehung der Ersten Objektbeziehungen:Direkte Beobachtungen an Sänglingen Während des ersten Lebens jahres.* 1962（『母—子関係の成り立ち』古賀行義訳，東京同文書院，1965.）
84. Spranger, Eduard, *Psychologie des Jugendalters.* 27 Aufl. 1963.（『青年の心理』原田茂訳，協同出版，1973.）
85. Spinks, G. S., *Psychology and Religion.* London : Methuen & Co. Ltd.（『人間心理と宗教』久保田圭伍訳，大明堂.）
86. Stone, L. J., T. S. Herrietta and L. B. Murphy (ed. s.), *Competent Infant: The Research and Commentary.* New York : Basic Books, Inc., Publishers, 1973.
87. Sargant, William, *Battle for the Mind : A Physiology of Conversion and Brain-Washing.* London : Heinemann, 1957.（『人間改造の生理』佐藤俊男訳，みすず書房，1961.）
88. Suttie, I., *The Origin of Love and Hate.* Penguin Books, 1963.
89. Tokayer, Marvin『ユダヤ5千年の知恵』加藤英明訳，実業之日本社，1951.
90. ——，『日本人は死んだ』箱崎総一郎訳，日新報道出版，1975.
91. Toynbee, A. J., *Civilization on Trial.* Oxford University Press. 1948.（『試練に立つ文明』深瀬基寛訳，社会思想社刊，1964.）
92. Выготский, Л. С., Мышление и Речь, Избчанные ПсихоиоГические Исслеования, 1956.（『思考と言語』上，柴田義松訳，明治図書，1963.）
93. Weber, Max, *Wissenschaft als Beruf.* 1919.（『職業としての学問』尾高邦雄訳，岩波文庫，岩波書店，1976.）
94. ——, Gesbmmelte Aufstze zur Religionssoziogie. 1920—1921.（『宗教社会学論選』大塚久雄・生松敬三訳，みすず書房，1976.）
95. ——, *Das Antike Judentum : Gesammelte Aufsätze zur Religionssoziologie III.* Tübingen : J. C. B. Mohr (Paul Siebeck), 1921.（『古代ユダヤ教』Ⅰ・Ⅱ，内田芳明訳，みすず書房，1972.）
96. Werner, H., *Comparative Psychology of Mental Development.* 1940.（『精神の発達』矢田部達郎抄訳，培風館，1943.）

97. Winnicott, D.W., *Child, The Family and the Outside World*. Penguin Books, 1964.
98. Wolfenstein, Martha, *Infant Care*. Children's Bureau of U. S. A. 1955.
99. Wolfle, Dael, *The Discovery of Talent*. Cambridge : Harvard University Press, 1969.（『才能・創造・環境』橋爪貞雄・高木正太郎訳，黎明書房，1972.）
100. Mead, Margaret, Coming of Age in Samoa: a paychological study of primitive youth for Western civilization, 1928 ; Male and Pemale : a study of the sexes in a changing world, 1949 ; New Lives for old, 1956.
101. Sears, R. R., Experimental analysis of psychoanalytic phenomena, (In) J. McV. Hunt (Ed.), *Personality and the Behavior Disorders*, Ronald Press,1944.

THE PROCESS OF CHILD DEVELOPMENT

Osamu Hamahata

Preface

There have been cultivated many systems to analyse the development of a child, in parallel with the development of general psychology in recent years. With much endeavor, accumulated studies have been well organized, and turned into various traditional systems. The writer, however, is afraid of them being unadaptable to the whole course of the development of human life. Therefore he devoted himself to research of the life of human fetus and the child development after birth. The present research is planned to clarify coherence in the period from the ovary to the adult life stages. The figure of the process will give you clear understanding.

1. The Ovary Stage

An ovum is well protected and fed in the ovary. The ovum lives his dependent life; the food and the oxygen is constantly poured into the ova-cell, regardless of the desire or drive of the ova-cell itself, depending upon the mechanism of the maternal body. The flow of the nutriment, however, is adjusted according to the level of the liquid-pressure in the ovary. That is the ovary stage, characterized by the dependence.

2. The Salpinx Stage

After the ovum is released from the ovary, it lives the self-regulative life along in the salpinx ; it can move freely inside of the salpinx without pressure of other factors. Moreover, it can feed itself by taking the nutriment and oxygen into the cell body through the cell-wall, from the cumulus cells attached to the surface of the ova-cell. At the salpinx, it is fertilized, starting it's partitioning or differentiating, and becoming a morula near the entrance of the womb. After the self-regulative life over a period of seven or eight days, it is led into the womb and landed on the wall of the womb after the full-maturation. That is the salpinx stage, characterized of freedom or self-regulation.

3. The Womb Stage

The partitioned cell, now a fetus, is tied to the wall firmly with an duct, the umbilical cord, through which all the necessary nutriment and oxigen flow into the fetus body. This time, it leads to quite dependent life within the womb, which all materials the fetus needs is provided by the protectional mechanism of the womb itself, regardless of the innate force or the mechanism of the fetus. Every stimulus from the inside of the fetus can not reach directly to the womb, but it can indirectly; the nerve system of the fetus does not work in correspondence with the system of the maternal body at the same time, but independently does. The placenta at the womb controls the nutriments of the fetus, through the umbilical cord and the variation of the water, amniotic fluid. The fetus units with the womb. This is called the womb stage. Without the cooperation of the womb, the fetus cannot live alone, nor can the womb maintain it's own state of maternal excitation without the function of the fetus. His independence from any restriction is characteristic of the fetal life.

4. The Breast Stage

After the birth, the life of the baby is reverse of the womb stage. He lives the self-regulative life at the breast life stage. He sucks milk when he feels hungry, whereas he can reject it when he feels satisfied. He uses his lips for sucking. The baby discharges urine whenever he needs, without hesitation or restriction. The crying of the baby is the way of communication with his mother. He can get whatever he wants, while he can express his unwillingness with what he does not agree. Now he enjoys his freedom in his family and their warm attention. The baby unites with his mother at this stage. Without her, he would suffer from "maternal deprivation", leading to the defect of his mind or body. After the unity he starts to differentiate the function of his perception and motor function. Here he attains the self-actualization stage. This period ends on the day when his mother feels it necessary to prepare some special food for weaning. Freedom is characteristic of this stage.

5. The Maternal Stage

The infant uses his teeth for eating, with the help of his lips, to keep his body growing. The food is served according to his mother's cautious program and plan. The infant's clothes are provided by her preference and knowledge, and not by the infant's own. The training includes toilet training, daily-life greetings, and simple work of helping his parents. All of his life is one-sidedly designed and proceeded by his mother with cooperation of her family. How happy he feels at the top of the self-actualization stage. That life is the repetition of the last life-stage inside of the womb. This is called the maternal stage, characterized by his dependency.

6. The Paternal Stage

Next comes the stage where the child can live his really free life under his father's concerns. The stage is between the age of seven and the end of the teen-age, or the beginning of the adult stage. That is, the child learns the technique to acquire food and other necessities, using his developed arms and hands, instead of his teeth or lips. Now he is in the paternal stage. This is a repitition of the stage before the last. He can work and earn some money by developing his skill. Improvement of the technique depends on his father's teachings, help, and guidance, or results from conversation between the two, helped by the child's own learning ability and teachings of his peer group at school. He works not only for himself but for his own family, his acquaintances or his friends. That is, he has fostered companionship of his acquaintances or friends. He unites with the world of his father, who represents his group or the society. Without this unity, it is impossible for him to have his comrades, with the lack of socialization, leading to the later defect in his marriage life. The unity causes differentiation of the world view. This stage is marked by the feature of independence in the child.

7. The Stage of the Primary-Superior

After the paternal stage, the matured child, now a youth, finds a more authoritative object than his father ; the primary superior. The child depends for all sorts of decision in his life upon the superior. The superior gives his proverbs, commandments, instructions or teachings. The youth lives his life, dependent on some of them. He uses his brain to gain his food, assisted by his arms and hands, teeth and lips. He gives his food to the people belonging to his own nation or race. He is a kind of patriot. The youth endeavors for a better technique to gain more food, which will result in discovery of new techniques and tools. That is, he develops creativity by following the instructions, teachings or commandments. The creativity depends on his eagerness to follow the commandments under the supervision of the primary superior. When he creates something, he is at the stage of self-actualization. For instance, the Jewish people are submissive to their Morst Superior, and they are the most creative nation in the world, as is generally recognized. The youth fosters the love of the nation or race to which he belongs. This stage is characterized by the dependent and religious life.

8. The Stage of the Secondary-Superior

Following the last instructive stage, the youth wants the secondary superior which he can look upon as his leader along his life. The superior permits the youth to live free from any kind of restriction. The youth is quite free from the already-described teachings, instructions, proverbs or commandments. That is, he is now loved by the secondary superior. He can gain any kind of food by using his whole body with the help of the brain, the arms, the hands, the teeth and the lips, and deliver the food to any kind of people, regardless of the tribe, nationality, sex, age, or status. That is, he works for all people on the earth, devotes himself to them, and even kills himself for the world. The secondary superior asks him to work for the people with his own will; love is established toward them. The life is a repetition of the life of the paternal stage. At the beginning of this stage he unites with the world of the secondary superior. Now all sorts of contradiction in his life is integrated, and the youth can gain the self-actualization here. This stage is well characterized by independent and human life based on some religious belief.

Summary and Conclusion

Dependence and independence repeat themselves by turns. At each stage, the individual has the object for his identification, like the ovary, the salpinx, the womb. the breast, Mother, and so on, where he can reach the self-actualization, using his body, his brain, his arms and hands. his teeth and lips. They are tools to gain food. All contradictions, distresses, mental diseases are caused by deviation from the ideal way or true developing process, at each stage. The deviation from the culture the people belongs to, almost is the causes of distresses or contradiction. That is, his way of life will be significant only when he finds his ego identity in the most superior existence.

Note :
1. Development seems to be unlimitted. Stages are provided conveniently.
2. The 8th stage has intentionally provided spaces for free additional writings.
3. Maturity is defined as the quantative development. Fission is defined as qualitative development.
4. It is the object of the higher phase that promote the development of an individual.
5. Incessant contact of the individual with the object prevents regression.

PROCESS AND FEATURES OF HUMAN DEVELOPMENT

Phase		(1) Ovum	(2) Morula and Mulberry	(3) Fetus	(4) Infant	(5) Preschool child	(6) Child First-adolescence	(7) Later adolescence	(8) Adult
FEATURES OF HUMAN DEVELOPMENT PROCESS	Repititious Features	Ova	Salpink	Womb	Breast	Mother	Father	Absolute	
		dependency	autoregulation fission	dependency maturity one-way	autoregulation fission (differentiation) reciprocity equality colloquy objectivity	dependency maturity one-way power order subjectivity self-centricity	autoregulation fission (differentiation) reciprocity equality colloquy objectivity sociability	dependency maturity one-way power order subjectivity self-centricity	autoregulation fission (differentiation) reciprocity equality colloquy objectivity sociability
	Developmental Features	copula ———	cell-wall fertilization inhalation	umbilical cord ——— injection	lips imprinting suction suckling digestibility	teeth occlusion training masticalbility	arms & hands manipulation rule productivity	brain ——— thought moralism creativity	
					introjection	confused-mentality animism	logicality rationality knowledge-learning science technique multi-worldview	meta-logicality meta-rationality spiritualism mysticism uni-worldview	

370

事項索引

ア

愛　89,101,200,210,316,317
　　——の発達　289
愛　情　101,200,210
　　——遮断（剝奪）　59,61,91,104
遊　び　148,202
アタッチメント　35,59,74,81,97,98,145
アニミズム　21,23,108,109,110–112,146,172,242,248,268
アヴェロンの野生児　327
甘やかし　169
アマラとカマラ　327
アメリカの母親　97
安息日　272,290

イ

生き甲斐　222
依　拠　14
異常妊娠　249
異常発達　36
イスラエル文明　236
伊勢神宮　250
畏怖心　301
意味されたもの　335,342,344
意味するもの　335,342,344

ウ

隠　棲　288,289,312
インプリンティング　→刻印づけ
淫　乱　287

ウ

ウエストマン現象　128
産　声　48

エ

A.I.　265
英雄崇拝　215,250
栄養摂取（獲得）　47,84,343,348
栄養膜細胞層　37,38,77,210
エゴイズム　102,168,178,324,328
エジプト文明　236
回　心　16,251,274
　　——，日本人の　278
エ　ス　15,89
S.I.　265,300,301,311,312
S.E.I.　265,288,300,311,312
S.A.I.　265,287,300,311,312
S.N.I.　265,288,300,311,312
エストロゲン　34,139,172,314
エディパス・コンプレックス　17,95,259,287,288,293,294,303,322
エネルギー低減現象　310
N.R.I.　265,300

F.S.H. 33,314
L.I. 265,287,288,300,301,311
L.H. 33,314
エレクトラ・コンプレックス 191
嚥下反射 72,73

オ

狼少女（アマラ，カマラ） 327
黄体形成ホルモン 33
横断的研究法 48
男らしさ 163,186,194,206
思いやり 148,192,202,301,318
女らしさ 163,186,188,192,193
オーガナイザー 15,36,40,66,67,69,73
95,125,129,139,150,248

カ

回　教 31
戒　学 244
外胚葉 39
外罰的性格 105
戒　律 236,256,259,268,289
　──厳守 289,319
学業の成就と遅滞 73,150
カセクシス 89
家族会議 136,137,170
家族制度 327
語りかけ 247
価値体系 158-161,248,249,270,305,
321
家長的権威 326
合　体 38,44,55,58-60,61,63,81,124
129,146,193,200,318
下部構造 346
神の世界 282

噛む行動の意味 73,77
感覚運動的自己中心性 107
完全性 187
干　渉 112

キ

儀　式 215,227,248,249,266,281
　──欲動 183,252,253
技　術 135,247,339,340
　──教育 153
　──的欲動 122
犠　牲 289-291,293,310
規　則 289,292
　──的授乳法 70
基底脱落膜 39
規範科学 30
キブツ 91,93,113,150-151,154,155,
159,166,249,250
　──の幼稚園 154
キャパシテーション 36,129,130,144,
204,219
ギャングエイジ 191,192
ギャング集団 124,220
求愛活動 89
救　済 281,284,293
吸飲行動（反射） 49,72-73,77,80,123
旧約聖書 252,268
行 286
教育ママ 102
教　会 282
教権的宗教 281
教　訓 222,227,235,252
教　師 212
共　棲 113,120
教　典 222,227,228,235-236,252

索　引

共産主義　267
共時性　337,338,345
競争社会　183
競争心　102
教養主義　278
ギリシア文明　236
キリスト教　236,296,299,317
金　言　235-236,252
近親婚　287,294
近親相姦　287,289-293
禁　欲　287,289,311,312

ク

偶像崇拝　268,289-291,304
　——禁止　241,243,245,288,295,323
口移し　83,209,219
空腹欲動　→満腹欲動
群居本能　121,122

ケ

経験科学　26,30
経済活動　339,340,343
芸術的欲動　122
形態論　→身体同形論
系内同一性　224-225
ゲシュタルト心理学　13
ゲシュタルト発達説　13,17
血糖値　56,69
権威主義　142,224
権威性　248,253
限界状況　224
原　罪　286
原始的社会性　107
原始臍帯　37,77
献身行動　273,289,293,317

原信頼　82
現世利益　24
元　服　133
権力的性格　163
権力的父親　**164**

コ

コインロッカー　102
抗炎症欲動　56
強　姦　295
好奇心　53
攻撃性　56,85,88-90,91,113,215
後現説　20
咬　合　77,83
口　唇　48,63,68,70,72,82
　——愛的性格　76,81
　——期　17,66,68,95
　——機能　78
　——・筋内感覚的段階　68
構造主義　329
肛門期　17,95
合理性　124,179,221,228,234,248,250,298
　——,超　234,242,248,250,274,340
合理的思想　323,339
　——操作性　171,179
呼吸器官　42,47
　——反射　72
刻印づけ　58,**60**,124,144,145,282,314,342
　——の対象　197
孤独感　125,301
子どもの家　91
ことわざ　235-236,252
コーラン　252

373

コロイド粒子　330,331
混同心性　85
婚前交渉　295

サ

罪悪感　→罪意識
最高善　273
最上善　273,317
サイバネティクス　256
殺　人　289
悟　り　244
サル（赤毛ザル，ベンガルザル）
　　　　　　　　56,77,90
サモア　190
山上の垂訓（説教）　276,296
三無主義　146

シ

死　306-307
　——産　284
　——者の書　287
　——本能　54,89
　——欲動　54-55,75,80,214
シェーマ　64,68,110
ジェノサイド　289
自　我　13,15,19,103,107,108,175
　——意識　175
　——感情　300
　——形成　117
　——，閾下　25
　——心理学　19
　——前　67,174,175
　——存在　300
　——，超　15,175,292
　——同一性　125,130,142,165,171,
　　　　　　224,266,315
　——の自同性　180
　——，弱い　249
歯牙機能　78
子宮
　——外妊娠　36,39,132,134,284
　——腔　19,35,36,41,67,129,156,210,
　　　　219,246,252,275,310,314,
　　　　328,331,338
　——内壁　39,40,276,314
　——の家　132
軸索突起　63
試験管ベビー　204
自己愛　101,180,183,197,200,201,289,
　　　　318
　——概念　162
　——主張　75,84,87,89,104,214,297
　——実現　308,334
　——中心性　21,70,84,87,102,103,
　　　　　　105,113,159,162,175,
　　　　　　176,178,200,206,227,
　　　　　　251,272,323,324
　——中心欲動　84-85,90,117,164,
　　　　　　　175,183,184,227,251
　——同一性理論　19
　——認知　67,101,110,125
　——否定　42,122
　——否定欲動　84,86-88,117,175,
　　　　　　　179,183,184,206,214,
　　　　　　　222,227,251,253,290,
　　　　　　　326
　——否定機能　82
　——矛盾　116,120
思　考　234-235
自　殺　309,310,**311**

索　引

視床下部　54
自然主義　224
自然神秘主義　16
事大主義　163
自他平等欲動　87,121-125,202,288,289
十　戒　239,241,256,289
実証主義　226,228,234
実践理性　273,317
実存主義　229,234
しつけ　77,94-97,107,219-223,247,
　　　254,287,302,303
嫉　妬　87,103-106,301
実念論　16,85,106-111
シナゴーグ　228,256,270
「支配―服従」関係　220,298
自閉性症候群　124,146,161
社　会
　──学習説　17
　──学的人格説　17
　──化欲動　183
　──的アタッチメント　146
　──的自我同一性　315
　──的適応　159
　──的洞察力　125,154
社会性　15,159
　──，前　174
　──，胎内的　123
社交関心　289,301,311,312
シャドウイング　96
主観性　107,253
自由概念論　224
宗　教　258,260
　──性　248,258,328
　──的自我同一性　315
　──的覚醒　16

充実期　65,66
種族保存　144
集　団
　──化欲動　183
　──性　149
　──討議　211
　──の滅亡　294
修復欲動　56,80
儒教精神　327
出産，望まれない　307
呪　術　23
呪・詛の形式　287
受精　35,36,58,59,81,204,282
　──卵　39,80,226,246,283,284,314,
　　　338
授　乳　70,72-74,219
　──期間とパーソナリティ　76
　──行動　123
シュメール・アッカード文明　236
殉教死（殉死）　309
純粋直観　45
情愛　→自己愛
消化器官　42,47
小乗仏教　280
情緒障害　328
情操性　253
情緒不安　212
精　進　288,291
衝　動　50
　──化傾向　50
上部構造　346
初期経験説　90
食物愛（食物関心）　289
食欲　→食物愛
助言者　134,140,154

375

所属本能　122
シラケ　146
シリア文明　236
自律性　14,48,70,71,97
親縁性　26,43,44,343
神学（者）　254,298,299,317
進化論　91
真空活動　52
神経症　161,162
人工栄養　74,77,80,107
人工論　85,108,111
深層構造　335,336,344,346
人　生
　——観　323
　——訓　227
　——論　221
　——の周期　20
身体同形論　13,80,222-223,224
シンタックス的立場　342,344,345,347
伸長期と充実期　65,66
神秘性　16,248,253,269,340
信頼感　82,96-98,101,163,180,202,
　　　　266,302
心理的共感的交流　19
人類愛　289,309,319,340
神　話　247,248,268

ス

垂直的弁証法　334
水平的弁証法　334
スキンシップ　83
救い主　260
優れた親　138

セ

生
　——の意義　299
　——への志向性　104
　——の目的　301
　——欲動　50-54,57,61,80,89,90-93,
　　　　174,214,286
性
　——関心　289,301,311,312
　——器期　17
　——行動　88,89,90,92
　——差　190,195
　——的オルガズム　216
　——欲動　88-90,117,183,289
聖　愛　289,305,308,317
世界観　147,223,323,339
聖餐式　283
生産活動　124,241,339,340
精　子　38,63,123,204,206,330
成熟的成長　40,41,44,64,283
成人式　132
成人食　82,129
精　神
　——関心　288,301,311,312
　——障害　327,328
　——的子宮外妊娠　157
　——的離乳　119,130,169
　——分裂症患者　18,88
臍　帯　37,40,42,48,68,70,72,121,275
　　　　276,283
　——期　72
生物学システム説　16
セマンティクス的立場　342,344,347,
　　　　348

索引

生命活動　343,346
生命主義　15
生理的恒常性　→ホメオスタシス
生理的早産児　71
摂食行動　83
接触満足感　60
禅　244
先験科学　26,30
全身感覚の受容性　174
羨　望　103-106,301
選民思想（意識）　240,257,268

ソ

憎　悪　289,292
早産児　71,285
桑実胚　36,75,223
咀　嚼　77,82,111
創　造
　——活動　323,324
　——性　235,239,244,256,340
　——性回路　268
　——の主　243
相対性　80,81,171,176
　——性原理　29
　——的存在　147
即自存在　120
祖国愛　268
尊　敬　154,302
存在機制　308

タ

胎　芽　18,37
退　行　19,54,183,196,225,293,324,
　　　　328
胎　児　18,274,285,332,338

対自存在　120
対　象　75,82,90
大乗仏教　280
耐　性　219
大東亜共栄圏思想　268
胎内生活史　12
胎内的社会性　123
胎　盤　39,40,47,48
対　話　141,221,228,249,251,270,292,
　　　　296,340
武谷弁証法　333
多元的世界観　224
脱性差　199
脱中心化　84,141,339
脱落膜　38
タブー　287,292,294
多様性　26,43,343
タルムード　239,243,289,291
探索行動（反応）　53,311,312
断　食　248,286,289-293,311
単性生殖　92

チ

父　親
　——欠損家庭　158,167,325
　——なき社会　95,102,168
　——の自我同一性　157
　——の世界　130,145,201,280
　——の理想像　138
乳　房　61,62,66-69,80,82,314
治癒機能（欲動）　214
中枢神経系　13,53,54
忠　誠　249
長　髪　195
直立姿勢　94

377

ツ

追従者 125
通時性 337,338,344,345,355
頭脳期 17
罪 **285**,295
　——意識 269,270,276,284
詰込み教育 244

テ

D.I. 265,300-302,312
停滞 247
添乳 70,289

ト

統一 81,86
　——性 26,343
同一感 174
同一性 53,57,74,80,113,123,124,125,127,174-176,178,180,208,261,303,310
同一視（化） 67,102,113,116,213,219,250,251,254
　——，父親との 323
　——の対象 159,327
透過性（機能） 37,43-77
洞察力 80,81,118,124,127,149
同情心 124,154,192,206
統辞論 43-44,48,333,336,346,347
同性愛（好者） 88,195
道徳律 222,225,227,233,243-246,252,**255**,268,269,278,283,288,296,317,318,323,327-328,340
東洋文化 244
トーラ 256

取り入れ 18,38,57,68,80,81,106-107,110
貪欲 301

ナ

内部連関 34,38,82,119,120,159-163,197,233,273,274
ナショナリズム 268
ナルチシズム 180,220

ニ

二次的強化説 59
二重人格症 225
日本 304
　——人 239
　——の母親 97
乳房 61,62,66-69,80,314
　——期 70
　——の役割 19
ニルバーナ 328,336
人間教 239
人間的宗教 281
認識論的主観主義 13
認識論的方法論 224
忍耐心 301,302
認知発達説 17

ノ

脳下垂体 33,314
脳の重量 63

ハ

把握反射 49
胚 338
　——芽 332

索引

――盤胞 38
――誘導作用 36
――葉 39,210,223
排泄 84
――訓練 108,175,187,219,287
――欲動 56-58
パーソナリティ陶冶 150,249
破戒 289
発達課題 159
発達弁証法 329,333,334,346,347
母親
――欠損 166
――喪失 90
――のイメージ 255
――の干渉 159
――の主導権 94
――の世界 59,61,81,282
――離れ 119
バビンスキー反射 49
パリサイ派 273
汎栄養摂取器官 17
反抗期,第2 116
犯罪 289
反射と行動の弁証法 72
汎神論 268
汎成説 20
汎性欲 17

ヒ

人見知り 78,82,200
避妊 294,295
被包 175
表層構造 335,344,346
ピリア 316

フ

フィードバック 173,338
夫婦交換 295
福音 284
腹茎 37
服従心 84,164
服従性 340
父権制社会 133
父性
――愛 160,191
――性 191,192
――的性格 195
物活論 85,108
仏教 30,244
物質代謝 57,343
仏典 252
古い形質 26,33,41,42,47
プロゲステロン 34
プロテスタント 273,283
分化 14,36,38,40,58,64,146,339
――的成長 40,44,48,63-66,69,81,
124,125,141,283
分割 172,210,223,246,283,315,338
分離不安 75,76,111,113,116,312
――,第1次 75-76
――,第2次 111,301
――,第3次 212-213,301
――,第4次 269

ヘ

平衡 82,93,173,179,210
ペニス 287,288
ヘブライズム 243-245,267
弁証法 26,41,43,44,224,329,344-346

ホ

法悦　216
奉仕　289, 293
　——活動　324, 340, 343
飽食　286, 289-293
母子関係　83, 200
補償　88
ホスピタリズム　56, 90, 104, 146, 342
母性　133, 191
　——行動　90
　——喪失　90
　——と父性の統一　203
　——本能　66
母乳　73, 74, 77, 80
哺乳ビン　73, 78
ホメオスタシス　82, 93, 173, 179, 210
ホモ・セックス　159
ホンネとタテマエ　226, 239

マ

マターナル・デプリベーション
　　　56, 59, 80, 145, 302, 310, 322
満腹欲動（機能）　56-58, 80, 214, 289

ミ

未婚の母親　58, 310
民主
　——社会　136
　——的態度　141, 142, 189
　——的リーダーシップ　221
民族　250, 255, 266, 307, 310
　——愛　240, 250, 255, 257, 268, 269,
　　　272, 289, 319, 340
　——性　253, 340

ム

無規範　311
無競争原理　155
無気力欲動　54-56, 104, 105
無宗教　269
無神論　268
無力感　87-125
ムンドグモ　86-193

メ

明治維新　243
メタペレット（保母）　97

モ

毛沢東語録　268
モラトリアム　127, 153, 182
モロー反射　49

ヤ

ヤハウェ　238, 242, 268, 273
約束事　141, 220, 228
役割同一性　126, 152, 157, 182, 185
ヤソ教禁制　279
夜尿症　160

ユ

唯物弁証法　329, 335
友愛（友情）　149, 180, 183, 185, 189,
　　　201, 202, 211, 289-293
　——家族　139
ユダヤ教　236, 244, 245, 250, 252, 256,
　　　273, 274, 279, 299
　——人　239, 311
　——の学校　247

索引

ヨ

幼児性欲　117
幼児的万能感　18
欲求即応授乳法　70,80
欲　動　15,49,51
四無主義　146
ヨーロッパ文明　243

ラ

ラスト　287,288
ラ　ビ　143,241,272
卵（子）　11,35,63,71,75,123,129,147,
　　　172,177,204,206,213,219,246
　　　249,274,283,330
　──黄胞　37,77
　──丘細胞　35,36,43,206,338
　──細胞　41,44,57,204,331
　──巣　147,246,274,275,314,331
　──体期　18,39
卵　管　11,35,39,63,71,75,77,80,128,
　　　129,156,172,177,204,219,249,
　　　252,275,285,314,338,342
　──采　38,122,128-129
　──破裂　285
　──内壁　35,39,77,122,126,172,173
　　　219,338
卵　胞　33,40,43,123,219,314
　──刺激ホルモン　33
乱　交　287
乱　婚　294,295

リ

律　法　→戒律参照
理想主義　225

理想的父親像　167
リーダー　125,149
利他心　124,163,180,202,261,262
離　乳　75,76
　──期　83,105
　──食　82,107
リビドー　17,57,89,122,309,316
両極性　55,121
良　心　292
量的発達　14,43
倫理性　170

レ

劣性遺伝　294
劣等感　87,276,301
連続性と非連続性　334

ロ

ローマ文明　236
論　理
　──的思考　323,339
　──性　124,179,221,228,234,242,
　　　248,250,298
　──的操作性　171
　──　超　234,242,248,250,274,340

ワ

頒ち合い　145,183,318
和魂洋才　243
我と汝　297

381

人名索引

ア

アイベスフェルト, アイブル　83,209
アインシュタイン, A.　29,240,300,308
アウグスティヌス　298
アドラー, A.　87
アベナリウス, R.　15
アリストテレス　316
今田　志　24
ヴィトゲンシュタイン, L.　341
ウィニコット, O.W.　71
ウェーバー, マックス　287,299,334
ヴェルナー, H.　14,21
エプスタイン, イジドー　241
エリクソン, E・H.　12,19,52,54,68,
　　　　　　　　　　98,101,105,138,
　　　　　　　　　　145,151,179,180,
　　　　　　　　　　183,193,196,203,
　　　　　　　　　　207,212,266,276,
　　　　　　　　　　308,325
エリス, H.　196
エンゲルス, F.　173,334
大西誠一郎　211
岡道　固　24
オーズベル, D.P.　14,23,142,177
オールポート, G.W.　24,227,248,258
　　　　　　　　　　292

カ

大脇義一　49
恩田　彰　244

ガードナー, G.　145
金子晴勇　296
カルバン, J.　298
カント, I.　12-13,26,48,255,273,
　　　　　　317,343
キェルケゴール, S.　229,285,286
キュンケル, F.　21
クライン, メラニー　12
クラーゲス, L.　49,50,86,87
クレイグ, W.　145
黒田正典　27,31,146
ゲゼル, A.　21
ケーラー, W.　13
コールダー, N.　112
コールバーグ, L.A.　124,145
コント, A.　25,224,291

サ

サーガント, W.　277
坂田昌一　330
サーストン, J.R.　76
サティ, アイアン　259,325
サリバン, H.S.　12,19

索引

シアーズ, R.R. 98
ジェイムズ, W. 24,25,265,275,276, 277
ジェフェリズ, R. 16
ジャーシルド, A.T. 109,110
シャルダン, T 306
シャーリー, M.M. 64
シュトラッツ, C.H. 65
シュバイツァー, A. 214,297
シュプランガー, E. 30,136,176,207, 212
シュペングラー, O. 27
スターバック, E.D. 24
ストロース, レヴィ 336
スパーノ, F. 74,76
スピッツ, R.A. 67,78,79,89,96,174, 200
スピンクス, G.S. 24,215,222
ソクラテス 87,285
ソシュール, F.D. 335

タ

武谷三男 333
チョムスキー, N. 335,344
ディルタイ, W. 180,224
ティンベルゲン, N.T. 145
デュルケーム, E. 311
トインビー, A. 236
トケイヤー, M. 143,240
トロッター, W. 121,122

ナ

西平直喜 21,168,169
ノーマン, F. 196,199

ハ

ハヴィガースト, R. 104
バスフィールド, J. 205-207
パーテン, M. 148
林勇次郎 65
バルト, K.B. 299
ハルトマン, H. 12,14,19,181
ハーロウ, H.F. 55,90,302,314,318
ハーロック, E.B. 15,53,58,104,114, 138,148,149,167
ピアジェ, J. 16,17,64,68,107,110, 141,223,234
ビューラー, K. 63,64,66
ファンツ, R.L. 62
フゥイエ, A. 329-330
フェンケル, O. 159,194
藤永 保 263
ブートゥール, G. 239
フライエンフェルス, ミュラー 15,50
ブラウン, E.G. 16,100
ブルトマン, R.K. 298
ブルーナー, J.S. 17
ブルナー, E. 299
フレイザー, J.G. 25
フロイト, A. 89
フロイト, S. 12,15,17,19,25,50,54, 91,95,122,292,294,309, 316
フロム, E. 24,125,192,258,316
ブント, W.M. 21
ヘッブ, D.O. 88
ベンダサン, イザヤ 238-240
ボーヴォワール, S.D. 101, 196
ボウルビー, J. 58-60,79,93,106,149

383

　　　　　　　151,175,177,178
ホッファー，W　174
ホール，S．　21,24
ポルトマン，A．　48,71,81,339
ボルノウ，O.F．　140,142,181

マ

マウロウ，T.D．　347
マクデュガル，W．　50,259
マッキノン，D.W．　236
マズロウ，A.H．　50,52,57,76,88,127
　　　　　　　134,258,304,305
マッセン，P.H．　74
マーラー，M.S．　67,68,96,120,174
マルクス，K．　26,240,334
マルセル，G．　297
マンハイム，K．　306
ミーチャリヒ，A．　95,138,168
ミード，M．　21,113,132,190,198,287
メロス　306

モウ，W.H．　53
モーセ　238,280,289,291

ヤ

ヤスパース，K．　224
山下俊郎　64
山根常男　91,96,113,145,152
湯川秀樹　235
ユンク，C.G．　218,260

ラ

ラカン，ジャーク　336
ランク，O．　18
リチャード，M.P.M．　74
リーメル，シュロモ　287
レヴィン，K．　17,21,188,316
ロジャーソン，B.C.F．　73
ローレンツ，K．　52,59,60,89,90,145,
　　　　　　　216

本書は，1978年初版発行の『胎生論心理学』（黎明書房）の新装版である。

著者紹介

浜畑　紀

岐阜大学教育学部卒，米国アーカンソー州立大学大学院心理学科卒，M.Ed.
中部女子短期大学助教授，聖徳学園岐阜教育大学教授を歴任。
1988年逝去。
主著：『色彩生理心理学』（黎明書房）
　　　『幼児児童心理学』（共著，学苑社）

精神医学選書⑦　胎生論心理学

2005年11月25日　初版発行

著　者　　浜　畑　　　紀
発行者　　武　馬　久仁裕
印　刷　　藤原印刷株式会社
製　本　　株式会社渋谷文泉閣

発　行　所　　　　株式会社　黎　明　書　房

〒460-0002　名古屋市中区丸の内3-6-27EBSビル　☎052-962-3045
　　　　　　FAX052-951-9065　振替・00880-1-59001
〒101-0051　東京連絡所・千代田区神田神保町1-32-2
　　　　　　南部ビル302号　☎03-3268-3470

落丁本・乱丁本はお取替します。　　　　　　　　　ISBN4-654-00157-3
Ⓒ M.Hamahata 2005, Printed in Japan

J.ヘイリー著　高石 昇訳 **戦略的心理療法** 精神医学選書① 　　　　　Ａ５・242頁　4500円	ミルトン・エリクソン心理療法のエッセンス／各派の心理療法を対人関係理論を通して考察し，共通に持つ戦略を明確にする。家族療法にも好指針を与える。
L.カナー著　十亀史郎他訳 **幼児自閉症の研究** 精神医学選書② 　　　　　Ａ５・336頁　7500円	自閉症研究の先駆者であるカナーの，1943年の「情動的交流の自閉的障害」をはじめ1973年までの主要論文16編を収録。カナーの全貌を示す貴重な論文集。
M.S.マーラー他著　髙橋・織田・浜畑訳 **乳幼児の心理的誕生** 精神医学選書③ 　　　　　Ａ５・352頁　6200円	母子共生と個体化／乳幼児が母親と別個の個体として心理的に誕生してゆく"分離－個体化"過程を，長期にわたる観察・臨床研究により克明に追究する。
浜畑 紀著 **色彩生理心理学** 精神医学選書④ 　　　　　Ａ５・183頁　4200円	子どもが自らの内にあるプリズムによって分光し，表出するスペクトルは人間の心理・行動を解く鍵。児童画の分析をもとに，色彩に現れた人間存在の総体を解明する。
E.クレイマー著　徳田良仁・加藤孝正訳 **心身障害児の絵画療法** 精神医学選書⑤ 　　　　　Ａ５・258頁　5500円	情緒的・社会的障害のある子どもたちの治療に芸術を用いた著者が，彼らの絵の発達と心の成長の過程を，豊富な事例を通して科学と芸術の両面から解明する。
J.ウォルピ著　内山喜久雄監訳 **神経症の行動療法** 精神医学選書⑥ 　　　　　Ａ５・521頁　9800円	新版・行動療法の実際／行動療法の大先達ウォルピが，抑うつ，心身症，性的逸脱，肥満等についての見解を盛り込みながら，不安，神経症とその周辺について詳しく論究。
ヘルガ・エング著　深田尚彦訳 **子どもの描画心理学** 描画心理学双書④ 　　Ａ５・240頁(カラー口絵９頁)　5000円	初めての線描き（ストローク）から，8歳時の色彩画まで／1人の子どもの描画の継続的観察からその描画作品を心理学的に解釈し，描画表現の発達と精神発達の関係を論じる。

表示価格はすべて本体価格です。別途消費税がかかります。

浅利 篤監修　日本児童画研究会編著 **原色 子どもの絵診断事典** 描画心理学双書⑦ 　　　　B5・183頁　8800円	色彩・構図・形態の3つの標識により絵をことばにおきかえ，幼児から小・中学生までの絵を読み解く方法を，多数の事例を交えてオールカラーで示す。
G.D.オスター他著　加藤孝正監訳 **描画による診断と治療** 描画心理学双書⑧ 　　　　B5・188頁　5000円	個人心理療法，家族治療，グループ治療の中で描画を診断と治療に役立てる方法を，多数の事例を交え臨床的視点から詳述。描画による診断過程で用いられる描画法も紹介。
香川 勇・長谷川 望編著 **原色 色彩語事典** 色の単語・色の熟語 　　　　B5・164頁　2800円	子どもの絵，名画，映画，文学，歴史，流行などに現れた「色」に秘められた深層的なメッセージを読み解き，分かりやすく解説。大判化。
E.ショプラー編著　田川元康監訳 **自閉症への親の支援** TEACCH入門 　　　　A5・251頁　3000円	自閉症児・者との生活の中で生じる困難な事態に対処する，親とTEACCHスタッフの連携による創意に満ちた支援法の実際をわかりやすく紹介する。
E.ショプラー他編著　田川元康監訳 **自閉症児と家族** 　　　　A5・509頁　12000円	「親を，子どもを治療する場合の共同治療者とする」という観点に立つ，自閉症児・障害児の生涯療育プログラムTEACCHの指導法と臨床体験を詳述する。
E.ショプラー他編著　田川・長尾監訳 **自閉症の評価** 診断とアセスメント 　　　　A5・542頁　12000円	世界の最高水準にある自閉症児・障害児の生涯療育プログラムTEACCHの報告をもとに，自閉症の診断と評価に関する諸問題について分析・解説する。
ニューソン夫妻著　三輪弘道他訳 **おもちゃと遊具の心理学** 　　　　A5・388頁　5800円	最初のおもちゃは母親である――健常児・障害児・病児のおもちゃ多数を発達心理学の観点から取り上げ，その機能的・系統的分析を試みた実践研究書。

表示価格はすべて本体価格です。別途消費税がかかります。